Ich war dabei...

Josef Wimmer
Co-Autor: Helmut Konrad von Keusgen

Diese Neuauflage obliegt dem Originaltext
mit der alten deutschen Rechtschreibung.

Karte europäischer Länder (Stand vom 31. August 1939, dem letzten Tag vor dem Beginn des Zweiten Weltkriegs) mit Generalübersicht betreffs der Heimat- und Einsatzgebiete des Soldaten Josef Wimmer

Legende:

1 = Luxemburg

2 = Saargebiet; 1935 durch das Plebiszit an Deutschland angeschlossen

3 = Sudetenland; 1938 von Deutschland besetzt

4 = Reichsprotektorat Böhmen und Mähren

5 = Österreich; 1938 von Deutschland okkupiert

6 = Memelland/Litauen; 1939 von Deutschland besetzt

7 = Gebiet um Vilnius; 1920 von Polen annektiert

8 = Süd-Slowakei und Karpaten-Ukraine; 1938 von Ungarn besetzt

9 = Albanien; 1939 von Italien okkupiert.

✵ = Kampfeinsätze des Josef Wimmer

Ihre Zufriedenheit ist unser Ziel!

Liebe Leser, liebe Leserinnen,

zunächst möchten wir uns herzlich bei Ihnen dafür bedanken, dass Sie dieses Buch erworben haben. Wir sind ein kleines Familienunternehmen aus Duisburg und freuen uns riesig über jeden einzelnen Verkauf!

Mit unserem Label *EK-2 Militär* möchten wir militärische und militärgeschichtliche Themen sichtbarer machen und Leserinnen und Leser begeistern.

Vor allem aber möchten wir, dass jedes unserer Bücher **Ihnen ein einzigartiges und erfreuliches Leseerlebnis** bietet. Daher liegt uns Ihre Meinung ganz besonders am Herzen!

Wir freuen uns über Ihr Feedback zu unserem Buch. Haben Sie Anmerkungen? Kritik? Bitte lassen Sie es uns wissen. Ihre Rückmeldung ist wertvoll für uns, damit wir in Zukunft noch bessere Bücher für Sie machen können.

Schreiben Sie uns: info@ek2-publishing.com

Nun wünschen wir Ihnen ein angenehmes Leseerlebnis!

Jill & Heiko von EK-2 Publishing

Inhalt

Vorwort 6
Reichsarbeitsdienst 8
Beim Pionier-Bataillon 71 12
Wimmer, sofort zum Chef! 22
Einmarsch nach Polen 31
Das Antlitz des Krieges 37
Zurück ins Reich und Neugliederung 47
Nach Westen… 52
Über Belgien nach Frankreich 60
Am Chemin des Dames 70
Sie werden mit einem steifen Arm leben müssen… 76
Zwischendurch mal kurz zu Hause 81
Wieder bei der Kompanie 83
Auf Leben und Tod 89
Beim Ersatz-Bataillon 68 99
Auf der Krim 107
Hunger, Krätze und Läuse 114
„Operation Trappenjagd“ 116
Gegen die Festung Sewastopol… 124
Jalta 137
Stalingrad 143
Eine Katze, die Ruhr und Gelbsucht 158
Im Kaukasus 165
Die Wahrsagerin 174
Die Erfüllung der Prophezeiung 179
Soldatenhochzeit, Haft und eine Audienz beim Papst 190
Ein neues Soldatenleben 204
In der Normandie 217
Kämpfer, die nicht mehr kämpfen wollten… 230
An die Westfront 244
Die Ardennen-Offensive 249
Mein dritter Rückzug 253
Im Ruhr-Kessel – und verlassen… 260
Ein Schwarzer mit Maschinenpistole… 269
Elend auf den Hunger-Wiesen 273
In der Hölle von Attigny 279
Das Ende der Qualen 285
Wieder Soldat… 293
Anmerkung von Helmut Konrad von Keusgen 295
Bildnachweis 296
Impressum 299

Vorwort

Es fiel mir nicht leicht, diesen Erlebnisbericht nach so vielen Jahren niederzuschreiben, sich wieder an Situationen und Umstände zu erinnern, die einst grausame Realität waren. Während dieser Arbeit mußte ich mich zwangsläufig zurückversetzen und wurde noch einmal mit den schrecklichen Begebenheiten des Krieges konfrontiert, als sich Leben und Tod aufs engste berührten. Es kamen Erinnerungen an furchtbare Stunden und Tage, in denen uns der Tod in seine Arme nahm. Nicht der Mensch war die Macht, der wir standhalten mußten, sondern der Tod. Es war ein so ganz anderer Tod, als jener, dem wir im Frieden begegnen. Selbst einem hartgesottenen Krieger trieb es Tränen des Schmerzes in die Augen, wenn gute Kameraden, mit denen man eben noch gesprochen hatte, plötzlich tot neben einem lagen und ins Nirgendwo starrten oder halb zerfetzt im Geäst von der Artillerie verstümmelter Bäume hingen, und jeden Augenblick konnte es einen selbst erwischen... Die Welt des Krieges hatte uns verhärtet, hatte uns auf dem Weg des Leidens und des Grauens den wahren Sinn des Lebens vergessen lassen. Oft habe ich gedacht, wie kann Gott nur so etwas Schreckliches zulassen?

Es waren schwere Jahre der Arbeit, der Sorge und des Leids, nur ab und zu mit kleinen Freuden versehen. Immer wieder hatte ich versucht, aufkommende Gedanken an schreckliche Situationen zu verdrängen, doch muß man damit leben und sie psychisch irgendwie bewältigen. In meinem folgenden Bericht habe ich nichts weggelassen und nichts beschönigt, aber es bleibt festzustellen, daß uns Überlebende weder Krieg, Not, Gefangenschaft, Entbehrungen und das grenzenlose Unglück unseres Volkes nicht resignieren ließen, noch uns niedergezwungen haben. Wir wurden nur härter.

Wir sollten uns der Vergänglichkeit unseres Lebens bewußt sein und deshalb die eigenen Erlebnisse für unsere Mitmenschen und die Nachkommen niederschreiben. Erlebtes gerät zu leicht in Vergessenheit, und wer schweigt, erlaubt anderen, Geschichte zu deren Gunsten zu schreiben. Die Vergangenheit birgt eine Lehre für die Zukunft. Nicht nur der Staat eines jeden Landes prägt die Geschichte – seine Untertanen tun es auch. An den Folgen des Zweiten Weltkrieges haben wir Deutsche noch heute schwer zu tragen, und um sie irgendwann endlich zu bewältigen, brauchen wir eigene zuverlässige Dokumentationen betreffs des Kriegsgeschehens. Die eine Seite unserer damaligen deutschen Geschichte erzeugt Scham und Trauer über das menschliche Vergehen und Versagen, so wie die andere Seite aber auch Stolz und Bewunderung für diejenigen hervorruft, die durch ihren selbstlosen Einsatz ihrem Volk im guten Glauben aufrichtig gedient und Leid abzuwenden versucht haben. Ich verwehre mich ganz entschieden dagegen, daß alle Deutschen schlecht gewesen seien, nur weil sie einem diktatorischen Regime gedient haben oder dienen mußten. Unmenschlichkeit ist, genau wie die Humanität, keine Frage der Nationalität. Das deutsche Volk brachte an der Front und in der Heimat große Opfer – und wer glaubte damals nicht an ein anständiges Deutschland, militärische Ritterlichkeit und eine bessere Zukunft?

Während der Arbeit an meinem Erlebnisbericht, den ich bereits zum Anfang der 1970er Jahre begann, mehr als zehn Jahre daran schrieb und für den ich mehrere ehemalige Kameraden aufsuchte, befolgte ich den Grundsatz, mich lediglich an die Tatsachen und realen Fakten zu halten. Auf Dinge und Umstände, derer ich mir nach der langen Zeit nicht mehr sicher war, habe ich verzichtet, sie zu beschreiben. Auch möchte ich mich bei jenen Kameraden bedanken, die mich bei der Erarbeitung dieses Buches durch ihre Mithilfe unterstützt haben – ganz besonders aber bei dem Schriftsteller Helmut Konrad Freiherr von Keusgen.

Das Pionier-Bataillon 71, dem ich einst angehörte, wurde außer im Traditionsbuch der 50. Infanterie-Division und auf einer kleinen Erinnerungstafel im Bundeswehrmuseum in München niemals sonst erwähnt. Mit diesem Buch möchte ich auch zum Andenken an dieses Bataillon beitragen.

Josef Wimmer
Köln, Januar 2011

Reichsarbeitsdienst

Am 17. Oktober 1920 in Alt-Schalkowitz, im Kreis Oppeln in Oberschlesien geboren, erlebte ich eine unruhige und schwere Kindheit und Jugend mit vielen Wirrnissen, sozialen Schwierigkeiten, Nöten und der Scheidung meiner Eltern. Meine familiäre Welt war zerbrochen und gespalten, und ich litt unter dieser Zerrissenheit.

Eines Tages kam mein Vetter zu Besuch. Er diente bei einer Panzer-Einheit in Bamberg. Seine schicke Uniform imponierte mir sehr, und ich wollte von ihm viel über seinen Dienst erfahren. Seine Erzählungen weckten in mir den Wunsch, mich freiwillig zum Militär zu melden. Trotz meines jugendlichen Alters war ich schon sehr kräftig und sportlich gut trainiert, somit den körperlichen Anforderungen durchaus gewachsen. Da ich aber das 18. Lebensjahr noch nicht vollendet hatte, brauchte ich noch die Zustimmung meines Vaters und die Befürwortung des Bürgermeisters unseres Wohnortes. Ich erhielt sie problemlos und meldete mich zur Marine. Mein Vater war Mitglied der SA und hatte als Schießwart etliche Gewehre und Pistolen zur Verwahrung im Haus. Von nun an durfte ich ihn immer zum Schießstand begleiten. Mit Begeisterung nahm ich an den Schießübungen teil – mit großem Erfolg.

Im Januar 1938 erhielt ich die Aufforderung zur Musterung nach Lübben im Spree-Wald. Als ich mit 12 anderen jungen Männern in einer Reihe stand, kam ein Stabsarzt in den Saal, und ich lernte einen neuen, mich befremdenden, vulgären und rüden Umgangston kennen. Er ließ jeden von uns einzeln und nackt vortreten und betrachtete ihn sich eingehend. Dann befahl er schroff: „Das Ganze kehrt, bücken und die Kimmen auseinander!"

Neben mir blieb der Stabsarzt stehen und sagte zu meinem Nachbarn: „Mann, haben Sie einen furchtbaren Arsch. Bei Ihnen wächst ja schon das Gras in der Kimme."

Der Angesprochene antwortete: „Auf dem Weg hierher mußte ich sehr nötig, und ich konnte nur Gras zum Abwischen nehmen."

Das Gelächter war groß, doch wurden wir sofort und zum ersten Mal militärisch resolut zur Ordnung gerufen. Nach dieser Untersuchung wurde uns die Wehrtauglichkeit mündlich bestätigt.

Nur vier Wochen später erhielt ich im Februar die Einberufung zum Reichsarbeitsdienst in Raddusch/Spreewald zum 14. April 1938. Meine Berufsausbildung ging am 31. März desselben Jahres zu Ende, und ich schaffte meinen Abschluß mit „befriedigend“. Meine Vorbereitungen, die ganzen privaten Gebrauchsgegenstände für den Reichsarbeitsdienst einzukaufen, waren bereits angelaufen und sogleich in meinen Koffer eingepackt. Am 1. April bestieg ich in Bückgen/Grube-Ilse einen Personenzug und fuhr über Calau nach Raddusch. Schon vom Bahnhof aus konnte ich die schwarz-rot-weiße Fahne des Reichsarbeitsdienstes mit den charakteristischen Symbolen, dem Spaten und den Ähren, an einem hohen Mast wehen sehen.

Am Eingangstor des Lagers der I./81 wurde ich von einem Wachtposten in die Schreibstube geleitet. Dort prüfte man meine Papiere, und ich mußte weitere Fragen zu meiner Person beantworten. Dann wies man mich der 7. Gruppe des 3. Zuges zu.

Die hölzernen Mannschaftsbaracken waren im Viereck aufgestellt, in deren Mitte sich der Appellplatz befand. Noch am selben Tag empfingen alle Neuzugänge ihre Ausrüstung, die Uniform und das Bettzeug. Abends waren dann alle Gruppen vollständig ausgestattet. Zum ersten Abendessen im großen Speiseraum wurde bereits im Gleichschritt marschiert, dort der Küchendienst einer jeden Gruppe eingeteilt, der für das Auftragen der Speisen sowie das Abräumen des Geschirrs und die Reinigung der benutzten Tische verantwortlich war. Jeden Samstag mußte der Speisesaal gründlich gereinigt werden.

Am zweiten Tag trat die ganze Abteilung zum Empfang des Lagerchefs an – einem Oberfeldmeister. Die Begrüßung erfolgte in strammer Haltung. Daran anschließend fand eine Belehrung betreffs Sinn und Zweck des Reichsarbeitsdienstes statt.

Nach vier Wochen harten Drills mit dem Spaten (Marsch, rechts um, links um, Paradeschritt), sportlichen Übungen und theoretischem Unterricht erfolgte unsere Vereidigung auf den „Führer“ des Deutschen Reiches. Von nun an wurden wir als *Arbeitsmänner* bezeichnet.

Jeden Tag von Montag bis Freitag marschierten wir in den nahen Spree-Wald, um die uns zugewiesenen Arbeiten mit dem Spaten zu verrichten. Die sumpfigen Wiesen mußten entwässert werden. Vor der ersten Arbeit wurden die Gruppen durch Vormänner oder Truppführer in der Handhabung der Geräte unterwiesen, denn die meisten Kameraden in diesem Lager kamen aus den Großstädten Leipzig und Dresden und konnten noch nicht einmal einen Nagel in die Wand schlagen. Dann hoben wir Gräben aus – je nach Bedarf, einen bis eineinhalb Meter tief, mit fester Böschung. Für diese festen Böschungen wurden auch Faschinen *(Reisig-Geflechte)* eingearbeitet. Für jeden Arbeitstag erhielten wir ein Taschengeld von 25 Reichspfennig. Oft sangen wir: „Fünfundzwanzig Pfennig ist der Reinverdienst, ein jeder muß zum Arbeitsdienst."

Für unsere bescheidenen Ansprüche waren die 25 Pfennig zwar genug, dennoch bedeutete das für mich erstmals, daß ich selbst wirtschaften und mein Geld einteilen mußte. Da ich weder Alkohol trank noch rauchte, kam ich mit dem Geld einigermaßen aus. Auch meine Bahnfahrten konnte ich bezahlen. Nach zwei Monaten durften wir erstmals in den Wochenend-Urlaub fahren.

„Zum Andenken" schrieb ich auf die Rückseite dieses Fotos, bevor ich es meiner Mutter sandte. Die Aufnahme entstand am 17. August 1938 in Raddusch/Spreewald, und ich wollte darauf so hart wirken, wie ein „echter" Arbeitsmann…

Im Arbeitslager ging der gelernte Trott weiter – exerzieren mit Spaten-Griff. Die Übungen waren fast dem Gewehr-Griff *(so, wie man ein Gewehr anfaßt)* gleichzusetzen. Ich sah das alles von der sportlichen Seite, und deshalb fiel es mir nicht so schwer, wie den Schülern aus den Großstädten, die nur stöhnten und schimpften. Auch das Stopfen der Strümpfe und das Annähen von Knöpfen war für mich nicht schwierig. Der weiße Drillichanzug und die sonstige Wäsche wurden jeden Samstag mit einer Wurzelbürste und Schmierseife gewaschen. Der Spaten wurde zweimal in der Woche mit speziellen Mitteln blankgerieben, so daß er in der Sonne wie ein Spiegel blinkte. Ebenso wurden das Koppelzeug und die Stiefel auf Hochglanz gebracht – und wehe, man fiel beim Appell auf… Strafwache und Strafexerzieren waren die üblichen Konsequenzen.

Nach drei Monaten bekamen wir unseren Einsatz in Lübbenau. Für den weiten Weg von mehr als zehn Kilometer erhielten wir neue Fahrräder. In Lübbenau kultivierten wir dann bis zum Ende unserer Dienstzeit ein großes Feld *(auf dem danach die bekannten Lübbenauer Spreewald-Gurken angebaut wurden)*.

Durch die vormilitärische Ertüchtigung und den Unterricht wurden wir moralisch, psychisch und politisch für die Gesinnung des Dritten Reiches geschult. Man bekam einen anderen „Horizont", man war kein Spieljunge mehr, man wurde zum politischen Denken erzogen – ausschließlich im Interesse der Nationalsozialisten...

Seit 1937 bestand die „Achse Berlin-Rom", ein enges Einvernehmen zwischen Hitler und Italiens „Duce"(Führer) Benito Mussolini. Die „Deutsche Raumfrage" brachte politische Spannungen in Europa. Am 12. März 1938 waren deutsche Truppen in Österreich eingerückt.

Was wußten wir jungen Kerle schon von den politischen Hintergründen... Die ganze Angelegenheit wurde uns lediglich im Unterricht mitgeteilt, und trotz der Einkreisung der Tschechoslowakei wurden wir von einer Verlegung zu einem Einsatz am Westwall verschont. Dafür wurde die II./81 ins Saargebiet verlegt. So mußten wir für diese Abteilung die Arbeit in Lübbenau übernehmen. Ende August wurde in der Kreisstadt Vetschau eine große Parade durchgeführt. Es war unsere einzige Schauparade außerhalb des Lagers.

In diesem Monat erhielt ich die Nachricht, daß meine Einberufung zur Marine um ein Jahr zurückgestellt wurde. Das war eine herbe Enttäuschung für mich, weil ich mir doch vorgestellt hatte, die Dienstzeit im Anschluß an den Reichsarbeitsdienst anzutreten. So schrieb ich an die Freiwilligen-Annahmestelle der Marine in Emden, mich zu einem anderen Truppenteil einzuberufen. Als Begründung gab ich an, Berufssoldat werden zu wollen und mich für 12 Jahre zu verpflichten. Nach etwas mehr als zwei Wochen bekam ich schriftliche Nachricht vom Kreiswehrbereich – meine Einberufung zum Pionier-Bataillon 71 für den 15. November 1938.

Am 27. September 1938 war meine Dienstzeit beim Reichsarbeitsdienst nach dem allgemein üblichen halben Jahr beendet. Alle Ausrüstungsgegenstände mußten im sauberen Zustand abgegeben werden. Es war ein Abschied von Gruppe, Zug und Abteilung mit einem dreimaligen „Hurra!" auf den „Führer" und auf ein Nimmerwiedersehen – und über Nacht waren wir wieder Zivilisten.

Beim Pionier-Bataillon 71

Die Vorbereitungen und diversen Ergänzungen der vielen Dinge für das tägliche Leben und meine Zukunft beim Pionier-Bataillon liefen in der kurzen Zeit, die mir zur Verfügung stand, auf Hochtouren. Meine Mutter sorgte für zusätzliche warme Unterwäsche, Socken und Taschentücher. Dann ging ich zum Bahnhof, um herauszufinden, wie ich zum Tibor-Lager bei Mittenwalde kommen könnte. Wegen der langen Bahnfahrt mit einem Personenzug 3. Klasse und einem langen Umsteigeaufenthalt war ich gezwungen, schon einen Tag früher loszufahren.

Es herrschte tiefe Dunkelheit, als ich spät abends auf der Bahnstation in Mittenwalde ankam. Ich nahm meinen Koffer aus der Gepäckablage und stieg aus, sah nach links und rechts... Doch bei der fahlen Beleuchtung konnte ich nichts erkennen. Zudem ließ die Lokomotive Dampf ab, dessen Nebel mir die Sicht dann gänzlich nahm. So ging ich in dieselbe Richtung, die auch die anderen Fahrgäste genommen hatten.

An der Sperre zeigte ich meine Fahrkarte und fragte den Beamten, wie ich wohl zur Kaserne gelangen könnte.

„Da fährt heute nichts mehr hin, da mußt'e laufen, so fünf bis sechs Kilometer. Geh'ste geradeaus und bleib'ste auf der Hauptstraße..."

Ich nahm meinen Koffer und ging los.

Auf der Straße war kein Mensch mehr zu sehen, und dann die Fremde in der Dunkelheit... Aus der Ferne hörte ich irgendwann und von irgendwoher Hunde bellen und dachte, daß da wohl auch eine menschliche Behausung sein müßte... Der Koffer wurde indessen immer schwerer, und so trug ich ihn abwechselnd mal links, mal rechts. Die Straße war auch nicht die beste. Mit meinen leichten Halbschuhen stolperte ich in der Finsternis mehrmals durch unsichtbare Vertiefungen.

Nach einiger Zeit erkannte ich einen Dorfeingang mit Straßenlaternen. Sie standen etwa einhundert Meter weit auseinander, und ihre gelblichen Glühlampen waren in fast zehn Meter Höhe unter einem weißen Tellerschirm angebracht. Viel war von der Umgebung auch hier nicht zu erkennen, nur der Bürgersteig war einigermaßen gut auszumachen. Da die Hunde, die ich schon so lange gehört hatte, nun immer stärker und immer lauter bellten, stieg eine bange Sorge in mir auf... Beim Weitergehen sah ich dann eine erste spärliche Fensterbeleuchtung. Ich wagte mich an die

Haustür und klopfte zaghaft an. Von innen vernahm ich ein raschelndes Geräusch und gleichzeitig rief jemand: „Wer ist da?“

Ich erwiderte: „Ich möchte zum Tibor-Lager.“

Die Stimme antwortete: „Da gehen Sie immer weiter geradeaus, dann kommen Sie hin!“

Einen Moment lang stand ich sprachlos da und wußte nicht, wie mir geschehen war – es hatte niemand die Tür geöffnet... So nahm ich wieder meinen Koffer und ging weiter. Nur das furchteinflößende Hundegebell begleitete mich.

Irgendwann ließ ich auch die letzte Straßenlaterne hinter mir, und ich wurde von der völligen Dunkelheit verschlungen. „Immer geradeaus“, hatte es geheißen... Ich überschritt eine kleine Brücke, die beim Darübergehen auffallend sonderbare Geräusche machte. Kurz darauf stieß ich auf eine Straßengabelung. Wo ging es nun *geradeaus* weiter? Ich war ratlos. Da entdeckte ich in der Dunkelheit und am Rand der Straße ein kleines Hinweisschild. Ich konnte aber in der Finsternis darauf nichts entziffern. Da ich nicht rauchte, hatte ich weder ein Feuerzeug noch Streichhölzer bei mir und somit auch keine Möglichkeit, irgendein Licht zu entzünden. Ich entschied mich, nach rechts weiter zu gehen.

Plötzlich stellte ich an den schemenhaften Konturen von dichten Bäumen fest, daß ich mich in einem Wald befand. Angst stieg in mir auf. Ich rief: „Hallo...! Hallo...!“

Aber nur ein schwaches Echo klang zurück. So ging ich wieder bis zur Straßengabelung zurück und schlug den anderen Weg ein.

Nach etwa einem Kilometer sah ich auf einer sanften Anhöhe links von mir Licht. Meine Unruhe legte sich, und nachdem ich nach links von der Straße abgebogen war, sah ich einen Schlagbaum quer über dem Weg, dahinter ein geschlossenes, hohes Gittertor. Beim Näherkommen erkannte ich auch einen Wachtposten mit seinem Gewehr auf und ab gehen. Da rief mich er mich auch schon an und fragte nach meiner Parole. Ich antwortete ihm: „Ich bin Einberufener – stehend!“

„Kommen Sie näher! Bitte die Papiere!“

Nachdem ich meinen Koffer abgestellt hatte, suchte ich in der Brusttasche meiner Jacke nach den Unterlagen.

Dann drückte der Posten auf eine Klingel. Ein weiterer Soldat trat aus einem kleinen Gebäude. Das Tor wurde geöffnet und ich konnte eintreten.

Der hinzugekommene Soldat nahm mich mit in die Wachstube. Der wachhabende Unteroffizier warf einen prüfenden Blick auf meinen Einberufungsbescheid und verglich meinen Namen mit jenen auf einer langen Liste. Dann wollte er wissen, woher ich noch so spät komme; und ich mußte etliche Fragen beantworten. Im gesamten Kasernenbereich herrschte völlige Ruhe, und für den Unteroffizier war niemand, der mich bei der zuständigen Kompanie hätte aufnehmen können, erreichbar. Da es keinen anderen Platz zum Schlafen gab, bot man mir an, mich auf die hölzerne Ruhepritsche in der Wachstube zu legen. Müde wie ich war, nahm ich das Angebot an und schlief sofort ein.

Als ich geweckt wurde, war es bereits hell. Ich war pünktlich am 1. Oktober 1938 im Pionier-Bataillon 71 eingetroffen, das zu dieser Zeit im Kreis Schwiebus, östlich Frankfurt/Oder neu aufgestellt wurde. Ein Raum zum Frischmachen wurde mir gezeigt. Danach führte mich einer der Wachtposten durch das Kasernengelände, vorbei an zweistöckigen großen Häusern und Hallen. Dazwischen standen einige Kiefernbäume, und neue Straßen waren angelegt worden. Die ganze Anlage machte auf mich einen positiven Eindruck.

Wir waren gerade an einem der Kasernengebäude angekommen, als dieses von den ersten Soldaten im Laufschritt verlassen wurde. In der Schreibstube gab ich sämtliche Papiere ab, einschließlich der Fahrkarte *(deren Kosten ich später erstattet bekam)*. Hier herrschte ein sehr reger Betrieb. Ehe ich richtig zur Besinnung kam, sagte man mir:

„Sie gehören jetzt der 2. Grenz-Pionier-Kompanie, Bataillon 71, an und kommen zum 3. Zug, 7. Gruppe. Der Zug liegt im Haus 3."

Ein Gefreiter vom Dienst, mit aufgesetztem Stahlhelm, brachte mich zu meiner neuen Unterkunft. Der Weg führte vorbei an einer Kantine und an Wirtschaftsgebäuden, in dem sich die Speisesäle befanden. Alle Gebäude standen in der Nähe des Tibor-Sees.

Im Haus 3 betraten wir ein Zimmer *(militärisch als Stube bezeichnet)*, in dem der Zugführer saß, dem ich vorgestellt wurde. Der Zugführer, Feldwebel Gasse, begrüßte mich und leitete mich an meinen Gruppenführer weiter – einen Unteroffizier namens Enoch. Auch der begrüßte mich freundlich und führte mich in eine Stube *(in der wir noch fast ein ganzes Jahr lang wohnen sollten)*. Der Unteroffizier stellte mich dem Stubenältesten vor, einem Oberpionier OA *(Offiziersanwärter)* namens Reinhold Matern.

In der Stube standen sieben Betten. Sechs davon auf einer Seite des Raumes, je zwei übereinander. Das Bett, in dem Matern schlief, stand allein und in einer Ecke. Daneben stand sein Kleiderschrank, und daneben ein Vorratsschrank für die Kaffeekanne, einen Besen und einen Eimer. In der Mitte standen zwei große Tische und sieben Holzschemel.

Im Laufe des Tages füllte sich unsere Stube mit der gesamten Gruppe *(die Belegschaft einer Stube – üblicherweise 10 Personen – entspricht einer militärischen „Gruppe")*. Jeder bekam einen halben Schrank für seine Ausrüstung zugewiesen. Irgendwann war unsere Gruppe komplett, und wir saßen in der Stube zusammen, waren uns noch fremd. Der aus Wien stammende neue Kamerad, Alfred Thomann, erzählte von seiner Heimatstadt, dem Prater, dem Stephansdom, den Wiener Madels und dem Heurigen. Georg Rennhack kam aus Peitz/Spreewald und berichtete von diesem – den ich bereits kennengelernt hatte, der aber den anderen neu erschien. Die beiden Berliner, Emil Grünke und Helmut Hartmann, ereiferten sich, von der deutschen Hauptstadt zu berichten, von den Mädchen und vom Tanz in den Cafés und im Grunewald. Manche von uns saßen auf den Bettkannten, die anderen auf den harten Schemeln am Tisch.

Dann wurden wir vom Unteroffizier zum Einkleiden gerufen. In der Bekleidungskammer herrschte Hochbetrieb. Welches Bekleidungsstück einem auch vom sogenannten Kammerbullen gegeben wurde, es hieß: „Paßt!"

Schwerbepackt kehrten alle in ihre Stuben zurück. Vor dem Schrankspiegel setzten manche nochmals ihren Stahlhelm auf, um zu prüfen, wie sie damit aussehen – und insgeheim war man stolz, endlich ein Soldat zu sein.

Dann wurden die Bekleidungsstücke unter Anleitung des Stubenältesten ordentlich in den Schrank geräumt. Auf dem Schrank, den man beim Militär als Spind bezeichnet, wurde der Tornister und darauf der Stahlhelm abgelegt. Der Tornister war bereits vollständig gepackt, samt Kochgeschirr, Feldflasche, Butterdose und Eßbesteck. Eine Decke und eine Zeltplane waren auf dem Tornister festgeschnallt. An diesem ersten Tag wurde die Mahlzeit noch ohne ein vorheriges Antreten eingenommen, das Abendessen stubenweise beim Furier abgeholt. Die erste Nacht verbrachten alle in tiefem Schlaf.

Mit der Vermehrung der Grenztruppen im Oktober und November 1938 hatte das Grenz-Infanterie-Bataillon 122 als Aufstellungskader der neuen Grenz-Infanterie-Regimenter das Tibor-Lager Ende September bereits geräumt. In den ersten Oktobertagen traf das Stammpersonal zur Aufstellung des neuen Grenz-Pionier-Bataillons 71 ein, das aus einem bereits existierenden Stamm des Pionier-Bataillons 23 sowie den Neuzugängen *(zunächst zwei Kompanien)* bestand. Die 1. Kompanie wurde von Hauptmann Otto und die 2. von Oberleutnant Linke geführt. Kommandeur des Bataillons war Major Scholz, sein Adjutant Oberleutnant Raßmussen. Die Rekruten stammten vorwiegend aus Groß-Berlin, der Mark Brandenburg, dem Rheinland und vereinzelt auch aus anderen Teilen Deutschlands und Österreichs. Das Tibor-Lager mit den dort befindlichen Truppen unterstand samt Standortkommandantur dem dortigen Standortkommandanten, Oberst Hamann *(der später an die Sowjets ausgeliefert und von ihnen gehenkt wurde)*.

Zu einer Zeit, zu der ich mich früher noch einmal auf die andere Seite legte, schallte am nächsten Morgen der Weckruf des UvD *(Unteroffizier vom Dienst)* auf den Fluren: „Kompaniiie aufsteeeh'n!"

Kurz darauf ging er von Stube zu Stube, und die Stubenältesten erteilten ihre Meldungen. Wir eilten in die Waschräume und verscheuchten mit kaltem Wasser die restliche Müdigkeit aus unseren Gesichtern. So begann meine Rekrutenzeit.

Seit ein paar Tagen trugen wir nun die feldgrüne Uniform des Heeres, die Schulterklappen schwarz abgesetzt. Das Käppi auf dem Kopf hatte einen schwarzen Winkel um die Kokarde, die Schirmmütze schwarze Ränder. Das war das äußere Erkennungszeichen der Pioniere.

In den ersten Tagen gab es viel Durcheinander, und es blieb keine Zeit zum Umsehen und zu langem Überlegen. Das Pionier-Bataillon 71 war in den Ost-Verteidigungswall eingebettet und mußte Spezialausbildungen für besondere Aufgaben durchstehen, die später für jeden einzelnen Pionier von großem Nutzen waren. Jeder Tag war mit etwas Neuem ausgefüllt. Dann empfingen wir unsere Gewehre – alles neue Karabiner des Typs 98k mit Bajonett.

Am ersten Wochenende herrschte dann große Stille im Kompaniebereich. Man kam zum erstmals zum Nachdenken über das, was jetzt begonnen hatte. Die erste Post wurde nach Hause geschickt, und mir war es dabei schwer ums Herz. Ich fragte mich, ob ich den jetzigen und noch zu erwartenden Anstrengungen wohl standhalten könnte. Der Arbeitsdienst war dagegen ein Kinderspiel gewesen. Ich dachte an die Schulzeit und den damals aufkommenden Wunsch, Soldat zu werden. Die Erkenntnis war nun, daß die Praxis immer ganz anders aussieht, als man es sich vorher gedacht hat. Es gab auch niemanden, dem man sich mit all seinem heimlichen Kummer offenbaren konnte. Man mußte die Zähne zusammenbeißen und die Tränen unterdrücken. Es hatte sich inzwischen auch herausgestellt, daß ich der Jüngste der ganzen Kompanie war.

Die Gruppenführer unter sich (links Unteroffizier Enoch).

Bald begann das Exerzieren mit dem Gewehr: Rechts um, Kehrtwendungen, dann Griffe klopfen, auf die Schulter und präsentieren. Bevor wir endlich schießen konnten, mußten viele Stunden lang und immer wieder Zielübungen durchgeführt werden. Das alles verlief bei mir gut, weil es für mich ja nichts Neues war, hatte mein Vater mich doch sehr oft mit zum Schießen genommen. Das Lob des Zugführers tat mir gut.

Der Parademarsch mußte exakt ausgeführt werden – mit durchgedrückten Knien, und die Beine bis zur Höhe des Koppelschlosses hochgeworfen. Es machte mir Spaß, wenn die Kompanie exerzierte. Auch der Gefechtsdienst gehörte zum Ausbildungsprogramm, ebenso Stoßtrupps und das Stürmen von Befestigungen sowie die Ausbildung zum Nahkampf. Der Dienst war hart. Die Parole hieß: Einer für alle, alle für einen!

Wehe dem, der sich vor der Härte drücken wollte, zum Beispiel beim Ponton-Tragen. Es dauerte lange, bis die Schulter eine Hornhaut bekam... Dennoch war unser Ehrgeiz groß, und jeder wollte der Beste sein. Die Besten wurden belobigt und erhielten Sonderurlaube.

Es ging auf Weihnachten und Neujahr zu, und man sehnte sich nach einem Urlaub daheim. Aber bis dahin mußten wir perfekt militärisch grüßen können. Anfang Dezember durften wir unter Leitung unseres Gruppenführers zum ersten Mal den Ausgang zum nächsten Dorf vornehmen. Wir kehrten in jener Gaststätte ein, in der schon andere Gruppen aus unserer Kompanie eingekehrt waren. Wir tranken unser Bier, und anschließend ging es zurück in die Kaserne.

Alle zehn Tage erhielten wir unser Taschengeld – pro Tag 50 Reichspfennige, zusätzlich 10 Pfennige Sonderzulage für jeden Tag *(eine Art „Wüstenzulage", zum Beispiel, wenn wir auf zu abgelegene Truppenübungsplätze marschieren mußten)*. Mit der Sparsamkeit habe ich es sehr ernst genommen, denn ich wollte mir zum ersten Urlaub ein extra Lack-Koppel mit Seitengewehr kaufen *(25,- Reichsmark)* und eine neue Hose *(40,- RM)* sowie eine elegante Schirmmütze *(15,- RM)*. Da war der Verzicht auf die Kantine oder das Kino oft etwas, das ich mir selbst auferlegen mußte.

Fast sechs Monate lang dauerte unsere gesamte und äußerst intensive Spezialausbildung, da von den Pionieren ein umfangreiches militärisches Können mit großer technischer Vielseitigkeit verlangt wurde. Der Dienst war sehr abwechslungsreich. Jeden Tag standen andere Ausbildungsbereiche auf dem Dienstplan. Morgens erst Frühsport, dann Exerzieren, Schießausbildung und Unterricht mit ständig wechselndem Programm. Gewehr, Pistole, Maschinengewehr und Flammenwerfer und sämtliche Ausrüstungsgegenstände wurden uns vertraut gemacht. Dazu kam die Bau- und Sperr-Ausbildung, die Schulung der Verbände, das Fahren auf dem Wasser und die Sprengausbildung.

Die Bauausbildung bezog sich auf den Bau von Stegen, Behelfsbrükken und Übersetzmitteln. Wir lernten die Begriffe der Baueinzelheiten: Endaufleger, Ufer- und Stoßbalken *(die man rechtwinklig zur Brückenlinie verlegen mußte)*, feste und schwimmende Stützen, sowie den Oberbau. Die Schulung der Verbände bezog sich auf Stiche und Bunde mit Leinen oder Draht, Kreuzbunde, einfacher Ankerstich, doppelter Ankerstich, Schleuderbund, Wickelbund, Zimmermannsschlag *(zum Heben von Balken)*, Bandeisen zur Halterung von Balken, Schraubenbolzen *(für mehrschnittige Verbindungshölzer)*, die Verwendung von Knaggen aus Kant- oder Rundholz sowie Bretterstücken, Zimmerverbände, gerade und schräge Zapfen, einfache Überlattungen, das Rammen von Pfählen *(von leichten und schweren für den Behelfsbrückenbau)*. Die Handrammen bestanden aus Hartholz mit Griffen für zwei bis drei Pioniere, je nach Untergrund. Auch wurde im Tibor-See von einer Rammfähre aus gerammt. Behelfsmäßige Übersetzmittel *(Flöße)* wurden aus leeren Tonnen oder aus Holz hergestellt. Für den Bau von Übersetzmitteln benutzte man kleine und große Schlauchboote *(kleine für zwei bis drei Ruderer, große für vier bis sechs)*. Die kleinen Schlauchboote eigneten sich auch für einen Schützen-Laufsteg über einen Fluß. Mit den großen Booten konnte man Schützengruppen von bis zu zwölf Soldaten pro Boot übersetzen. Oder man baute Schlauchboot-Fähren sowie Brücken mit einer Tragfähigkeit bis zu drei Tonnen Gewicht.

Für die Anfertigung von Stegen, Brücken und Behelfsfähren wurden Sägen, Äxte, Beile, Zangen, Drahtscheren, ein Maßstab von zwei Meter, Nägel und Eisenklammern gebraucht. Außer des Werkzeugs für den Behelfsbrückenbau gab es noch das sogenannte Standard-Brückengerät A und B. An einem Tag in jeder Woche stand Brückenbau auf dem Dienstplan. Danach wußten wir jedes Mal, was wir getan hatten.

Der Ponton-Wagen war ein Spezial-Anhänger, der die halbe Ausrüstung für eine Fähre trug. Dazu gehörten ein Ponton, die eisernen Strecken- und Rödelträger, Belagbolzen aus Holz, Anker, Halteleinen und das schwere Ankertau *(das auch für den Pionier-Schlag, der „Taufe" eines neuen Pioniers, diente)*. Der Ponton mußte von 20 Pionieren auf den Schultern getragen werden; und auf dem Ponton stand währenddessen der Gruppenführer, der den Trägermarsch-Takt angab. Wehe, wir schaukelten so sehr, daß er herunterfiel.

Beim Bau von Fähren wetteiferten wir miteinander. Jeder Zug wollte der schnellste sein. Der Bau einer Fähre dauerte etwa 10 bis 12 Minuten. Oft lag die Dauer der Bauzeit an der Entfernung zu den bereitgestellten Mitteln. Die Hauptausbildung richtete sich allerdings auf den Umgang mit Sprengmitteln. Wir mußten unterscheiden zwischen Sicherheitsbestimmungen und Vorsichtsmaßnahmen. Gruppen- oder Zugführer vermittelten uns die technischen Begriffe und erteilten Anleitungen zur Anwendung von Spreng- und Zündmittel – nicht nur zum Zwecke der Zerstörung, sondern in erster Linie als technisches Hilfsmittel für Bauvorhaben und beim Minenverlegen. Uns Anfänger sollten betreffs des Sprengens die Grundlagen für einfache Holz- und Stahlsprengungen erteilt werden. Dafür gab es feste Faustregeln und Berechnungsformeln, die als Basis dienten.

Außer dem Exerzier- und Truppendienst, dem Wasser- und Felddienst sowie sonstiger Ausbildungsbereiche gehörte auch der Sprengdienst zur Ausbildung. Ehe man sich jedoch mit der Ausführung einer Sprengung befaßte, mußte man gewisse Regeln für die Handhabung, Lagerung und den Transport von Spreng- und Zündmitteln beherrschen. Hinzu kamen die Grundkenntnisse für die Berechnung von Ladungen. Man mußte unterscheiden zwischen handelsüblichen Sprengmitteln wie Dynamit, Donarit, Schwarzpulver und der militärischen Sprengmunition TNT. Jede Art dieser Verwendungsmunition hatte ihre eigene Sprengformelbezeichnung. Hinzu kommt ein fest bestimmter Zündtrupp. Die erworbenen Kenntnisse und Fertigkeiten sollten durch Übungen und häufige Wiederholungen auch der kleinsten Handgriffe ständig geprobt und gewissermaßen verinnerlicht werden. Dieses galt auch für alle Unteroffiziere und Offiziere. Die Sicherheitsbestimmungen bildeten die Grundlage der gesamten Ausbildung.

Nach unserer sechsmonatigen Ausbildung mußte das komplette Pionier-Bataillon 71 auf einem Sportplatz zwischen dem Lager und dem Ort Skampe zu einer Besichtigung antreten. Gruppenweise in Linie, erwarteten wir in unserer besten Uniform den Divisionskommandeur, General Sorsche. Nach der Meldung durch unseren Bataillonskommandeur, Major Scholz, und den einzelnen Kompaniechefs, ging der General sämtliche Gruppen ab und verlangte von jeder eine Exerzierübung.

Auf Wache im Tibor-Lager.

Die Besichtigung unseres Pionier-Bataillons durch General Sorsche.

In diesem Frühjahr wurde unsere Kompanie zu einem Sondereinsatz abkommandiert. Ein gefallender Soldat, der in der Tschechoslowakei im Einsatz gewesen war, wurde auf einem Friedhof in seiner Heimat im Kreis Schwiebus zu Grabe getragen. Unsere Kompanie sollte ihm das Ehrengeleit geben. Am Grab feuerten wir drei Schüsse Ehrensalut, und ein Trompeter blies das Lied vom guten Kameraden. Erschütternd war es, zuzusehen, wie die junge Witwe fast ins Grab gefallen wäre, wenn ihre Begleitung sie nicht im letzten Moment festgehalten hätte. Noch lange stand ich unter dem Eindruck dieses traurigen Ereignisses.

Dann kam der *Tag der Wehrmacht.* Aus dem gesamten Bataillon wurde eine spezielle Parade-Kompanie zusammengestellt. Ich war auch dabei. Wir marschierten, mit der Bataillonskapelle voran, durch Schwiebus. Menschenmassen säumten die Straßen. Im Parademarsch und „die Augen rechts!" defilierten wir am Bataillonskommandeur und einer Abordnung der Stadt vorbei. Die Zuschauer jubelten vor Begeisterung.

Zu Beginn des Monats Juni 1939 kamen wir zum Scharfschießen auf unseren Übungsplatz, der inmitten eines großen Kiefernwaldes lag. Rechts und links befanden sich Schutzbunker für die verschiedenen Pappscheiben-Bedienungsmannschaften. In etwa 500 Meter Entfernung diente ein hoher Erdwall als Kugelfang.

Nach dem offiziellen Scharfschießen befahl unser Kompaniechef eine besondere Übung. Dazu mußten ein Unteroffizier, ein Feldwebel und ein Leutnant abwechselnd ein Maschinengewehr bedienen, mit dem sie über die Köpfe der Soldaten der „angreifenden“ Kompanie schießen sollten – und die Geschosse flogen schräg in den Wald hinein. Der Zweck der Übung sollte darin bestehen, daß wir uns an den Geschoßknall gewöhnen sollten, der so ganz anders wirkte, als der Knall hinter der Waffe.

So ging einige Zeit mit dieser Übung dahin, bis plötzlich ein schriller Aufschrei alles stoppte. Es war ganz in meiner Nähe geschehen; ein Kamerad vom 2. Zug war von einem Querschläger aus dem Wald direkt unter dem Stahlhelmrand getroffen worden und auf der Stelle tot. Bis die Staatsanwaltschaft eintraf, durfte sich niemand vom Ort des tragischen Ereignisses entfernen. Nach der Feststellung des Sachverhalts wurde der Abmarsch in die Unterkünfte befohlen. Unserem Chef drohte ein Gerichtsverfahren mit ernsten Konsequenzen.

Der getötete Kamerad stammte aus Schwiebus und wurde bald zur Beisetzung freigegeben. Am Tag der Bestattung war die ganze Kompanie sowie der Bataillonskommandeur anwesend, um ihm mit der Trauergemeinde eine letzte Ehre zu erweisen. Mit fünf Kameraden stand ich in der Kirche am aufgebahrten Sarg als *Ehrenwache unter Gewehr*. Die Trauer über den Tod des Kameraden war derart belastend und irritierend, daß man keinen anderen Gedanken finden konnte, als *Ehrenwache*.

Für alle Angehörigen der Kompanie war eine belastende Stimmung entstanden, und die Schuldfrage war aufgeworfen worden. War unser Kompaniechef mit seiner Übung zu weit gegangen?

Wimmer, sofort zum Chef!

Am 20. Juli 1939 wurde unser Pionier-Bataillon nach Rokitnitz im Sudetenland, in eine tschechoslowakische Kaserne verlegt. Der Pionierstab und die 1. und 2. Kompanie stellten ein Vorauskommando ab, zu dem auch ich gehörte. Unter Führung des Unteroffiziers Enoch unternahmen wir zu diesem Ort einen Marsch mit Lastkraftwagen. Die Kaserne in Rokitnitz war zwar sauber, aber für die Kompanien noch nicht hergerichtet. Aus dem Lager mußten Betten und Strohsäcke geholt und in die Stuben verteilt werden.

Rokitnitz war ein schöner, ruhiger Ort mit vielen Cafés und Gaststätten, und schnell freundeten wir uns mit der Bevölkerung an. Die jungen Mädchen der kleinen Stadt schienen geradezu verrückt nach Soldaten zu sein... Hier ging nun unser Bataillon zum ersten Mal die großen Verteidigungsbefestigungen an. In der Ausbildung übten wir vorher an den sogenannten tschechischen Ohrenständen *(kleine Vorfeld-MG-Bunker)*, dann größere Bunker mit Schießscharten und MG-Kuppeln oder Kanonen-Scharten. Stürmen, einnehmen und verteidigen, sprengen mit Spezial-munition *(Hohlladungen)*, Flammenwerfer-Einsatz, Gewehr- und scharfen MG-Beschuß – jeden Tag. Übung folgte auf Übung, bei Tag und auch bei Nacht.

Einer der großen tschechischen Bunker bei Rokitnitz im Sudetenland, an denen wir Pioniere üben mußten.

Wir waren noch immer Rekruten und „genossen" noch immer die harte Ausbildung – und noch immer war unser Respekt vor den Vorgesetzten riesengroß. Lief etwas nicht richtig, jagte uns der Gruppenführer zur Strafe durchs Gelände. Oft schien uns das ganz und gar nicht die richtige Methode zu sein. Aber wir wurden abgehärtet, gut trainiert, gedrillt darauf, hart im Geben und hart im Nehmen zu sein. Jeden Tag Stoßtruppausbildung – jeweils 12 Soldaten gegen die verschiedenen Bunker in der Befestigungslinie. Tag und Nacht mußten wir uns durch Flächen-Drahthindernisse an die Turm- oder Seitenschießscharten heranarbeiten. Verbissen schufteten alle Kameraden; allen voran zwei Soldaten mit Drahtscheren, um geräuschlos eine Gasse durch den Stacheldraht zu bahnen. Mühsam robbten, krochen oder glitten wir dann über den Boden, durch Trichter und bis an die Bunker heran. Möglichst geräuschlos sollte unsere Annäherung erfolgen. Dann kam unsere Übungsmunition zum Einsatz: Blenden und sprengen der Türme... Die Besatzungen der Kampfstände waren nicht selten verblüfft, als deren „Einnahme" dann ganz plötzlich erfolgte.

Annäherungsübungen an einen Bunker mit Flammenwerfern.

In den fast vier Wochen, die wir in Rokitnitz verbrachten, gab es witterungsmäßig schöne und schlechte Tage. Kälte, Nässe und Nebel waren in der hochgelegenen Region an der Tagesordnung. Die Übungen waren so kriegsgemäß wie möglich inszeniert worden. Dann folgte eine große Nachtübung als Abschluß der bisherigen Ausbildung, gewissermaßen als Wertmesser für das Gelernte. Nach Beendigung dieser Übung wurde noch ein fünf Tage dauernder Fußmarsch über 250 Kilometer durchgeführt. Wir vier vom MG-Trupp wechselten uns beim Tragen des schweren Maschi-

... Und so sah ein Gruppenunterstand aus, nachdem wir ihn gesprengt hatten...

nengewehrs ständig ab. Oft trug es auch Oberleutnant Ernst Linke – als Beweis seiner Loyalität und Kameradschaft.

Als wir uns dann dem Zielort näherten, wurde eine Marschpause eingelegt, um unsere Gefechtsausrüstung und die Bekleidung in Ordnung zu bringen. In Marschordnung rückten wir in das Dorf ein, die Gewehre auf den Schultern. Die Einwohner begrüßten uns freudig. Dann wurden allen die Quartiere zugewiesen – ich bekam keins... Als ich diesbezüglich beim „Spieß“ anfragte, wurde ich zum Kompaniechef befohlen. In strammer Haltung meldete ich mich bei ihm: „Pionier Wimmer zur Stelle!“

Der Chef trat an mich heran und sagte: „Ich brauche einen guten Burschen, der mir meine Sachen in Ordnung hält. Wollen Sie das machen...?“

Ich war von diesem unerwarteten Anliegen irritiert, sagte aber: „Jawohl, Herr Oberleutnant!“

„Nach dem Essenempfang kommen Sie gleich in mein Quartier“.

Wir gingen zum Quartier. Die Begrüßung der Quartiersleute war sehr freundlich, und sie wiesen uns die Zimmer zu. Ich brachte mein Maschinengewehr und die anderen Dinge in mein Zimmer und machte mich frisch. Anschließend begann die Putzstunde. Der Abend sollte mit einem Manöver-Ball enden, und dahin sollten alle durch das Dorf marschieren.

Abends feierte die Kompanie in dem großen Saal einer Gaststätte. Die Musiker unseres Bataillons spielten auf, und die Gruppen saßen an langen Tischen beisammen. Zum Auftakt wurden die Quartiersleute und die Mädchen zum Tanz geführt, die Müdigkeit war längst verflogen. Aufmerksam beobachteten wir die Bühne, auf der die Musiker standen, und warteten darauf, daß sie zu spielen begannen, um dann sofort zu jenen Mädchen zu spurten, die wir uns vorher schon ausgeguckt hatten.

Erst vier Tänze hatte ich absolviert, da trat der Trompeter vor und stieß ein lautes Signal aus. Alles verharrte. Dann sagte er laut: „Pionier Wimmer, sofort zum Chef kommen!"

Ich war verblüfft. Warum, um alles in der Welt, sollte ich mich hier beim Chef melden?

Die als "Gulaschkanone" bezeichnete mobile Feldküche begleitete uns auf dem langen Marsch auf einem eigens dafür gemieteten Lastwagen eines Privat-Spediteurs (links Unteroffizier Enoch, in der Mitte Oberleutnant Linke, rechts der Bataillonskommandeur Major Scholz).

Mit musikalischer Begleitung marschierten wir zu jener Gaststätte in Rokitnitz, in der unser Manöver-Ball stattfinden sollte.

Im Schankraum waren alle Unteroffiziere und Offiziere versammelt. Ich meldete mich bei unserem Kompaniechef, der mir unvermittelt ein Glas Bier in die Hand drückte und laut sagte: „Meine Herren, hier steht Pionier Wimmer vor Ihnen, das ist mein bester Mann aus der ganzen Kompanie. Oder ist vielleicht jemand anderer Meinung? Meine Herren, Sie sind nun Zeugen, daß ich mit Wimmer auf unsere Freundschaft trinke."

Ich hatte das Gefühl, gleichzeitig zu erröten und zu erbleichen... Ich war von dem, das ich gerade gehört hatte, völlig irritiert. Da fragte mich der Oberleutnant: „Wie heißt Du mit Vornamen?"

„Josef", sagte ich halblaut.

Er entgegnete: „Und ich heiße Ernst. Prost, Josef!"

„Prost, Herr Oberleutnant."

Noch am selben Abend erklärte mir der Chef, er werde am nächsten Tag den Bataillonskommandeur über diesen ungewöhnlichen Akt der Verbrüderung eines Offiziers mit einem Mannschaftsdienstgrad informieren. *(Wir duzten uns dann jedoch nur, wenn wir allein miteinander waren. Unsere Freundschaft sollte unser ganzes Leben lang anhalten...)*

Am nächsten Tag wurden alle Pioniere per Eisenbahn zurück ins Tibor-Lager gefahren. Nach dem Einrücken in die Kaserne, mit Musikkapelle und großem Defilee im Parademarsch, mußte unsere Kompanie antreten, der Chef hielt eine Rede, dann wurden wir in unseren wohlverdienten Heimaturlaub entlassen. Doch vorher sollte ich noch in die Stube des Unteroffiziers Enoch kommen. Er sagte: „Bilden Sie sich nichts auf die Sache mit dem Chef ein; Sie sind genau so ein Soldat wie vorher auch.“

Mir wurde klar, daß durch die Verbrüderung mit dem Chef eine große Bürde auf mir lastete. Nun entstand bei den Kameraden und Unteroffizieren der Gedanke, daß der Chef jetzt in mir jemanden hat, der ihm über alle Vorkommnisse bei den Mannschaften und Unteroffizieren genau berichtet... Aber genau das lag mir gänzlich fern.

In Ausgehuniform als Pionier der 2. Kompanie des Grenz-Pionier-Bataillons 71 kurz vor dem Ende meiner dreimonatigen Rekrutenzeit.

Wie so oft, hatten wir auch im August 1939 eine Alarm-Übung. Zu unserer Überraschung mußten wir nun unsere gesamte Ausrüstung in der Waffen- und Bekleidungskammer abgeben, und niemand wußte so richtig etwas mit der Situation anzufangen. Nur in leichter Felduniform verließen wir motorisiert unsere Kaserne und fuhren in die Nähe von Schneidemühl. Dort wurden wir in einem Depot neu eingekleidet und bewaffnet. Aus unserer Kompanie wurde ein neues Pionier-Feld-Bataillon zusammengestellt. Aus jedem bisherigen Zug wurde eine neue Kompanie aufgestellt, die man mit Reservisten aus dem Ersten Weltkrieg auffüllte und solchen, die ihre Ausbildung und sogar Reserveübungen bereits absolviert hatten. Diese ungewöhnliche Übung dauerte nur ein paar Tage, und bald waren wir wieder in unserer heimatlichen Kaserne. Aber in der Nacht vom 26. zum 27. August erschreckte uns schon wieder ein Alarm, und wir wurden in einen Mobilmachungsraum bei Schönow gefahren. Von dort aus marschierten nun die zusammengezogenen Einheiten *(nur nachts)* in die Richtung der polnischen Grenze.

In der Nähe der Grenze, östlich Kletschin, bezogen wir unseren Bereitstellungsraum auf einem großen Gutshof, dessen Scheune uns als Quartier diente. Es erging der Befehl, daß tagsüber keine Truppenbewegungen stattfinden durften. Die Ruhephase wurde zum Instandsetzen von Ausrüstungen und Bekleidung, zum Waffenreinigen und zum Schlafen genutzt. Das schwülwarme Wetter ließ die überbelegte Scheune noch enger erscheinen. Der Dienstplan hing am hölzernen Scheunentor.

Als wir uns schon zur Ruhe begeben hatten, erschien am Abend des 31. August ein Melder des Bataillonsgefechtsstandes und sagte: „Oberleutnant Linke sofort zum Kommandeur!"

Oberleutnant Ernst Linke, vom 1.10.1938 bis zum 15.10.1940 Chef der 2. Grenz-Pionier-Kompanie 71.

Eine halbe Stunde später wurde die Kompanie zu einer großen Besprechung zusammengerufen. Wir wußten, daß Hitlers Forderungen an Polen eine gefährliche Atmosphäre der Spannung und der Kriegsvorbereitungen erzeugt hatte, glaubten aber, daß man sich doch noch irgendwie geeinigt habe.

(1934 hatte Adolf Hitler mit Polen einen Nichtangriffspakt geschlossen. Nachdem sich die polnische Regierung jedoch geweigert hatte, die alte Hansestadt Danzig, die nach dem Ersten Weltkrieg ohne Abstimmung mit dem Deutschen Reich von diesem abgetrennt und als Freistaat der Aufsicht des Völkerbundes und der Zuständigkeit Polens unterstellt worden war, an das Deutsche Reich zurückzugeben und den Korridor nach Ostpreußen zu öffnen, kündigte Hitler sein Abkommen im Frühjahr 1939 auf. Daraufhin folgten hektische diplomatische Vermittlungsversuche, die jedoch an Hitlers Willen für eine gewaltsame Lösung der sogenannten „Raum-

Ein Anker – das markante Symbol der Pioniere.

frage“ scheiterten. Am 31. August 1939 löste er den „Fall Weiß“ aus – den Angriff auf Polen. Als propagandistischen Vorwand benutzte man die vorgetäuschte Besetzung des Reichssenders Gleiwitz durch ein polnisches Kommando. So hatte sich am 1. September das Gros des deutschen Heeres mit 57 Divisionen in zwei Angriffskeilen in Bewegung zu setzen. Aus Pommern und Ostpreußen sollte die Heeresgruppe Nord unter Generaloberst von Bock vorstoßen, aus Schlesien und der Slowakei die Heeresgruppe Süd unter Generaloberst von Rundstedt. Insgesamt standen für diesen Angriff, der von den Luftflotten 1 und 4 mit 1.107 Maschinen unterstützt wurde, etwa 2.500 Panzer zur Verfügung. Die Polen verfügten über insgesamt 40 Divisionen und 16 Brigaden mit 1.132 leichten Panzerfahrzeugen und 745 Flugzeugen. Bis zum 31. August hatte die polnische Heeresleitung unter Marschall Rydz-Smigly den Hauptanteil ihrer Streitkräfte, 26 Divisionen und 10 Brigaden, an der 1.900 Kilometer langen polnischen Landesgrenze aufmarschieren lassen.)

Nach seiner Rückkehr erklärte uns Oberleutnant Linke die gegenwärtige Situation; daß die Reichsregierung bis zur Stunde vergeblich auf eine Antwort oder das Erscheinen eines polnischen Unterhändlers gewartet habe und unter diesen Umständen ihre Vorschläge als abgelehnt angesehen werden.

Dann mußte von unserer Kompanie ein freiwilliger Stoßtrupp aufgestellt werden, der den Befehl erhielt, die noch intakte Verkehrs- und Schleusenbrücke an der Staatsgrenze zwischen den Seen von Vakatinowo und Piesno unversehrt und durch eine Handstreichaktion einzunehmen. Es hieß: „Meine Herren, um 3:00 Uhr setzt sich der Stoßtrupp zum Zielort in Bewegung. Im Morgengrauen, um 4:45 Uhr, wird die deutsch-polnische Grenze überschritten!“

Dann begab sich außer des Stoßtrupps die Kompanie endgültig zur Nachtruhe. Der Stoßtrupp wurde nun mit zusätzlichen Kampfmitteln ausgerüstet.

Einmarsch nach Polen

Leise wurde die Kompanie zum Aufbruch geweckt. Schweigend ging es nach vorn, an die Grenze. Jede laute Unterhaltung mußte unterbleiben. Man hörte nur den gleichmäßigen Tritt der vielen Stiefel. Vereinzelt klapperte ein Schanzzeug oder eine Gasmaskendose, oder ein leiser Fluch würde hörbar, wenn jemand in der Dunkelheit gestolpert war oder in ein Loch getreten hatte. Die Kompanie marschierte in den Bereitstellungsraum vor der besagten Brücke und war um 3:30 Uhr bereit zum Einmarsch nach Polen.

Wir lagen abwartend auf dem kalten Erdboden, und mir klapperten die Zähne. Aber es war nicht nur die Kälte, die uns frösteln ließ.

Es begann zu dämmern, und das erste Morgenlicht war grau und fahl, und ein milchig-weißer Bodennebel verhüllte alle Gegenstände, verhüllte auch das, was uns erwartete... Viele Gedanken gingen mir durch den Kopf. Ich dachte an meine Eltern und an mein bisheriges Leben. Da kam das Kommando: „Auf! Marsch! Zum Angriff!"

Der Krieg begann exakt um 4:45 Uhr. Ich hatte manches vom Krieg, besonders vom Weltkrieg gehört und noch mehr darüber gelesen. Wie würde es nun werden? Auch dieser Krieg würde Opfer fordern, doch wollten wir nicht hinter unseren Vätern zurückstehen, waren dazu bereit.

An der Brücke stießen wir auf unseren Stoßtrupp, der keine Verluste erlitten hatte. Die Gruppe ordnete sich wieder in die Kompanie ein. Zwar war die Brücke bereits schon vorher durch eine Sprengung halb zerstört worden, doch noch immer benutzbar. Ein Kamerad des Stoßtrupps berichtete: „Wir schlichen uns an die Brücke heran, aber es regte sich nichts. Es war auch nicht zu erkennen, ob die Brücke überhaupt besetzt war. Die Brücke sollte im Laufschritt passiert werden. Aber gerade als die Ersten losrennen wollten, krachte es, und eine Staubwolke stieg auf. Holzbalken, Steine und Erdbrocken wirbelten herum und fielen auf die sumpfigen Wiesen und auf die Straße. Die Brücke war gesprengt worden. Wir sahen in diesem Augenblick zwei polnische Soldaten in den nahen Wald laufen, aber niemand kam auf den Gedanken, hinter ihnen her zu schießen."

Mit einigem Unbehagen marschierten wir nun in einem fremden Land, und wir fragten uns, was nun noch alles geschehen sollte... Wir waren in ständiger Anspannung und auf der Lauer, um nicht überraschend überfallen zu werden. Plötzlich tackerte in einiger Entfernung rechts ein Maschinengewehr. Es folgten vereinzelte Schüsse, dann noch einmal ein Feuerstoß. Stille… Nur aus der Ferne war ein dumpfes Brummen vernehmbar, das langsam anschwoll und dann hoch über uns hinwegzog – deutsche Bomber, die ihre Bomben zu fernen Zielen trugen.

Der Nebel löste sich auf, und plötzlich war es hell. Vor uns tauchten die ersten Zäune und Häuser von Valentinowo auf. Eine Gartentür wurde geöffnet, und ein Mann trat auf die Landstraße. Als er uns erblickte, hob er erschreckt die Hände: „Oh, oh, die Deutschen!“ rief er.

Langsam fügte er mit hartem Akzent hinzu: „Ich habe abgerüstet!“

Wir zogen wortlos an ihm vorüber, und zögernd nahm er seine Hände wieder herunter.

Etwas weiter verdeckten Johannisbeersträucher und eine Strohmiete fast vollständig ein niedriges Haus, aus dem aufgeregte Stimmen drangen. Unserer Angriffsrichtung entsprechend marschierten wir durch die Gärten hinter den Scheunen, dann die Dorfstraße entlang und vertrieben allein durch unser Erscheinen ein paar ängstliche Einwohner, die gerade damit begonnen hatten, eilig ihren Hausrat auf einen Wagen zu laden.

Am südlichen Ausgang von Valentinowo schloß unsere Kompanie auf die Infanterie auf, die mit uns die Grenze überschritten hatte. Es ging weiter, auf das Kloster Gorka zu. Ein polnisches Kommando war dort gewesen; man konnte es sehen, aber das Kloster war nicht mehr besetzt. Nach den Aussagen eines deutschsprechenden Mönches waren die Polen erst eine halbe Stunde zuvor abgezogen.

Ohne Aufenthalt ging es weiter. Das nächste Angriffsziel war ein Wiesengrund. Wieder krachte es im Gelände vor uns, und eine Holzbrücke über die Lobsonka flog in die Luft. Sofort wurde die 2. Kompanie mit ihrer Wiederherstellung beauftragt.

Inzwischen war es sehr warm geworden. Mehrere polnische Frauen und Männer brachte uns Erfrischungen und Blumen. Einige Optimisten wagten schon, auf einen „Blumenkrieg“ zu hoffen, wie es im Sudetenland geheißen hatte.

Im Ort Lobsens waren alle Häuser leer. Den Rest des Tages mußten wir nur marschieren. Die weitläufige Feldlandschaft war leicht wellig und von einzelnen kleinen Gehölzen durchzogen. Ein Gehöft, an dem wir vorbeikamen, mußten wir durchsuchen, ob sich darin polnische Soldaten aufhielten. Die Bewohner verneinten dieses. Wir fanden auch niemanden darin.

Bald erreichten wir das Dorf Sczerbin, dann ging es weiter über Schönfelde nach Witzleben und auf einer schattenlosen Straße über Hermannsdorf nach Debenke. Bei unserem Einmarsch in Hermannsdorf wurde die Kirchenglocke geläutet. Unsere erste Nacht im fremden Land verbrachten wir dann in Zwei-Mann-Zelten.

Am 2. September wurde wieder marschiert. Die Dörfer, durch die wir zogen, standen meistens leer. Die Bevölkerung war nach Osten geflohen oder bereits deportiert. Das Vieh irrte herrenlos umher oder brüllte in den Ställen. Einige Kameraden molken Kühe, und so hatten wir ein zusätzliches und nahrhaftes Getränk.

Unterwegs überholten uns mehrere Panzerspähwagen, die zur Brigade Netze gehörten und nach Nakel fuhren. Am Horizont quollen dunkle Qualmwolken brennender Gehöfte empor. In einem Ort stand in einem Treppenhaus auf einem Podest eine große Gipsstatue des 1935 verstorbenen polnischen Staatsherrn Josef Pilsudsky, und ein Soldat sagte: „Ja, Du hast das nicht gewollt, aber nun ist es doch so gekommen, weil der Beck sich vor den Karren der Engländer hat spannen lassen." Dann stieß er die Figur um. Als sie polternd auf den Boden aufschlug, zerbrach sie in viele Stücke.

Der 3. September war wieder ein strahlend schöner Spätsommertag. Es war ein Sonntag. Unsere Nachbar-Division, die Tuchler Heide bereits erreicht hatte, ging in Richtung Kulm vor. Wir marschierten bis Gumnowitz. Hinter uns ging eine Batterie in Stellung. Ein polnisches Aufklärungsflugzeug zog über uns einen weiten Bogen. Es wurde heftig mit Karabinern und Maschinengewehren beschossen – jedoch ohne Erfolg.

Unser Marsch ging weiter nach Dabrowka. In der Ferne sahen wir hohe Rauchsäulen. Hin und wieder hörten wir auch entferntes Knallen, das die Älteren unter uns, die den Ersten Weltkrieg oder die Grenzlandkämpfe 1919/20 mitgemacht hatten, als Artilleriefeuer erkannten. Bei Kazin entdeckten wir dann auch mehrere flache Erdtrichter und silbrig glänzende Granatsplitter auf dem Ackerboden. Plötzlich wurden wir aus südöstlicher Richtung, von Kazin her, beschossen. Es rauschte über uns, vor und neben uns, es blubberte auf den Boden und zerplatzte – Granatwerfer!

Alle lagen wir flach auf dem Bauch. Man wollte sich am Liebsten in die Erde verkriechen... Dann unternahm die Infanterie einen Entlastungsangriff nach vorn. Ich sah ihre ersten Verwundeten – die ersten Verwundeten, die ich in meinem Leben sah...

Wir gruben uns ein, und der Abend verschaffte uns Gelegenheit, uns an die Fluggeräusche der Granaten zu gewöhnen. Unsere Artillerie beschoß über uns hinweg erkannte Befestigungen östlich von Neuheim. Die Polen antworteten nur mit vereinzelten Schüssen. Bei Anbruch der Dunkelheit wurde das Feuer gänzlich eingestellt. Wir empfingen Verpflegung, stellten Wachen auf und fielen erschöpft in tiefen Schlaf.

Am nächsten Morgen wurde uns erst richtig bewußt, daß wir am Vortag unsere „Feuertaufe“ erhalten hatten – wir befanden uns tatsächlich im Krieg... Vor dem Weitermarsch gab man die Lage bekannt:

„England und Frankreich haben uns gestern den Krieg erklärt. Von dem uns gegenüber befindlichen Feind wird angenommen, daß er seine Stellung geräumt hat. Heute werden die ersten Benachrichtigungskarten ausgegeben, damit wir die uns zugeteilte Feldpostnummer nach Hause schreiben können. Zusätzliche Mitteilungen sind nicht erlaubt!“

(Am 3. September hatten Polens Verbündete, Großbritannien und Frankreich, dem Deutschen Reich den Krieg erklärt – aber ein wirksames Eingreifen zugunsten Polens war ihnen so schnell nicht möglich...)

Inzwischen folgte der Vormarsch unserer Infanterie den weichenden Polen nach Osten und Süden. Wir Pioniere hielten zu den einzelnen Infanterie-Regimentern in vorderster Front Verbindung. Wir erhielten nun unseren ersten Einsatzbefehl...

In einem größeren Waldstück war die Vormarschstraße durch eine Baumsperre und Minen blockiert. Der 1. Zug, zu dem auch ich gehörte, sollte diese Aufgabe lösen. Ich wurde mit meinem MG-Trupp von Unteroffizier Matern darüber informiert, daß unsere Räumungsarbeiten vom Feind nicht überfallartig gestört werden konnten. Unsere Stellung und die Beobachter lagen etwa einhundert Meter voraus, damit ich ein günstiges Schußfeld hatte. Aber auf der anderen Seite rührte sich nichts.

Nachdem die Räumarbeiten erledigt waren, wurde der Vormarsch und der Zug der nachfolgenden Fahrzeuge fortgesetzt. In Marschordnung, aber gruppenweise auseinandergezogen, suchten wir den Anschluß an die Spitze, um nichts zu versäumen. Wir rätselten, wo die Polen wohl geblieben waren.

Auf unserem Marsch sahen wir dann die ersten drei toten Infanteristen neben der Straße liegen – Männer in feldgrauen Uniformen mit ihren Stahlhelmen auf den Köpfen. Sie lagen da, als wenn sie schliefen... Wie plötzlicher Frost zog es durch unsere Reihen, die Gespräche verstummten. Alle sahen nur hinüber zu den Toten. Man sah das fahle, fast weiße Gesicht eines Soldaten, dessen Stahlhelm ihm ins Genick gerutscht war. Ein anderer, der etwas weiter hinten lag, hatte beide Hände ausgestreckt, so als ob er jemanden herzlich habe begrüßen wollen und dabei vornüber gefallen war. Der dritte der Männer lag mit dem Gesicht zur Erde. Eindrucksvolle, unvergeßliche Bilder prägten sich in die Psyche ein. Mir wurde klar, daß diese drei Toten nicht die einzigen sein würden, die ich in diesem Krieg zu sehen bekam.

Inzwischen hatten wir die Kompanie während ihrer Ruhepause eingeholt. Die Division erhielt jetzt eine neue Order. Der Feind war nach Süden ausgewichen und lag in einer ausgebauten Stellung, die in dem Bogen zwischen Brahe und Bromberger Kanal den Zugang nach Bromberg verwehrte. Wir überquerten die Straße nach Wahlstatt, ließen Ossowitz links liegen und tauchten in den südwestlichen großen Forst bei Strelitz ein. Es wurde „geöffnete Marschordnung" befohlen – zunächst Schützenreihe.

Auf Schritt und Tritt fanden wir weggeworfenes polnisches Kriegsmaterial, sogar Waffen und Uniformstücke. Wir kamen an einem verlassenen polnischen Biwak mit halbverbrannten Wagen vorbei. Geknickte Bäume ließen darauf schließen, daß man das Lager aus der Luft beschossen hatte. Zwei tote Pferde lagen da mit aufgedunsenen Leibern, heraushängenden Zungen und ausgestreckten Hinterbeinen. Das Bild des Krieges nahm in meinem Kopf immer klarere und grausamere Konturen an.

Am frühen Morgen erreichten wir den Südostrand des Forstes vor Bromberg. Mehrere dumpfe Schläge, von denen die Luft erzitterte, waren uns unterwegs nicht entgangen. Man konnte auch den Rauch sehen, doch hatten wir uns daran bereits gewöhnt. In unserem Blickfeld erschienen einzelne Hausdächer und viele Obstbäume. Die Stadt dahinter war nur zu vermuten. Das Gerücht, wir würden noch an diesem Nachmittag mit Musik in Bromberg einmarschieren, verbreitete sich schnell; darum die Uniform in Ordnung bringen. Aber es wurde still, und unsere Rast im Wald dauerte lange. So bezogen wir für die Nacht ein Biwak. Von allen Frontabschnitten hörte man gute Durchbruch-Erfolge. An der ganzen Front waren die Polen im Fliehen begriffen. Aber immer, wo sich für sie die Möglichkeit bot, eine Sperre zu errichten, sprengten sie ganze Baumreihen und Brücken aller Art.

Wir Pioniere waren die Wegbereiter für den Vormarsch. Es war inzwischen bekannt, daß sämtliche Brücken über die Brahe zerstört und der

Staudamm gesprengt war, so daß der Fluß unverhältnismäßig viel Wasser führte. Nur zwei Kilometer nördlich der Stadt gab es eine weitere Brücke, die noch passierbar war. Die 1. Pionier-Kompanie bekam den Auftrag, sie für Fahrzeuge zu verstärken.

Ein Spähtrupp erkundete am Waldrand, in der Nähe von Bromberg, eine modern eingerichtete Heilstätte, die den Polen als Lazarett gedient hatte und nun verlassen war. Der Feind mußte in panischer Eile abgezogen sein. Dennoch wurden unsere Spähtrupps mehrfach aus dem Hinterhalt beschossen. Größte Vorsicht war geboten.

In den frühen Morgenstunden des 5. September hatten sich die Infanterie und wir Pioniere mit ihren Spitzen bis an den Stadtrand von Bromberg vorgeschoben und zum Einmarsch aufgestellt. Von Musik war keine Rede mehr.

Wir befanden uns im Nordosten der Stadt, an der Straße nach Osielsk. Die Spitze der Division trat an. Im selben Augenblick wurde die Situation klar. Wer noch geglaubt hatte, im einst überwiegend von Deutschen bewohnten Bromberg als Freund empfangen zu werden, hatte sich gründlich geirrt. Aus allen möglichen Verstecken fielen Schüsse. Es knallte aus Fenstern, Kellerlöchern und Dachluken; auch von Balkonen, die extra mit Sandsäcken geschützt waren, wurde auf uns geschossen. So schnell wir konnten, rannten alle von der Straße. Wer keinen Platz in einem Hauseingang oder einer Toreinfahrt fand, mußte sich dicht an der Hauswand hinlegen. Ich ging sogleich mit meinem MG 34 in Stellung, um das Feuer auf den Feind aufzunehmen. Aber unmittelbar nach einem Schuß war der jeweilige Schütze verschwunden. Die Infanterie ging langsam von Haus zu Haus weiter, und wir Pioniere in Begleitung mit.

Die Schüsse peitschten in den engen Straßen durch die Luft und klangen hier ganz sonderbar. Sollte es jetzt zu einem Häuserkampf kommen, konnte das für uns sehr fatal werden, weil wir so etwas niemals geprobt hatten… Im Vorgehen erreichten wir zur rechten Seite einen Kasernenkomplex. Es war eine leerstehende Artillerie-Kaserne. Doch schnell wurde sie von den einzelnen Stäben in Besitz genommen. Dann wurden die ersten gefangenen Heckenschützen völlig nackt in die Kaserne geführt. Die polnischen Soldaten hatten sich schnell ihrer Uniformen entledigt, um bei der Vernehmung besser behandelt zu werden. Da aber die ersten Verluste unter den deutschen Soldaten in der Stadt schon an der Frontspitze eingetreten waren, wurden die Gefangenen nicht gerade feinfühlend behandelt.

Es gab keine klare Kampflinie, denn Zivilisten, Flüchtlinge und Soldaten liefen überall durcheinander. Ich kam zu keinem Schuß und konnte lediglich Feuerschutz leisten. Aber man mußte aufpassen, und beim langsamen Vorgehen wurde die Mann-Deckung auf beiden Seiten der Straße, an den Wänden der Häuserreihen, streng eingehalten. Durch die Schützenreihen wurde durchgesagt, daß es sich wahrscheinlich um Freischärler handelte, die gegen uns kämpften.

Ab Mittag ebbte der höllische Gefechtslärm dann merklich ab. Wir erreichten Hohenholm und kamen an ein Sägewerk. Gleich daran anschließend verlief der langgestreckte Bartelsee, ähnlich einem Kanal. Von unserem Pionier-Bataillon erging der Befehl, daß die Kompanie Linke einen Behelfsübergang von etwa 25 Meter Breite über den Kanal errichten sollte. Die Baustelle lag günstig, denn hier war genug Bauholz zum Aussuchen vorhanden. Die Kompanie ging in das Sägewerk und entledigte sich der mitgeführten Waffen und Geräte. Zu dieser Zeit waren auch die Gerätewagen angekommen, die das notwendige Handwerkszeug brachten. Ein Boot, das quer im Wasser stand und auf dem auch noch einige Eisenträger lagen, sollte nun als schwimmender Unterbau dienen.

Bereits an diesem 5. September, am 5. Tag der Kampfhandlungen, befahl General Edward Rydz-Smigly den Rückzug der polnischen Truppen hinter die Weichsel...

Das Antlitz des Krieges

Am Morgen des 6. September ging es schon sehr früh über den fertigen Übergang und in Richtung des langgestreckten Ein-Straßen-Dorfs Langenau. Unser Zugführer, Leutnant Ripke, hatte den Befehl erhalten, einen Spähtrupp in die Ortschaft zu führen. Vom Feind sah und hörte man nichts... Unser Marsch führte direkt an einer großen Bucht vorbei, mit viel Stamm-Holz. Da schoß plötzlich die polnische Artillerie Schrapnellgranaten. Sie krepierten über der Bucht, an deren Rand wir uns gerade befanden. Wie ein dichter Regen stoben Tausende größerer und kleiner Stahlsplitter auf das Wasser herunter und erzeugten hochaufspritzende Fontainen.

Beim nächsten Abschuß gingen wir in dem Graben neben der Straße in Deckung – und marschierten in ihm auch weiter. Als die Straße eine Biegung in südliche Richtung machte, konnten wir schon den Ort mit der kleinen Kirche sehen. Als wir plötzlich gezielt beschossen wurden, gingen wir mehr erstaunt als erschreckt in Deckung. Mit meinem Maschinengewehr ging ich sofort in Stellung und erwiderte das Feuer auf den Dorfrand. Gruppenweise sollten dann unsere Pioniere unter meinem Feuerschutz vorgehen.

Bald hatten wir die ersten Häuser erreicht und wollten sie nach polnischen Soldaten durchsuchen. Doch welcher Anblick sich uns nun bot, erschütterte uns zutiefst. Fast in jedem Zimmer der von uns durchsuchten Häuser lagen tote Zivilisten – vermutlich Volksdeutsche. Sie lagen in den Betten, auf den Toiletten, in Kellern, in Ställen und auf den Höfen; überall lagen tote Menschen. Einer Frau war der Bauch aufgeschlitzt und ihre kleinen Kinder bestialisch erschlagen worden. Von unserer Erschütterung überwältigt, kamen wir gar nicht zum Nachdenken. Da rief uns Oberleutnant Linke zu: „Sofort Stellungswechsel auf den Friedhof an der Kirche!"

Wir vier vom MG-Trupp rannten los, sprangen über kleine Hindernisse, warfen uns Deckung suchend hin und erreichten endlich den Friedhof. Wir sahen die fliehenden polnischen Partisanen nahe der Weichsel. Ich schoß Einzel- und Dauerfeuerstöße und mußte bald den Lauf meines MG 34 wechseln, weil ich ihn heißgeschossen hatte. Als mir fast die Munition ausgegangen war, brachte mir unser Chef von einem anderen MG-Trupp Nachschub. Dann suchte Oberleutnant Linke mit seinem Fernglas nach weiteren Zielen und benannte sie mir.

Kurz darauf lagen wir unter gut gezieltem Einzelbeschuß, und ich mußte einen Stellungswechsel durchführen. In einer kurzen Feuerpause fiel ein Schuß, und es war mir, als hörte ich den Geschoßknall direkt über meinem Stahlhelm. Fast gleichzeitig ein greller Aufschrei. Mein Kamerad und MG-Schütze 4 war von einem Geschoß direkt über dem Hoden ins Becken getroffen worden. Offenbar war eine Bauchschlagader zerrissen. Es ging alles so erschreckend schnell, daß man keine Zeit zum richtigen Handeln hatte – und er verblutete unter größten Qualen direkt vor unseren Augen.

Wir erkannten die Absicht der Polen, uns von unserer vorgehenden Division abschneiden und uns von hinten angreifen zu wollen. Es entstand ein erstes Gefecht, und der Kampf um Langenau war noch keineswegs entschieden. Die Polen wehrten sich zäh und wichen nur schrittweise zurück – bis unsere Infanterie von der rechten Flanke aus angriff und den Ort am späten Nachmittag endgültig einnehmen konnte. Noch am selben Abend wurde unser gefallener Kamerad auf dem Friedhof an der Kirche beerdigt.

Beim Einzug der ersten deutschen Truppen in Bromberg, und auch noch am darauf folgenden Tag, stießen wir, wohin man auch kam, auf Leichen, die vielfach in Gruppen von acht, zehn und nicht selten mehr auf den Straßen und in den Gärten umherlagen. Nach dem Einzug der deutschen Truppen begannen die Zivilisten sofort damit, ihre Toten zu bergen. Viele weitere Leichen wurden auch außerhalb der Stadt und hauptsächlich in den Wäldern gefunden. Unbekannt blieb, wie viele Menschen tot oder lebend in die Weichsel geworfen und wie viele verschleppt und vielleicht an anderen Orten ermordet wurden.

Von Anfang September bis Dezember 1939 wurden allein im Raum Bromberg 5.437 Opfer ermittelt, die beim Zusammenbruch Polens von ihren eigenen Landsleuten umgebracht worden waren. Bereits bis zum 7. September waren im Grenzgebiet alle polnischen Armeen entweder durchbrochen, von den Kämpfen stark angeschlagen oder zum Rückzug gezwungen.

Die Nacht zum 9. September war ruhig verlaufen, und am Morgen trat die Divisionsspitze den Weitermarsch an. Unsere Gruppe erhielt den Auftrag, eine Minensperre zu beseitigen. Wir wurden mit Lastwagen zu unserem Bestimmungsort gefahren. Die Minensperre verlief quer zur Fahrbahn, die an beiden Seiten von kleinen Seen flankiert wurde.

Nach einer kurzen Einweisung durch unseren Gruppenführer fingen wir mit der Arbeit an den uns völlig unbekannten Minen an. Unbekümmert nahmen wir die ersten von der Straße. Es konnte, so schien es, ja nichts geschehen, denn die Dinger sahen überhaupt nicht gefährlich aus, primitiv gegenüber unserer gefährlichen Tellerminen. Als uns die Arbeit zu lange dauerte, bildeten wir eine Kette und warfen uns die Minen einfach zu. In kurzen Abständen häuften wir immer ein paar Minen auf, ohne uns über die von unserem leichtsinnigen Handeln ausgehende Gefahr ernsthafte Gedanken zu machen.

Am Nachmittag waren wir mit der Räumung fertig, und da es momentan keine andere Verwendung für die Minen gab, sollten sie gesprengt werden. Die Straße wurde für die Dauer der Sprengung abgesperrt, dann gingen wir in Deckung. Unter Mißachtung einer der wichtigsten Pionier-Regeln *(sprenge nie, wenn das Objekt unbekannt ist)* wurde das Kommando zur Sprengung erteilt – und dann gab es ein höllisches Inferno: Sämtliche Minen explodierten gleichzeitig. Der Erdboden erzitterte, und es entstand ein höllischer Explosionsdruck. Es war, als würde direkt vor uns ein Vulkan ausbrechen und dabei die ganze Welt untergehen. Wir waren zutiefst geschockt. *(Diese Horror-Aktion war uns allen eine unvergeßliche Lehre.)*

Nach der erfolgreichen Beseitigung der Minen bestiegen wir wieder unseren Lastwagen und suchten Anschluß an die Kompanie. Wir durchfuh-

Von polnischen Partisanen in Bromberg ermordete deutsche Frauen, die, wie viele andere deutsche Zivilisten, auch nach der Gebietsübernahme ehemaligen deutschen Landes durch die Polen nach dem Ersten Weltkrieg dennoch weiterhin in ihrer Heimat wohnen geblieben waren.

ren viel Waldgelände, deren hohe Kiefern uns bei der späten Septemberhitze etwas kühlen Schatten spendeten, doch hätten wir lieber freie Sicht gehabt, die uns vor unangenehmen Überraschungen schützen konnte. Doch bald lichtete sich der Wald, und in den nun erreichten Dörfern mit deutscher Bevölkerung wurden unsere Truppen glücklich mit Blumen, Obst und Kuchen empfangen.

Der 8. September war ein sehr warmer Tag, an dem wir über immer schlechter werdende Straßen dahinfuhren. Vom Feind war nichts zu sehen. Dann sahen wir in weiter Ferne etliche Feuersbrünste, von denen dunkle Rauchwolken aufstiegen. Vor Thorn wurde angehalten. Es dauerte lange, bis der Troß mit der Verpflegung eintraf, und so bezogen wir in den Häusern und Scheunen Quartier – zum erstenmal nicht unter freiem Himmel schlafen müssen.

Dann wurden die Waffen gereinigt. Plötzlich ein Knall, und direkt neben mir zischte es. Ich war erschreckt, suchte danach, woher der Schuß kam. Kaiser, mein neuer MG-Schütze 4, wurde erst blaß, dann rot. Er hatte aus seiner Null-Acht-Pistole das Magazin herausgenommen und die Waffe dann noch einmal abgedrückt, doch im Patronenlager hatte sich noch eine Patrone befunden. Das Geschoß hatte meine Feldbluse durchschlagen, einen Stiefel, mein Kochgeschirr und mein Koppel und war in meinem Brotbeutel stekkengeblieben – direkt vor meinem rechten Bein. Es gab einige Aufregung, aber da nichts weiter geschehen war, beruhigte man sich bald wieder.

An diesem Abend konnten einige Kameraden in unserem Quartier noch keine Ruhe finden und wollten sich etwas in der näheren Umgebung umsehen. Ich schloß mich ihnen an. Als wir um die Scheune herumgegangen waren, sahen wir in einiger Entfernung eine größere Gruppe Personen, die sich in einer weiten Bodensenke bewegten. Ohne jeden Argwohn gingen wir darauf zu und erkannten erst im letzten Moment, daß es sich bei den etwa achtzig Leuten um polnische Soldaten handelte, vornehmlich sehr junge. Wir waren unbewaffnet und standen plötzlich einem polnischen Rittmeister gegenüber. In resolutem Ton forderten wir ihn zur Aufgabe seines Widerstandes gegen unsere Truppen auf. Er verstand die deutsche Sprache – und gab kampflos auf. Ich nahm dem Offizier die Pistole ab, und wir brachten die Polen zu unserem Lagerplatz.

Als wir zu unserer Kompanie zurückkehrten, waren alle Kameraden und der Chef über unsere äußerst erfolgreiche Aktion sehr erstaunt. Sofort ging ich zu meinem Quartier, um die polnische 6,35-mm-Pistole in Sicherheit zu bringen. Ich versteckte sie in meinem Brotbeutel, denn sie sollte mir ein Andenken an diese verrückte Aktion bleiben.

Es dauerte aber nicht lange, da wurde die Frage aufgeworfen, wo denn die Pistole geblieben war. Sie sollte dem Offizier, der die jungen Kadetten im Alter von 14 bis 16 Jahren angeführt hatte, wiedergegeben werden, sozusagen als Offiziers-Ehre. Doch niemand meldete sich diesbezüglich zu Wort... Daß die Pistole in meinem Brotbeutel steckte, wußte außer mir nur noch mein Kamerad Georg. Dann begaben wir uns zur Nachtruhe.

Am nächsten Morgen war die Pistole weg. Da ich wußte, daß Georg diese Waffe auch gern haben wollte, fragte ich ihn, ob er sie sich genommen habe. Doch der verneinte nachdrücklich. Ich war gleichermaßen verärgert wie enttäuscht, aber tun konnte ich nichts. Die Waffe war weg.

Am 10. September, einem Sonntag, wurde die Verfolgung der polnischen Truppen fortgesetzt. Unsere Kompanie folgte als Reserve mit einigem Abstand der Infanterie. Unsere Artillerie schoß über uns hinweg. Die polnische Artillerie antwortete nur vereinzelt und ohne Wirkung. Wir marschierten durch Trezecyn und Jenowo in Richtung auf Wloclawek und sahen eine große gesprengte Brücke im Wasser der Weichsel liegen. In der Umgebung begegneten wir nun einem grauenhaften Elend, denn durch die Sprengung der Brücke waren auch viele der in der Nähe befindlichen Häuser mit weggerissen worden – Häuser, in denen im Moment der Sprengung noch Menschen gewohnt hatten...

Auf unserem weiteren Marsch stellte sich aber keinerlei Widerstand seitens der Polen ein. Außer einem einzelnen polnischen Aufklärer sah man kein einziges Flugzeug am Himmel.

Am 12. September wurden wir in Kampfhandlungen an der Bzura verwickelt, ohne die ganze Dimension dessen zu ahnen. Hier waren große Teile der polnischen Armee eingekreist und zusammengedrückt worden. Oberfähnrich Heinz Birkefeld, der Führer des 2. Zuges, führte im Morgengrauen einen Spähtrupp mit drei weiteren Pionieren an, um Übergänge über die Weichsel zwischen Szadki und Kuznice zu erkunden. Bei diesem Unternehmen wurden er und ein Kamerad schwerverwundet, ein anderer fiel.

Vom 8. bis 13. September war es bei Radom zur ersten Kesselschlacht des Zweiten Weltkriegs gekommen. 65.000 polnische Soldaten wurden gefangengenommen. Bereits am 11. war Warschau vom deutschen I. Korps von seinen östlichen Verbindungen abgeschnitten worden.

Die Ortschaften Ilow und Kamion zeigten die Spuren der verheerenden Wirkung des deutschen Artillerie-Beschusses und der Fliegerangriffe. Erschossene Volksdeutsche lagen in den Häusern und der Umgebung. Überall lagen grauenhaft anzusehende verwesende Tierkadaver und stanken in der Wärme dermaßen, daß man kaum atmen konnte. Unsere Kompanie erreichte die Landstraße Kutno-Gostynin ohne auf den Feind zu stoßen. Hier rollten einige deutsche Panzerspähwagen zur Aufklärung voraus, die von der deutschstämmigen Bevölkerung mit großem Jubel begrüßt wurden.

Am 17. September marschierten wir in Richtung der Ortschaften Gombin und Sanniki. Gut bewachte polnische Soldaten zogen uns entgegen und in die Gefangenschaft. Flüchtlinge mit Panje-Wagen fuhren in ihre Heimat zurück.

Auf einem verlassenen Gutshof rasteten wir. Hühner und Rindfleisch waren eine willkommene Abwechslung. Nahe der Straße sahen wir ein polnisches Flugzeug, das eine Bauchlandung durchgeführt hatte, etwas später eines, das ausgebrannt war. Wir hatten uns in Sochaczow einquartiert, wieder in Häusern und Scheunen. Die Waffen wurden gereinigt und der Kampfanzug wieder in Ordnung gebracht. Besonders begrüßten wir die Möglichkeit einer sorgfältigen Körperreinigung. In der Umgebung wurde das Kriegsmaterial der Polen eingesammelt. Einige unserer Soldaten spielten mit gefundenen Eihandgranaten, die für uns etwas Neues waren. In der Freizeit veranstalteten wir mit den eingefangenen Pferden auf den Stoppelfeldern Rennen, anläßlich derer wir Wetten abschlossen.

Endlich hatten wir mal wieder etwas zum Lachen. Einige Männer des Küchenpersonals hatten zwei große Kochkessel voller in Kalk eingelegter Eier gefunden, so an die zweitausend Stück. *(Sie waren in Kalk eingelegt, um somit ihre Haltbarkeit zu verlängern.)* Jeder konnte nun so viel essen, wie er mochte. Da ich einigermaßen Polnisch sprechen konnte, besorgte ich mit Georg von einer polnischen Familie etwas Speck. Auf einem erbeuteten Lastwagen fanden einige unserer Pioniere eine ganze Ladung Wodka. So erhielten immer vier Mann eine Flasche...

In diesem Quartier hörten wir aus einem Volksempfänger die Reichstagsrede des „Führers". Er sprach vom Blitzkrieg und Endsieg in Polen, einem Krieg, der nur 18 Tage gedauert hatte und am nächsten Tag beendet war. In den Dörfern und Städten begann wieder das Leben. Zwar wurde Warschau erst am 28. September eingenommen, doch war dann der Krieg in Polen tatsächlich zu Ende.

Bei Lubin hatte die Heeresgruppe Süd vom 17. bis 20. September 60.000 polnische Soldaten gefangengenommen. Gleichzeitig gingen die polnischen Armeen „Pomerellen" und „Posen" unter. Weitere 170.000 Polen gerieten in Gefangenschaft. Die polnische Luftwaffe hatte in den ersten beiden Kriegswochen etwa 330 Flugzeuge verloren; die meisten davon im Luftkampf.

Am 17. September 1939 wurde Polen auch von Osten her angegriffen – von der Roten Armee. Zwei russische Heeresgruppen marschierten in jene der UdSSR im Deutsch-Sowjetischen Nichtangriffsvertrag zugesicherten Territorien ein. Am selben Tag floh die polnische Regierung nach Rumänien. Die letzten 116 Flugzeuge ihrer Luftwaffe folgten nach. Nach starkem Artilleriebeschuß und schweren Bombardierungen kapitulierte am 28. September Polens seit dem 19. eingeschlossene und von 120.000 Soldaten verteidigte Hauptstadt Warschau.

Ende September 1939 verlegten wir unseren Standort nach Lowicz und bezogen in einem leerstehenden Kinderheim Quartier. Auf einem nahen, großen Platz konnte wieder exerziert werden, und es trat ein Alltag ein, der jenem in der heimatlichen Kaserne glich…

Eines Vormittags mußte die Kompanie wieder einmal parademäßig antreten, weil der Bataillonskommandeur bei uns erschien. Oberleutnant Linke stand vor der ausgerichteten Kompanie. Als der Kommandeur dann eintraf, wurde mit präsentiertem Gewehr und „die Augen rechts!" gemeldet. Nach dem Abschreiten der Front wurde die Kompanie zur Ruhestellung kommandiert. Ich war während der kurzen Ansprache durch den Bataillonskommandeur noch in Gedanken bei meiner Feldpost, die kurz vorher zum erstenmal verteilt worden war, und in meinem Kopf schwirrte einiges durcheinander. So bekam ich nicht mit, daß mein Name aufgerufen wurde.

Unteroffizier Matern, der neben mir stand, stieß mich an: „Los, los, Wimmer, nach vorn!"

Im ersten Moment war ich noch ganz verwirrt und gab mein MG an den Schützen 2 ab. Im Laufschritt bewegte ich mich nach vorn und nahm vor dem Kommandeur stramme Haltung an. Dann kamen noch drei weitere Pioniere unserer Kompanie dazu. Neben mir stellte sich auch Oberleutnant

Linke in die Reihe. Major Scholz trat vor mich hin, öffnete mir den zweiten oberen Knopf der Feldbluse und steckte mir das in der Sonne blinkende schwarz-silberne Kreuz mit dem schwarz-weiß-roten Band an – er verlieh mir das Eiserne Kreuz II. Klasse. Ich wußte im Moment überhaupt nicht, wie mir geschah, und mir zitterten vor Aufregung die Knie.

Nachdem man die Kompanie hatte wegtreten lassen, gratulierten mir die Kameraden. Die Auszeichnung hatte ich für den Einsatz in Langenau und die tollkühne Gefangennahme der Kadetten erhalten. Drei Tage lang mußte ich das Eiserne Kreuz nun offen an der Feldbluse tragen, danach wurde, vorschriftsmäßig, nur noch das charakteristische Band im Knopfloch geführt.

Am 1. Oktober 1939 wurde ich zum Gefreiten befördert; doch hatte diese Beförderung einen etwas unangenehmen Beigeschmack, denn mein Kamerad und Freund Georg wurde nur Oberpionier. So ging ich zu Oberleutnant Ernst Linke und sprach ihn darauf an. Seine Antwort war plausibel: „Ohne Einsatz keine Anerkennung."

So mußte Georg noch bis Weihnachten warten, bis die „zweite Rate" befördert wurde. Er war enttäuscht – und eifersüchtig.

Dann ging die „Parole" um, daß wir in Polen überwintern würden. Die Nächte waren bereits schon recht kalt geworden. Wenn wir mal in der Ortschaft spazierengingen, so taten wir es vorsichtshalber niemals allein, sondern immer zusammen mit mehreren Kameraden. Irgendwann sahen wir am Bahnhof einige abgeschossene deutsche Panzer II und III stehen. Wir besahen sie uns genauer. Man konnte die Einschläge gut erkennen, und wir waren erstaunt darüber, daß man so dicken Stahl derartig bezwingen kann…

Die Offiziere und Unteroffiziere gingen fast jeden Tag auf die Jagd, um Wild zu erlegen, denn man munkelte nun über eine baldige Verlegung in die Heimat, und da war es schön, wenn man frisches Fleisch vom Wild mitbringen konnte.

Eines Tages nahm mich Oberleutnant Ernst Linke mit zur Jagd. Auch unser „Spieß", Hauptfeldwebel Fürstenberg, war mit dabei. In einem nahen Wald schwärmten wir aus. Plötzlich sahen wir mehrere Rehe. Fürstenberg legte sein Jagdgewehr an und schoß. Es knallte ungewöhnlich laut, das Gewehr flog ihm von der Schulter, und gleichzeitig schrie er auf. Sein rechter Daumen war ab – ganz weg. Blut rann am Ärmel seiner Uniform herab.

Wie sich kurz darauf herausstellte, hatte die Ursache darin bestanden, daß der Lauf der schon älteren Jagdbüchse beim Abschuß den Druck nicht mehr ausgehalten hatte und auseinandergesprungen war. Dabei war der Daumen mit abgerissen worden. Die Jagd wurde sofort abgebrochen, um die leidige Angelegenheit intern zu klären und zu regeln. Eine Selbstverstümmelung war es ja durchaus nicht gewesen.

Unser "Spieß", Hauptfeldwebel Fürstenberg, verlor bei der Jagd infolge eines Rohrkrepierers seines Jagdgewehrs seinen rechten Daumen.

Am nächsten Tag wurde die Jagd fortgesetzt aber nur noch auf Fasane, Hasen und Kaninchen. Die Beute war reichlich, denn es wollten sämtliche Offiziere und Unteroffiziere etwas aus Polen für ihre Familien mitbringen.

Am 6. Oktober war mit der Kapitulation von weiteren 16.857 polnischen Soldaten bei Kock der letzte Widerstand der Polen erloschen. Ihre Armee hatte in dem einen Monat der Kampfhandlungen gegen Deutschland 70.000 Gefallene, 133.000 Verwundete und 700.000 Gefangene zu verzeichnen. Dazu kamen auf der russischen Seite weitere 217.000 gefangene Polen – ohne eine offizielle Angabe betreffs der Gefallenen und Verwundeten, bei 737 toten und 1.859 verwundeten Russen. Die Verluste der Wehrmacht betrugen 10.572 Gefallene, 3.409 Vermißte und 30.322 Verwundete.

Bereits während der Kämpfe hatte auch der Terror deutscher Einsatzgruppen begonnen... In der Folge wurde Polen zwischen Deutschland und der Sowjetunion aufgeteilt. Während im sowjetischen Teil sofort der Terror durch die russische Geheimpolizei begann, wurden die deutsch besetzten Territorien zum großen Teil dem Deutschen Reich angeschlossen, alles andere noch am 26. Oktober 1939 zum Generalgouvernement zusammengefaßt.

Mitte Oktober kam dann für uns Pioniere der Befehl zum Verlegen per Bahn in die Heimat. Wir verluden unsere Fahrzeuge auf die Waggons und verkeilten sie gut, um zu vermeiden, daß sie sich beim Rangieren, Anfahren und Bremsen hin- und herbewegen konnten.

Zurück ins Reich und Neugliederung

Gemäß des Befehls des Generalkommandos des X. Armeekorps wurde die 50. Infanterie-Division am 26. und 27. Oktober aus Polen und zurück ins Reich und in die Heimatstandorte abtransportiert – mit Ausnahme des Infanterie-Regiments 122, das als Besatzungstruppe von Warschau erst am 28. des Monats verladen konnte.

Den Offizieren und Unteroffizieren stand für unseren Rücktransport ein Personenwaggon zur Verfügung, die Mannschaften mußten in die Viehwaggons, deren Böden mit Stroh bedeckt waren. Da vor der Abfahrt noch Marketenderwaren ausgegeben wurden, auch Alkoholika, war die Stimmung auf der Fahrt in die Heimat gut.

Bei einem Halt an einer Station wurde ich zum Chef-Abteil befohlen. Als ich dort ankam, empfing mich Oberleutnant Linke mit großem Hallo. Dort feierten alle „Ausgezeichneten" dann ausgiebig bis zum Abend – und bis zum Geht-nicht-mehr.

Nach einer gut durchschlafenen Nacht trafen wir dann im Bahnhof der Kreisstadt Schwiebus ein. Da unsere Ankunft bereits am frühen Morgen stattfand und sie ohnehin nicht angemeldet war, hielt sich der Empfang in Grenzen. Ich beeilte mich, wieder so schnell wie möglich zu meiner Gruppe zu gelangen. Dort wurde ich von meinen Kameraden recht frostig empfangen.

Die Troßwagen wurden im Güterbahnhof über eine Rampe abgeladen. Alles verlief völlig problemlos. Nun hieß es, daß wir hier ein ehemaliges Arbeitsdienstlager beziehen sollten. Also ging es nicht zum Tibor-Lager zurück. Wir waren darüber nicht unglücklich, denn so blieben wir in der Nähe der Stadt, denn das Tibor-Lager lag 25 Kilometer weit davon entfernt. Die Kompanie trat an, und Befehle wurden erteilt. Dann marschierten wir mit Gesang durch die Stadt.

Im Lager angekommen, wurden die Unterkünfte und Zimmerbelegungen eingeteilt. Da das gesamte Bataillon eingezogen war, entstand eine deutlich spürbare Enge. Zwei Gruppen mußten ein einziges Zimmer belegen, die Betten standen dreifach übereinander, und bei den Mahlzeiten gab es an den beiden einzigen Tischen keine Sitzplätze.

Trotz der hinter uns liegenden Strapazen wollten alle dennoch sofort einen Stadtausgang unternehmen. Noch am selben Abend strömte das ganze Pionier-Bataillon aus dem Lager – bis auf die bedauernswerten Wachtposten. Man war hungrig nach einem „normalen" Leben, wieder mit der deutschen Bevölkerung Kontakt zu bekommen und an einem gepflegten Tisch zu sitzen und ein Bier oder einen Kaffee zu trinken, vielleicht sogar mit einem Mädchen… Doch viel Auswahl an Getränken gab es nicht, denn es waren schon Lebensmittelkarten eingeführt und die Rationen eingeschränkt worden. Die Biergläser hatten auch nicht mehr den üblichen Inhalt. Dennoch war der erste Abend in der Heimat schön und verging viel zu schnell.

Am nächsten Tag durften wir in den Urlaub fahren; zwar nicht alle, aber ich war dabei. Beim Empfang des Urlaubsscheins sagte mir Oberleutnant Linke: „Trag' das EK bis zu Haus ruhig offen am Waffenrock."

Ich meldete mich ab und fuhr zu meiner Mutter nach Wilkau. Unterwegs, im Zugabteil, fragten mich einige neugierige Fahrgäste, was ich da an der Uniform trage. Ich erklärte ihnen, wofür ich diese Auszeichnung bekommen hatte und spürte ihre Hochachtung und Bewunderung.

Zuhause angekommen, war die Wiedersehensfreude groß, und Mama, Papa, Paulchen und Thereschen waren richtig stolz auf mich. Die meisten meiner Schulkameraden waren inzwischen Soldaten geworden, aber keiner von ihnen hatte zu dieser Zeit Urlaub bekommen. Was sollte ich da unternehmen? Mein Vater durfte mit seinem Auto nicht mehr umherfahren, wie er wollte, weil das Benzin rationiert worden war. Auch öffentliche Unterhaltung und Tanzvergnügen gab es keine mehr. So blieb mir nichts anderes übrig, als Schlaf nachzuholen und zu faulenzen. Dennoch vergingen die 14 Tage bis zur Abreise sehr rasch. Die Unterwäsche und Uniformstücke waren inzwischen von Mama wieder in Ordnung gebracht worden, und es kam der Abschied. Wir verabschiedeten uns mit Wehmut, denn wer wußte schon, wie nun alles weitergehen würde…

Nach meiner Rückkehr zum Spitzberg-Lager bei Schwiebus stellte ich einige strukturelle Veränderungen fest: Alte Kameraden vom 1. und 2. Zug waren wieder bei uns und die älteren zum größten Teil zu anderen Pionier-

Kompanien oder -Bataillonen versetzt. Dann erfuhr ich, daß unser Bataillon völlig neu strukturiert und wir zu einer motorisierten Pionier-Kompanie umgestellt worden waren und nun als die 3. Kompanie des motorisierten Pionier-Bataillons 71 bezeichnet wurden. Jetzt bestand das Bataillon aus drei Kompanien und einer leichten Pionier-Brückenkolonne. Mein Freund Georg war nicht in den Urlaub gefahren, sondern hatte sich zu den Kraftfahr-Auszubildenden gemeldet. Er besaß aber schon einen zivilen Kfz-Führerschein.

Der Dienstalltag hatte uns bald wieder eingeholt, und von einem Leerlauf konnte man wirklich nicht sprechen, aber an der Verpflegung konnte man es merken. Die Essenportionen waren kleiner als in den Wochen zuvor. So kamen eines abends Kameraden aus der Stadt gerade zum Abendessen in die Stube. Einer von ihnen wickelte sein Mitgebrachtes aus, und zum Vorschein kam eine deftige, warme Pferdewurst. Jeder wollte davon probieren. Ich kannte sie schon vom Cottbuser Pferdemarkt. Sie schmeckte nicht übel, aber süßlich. Mit Salz, Pfeffer oder Senf gab es einen anderen Geschmack.

Eine Weile ging alles gut, doch dann begann ein Berliner zu wiehern und zu stampfen wie ein Pferd. Plötzlich war die Harmonie dahin. Man warf sich die Wurst an die Köpfe, und der Wurstsalat lag auf dem Boden. Spaß und Ärger hatten sich unter den Kameraden vermischt. Eine neue Portion kam danach nicht mehr auf den Tisch.

Es war in diesem Jahr schon im November sehr kalt geworden, der erste Schnee bereits gefallen, und nach Hauptfeldwebel Fürstenbergs Ausscheiden hatten wir einen neuen „Spieß" bekommen – Ossi Barth, den ich schon von jeher nicht leiden konnte. Er schikanierte mich, wann immer sich ihm Gelegenheit dazu bot. Schon bei einer nur kurzen Begegnung konnte es passieren, daß er mich zu Boden schickte, und ich mußte ein paar „Kalte machen" *(beim Liegestütz hochschnellen und unter dem Bauch in die Hände klatschen)*. Das war seine „Spezialität". Es war grundsätzlich gut, ihm aus dem Weg zu gehen. Natürlich hätte ich mich bei Ernst Linke beschweren können, aber aus Stolz unterließ ich es.

Der Oberleutnant nahm den Kraftfahrschülern inzwischen die Prüfung ab – die alle bestanden. Er war mit ihnen nicht zimperlich umgegangen, da er *ganzes* Können verlangte. Er selbst war ein begeisterter Autofahrer. Die Kompanie sollte vor dem Kommandeur glänzen.

Dann erhielt die Kompanie BMW-Kräder *(Krafträder)* mit Seitenwagen und NSU-Solo-Kräder. Kurz darauf trafen auch Allrad-Personenkraftwagen und Hentschel-Lastkraftwagen für die Schirrmeisterei und den Instandsetzungszug ein. Unsere Gruppenwagen mußten von Wien abgeholt werden. Die Überführungsfahrt, teilweise auf Landstraßen, teilweise auf der Autobahn, dauerte einige Tage. Die erste Fahrt erfolgte schon bei Schnee und Glatteis. Zum Glück gab es keinen Unfall.

Die Kradfahrer der 3. motorisierten Pionier-Kompanie.

Nach der Ankunft wurden die Fahrzeuge mit ihren Fahrern auf die Pionier-Gruppen verteilt. Georg fuhr uns, die 7. Gruppe – wieder mit Unteroffizier Enoch. Die Sitz- und Ladefläche wurde dafür von uns speziell umgebaut. Jeden Tag arbeiteten wir an den Fahrzeugen. Die Fahrer durften endlich in den Urlaub gehen. Georg wurde noch vor Weihnachten zum Gefreiten befördert, und seine Welt war somit wieder in Ordnung.

Endlich war es dann soweit, die Sitzordnung in und auf den Kraftfahrzeugen festzulegen: Vorn natürlich der Fahrer, daneben der Gruppenführer sowie dessen Stellvertreter. Hinten zuerst die Gewehrschützen, und als letzte der MG-Schütze 2 und MG-Schütze 1; das war ich. *(Da ganz hinten war eigentlich der schönste Platz – wenn da nicht der Staub und die Auspuffgase gewesen wären...)* Unter den beiden seitlichen Sitzbänken waren die Minen *(ohne Zünder)* und das gesamte Handwerkszeug sowie Spaten, Hacken, und das E-Gerät für die Pionier-Gruppen verstaut. An der Stirnseite waren die S-Rollen angebracht. Die Geräte hatten auf den Wagen 1 bis 9 alle den gleichen Platz. Außer des üblichen Ausbildungsdrills wurde nun das Auf- und Absitzen geübt.

Unsere Gruppen-Fahrzeuge waren von der Firma *Austro-Daimler* in Wien hergestellt worden. Weil diese Fahrzeuge so kompakt gebaut waren, gaben wir ihnen den Namen *Austro-Bomber*.

Eines Tages wurde eine Ausgangsbeschränkung bis 22:00 Uhr erlassen. So ging die Kompanie geschlossen in ein nahes Lokal – und blieb versehentlich über die vorgegebene Zeit hinaus. Plötzlich rief jemand: „Der Chef kommt!"

Alle sprangen durch ein rückwärtiges Fenster ins Freie, dann ging's im „Galopp" über einen Zaun und in die Unterkunft, dort in die Betten – in kompletter Uniform. Bevor der Chef in den Stuben erschien, lagen wir schon auf der Seite...

Am anderen Morgen, nachdem der „Spieß" seine übliche Ansprache gehalten hatte, erschien auch der Chef: „Guten Morgen, Kompanie!"

„Guten Morgen, Herr Oberleutnant!"

Dann hielt er uns die „Standpauke" für unser Vergehen am Abend zuvor. Danach mußte die Kompanie wegtreten und in exakt fünf Minuten in der Exerzieruniform wieder erscheinen. Es war kalt und der Schnee unter den Stiefeln glatt, und Oberleutnant Linke scheuchte uns unbarmherzig nach alter Manier in diesem Schnee herum.

Ein Teil der Kompanie war in den Weihnachtsurlaub gefahren, und die Zurückgebliebenen erlebten das Fest in den engen Unterkünften im Spitzberg-Lager. Feldpostbriefe und Päckchen von den Lieben daheim erfreuten uns wenigstens etwas. Dennoch, wir lebten seit vier Monaten im Krieg, den uns die Engländer und Franzosen infolge ihres Beistandspaktes mit Polen am 3. September dieses nun ausklingenden Jahres 1939 erklärt hatten. Täglich hörten wir im Rundfunk die *Volksnachrichten*:

„Im Westen nichts Neues, nur Spähtrupps und Aufklärungstätigkeit..."

Dieser Winter war ungewöhnlich kalt und hart. Im Dezember und Januar sank das Thermometer bis auf minus 30 Grad Celsius. Ausgerechnet unsere Gruppe mußte von Silvester auf Neujahr beim Bataillonsstab in der Stadt die Wache stellen. Da wir zusätzlich die Mot-Sonderkleidung *(„Mot" steht für „motorisierte")* erhalten hatten, waren wir aber gut bekleidet.

Etwas wehmütig war einen schon zumute, hier auf Wache zu stehen, während die anderen Kameraden den Übergang ins neue Jahr feiern konnten. Ich lief gerade von 24:00 Uhr bis 1:00 Uhr Streife, und der Schnee knirschte bei jedem Schritt unter den Stiefeln – meine ersten Schritte in ein neues, ungewisses Jahrzehnt. Ich war nachdenklich und sinnierte, was es wohl bringen würde…

Nach Westen…

Zu Beginn des Februar 1940 wurden wir überraschend verladen. Unser Pionier-Bataillon 71 kam auf drei Transportzüge, die uns zu einem unbekannten Ziel fuhren, denn niemand wußte, wohin es ging…

In jedem Waggon gab es Strohschütten und einen Ofen, dennoch war es bitterkalt, weil wir etwas die Türen geöffnet hatten, um hinaussehen zu können. Während der Ortsdurchfahrten warfen wir Zettel mit unseren Namen und der Feldpostnummer heraus. *(Später erhielten einige Kameraden von jungen Frauen Briefe, doch für mich hatte sich leider keine „Schreibmamsell" gefunden. Aber wir hatten unseren Spaß.)*

Unsere Fahrt verlief durch Süddeutschland nach Westen. Irgendwann erreichten wir Offenburg. Schnell wurde alles ausgeladen und verteilt, dann eilig mit Tarnnetzen gegen Fliegereinsicht überspannt. Unsere Kraftfahrzeuge mußten in größeren Abständen zueinander abgestellt werden, denn es war mit Fliegerangriffen zu rechnen. Die MG-Trupps gingen mit dem Flieger-Dreibein *(hochständige Lafette)* in Stellung. Die Maschinengewehre wurden mit scharfer Munition in Bereitschaft gehalten. Den einzelnen Gruppen war es untersagt, sich von den jeweiligen Waggons zu entfernen.

Es hatte nicht lange gedauert, da verließen wir die Stadt und befanden uns auf dem Marsch zum eigentlichen Zielort. Wir durchfuhren auf guten Straßen eine ebene Landschaft. Die Krad-Melder waren nun in ihrem ersten Einsatz. Sie sperrten die Seitenstraßen, um somit dem Verband eine flüssige Fahrt zu ermöglichen. An der vermeintlichen Feindseite der Straße waren mehr als zwei Meter hohe Schilfrohrmatten als Sichtschutz aufgestellt worden. In der Ferne konnten wir die Vogesen und das Straßburger Münster liegen sehen. Wir waren uns darüber im Klaren, daß feindliche Beobachter mit ihren Scherenfernrohren die ganze Gegend einsehen konnten. So wurde jede unserer Bewegungen so vorsichtig und unauffällig wie möglich durchgeführt. Auch konnten wir die in den Artillerie-Schanzen gut getarnten Geschütze erkennen. Die hohen Stengel der Sonnenblumen und Tabakstauden standen noch vom Vorjahr braun und starr auf den Feldern, auf denen man kaum eine Bewegung wahrnehmen konnte.

Unser Mot-Marsch durch Offenburg im Februar 1940.

In der kleinen Ortschaft Bodersweier, in der Nähe von Kehl am Rhein, gegenüber von Straßburg, hielten wir an. Gruppen- und zugweise wurde in die Gehöfte und Gasthaus-Anwesen eingefahren.

„Absitzen!"

Das Vorkommando hatte schon Quartiere vorbereitet, und so dauerte die Verteilung und der Bezug nicht lange. Unser 3. Zug wurde in eine Gaststätte einquartiert. Jede Gruppe erhielt ein Zimmer. Stroh und Liegen mußten zwar noch besorgt werden, doch hatten wir reichlich Platz. Nach der Einweisung und Verteilung der Plätze wurde das persönliche Gepäck von den Wagen geholt. Ich fand, daß wir hier ganz gut aufgehoben waren.

Da erschien ein Melder beim Zugführer: „Gefreiter Wimmer sofort zum Chef!"

Kurze Zeit später meldete ich mich beim „Spieß". Der deutete wortlos auf eine Tür. Ich klopfte an.

„Herein!"

Ernst Linke empfing mich freundlich und erklärte mir, wo er Quartier bezogen hatte und daß ich nun auch als sein „Busche" dort einziehen sollte. So meldete ich mich ordnungsgemäß beim Gruppenführer, Unteroffizier Enoch, und beim Zugführer, Leutnant Rippke, ab, der mir jedoch abschließend sagte: „Wimmer, bilden Sie sich jetzt nur nicht ein, daß Sie nun eine Extrawurst gebraten bekommen. Ihren Dienst versehen Sie trotzdem bei ihrer Gruppe."

Die auf der Hauptstraße von Bodersweier angetretene 3. Kompanie des motorisierten Pionier-Bataillons 71.

„Jawohl, Herr Leutnant!“

Ich salutierte, machte eine Kehrtwendung – und holte meine Sachen. Wie schon so oft zuvor, erhielt ich von meinen Kameraden „schräge Blicke“. Sie stellten mir auch keine weiteren Fragen…

Im neuen Quartier angekommen, wurde mir ein eigenes Zimmer zugewiesen, und man zeigte mir den Raum des Chefs. Es war gemütlich dort. Dann baten mich die Quartiersleute zu Tisch *(nicht nur an diesem Tag, sondern für die gesamte Zeit unseres Aufenthalts in Bodersweier).* Das Essen schmeckte besser als jenes aus der Küche, und zu jeder Mahlzeit wurde ein stark alkoholischer Apfelwein serviert, der müde machte. Meine neue Unterkunft war deutlich schöner als die der Kameraden, aber ich fühlte mich ihretwegen in meiner Haut nicht richtig wohl… Noch am selben Abend mußte die Kompanie antreten. Wir erfuhren nun unsere Aufgaben für die kommenden Tage.

Am Morgen des nächsten Tages fuhr die Kompanie mit großen Lastwagen an den Rhein, zur Westwall-Bunkerbefestigungslinie, an der die Infanterie in Bereitschaft lag. Hier mußten wir Verbindungsstege über Altwasserarme und sumpfige Tümpel bauen. Es sollte eine vorsorgliche Maßnahme für eine eventuelle Überschwemmung im Frühjahr sein, wenn das Schmelzwasser von den Bergen herabfließen würde.

In geduckter Haltung gingen wir durch die gefrorenen Mulden, in die bereits schmale Pfade getreten waren. Auf gar keinen Fall sollten uns die Franzosen bei unserer Annäherung beobachten. Die Infanterie-Bunkerbesatzungen lagen permanent in den Befestigungsanlagen – ohne Ablösung. Die Bunker glichen im Wesentlichen jenen des Ostwalls, doch hatten sie Schartenstände für Maschinengewehre und Grabenstellungen. *(Dafür waren die am Ostwall deutlich besser ausgestattet: Elektrisch einziehbare Brücken, Tunnelverbindungen zu anderen Werken und unterirdische Kabelverbindungen. Bei einem Angriff konnte dort ein Bunker den anderen decken. Hier fehlte es an vielen Einrichtungen.)* Für uns Pioniere bestand die Arbeit nun darin, sichere Verbindungen von Bunker zu Bunker anzulegen, um dadurch den Divisionsabschnitt besser verteidigen zu können. Wir

Ich stehe vor der Eingangstür zur jener Gaststätte in Bodersweier, in die sich unsere 7. Gruppe einquartiert hatte.

„Die Wacht am (Ober-)Rhein" Ende Februar 1940. (Links ein deutscher Bunker. Auf der anderen Seite des Rheins verlief die Maginot-Linie bis in direkte Ufer-Nähe. Rechts ragt noch das Ende einer der zu unserer Tarnung auf unserer Seite aufgehängten Schilfrohrmatten ins Bild.)

erfuhren auch, daß der Gegner mit seinen Panzerwerken und Panzerkuppeln deutlich besser ausgestattet war, um seinen Abschnitt zu verteidigen.

Gelegentlich sahen wir vorsichtig über den Rhein zu den Franzosen hinüber, denn bei von ihm auf unserer Seite erkannten größeren Bewegungen belegte uns der „Franzmann" augenblicklich mit seinen schweren Maschinengewehren mit heftigem Störfeuer. Wir mußten oftmals in Deckung gehen.

Die Anfahrten mit dem Holz und Baumaterial waren in dem unwegsamen Gelände zwar mühsam, doch schon bald hatten sich die einzelnen Gruppen und Züge so gut eingearbeitet, daß die vorgegebenen Tagesnormen sogar übertroffen wurden. Jeder Pionierzug hatte seinen Bauabschnitt und darin spezielle Aufgaben zu erfüllen: Zuerst der Meßtrupp, der die Ausrichtungen und Jochabstände festlegte; dann kam der Rammtrupp, der die Pfähle in die Erde einbrachte; dann der Nageltrupp für Holme und Laufbretter. Der Trägertrupp für die Bohlen, Bretter und Pfähle war personell stärker, da er die längeren Wege hatte und schwere Lasten zu transportieren waren. Um jeden dieser einzelnen Trupps mit allen diesen Arbeiten vertraut zu machen, wurden die Aufgaben gelegentlich neu verteilt. Unsere Kompanie baute hier einen Steg von 2.864 Meter Länge, dazwischen Bogenbrücken, Fachwerkträger-Bohlen, eine Binder-Brücke von 16 Meter Länge, Parabelträger-Brücken von 36 Meter und eine Fachwerkträger-Brücke von

40 Meter Länge. Es waren tolle Studienarbeiten, die von unserer 3. Pionier-Kompanie 71 dort am Oberrhein vollbracht wurden.

Während unserer Arbeiten wurde eine Besichtigung durch unseren Bataillonskommandeur, Major Scholz, durchgeführt. In seiner Begleitung befanden sich auch Oberleutnant Linke und Leutnant Birkefeld vom 2. Zug. Sie lieferten dem Major entsprechende Informationen, und dieser war ganz offensichtlich von unseren Leistungen sehr beeindruckt.

Unser Nageltrupp beim Stege-Bau durch das unwegsame Gelände nahe des Rheins.

Bis Mitte April 1940 hatte unsere Kompanie auch noch zwei große Brücken erbaut (hier die 36 Meter lange Parabelträger-Brücke).

Mehrmals wurden uns Sonderrationen an Wodka ausgeteilt, der aus Polen stammte. In einem Moment des Übermuts führte uns einmal unser Kamerad Helmut Hartmann eines seiner Kunststücke vor. Er behauptete, mit der flachen Hand einen Nagel durch ein Brett schlagen zu können. Ungläubig schüttelten wir die Köpfe. Helmut setzte den Nagel an und schlug zu. Der Nagel war im Brett verschwunden. Er setzte den zweiten Nagel an und schlug wieder zu. Doch dieses Mal kam der Nagel aus seinem Handrücken heraus... Helmut wurde verbunden, und man bewahrte betreffs dieses Malheurs Stillschweigen. Auch unser Gruppenführer, Unteroffizier Enoch, machte diesbezüglich keine Meldung.

Mitte April war unser Auftrag erfüllt, und unsere Kompanie unternahm zu Ostern eine Mot-Übungsfahrt – verbunden mit einem kleinen Ausflug nach Biberach an der Kinzig. Wir hatten derart herrliches Wetter, daß wir mit freiem Oberkörper in der Sonne liegen konnten.

Nachdem Frankreich zusammen mit Großbritannien, am 3. September 1939 Deutschland nach dessen Einmarsch in Polen den Krieg erklärt hatte, war es anfangs lediglich zu kleinen, begrenzten Vorstößen gekommen, danach war aber immer wieder alles stillgeblieben, und Frankreich verhielt sich, genau wie Großbritannien, passiv. Man spottete bereits über den „drôle de guerre", den „komischen Krieg" oder den „Sitzkrieg". Doch längst waren auf deutscher Seite die Vorbereitungen für den „Fall Gelb" getroffen worden – den Angriff im Westen. Entsprechend des deutschen Angriffsplans war im Norden die Heeresgruppe B unter Generaloberst von Bock gegen die niederländische und die belgische Armee sowie die französische Heeresgruppe 1 mit dem britischen Expeditionskorps aufgestellt worden – 29 deutsche Divisionen gegen rund 60 der Alliierten. Im Mittelabschnitt stand die Heeresgruppe A unter Generaloberst von Rundstedt mit starken Panzerverbänden der 2. und 9. französischen Armee gegenüber – 45 deutsche Divisionen gegen 18 französische. Im Süden stand am Westwall und an der Oberrhein-Front die Heeresgruppe C unter Generaloberst von Leeb den beiden französischen Heeresgruppen 2 und 3 gegenüber – 19 deutsche Divisionen gegen 27 französische. Die Luftsicherung war den deutschen Luftflotten 2 und 3 übertragen worden – 2.288 deutsche Flugzeuge gegen 1.604 französische und 581 britische Maschinen. Den 2.445 deutschen Panzern standen 3.373 der Alliierten entgegen, die allerdings auf die einzelnen Divisionen verteilt waren und nicht in geschlossenen Verbänden eingesetzt wurden.)

Unsere 50. Infanterie-Division erhielt eine neue Order, und wir verlegten zum ersten Mal einsatzmäßig im Mot-Marsch. Unsere Fahrt ging durch das Kinzig-Tal nach Steinach im Schwarzwald. Eine wunderschöne Landschaft bot sich uns dar. Es war gerade Blütezeit.

Nach der Ankunft wurden vom Kompaniefeldwebel die Einzelquartiere zugeteilt. Aber am Ende stand ich da und wußte nicht wohin, denn die meisten Kameraden waren von ihren Quartiersleuten abgeholt worden. Dann wies der „Spieß“ mir mein Quartier zu. Es befand sich im Nachbarhaus neben jenem Gasthof „Schwarzer Adler“, in den Oberleutnant Linke eingezogen war.

Die innerhalb von nur fünf Tagen fertiggestellte, 16 Meter lange Fachwerkträger-Bohlen-Binder-Brücke über die Kinzig.

Nahe der Brücke wurde auf der Kinzig-Wiese mit einer Festveranstaltung die Einweihung mit der Dorfbevölkerung gefeiert.

In der ersten Woche war leichter Dienst angesagt, jedoch mit Wasserdienst verbunden. Wir fuhren nach Biberach und übten in der Kinzig am Brückengerät B den Brückenbau. Da fragten der Bürgermeister und der Pfarrer von Steinach an, ob es wohl möglich wäre, daß wir für den Nachbarort eine Brücke über die Kinzig bauen könnten. Doch dazu mußte der Bataillonskommandeur erst seine Einwilligung geben, und die Zeit war sehr knapp, da eine weitere Verlegung in der Luft lag. Dennoch wurde vom Kommandeur die Genehmigung erteilt.

In unserem Kompanietrupp befand sich ein fachlich ausgebildeter Architekt, der den Bauplan für die zu bauende Brücke erstellte, und unter dessen Leitung gearbeitet werden sollte. Da das benötigte Baumaterial problemlos vom nahegelegenen Sägewerk zu beziehen war, machte sich unsere Kompanie an die Arbeit. Von morgens bis abends waren wir nun auf der neuen, großen Baustelle. Am Ufer mußten einige dicke Steine weggesprengt werden, und eine große Rampe wurde aufgestellt, dazu die Floßsackfähre. Nun stellte jeder sein gelerntes Können unter Beweis. Nach nur fünf Tagen war die Brücke fertig und wurde am ersten Sonntag des Mai 1940 vom Pfarrer eingeweiht. Die Kompanie marschierte mit übergehängten Gewehren zur neuen Brücke, an der auch die Abordnung der Offiziellen vertreten war. Wir präsentierten das Gewehr. Die offizielle Meldung der Fertigstellung erfolgte an den Bataillonskommandeur. Der zerschnitt das Brückenband und vollzog damit die Übergabe an den Bürgermeister. Anschließend fand ein Dorffest auf der Kinzig-Wiese statt. Belegte Brote und Bier wurden uns von der Gemeinde spendiert, und die Kapelle des Musikzugs unseres Bataillons spielte zum Tanz auf. Die Tanzfläche war tags zuvor von uns mittels Bohlen und Brettern improvisiert worden. Die Mädchen, Quartiersfrauen und wir Soldaten hatten somit noch ein großes und schönes Erlebnis in den wenigen Stunden, die uns noch blieben…

Über Belgien nach Frankreich

Bei Tag und in der Nacht verlegte unsere Kompanie mittels Mot-Marsch von Steinach über Freudenstadt/Schwarzwald nach Esslingen am Neckar in eine Kaserne. Hier, wo wieder strenge Ordnung herrschte, wurde uns erst richtig bewußt, wie schön die „Freiheit in Uniform“ im Kreis der Bevölkerung gewesen war. Aber die kleine Stadt, in der wir nun stationiert waren, lernten wir auch schnell kennen. Ebenso schnell fanden wir heraus, wo es Wein gab.

Nur wenige frohe Stunden waren uns geblieben, dann erreichte uns die Nachricht, daß deutsche Truppen über Holland in Belgien einmarschiert waren – eine Nachricht, die uns sofort wieder den Ernst der Lage vor Augen führte. Die Frage nach unserem nächsten Einsatz war damit beantwortet.

Am 12. Mai wurden wir in Esslingen auf dem Bahnhof verladen und rollten in Richtung Westen. Über Mainz und Koblenz ging es das schöne Mosel-Tal entlang. Zum erstenmal in meinem Leben sah ich Weinberge. In ihnen arbeiteten bereits die Winzer.

Unweit des kleinen Städtchens Saarburg, 23 Kilometer südlich Trier, wurde ausgeladen. Unsere Kompanie bildete die Divisionsspitze. Sie gliederte sich in motorisierte Infanterie, Pioniere, schwere Maschinengewehr-Kompanie und Artillerie. Da keine feindlichen Flugzeuge in der Luft waren, fühlte man sich trotz der Kriegssituation wie im Manöver.

Nachdem diverse deutsche Luftlandungen in der „Festung Holland" erfolgt waren, sowie nach einem schweren Bombenangriff auf Rotterdam, war der niederländische Widerstand bereits am 14. Mai zusammengebrochen.

Am 15. Mai begann der Marsch über die Mosel-Grenzbrücke, vorbei an der noch völlig intakten Zollstation, von der aus uns die Zollbeamten zuwinkten. Die Masse der Einheiten bewegte sich auf der Straße vorwärts, die Infanterie marschierte neben der Fahrbahn her. Bald machten wir Halt und Rast in einem großen Park in der Stadt Luxemburg. Für die Nacht bauten wir Zwei-Mann-Zelte auf. Die Offiziere waren im Conti-Hotel gegenüber des

Die geöffnete Grenze von Luxemburg nach Belgien. Es mutete alles so an, als befände man sich im tiefsten Frieden…

Bahnhofs einquartiert. Für mich war es ein weiter Weg quer durch die Stadt, um meinen Oberleutnant zu versorgen. Da Luxemburg friedlich war, bekamen wir Ausgang. Obwohl vordergründig nichts zu befürchten war, gingen wir dennoch nur in Gruppen aus. Hier war noch nichts rationiert, und man konnte für sein Geld kaufen, was man wollte. Auch die Schaufenster der Geschäfte waren reichlich und interessant mit Waren dekoriert. Aber für uns bestand ein striktes Kaufverbot – wo sollten wir auch hin mit den Waren? Auf den Austro-Daimler-Lastwagen gab es keinen Platz für private Dinge. Also kehrten wir in Lokale ein, in denen noch getanzt wurde. In der Nacht, als wir dann in unseren kleinen Zelten lagen, konnten wir aus der Ferne Kanonendonner grollen hören, und unsere Bomber flogen ihre Einsätze.

Am nächsten Tag fuhren wir weiter, über die Grenze nach Belgien. Auch sie war noch von Zöllnern besetzt. Als sie uns sahen, öffneten sie sofort ihre Schlagbäume. Die Fahrt ging weiter, nun in Richtung Sedan. In dem kleinen belgischen Ort Brienne sahen wir Bunker. Die Landschaft machte auf uns einen trostlosen Eindruck, und Belgien schien im Vergleich zu unserer Heimat ein armes Land zu sein.

An diesem 16. Mai durchbrach die Heeresgruppe B die Dijle-Stellung. (Da der Bau der französischen Maginot-Linie bis zum Mai 1940 noch nicht abgeschlossen war, sie außerdem ohnehin nur bis zur belgischen Grenze reichte, stellte dieser Umstand bei einem deutschen Angriff die Gefahr einer wiederholten Strategie des Schlieffenplans von 1914 dar – die eines starken Angriffs durch Belgien mit Stoßrichtung auf Paris. So hatten die Alliierten nach geheimen Gesprächen mit den Belgiern den sogenannten Dijle-Plan entwickelt – der Bildung einer „Auffang-Linie", an der einem deutschen Angriff massiv begegnet werden sollte. Diese Linie erstreckte sich von Antwerpen, entlang der Dijle, westlich und südlich von Brüssel, bis nach Dinant an der französischen Grenze. Vom „Drehpunkt" bei Sedan aus, dann entlang der Ardennen, sollte sich der linke Flügel der Truppen der Alliierten in belgisches Land hineinbewegen können.)

Am 17. fiel die belgische Hauptstadt Brüssel. In „unserem" Mittelabschnitt vollzog sich der deutsche Panzer-Vorstoß mit großer Geschwindigkeit, obwohl die Ardennen allgemein für unwegsam gehalten wurden. Die Kampfmoral der Franzosen litt ganz erheblich unter dem massiven Eingreifen der deutschen Luftwaffe zur Unterstützung des Heeres.

Wir passierten die belgisch-französische Grenze und die Orte Arlons und Floreville und fuhren in Sedan ein. Die Stadt war mir durch Erzählungen und aus Büchern bekannt. Sie war schon im Krieg 1870/71 und im Ersten Weltkrieg heiß umkämpft gewesen. Jetzt sah man viele ausgebrannte und zerstörte Häuser, und überall auf den Feldern und an den Rändern der Straßen die gräßlichen Spuren des Krieges: Leichen, zerstörte Wagen, Gerätschaften und Munition. Der Übergang über die Maas wurde von den Franzosen heftig verteidigt. Die erste deutsche Angriffswelle hatte hohe Verluste gehabt, und erst durch einen starken Pionier-Einsatz mit etlichen Übersetzmitteln war der Einbruch in die zäh verteidigten Bunker der Maginot-Linie am anderen Ufer ermöglicht worden.

Andere Pioniere waren bereits dabei, eine Behelfsbrücke über die Maas zu bauen. Wir sahen die ersten geschockten Zivilisten aus ihren zerstörten Häusern kommen. Aber für uns ging es immer weiter, denn wir waren die Spitze der 50. Infanterie-Division und mußten von nun an in Richtung Dünkirchen aufklären...

In schneller Fahrt passierten wir einige Dörfer, danach kam ein Wald. Die Kompanie-Spitze fuhr rechts heran, und wir mußten mit unserer Kampfausrüstung absitzen. Rechts und links der Straße lagen verlassene Fahrzeuge und Hunderte Gerätschaften. Hier war geplündert worden, denn es war nichts Brauchbares mehr zu bergen. Plötzlich der Ruf eines Kameraden. Wir liefen zu ihm. Der Kamerad hatte einen Kolonial-Soldaten aufgespürt – braunes Gesicht und schwarzes, lockiges Haar. Er machte einen

Die 7. Gruppe auf einem der Austro-Daimler-Lastkraftwagen (der Dritte von links bin ich).

verängstigten Eindruck, trug aber keine Waffe mehr bei sich. Wir brachten ihn zum Kompaniechef, und weiter ging's.

Wir hatten inzwischen von der Eroberung des als uneinnehmbar geltenden belgischen Forts Eben-Emael durch deutsche Truppen am 11. Mai erfahren, an der auch Pionier-Oberleutnant Witzig maßgeblich beteiligt gewesen war *(er wurde dafür mit dem Ritterkreuz ausgezeichnet).*

Am 19. Mai 1939 war Abbeville und am 20. die Somme-Mündung von den deutschen Truppen erreicht und sämtliche nördlich dieses „Sichelschnitts" kämpfenden Divisionen der Alliierten abgeschnitten worden.)

Irgendwann sahen wir eine Ju 52 nach einer Bauchlandung an der Fahrbahn liegen. Auch hatten hier, nach den großen Kratern zu urteilen, die Stuka-Flieger von ihren Ju 87 schwere Bomben abgeworfen... Schon seit einiger Zeit hatten wir die Planen von den Gruppen-Lastwagen abgenommen und unsere Maschinengewehre auf die hohen Dreibeine montiert, um bei einem Fliegerangriff sofort feuerbereit sein zu können.

Es verlief noch alles ruhig, aber der Staub und die Hitze waren eine Qual auf dem Wagen. Wenigstens konnten die Sonnenbrillen unsere Augen etwas vor dem gleißenden Licht schützen. Noch immer fuhren wir an der Spitze der Vorausabteilung in Richtung Cambrai-Arras-Dünkirchen. An der Küste des Ärmelkanals waren die Franzosen und Engländer von unseren Truppen eingeschlossen worden. Etwa fünfzig Kilometer vor Dünkirchen hielten wir in einem dichten Laubwald an. Hier sahen wir wieder enorm viele zerstörte Fahrzeuge und zurückgebliebenes Kriegsgerät zweier geschlagener Armeen *(Briten und Franzosen)*. Interessiert blickten wir in die Umgebung und entdeckten eine verlassene schwere Batterie. Da lagen bündelweise kleine, gelbliche, uns unbekannte Stangen herum. Sie sahen aus wie Nudelstangen. Niemand wußte etwas damit anzufangen, bis jemand erklärte, daß es sich dabei um Treibladungen für die Artillerie handelte. Wir wollten es aber ganz genau wissen. So trug unsere Gruppe eine Menge von dem Zeug zusammen und häufte es zu einer Pyramide auf. Dann wurde eine etwa zehn Meter lange Zündbahn gestreut, und Helmut Hartmann brannte sie an. Wir anderen standen in respektvollem Abstand. Da gab es einen ungeheuren Ziehschlag, wie ein Sog! Wir wußten nicht, wie uns geschah, und nach einer längeren Schrecksekunde war schon wieder alles vorbei.

Unsere Weiterfahrt wurde auf Befehl „von oben" abgebrochen, und wir fuhren zurück in eine Ortschaft, die von ihren, vor den deutschen Soldaten geflohenen Einwohnern verlassen worden war. Wir sollten diese Häuser als Quartiere beziehen – aber unter der strengen Auflage, daß nichts mutwillig beschädigt oder gar mitgenommen wird. Plünderei wurde hart bestraft.

So betrat jede Gruppe ein Haus. Doch in diesen Häusern sah es verheerend aus, überall herrschte ein einziges schreckliches Durcheinander. Sämtliche Schubladen waren herausgerissen und manche zerbrochen

Unser Vormarsch in Nordfrankreich führte entlang an Ruinen, Trümmer und massenhaft zerstörtem und zurückgelassenem Kriegsgerät.

Endlose Reihen verlassener und von der Zivilbevölkerung geplünderter Militärfahrzeuge säumten unsere Vormarschstraße.

worden. Ihr Inhalt lag auf den Fußböden verstreut umher. Entweder hatten die Einwohner vor ihrer Flucht nur noch schnell nach dem Notwendigsten gesucht, oder es waren schon Plünderer dagewesen, bevor wir hier eintrafen… Das alles sollten wir nun wieder in Ordnung bringen – und wir taten es.

Beim Aufräumen fand ich Messingmantel-Munition, die ich gut für meine Null-Acht-Pistole gebrauchen konnte. Auf ihrem Boden konnte ich die Jahreszahl lesen – 1918. Die Munition stammte aus dem Ersten Weltkrieg. Dieser „schwarze Munitionsbestand" war für mich eine kleine, vielleicht einmal wichtige Bereicherung…

Da erschien bei mir ein Kamerad, der einige verschiedenfarbige Stoffe aus einem Laden mitbrachte. Wir machten uns daraus Halstücher, damit uns der Staub während der Fahrt nicht unter die Uniformkragen kriechen konnte. Wir hatten so etwas bei anderen motorisierten Einheiten beobachtet.

Am nächsten Morgen wurde Verpflegung ausgeteilt. Danach mußte die Kompanie antreten, der Chef erschien, sah unsere neuen Halstücher und machte uns deswegen heftig zur Sau… Dann bestieg die Kompanie die Gruppen-Fahrzeuge und es ging in Richtung St. Quentin und Laon.

Noch am Vormittag bezogen wir eine kleine Ortschaft, in der sich ein großer Gutshof befand. Das Haupthaus glich einem Schloß. Auch gehörten eine Molkerei und eine große Scheune dazu, die sich auf der gegenüberliegenden Straßenseite befanden. Die Kühe auf der angrenzenden Weide brüllten unentwegt, weil sie von niemandem gemolken und ihre Euter bereits prall angeschwollen waren. Ein paar Männer unserer Kompanie, die etwas davon verstanden, gingen hin und molken die Tiere. So erhielt das Küchenpersonal einige Eimer voller sahniger Milch, die bald zu guter Butter verarbeitet wurde – für uns eine willkommene Zusatzverpflegung.

Einige der Pioniere waren losgezogen, um die Ortschaft zu erkunden. In mehreren Kellern wurde Rotwein gefunden. Die Fässer waren zum Teil schon geöffnet, so holten wir uns in den Kochgeschirren das herrliche Getränk. Unsere Ruhephase sollte allerdings nur zwei Tage betragen – bis die Division aufgeschlossen war.

In der großen Scheune suchten wir nach Heu oder Stroh für unsere Schlafplätze in den Zelten. Zwar fanden wir dabei keinen französischen Soldaten, der sich in der Scheune versteckt hatte, dafür aber zu unserer größten Überraschung einen Panzerwagen. Oberleutnant Linke wurde

Unser Beute-Panzer, ein „Char leger R35 Renault VM“, war, wie sein Name aussagt, ein leichter Panzerkampfwagen mit einer 3,7-cm-Kanone zur Infanterie-Unterstützung. Von diesem Typen wurden von Renault von Mitte Mai 1935 bis zum 1. Juni 1940 in Serienproduktion insgesamt 1.350 Exemplare gefertigt, von denen auch 54 Stück an Polen und Jugoslawien verkauft und dort eingesetzt wurden. Viele dieser Panzer wurden von deutschen Truppen erbeutet und für eigene Einsätze genutzt.

davon unterrichtet, und der Panzer mußte mit einem Hentschel-Lastwagen herausgezogen werden.

Unter der Leitung des Schirrmeisters, Feldwebel Müller, untersuchten die Kfz-Mechaniker den Kampfwagen. Nach kurzer Zeit hatten sie festgestellt, daß lediglich die Benzinzufuhr unterbrochen war. Daraufhin wurde das Fahrzeug eine kleine Strecke geschleppt, und sein Motor sprang an. Alle jubelten und standen begeistert um den Panzer herum.

Der Chef rief mich und sagte, ich sollte mein Maschinengewehr mit der SMKL-Munition holen *(Sonder-Munition mit Kern-Leuchtspur für Panzerbeschuß)*. Als ich damit zurückkam, wurde die Kompanie fünfzig Meter entfernt aufgestellt. Etwa dreißig Meter davor ging ich mit dem MG in Stellung. Ich sollte nun auf die Sehschlitze in der Panzerkuppel schießen. Also hielt ich d'rauf, schoß – und nichts geschah… Es hatte lediglich ein paar kleine Einschlagdellen im Stahl gegeben. Wir nannten so etwas „Anklopf-Munition“. Nun kannten wir auch die Wirkung der SMKL-Munition und wußten, was man im Ernstfall davon zu erwarten hatte… Nach dieser Vorführung stieg der Chef wieder in den Panzer, einige Kameraden und ich oben d'rauf, und los ging's in schneller Fahrt.

Der Panzer wurde direkt in dichtes, von kleinen Bäumen durchsetztes Buschwerk gesteuert, um sein Durchsetzvermögen zu testen. Doch direkt dahinter stürzte er einen fast fünf Meter tiefen, steilen Abhang hinab. Wir flogen herunter, und trotz einer dicken Beule am Kopf wollte der Chef nun auch noch durch einen nahen Tümpel fahren, ohne zu wissen, wie dessen Grund beschaffen war – und blieb mit dem schweren Fahrzeug stecken. Großes Hallo und lautes Gelächter der Kameraden begleitete uns, bis wir wieder herausgezogen waren. Danach sollte die Fahrt mit dem Beutepanzer zum Bataillonsgefechtsstand gehen, um ihn dort vorzuführen und von seinem Auffinden zu berichten – aber zuerst auch etwas Schrecken und Angst auszulösen… Doch dem Oberleutnant wurde von dieser Idee dringend abgeraten, denn es bestand die akute Gefahr, daß man sofort mit einer Pak auf den sich nähernden feindlichen Panzer schießen würde. Der Chef sah es ein und erteilte den Befehl, den Franzosen-Panzer unbrauchbar zu machen.

Unsere Fahrt näherte sich Laon. Bereits aus weiter Entfernung konnten wir die auf einer Anhöhe liegende Kathedrale sehen. Unser Marsch führte direkt an einem Feldflughafen vorbei, auf dem unsere deutschen Jagdmaschinen starteten und landeten. Sie flogen unmittelbar über uns hinweg – und wir zogen die Köpfe ein. Die besten Jagdflieger waren schon zu dieser Zeit die beiden bereits mit hohen Auszeichnungen geehrten Piloten Mölders und Galland.

Nicht alle Starts und Landungen verliefen auf dem französischen Feldflugplatz, an dem wir vorüberkamen, problemlos. Hier verharrte ein Fieseler Storch im Kopfstand als weithin sichtbares Symbol für ein fliegerisches Mißgeschick…

Unsere Kompanie auf dem Vormarsch in Nordfrankreich.

Wir zogen in ein Waldstück ein. Die Bäume waren in den Kronen so dicht, daß wir unsere Wagen gar nicht zu tarnen brauchten. Die Züge und Gruppen waren weit auseinandergezogen, jede für sich versammelt. Es wurden nun Briefe an die Lieben daheim geschrieben oder im fließenden, klaren Wasser eines schmalen Grabens gebadet. Danach wurde Skat gespielt; einige spielten das verbotene *17 und 4*. Ich kniete gerade neben Georg, der ein verdammt gutes Blatt auf der Hand hatte und damit die Runde gewann. Vor Freude vollführte er einen Kopfstand, bei dem ihm eine Pistole aus der Tasche fiel – mein Beutestück aus Polen. Sofort nahm ich die Waffe an mich. Wir sahen uns an und sagten kein Wort.

Am 28. Mai kapitulierte die belgische Armee mit rund 500.000 Soldaten – 7.500 waren gefallen und 15.850 verwundet worden. Indessen hatten die deutschen Truppen die französischen und britischen Verbände im Raum um Dünkirchen zusammengedrängt. Das Anhalten der deutschen Panzerverbände infolge Materialermüdungen und dringend notwendiger Wartungsarbeiten verschaffte den Eingeschlossenen für einige Tage eine Kampfpause. So gelang es 338.226 Franzosen und – hauptsächlich – Briten mit Schiffen nach Großbritannien zu entkommen.

Während der Zeit des Wartens auf den nächsten Einsatz nahm mich einmal Ernst Linke in seinem Chef-Kraftfahrzeug mit, um nach einem vermißten Kübelwagen unseres Bataillons zu suchen. Ich mußte dabei mein Maschinengewehr mitführen. Herzog steuerte den Wagen. Wir fuhren ziemlich langsam durch einen Laubwald und in einen Hohlweg hinein. Der

Oberleutnant ließ den Wagen anhalten und sagte, daß wir nun nicht mehr weit von der vordersten Linie entfernt wären... Einen Moment später fanden wir den gesuchten Kübelwagen – völlig demoliert. Er war auf eine Mine gefahren. Von dem Fahrzeug konnte man lediglich noch ein paar „Ersatzteile" gebrauchen, mehr nicht. Von den Insassen fehlte jede Spur. Vorsichtig untersuchten wir die Straße nach weiteren Minen, fanden aber keine. So fuhren wir zurück. Es war eine beklemmende Stimmung. So heimtükkisch konnte der Krieg sein.

Wir fuhren ins Zentrum Laons, zum Bataillonsgefechtsstand. In der Stadt sah man kaum jemanden von der französischen Bevölkerung, meistens deutsche Soldaten aller Waffengattungen. Nach Beendigung seiner Mission, und nachdem Ernst Linke von Major Scholz wieder verabschiedet worden war, fuhren wir zurück in unsere Ruhestellung.

Am *Chemin des Dames*

Am Abend des 4. Juni fand der 1. Zug unserer Kompanie ein deutsches T-Minen-Feld am *Chemin des Dames (Damenweg)*, der im Ersten Weltkrieg so hart umkämpft war. Sämtliche unserer einige Zeit zuvor verlegten Minen wurden aufgenommen, um einen eigenen, sicheren Vormarsch zu gewährleisten. Dann mußten auch französische Minen aufgenommen werden. Der 2. Zug stellte seine Gruppen als Stoßtrupps auf und rüstete jede mit einem Flammenwerfer aus, um Widerstandsnester niederzukämpfen.

Wenn eine vorstoßende Gruppe auf eine befestigte Stellung des Feindes trifft, gibt es für sie drei Möglichkeiten, sie zu überwinden:

Die erste und am häufigsten praktizierte Vorgehensweise besteht darin, den feindlichen Widerstand auf der Erde zu brechen – folglich die Stellung zu erobern. Doch vom Ersten Weltkrieg war bekannt, wie verlustreich derartige Kämpfe, gerade beim Einsatz von Maschinenwaffen werden können.

Die zweite Möglichkeit, eine feindliche Stellung zu überwinden, besteht in der Unterminierung oder der Untertunnelung. Auch diesbezüglich erbrachte die Erkenntnis aus dem Ersten Weltkrieg, daß es sich dabei um ein höchst mühsames Vorgehen handelt, das mehrere Tage, Wochen, vielleicht sogar Monate dauern kann.

Die dritte und einfachste Verfahrensweise bestand im Umgehen der feindlichen Stellung und dem Einkreisen des Feindes sowie das Abschnei-

den seiner Nachschubverbindungen. Dabei erkennt der Gegner meistens nicht rechtzeitig, aus welcher Richtung dann der Hauptschlag gegen ihn geführt wird. Aber alles das nur, vorausgesetzt, daß eine Umgehung überhaupt möglich ist.

Bei derartigen Aktionen waren üblicherweise Pioniere dabei, weil sie gewohnt sind, mit Sprengstoff umzugehen und dessen Wirkung ermessen können. Außerdem kennen sich die Pioniere auch betreffs der Konstruktionen von Brücken, Talsperren, Schleusen und Fabrikanlagen aus und wissen, wo Sprengladungen mit der effektivsten Wirkung zu installieren sind.

Für den 5. Juni 1940 war die zweite Operationsphase des Westfeldzugs geplant – der „Fall Rot", der eigentliche Frankreich-Feldzug.

In der Nacht vom 4. zum 5. Juni waren wir in die Bereitstellung gegangen. Unser 3. Zug lag in Reserve und im tiefsten Dunkel der Nacht am *Chemin des Dames*. Man konnte im Dickicht des Waldes kaum die eigene Hand vor den Augen sehen. Es war noch schwül in dem Buschwald, und es schien, als ob die Natur den Atem anhielt. Gelegentlich zerrissen die Einschläge französischer Granaten die nächtliche Stille; auch bellte hier und da mal ein Maschinengewehr kurz auf. Der Angriff war für 5:05 Uhr befohlen. Die Franzosen waren für uns unsichtbar geblieben, und wir wußten nur wenig über ihre Stellungen. Das also war die berühmt-berüchtigte Ruhe vor dem Sturm. Vor Spannung zitterte ich am ganzen Körper. Es war ja alles neu für uns – das Gelände und der Gegner.

Um 4:55 Uhr wurde die Ruhe brutal zerrissen. Zwei oder drei unserer Batterien begannen zuerst zu feuern, dann brach ein gewaltiger Orkan los. Von hinten spieen die Kanonenrohre ihren heißen Stahl aller Kaliber bis 21 Zentimeter über uns hinweg und bereiteten somit unseren Angriff auf höchst eindrucksvolle Weise vor. Heulend sausten die Granaten zu den Franzosen hinüber. Der ganze Erdboden zitterte. Ich fragte mich, wie wohl der Feind die Wirkung dieses ungeheuren Beschusses erlebte... Doch die Franzosen schossen zurück. Wir lagen an einem Hang, und ich konnte die französischen Granateinschläge in unsere „bespannte" Artillerie-Protzenstellung sehen. Ich sah, wie Pferde getroffen wurden; manche direkt tödlich, zerfetzten, manche von Granatsplittern verwundet, rissen sich in ihrer Panik los und rannten schreiend blindlings umher. Die Franzosen schossen gezielt und mit großem Erfolg, denn sie kannten das Gelände. Außerdem hatten sie 14 Tage Zeit gehabt, sich wieder zur Verteidigung einzurichten.

Schon im Ersten Weltkrieg hatten sie es verstanden, sich am Chemin des Dames im Stellungskrieg zu behaupten. Ihre Stellung hier mußte um jeden Preis gehalten werden. Hier, wo noch der Haßgesang vom Ersten Weltkrieg herüberklang, bereiteten sich nicht zum ersten Mal auch deutsche Pioniere auf den Angriff vor, und ich fragte mich, wie das alles enden würde.

Die französische Artillerie legte ein dichtes Sperrfeuer auf unsere Anhöhe. Der Morgen wurde immer heller. Nun hob sich der Himmel auch durch die Laubbäume ab. Man konnte die aufgewühlte Erde sehen, die schon vom Blut unserer Väter getränkt war. Aus offenbar gut befestigten Feldstellungen hämmerten französische Maschinengewehre zu uns herüber, und Elite-Alpenjäger und Baumschützen schossen in unsere Angriffsreihen. Der Feuerplan der Franzosen war gut, und sie verteidigten sich zäh.

Plötzlich verstummte unser Artilleriefeuer. Dann wurde der Befehl zum Angriff erteilt. Wir stürmten vorwärts. Handgranaten explodierten, schwarze Rauchwolken der Flammenwerfer stiegen auf, und schon bald wurden die ersten stöhnenden Verwundeten durch den Buschwald zurückgeschleppt.

Es hatte nicht lange gedauert, da kehrten unsere zwei Züge von ihrem Einsatz zurück, und wir marschierten in lockerer Ordnung in unsere Ausgangsstellung, in der die Gruppenfahrzeuge standen. Schnell sprach sich die Nachricht herum, daß uns der Einbruch in die feindlichen Linien gelungen war. Der 2. Zug hatte bei seinem ersten Einsatz auch den ersten Gefallenen zu beklagen.

Nachmittags marschierte die Kompanie geschlossen auf eine Waldlichtung, auf der unser gefallener Kamerad Purmann zur letzten Ruhe gebettet wurde. Nach seiner Beisetzung feuerten wir eine Ehrensalve. In unseren Reihen herrschte eine bedrückende Stimmung.

Der Abend dämmerte, und die von uns erreichte Linie bot keinerlei Möglichkeit für eine neue Bereitstellung eines nächsten Angriffs. Trotzdem marschierte die Kompanie in die Nähe der Front. Im schummrigen Dämmerlicht konnte man die vor uns liegenden zerklüfteten Schluchten und das hohe und dichte Gestrüpp beiderseits der Straße sehen. Das also war der berüchtigte *Chemin des Dames.*

Wir bogen links von der Straße ab und verschwanden in einer großen Höhle. Vermutlich stammte sie aus dem Ersten Weltkrieg und war von Menschenhand in den Berg gebrochen worden. Das Lehm-Kalk-Kreide-Gemisch hatte diesem Unterstand eine solide Festigkeit verliehen. Hier konnten wir noch etwas Ruhe finden – vor dem morgigen neuen Sturmangriff...

Im Morgengrauen des 8. Juni nahmen wieder mehr als dreißig deutsche Batterien die Stellungen des Gegners unter Feuer. Fast eine Stunde lang dröhnten die Abschüsse, und die Einschläge ließen wieder die Erde beben. Als wir dann den Unterstand verließen, stand die Sonne schon im Osten am Himmel. Nun beherrschte starkes Infanteriefeuer die ganze Front. Unser Befehl lautete: „Floßsack-Übergang über den Oise-Aisne-Kanal für die Infanterie herstellen!“

Die mit den Floßsäcken beladenen Lastwagen konnten wir in einiger Entfernung an der Straße zum Ortseingang von Chavonne in unserer getarnten Stellung stehen sehen. Unteroffizier Enoch, befahl mir, ihm mein Maschinengewehr zu geben, damit er uns während der Kanalüberquerung Feuerschutz geben konnte. Angesichts der Situation paßte mir die Abstellung zu den Floßsäcken überhaupt nicht, zumal ich in erster Linie MG-Schütze war. Dennoch mußte ich mit den beiden Kameraden Helmchen und Fenske zu den Lastwagen mit den Floßsäcken gehen und dort einen solchen empfangen. Danach stellten wir uns in einer Reihe auf und begannen den Anmarsch im langsamen Laufschritt. Die Gruppen- und Zugführer gaben uns Feuerschutz.

Als wir drei Kameraden gerade ein Feld mit hochgewachsenem Klee überquerten, mußten wir wegen der großen körperlichen Anstrengung kurz anhalten und liegend etwas verschnaufen. Das MG- und Gewehrfeuer wurde immer stärker, und unentwegt schoß die Artillerie beider Seiten über uns hin und her. Gerade als ich nach der dritten kurzen Pause das Zeichen zum Weiterlaufen geben wollte, schrie Helmchen auf: „Ich bin getroffen!“

Sofort robbte ich zu ihm hin und sah seine Verwundung am linken Arm. In der Armbeuge war eine große Öffnung, die sehr blutete. Helmchen hielt den Arm mit der rechten Hand fest, um die Blutung etwas zu stillen. Er bat mich, ihm zu helfen, und ihn zurück zu bringen. Natürlich tat ich das und sagte Fenske, er sollte solange warten, bis ich wieder zurückgekommen wäre. Dann rannte ich mit Helmchen zurück. Mehrmals warfen wir uns dabei Deckung suchend in den hohen Klee – bis wir genau auf Oberleutnant Linke stießen. Der hatte inzwischen seinen provisorischen Gefechtsstand an einem Telegrafenhäuschen eingerichtet. Meine Meldung betreffs Helmchens Verwundung machte auf ihn nicht den geringsten Eindruck. Er befahl mich sofort wieder nach vorn.

Im geduckten Laufschritt kehrte ich zu Fenske zurück. Zwar konnte der kleine, leichte Floßsack auch von uns beiden allein getragen werden, doch fehlte, wenn er zu Wasser gelassen würde, der Steuermann. Dennoch nahmen wir in der eisenhaltigen Luft wieder unsere Plätze an den seitlichen Tragetauen ein. Die Abwehr der Franzosen war indessen sehr heftig und einige Floßsäcke bereits zerschossen worden.

Ich lag links neben unserem Floßsack und hatte meinen rechten Arm hinter das Tau geschoben und nach oben abgewinkelt. Er ragte nur etwa zehn bis fünfzehn Zentimeter aus dem Klee heraus. Wieder gab ich das Kommando: „Fertig…, los!“

In diesem Moment spürte ich einen ungeheuren Schlag in meinem Arm, so als würde er abgerissen. Nun war ich es, der rief: „Ich bin getroffen!“

Furchtbare Schmerzen durchströmten meinen ganzen Arm, mir wurde schwindelig und einen Moment schwarz vor den Augen. Wie aus weiter Ferne hörte ich irgendwann Ernst Linkes Kommando: „Vorwärts! Nach vorn!“

Mein Kamerad kam zu mir gekrochen und sah mein Malheur. Ich wünschte ihm „alles Gute, und gutes Rauskommen“ aus dieser Situation, dann zog auch ich mich, flach am Boden kriechend, zurück.

Als ich wieder am Telegrafenhäuschen ankam, sah mich Ernst Linke mitleidvoll an. Er befahl seinem Fahrer, mich sofort mit dem Kraftfahrzeug zum Verbandplatz zu bringen. Aus der Deckung heraus fuhr Herzog in schneller Fahrt mit mir zum Divisionsverbandplatz. Dort angekommen, verabschiedete er sich kurz und fuhr ebenso schnell wieder zurück.

Die Sanitäter versorgten mich notdürftig und setzten mich in einen Sanka *(Sanitätskraftwagen)*. Ich wurde nach Laon gefahren, zum Hauptverbandplatz. Dort wurde mein Arm von einem Stabsarzt untersucht, danach bekam ich einen Gipsverband angelegt, unter den ein spezielles Tragegestell angebracht wurde, das meinen Arm bis auf Brusthöhe in leicht angewinkelter Haltung hochhielt. *(Im Landserjargon wurde diese Konstruktion mit dem Arm darauf „Stuka“ genannt.)*

Im Laufe der Zeit erschienen immer mehr Verwundete auf diesem Hauptverbandplatz. Nach fast zwei Stunden wurden wir wieder in einen Sanka verladen und zu einem Feldflugplatz gefahren. Hier standen Maschinen verschiedener Typen. Es herrschte ein reger Start- und Lande-Verkehr. Obwohl ich nun von der Front fortkam, bedauerte ich dennoch, daß ich nicht bei meinen Kameraden bleiben konnte. Da hielt der Sanka vor einer Ju 52. In ihrem Innenraum wurden uns die Plätze angewiesen. Kaum einer der verstörten Verwundeten sprach ein Wort, und schon bald schlief ich erschöpft ein.

Deutsche Pioniere rückten bei Chavonne ins Tal der Aisne vor (im Vordergrund rechts). Im Tal schoß die französische Artillerie (im Hintergrund links und rechts). Hier wurde auch ich während der Vorbereitung auf den Floßsack-Übergang über die Aisne (unten) verwundet.

Sie werden mit einem steifen Arm leben müssen...

Irgendwo in Deutschland landete das Flugzeug. Zügig wurde der Verwundententransport in mehrere bereitstehende Sankas „umgeladen". Nach nicht sehr langer Fahrt erreichten wir Speyer. Vor einem großen Gebäude mit breitem Portalaufgang standen Sanitäter und Krankenschwestern in weißen Kitteln und empfingen unseren Transport. Auf meinem Weg in eines der vielen sauberen Krankenzimmer sah ich in dem Gebäude etliche katholische Schwestern in ihren charakteristischen schwarz-weißen Trachten. Ich wurde in ein helles Zimmer mit zwei blütenweiß bezogenen Betten geführt. Unmittelbar darauf brachte man noch einen Soldaten auf einer Trage in den Raum. Da wir uns infolge unserer Verwundungen nicht selbst ausziehen konnten, halfen die freundlichen Schwestern dabei. Wir mußten, bevor wir uns in die Betten legen konnten, zuerst einmal gründlich gewaschen werden. Meine Uniform war noch voll von dem hellen Staub des *Chemin des Dames*, und die Oberbekleidung wurde das Opfer einer großen Schere.

Noch bevor wir uns in dem Krankenzimmer etwas akklimatisiert hatten, brachte man uns schon die erste Mahlzeit, mit Erdbeeren als Dessert. Von den herrlich reifen Früchten konnten wir essen, soviel wir mochten. Ich aß zwei große Portionen, dann überfiel mich die Müdigkeit und ich sank in einen tiefen Schlaf.

Von einem starken Jucken am ganzen Körper wachte ich irgendwann am Nachmittag wieder auf. Ich sah überall rote Flecke und kleine Beulen, so als hätten mich winzige Tiere gebissen. Sogleich läutete ich an der Klingel und rief eine Schwester herbei. Sie erkannte sofort eine Erdbeerallergie, die sie gleich mit einem speziellen Puder behandelte. Als ich am nächsten Tag erwachte, waren sämtliche roten Stellen und die kleinen Beulen wieder fort.

Nun kam ich zum erstenmal mit meinem Zimmerkameraden ins Gespräch. Er war Infanterist einer anderen Division, aber auch am *Chemin des Dames* eingesetzt gewesen und hatte dort eine Beinverwundung erhalten. Ich selbst wußte über meine Armverwundung noch immer nichts Genaues. Da erschien der Stationsarzt zur ersten Visite. Er war Zivilist und fragte nach unserem Befinden.

Am nächsten Morgen wurde ich in den Operationssaal gebracht. Dort nahm man mir das lästige „Stuka"-Gestell und den Gipsverband ab, um die

Wunde freizulegen. Schweigend besah sich der Arzt die Wunde an meinem Arm, dann sagte er: „Das ist ein komplizierter Ellbogen-Durchschuß. Für Sie ist der Krieg zu Ende. Sie werden mit einem steifen Arm weiterleben müssen.“

Mein Arm wurde wieder eingegipst, auf das Tragegestell gelegt, und man brachte mich zurück ins Krankenzimmer. Als ich wieder im Bett lag, überfiel mich eine tiefe Depression. Ich wollte eine derartige Diagnose nicht akzeptieren. Ich war gerade erst 19 Jahre alt, und dann so etwas...

Der Kamerad im Nebenbett versuchte mich zu trösten. Er war älter und hatte sicherlich schon mehr Lebenserfahrung. Sein freundlicher Zuspruch baute mich psychisch wieder etwas auf. Da ich meine rechte Hand nicht bewegen konnte, bot er sich an, für mich an meine Mutter zu schreiben, um ihr mitzuteilen, wo ich mich nun aufhalte und wie es mir gesundheitlich ging.

Die Zeit verstrich, und die Langeweile nahm zu. Eines Tages ließ ich mich deshalb von meinem sympathischen Zimmerkameraden zum Kartenspielen überreden – obwohl ich davon nicht viel hielt, denn mein Motto war, *wer spielt, der betrügt*... Dennoch hatten wir dabei unseren Spaß. Da er aber bemerkte, daß ich zuviel vor mich hin grübelte, bot er mir an, die Karten zu legen und daraus meine Zukunft abzulesen.

„Gibt es so etwas wirklich?“, fragte ich.

Er nickte stumm, legte mir die Karten, und ich hörte seinen prophetischen Ausführungen zu. Er erklärte, daß ich wieder völlig gesund werden würde. Auch hätte ich eine Freundin, mit der ich in Schriftverkehr stand, aber sie gehe fremd und habe noch einen Anderen. Sie wäre nichts für mich, und er sagte: „Laß' die Finger von diesem Mädel.“

Ja, es gab so ein Mädchen... Aber sollte ich das alles glauben? Ich war sehr skeptisch.

Da ich nicht bettlägerig war, konnte ich in dem Krankenhaus umhergehen; nur verlassen durfte man es nicht. Wie denn auch? Wir hatten ja gar keine Uniform mehr. Nur einen Schlafanzug, die Erkennungsmarke, das Soldbuch, ein Taschenmesser und die Geldbörse waren noch mein einziger Besitz. Abends erfuhren wir aus dem Radio, daß sich von diesem 10. Juni an nun auch das mit Deutschland verbündete Italien im Kriegszustand mit den Alliierten befand.

Am 12. Juni 1940 wurde das Krankenhaus bis auf die Schwerverwundeten geräumt. Ein Lazarett-Zug brachte uns in einer langen Fahrt nach

Wien. Dort standen am Bahnhof Omnibusse und Sanitätsfahrzeuge bereit. Ich kam im Bezirk I in eine Schule, die in ein provisorisches Reserve-Lazarett umfunktioniert worden war. In einem der Klassenräume wurden wir zu insgesamt fast dreißig Soldaten zusammengelegt. Alles wirkte primitiv, und es mußte viel improvisiert werden.

Nach ein paar Tagen erhielten wir endlich neue Uniformen. Meine erste Bitte an den behandelnden Arzt war, mich von dem lästigen „Stuka“ zu befreien, was er glücklicherweise auch tat. Doch der Arm blieb im Gips. Für seine weitere Ruhestellung erhielt ich ein großes Tragetuch.

Eines Tages bekam ich eine Überweisung zu einem Professor, der betreffs meines Armes eine Abschluß-Diagnose erstellen sollte. In einem Sanka wurde ich zu seiner Praxis gefahren. Es war ein schon älterer Herr, der mich in seinem Vorzimmer empfing. Nach seiner Untersuchung erklärte er mir in väterlichem Ton, daß der Arm für immer steif bleiben würde. Er meinte, im Laufe der Jahre käme ich sicherlich darüber hinweg.

Traurig und niedergeschlagen durchstreifte ich ziellos etliche Straßen Wiens. Ich ging zum Opernhaus, zum Stephansdom, zum Burgtheater und zum Regierungssitz. Anläßlich dieses ersten selbständigen Ausgangs kaufte ich mir das kleine, schwarz-weiß-rote EK-2-Band, das ich noch im Laden sofort am zweiten Jackenknopf von oben anbringen ließ. Den Heimweg trat ich mit der Straßenbahn an.

Als ich wieder in dem großen Klassenzimmer ankam, staunten die Kameraden über meine „plötzliche“ Auszeichnung. Von den vielen Verwundeten gab es unter uns nur wenige, die bereits ein Eisernes Kreuz erhalten hatten.

Durch den Rundfunk waren wir über die weiteren Kämpfe und den Vormarsch unserer deutlich überlegenen Truppen informiert worden. Seit dem 5. Juni wurde der Gegner regelrecht überrollt – an der Somme, der Ailette, der Aisne und dem tiefgegliederten Verteidigungsgürtel im Abschnitt Saarland, der Maginot-Linie. Mir wurde nun klar, daß wir deswegen hatten Speyer räumen müssen, und ich fühlte einen inneren Stolz über den Erfolg. Aber ich war nicht dabei gewesen, und das betrübte mich etwas.

Inzwischen war es der Heeresgruppe B bis zum 9. Juni gelungen, die untere Seine zu erreichen, und am 11. hatte die französische Regierung Paris verlassen – das dann schon am 16. von deutschen Truppen besetzt worden war. Der neue Regierungschef, Marschall Pétain, ersuchte am 17.

Meinen rechten Arm unter der Uniform im Gipsverband, posierte ich bei einem Fotografen in Wien.

Juni die deutsche Regierung um einen Waffenstillstand, der am 22. Juni im Wald von Compiègne geschlossen wurde – in genau jenem alten Eisenbahn-Salonwagen des Marschalls Foch, in dem am 9. November 1918, nach dem verlorenen Ersten Weltkrieg, die deutsche Delegation die Waffenstillstandsbedingungen der Alliierten hatte annehmen müssen, die in der Folge zum Versailler Vertrag geführt hatten.

Die Kämpfe in Nordfrankreich hatten auf französischer Seite rund 92.000 Tote und 200.000 Verwundete betragen und auf deutscher Seite

27.074 Tote, 18.383 Vermißte und 111.034 Verwundete. Die Briten hatten 68.111 Männer verloren, und 1,9 Millionen Soldaten der Alliierten waren in deutsche Kriegsgefangenschaft geraten. Weite Teile Frankreichs wurden von deutschen Soldaten besetzt.

Viele der langsam genesenden Verwundeten in jenem großen Saal, in dem wir lagen, kannten sich nun schon näher, und es bildeten sich einzelne Personengruppen mit jeweils eigenen Interessenbereichen. So gingen wir meistens zu mehreren aus, besuchten den Prater, das Parlamentsgebäude, das Rathaus und das „Lust-Schloß" Schönbrunn. Eines Nachmittags fuhren wir nach Grinzing im nördlichen Teil Wiens, zu den Donau-Hängen, an denen der gute Wein gedieh – den wir zur Zither-Musik genossen. Es war ein großartiges Erlebnis. Dann wurde ein Teil von uns Verwundeten ausgesondert und mit Omnibussen verlegt. Ich war auch dabei.

Nach etwa fünfzig Kilometer trafen wir in Pressbaum ein und hielten vor einem ehemaligen Kloster an, das direkt an einem Waldrand lag. Entsprechend unserer Verwundungen wurden wir auf die Zimmer verteilt. Ich wurde mit neunzehn weiteren Personen in einem kleinen Saal zusammengelegt. In diesem Reserve-Lazarett standen Sanitäter, Militär-Ärzte und Rot-Kreuz-Schwestern zu unserer Betreuung bereit.

Nach drei Tagen meines dortigen Aufenthalts bat ich anläßlich einer Visite den Oberarzt, mir doch bitte den Gipsverband abzunehmen. Ich erklärte ihm, daß meine Verwundung schon vier Wochen her und die Wunde längst verheilt war. Er versprach mir, darüber mit dem Chefarzt zu reden, was er dann anläßlich der Visite am nächsten Morgen und in meinem Beisein auch tat. Aber seitens des Chefarztes wurde diesbezüglich keine Order erteilt. Aber nach der langen Zeit überkam mich nun die Ungeduld. Kurz vor dem Mittagessen wurde ich von einer Schwester überraschend aufgefordert, sofort zum OP zu kommen. Dort erwarteten mich die beiden Ärzte in weißen Kitteln, und ich mußte mich auf einen Stuhl setzen, der neben dem Operationstisch stand. Einer der Ärzte kam mit einer großen Schere und führte die Schneiden von meiner Innenhand bis zum Oberarm knackend durch den dicken Gips. Dann wurde der harte Verband aufgebrochen und mein Arm war wieder frei – endlich! Was für eine Erleichterung... Aber der Arm sah erbärmlich aus. Er war so dünn, als hätte er die ganze Zeit lang keine Nahrung bekommen. Die Wunde war verheilt, und nun konnte man die Ein- und Ausschußstellen genau sehen. In der Armbeuge war der Einschuß, neben dem Ellenbogen der Ausschuß. Es war ein Glück, daß bei dem Durchschuß kein Knochen verletzt worden war. Doch eine Streckung des Arms war mir nicht möglich. Er blieb in der angewinkelten Haltung.

Nachdem ich nach der Säuberung des Arms aus dem OP entlassen war und wieder den Gemeinschaftssaal betrat, wurde gerade das Mittagessen ausgegeben. Zwar trug ich den Arm noch immer in einer Schlinge, doch soweit es mir möglich war, versuchte ich, mich auch mit der rechten Hand zu bedienen. Die ersten Bewegungen taten zwar verdammt weh, aber ich wollte unbedingt wieder den Arm und die Hand gebrauchen.

Am nächsten Tag zwang ich mich, die Betten der bettlägerigen Kameraden an den Fußenden mit dem rechten Arm etwas anzuheben, weil ich hoffte, somit langsam die Sehnen und Muskeln wieder strecken zu können. Die Kameraden hatten Sorge, daß ich sie mit den Betten fallen lassen würde, doch es gelang mir, wenn auch unter Schmerzen, die Betten etwas anzuheben und auch wieder vorsichtig abzusetzen. So hob ich von nun an zweimal täglich, morgens und abends, die Betten an. Trotz der anfänglichen Schmerzen gelang es mir, meinen Arm nach zehn Tagen wieder vollständig zu bewegen. Die Ärzte fanden für dieses unerwartete „Wunder“ keine Erklärung. So ließ man mich nun in einem Turnsaal und unter Aufsicht eines Sanitäters Hebeübungen mit Hanteln durchführen. Da ich mit dem guten Fortgang meiner Genesung sehr zufrieden war, hoffte ich auf eine baldige Entlassung…

Am 16. Juli 1940 war es dann soweit, ich erhielt meine Entlassungspapiere, den Marschbefehl und eine Fahrkarte. Ich sollte mich nun beim Pionier-Ersatz-Bataillon 68 in Küstrin melden. So fuhr ich mit dem Zug von Wien über Salzburg, München, Hof und Berlin nach Küstrin. Auf dem Bahnhof erkundigte ich mich, wo sich die Pionier-Kaserne befände.

Zwischendurch mal kurz zu Hause

Die neue Kaserne lag zwei Kilometer außerhalb der Stadt. In dem Ersatz-Bataillon wurden Neuaufstellungen und Auffrischungen vorgenommen. Hier trafen sich alle ehemals Verwundeten und Kranken. Ich hoffte, auch Kameraden meiner alten Einheit zu treffen, denen vielleicht noch an anderen Kampfstätten Verwundungen zugefügt worden waren. Vertieft in derartige Gedanken, war ich bereits auf dem Weg zur Kaserne, und nun begegneten mir auch die ersten Dienstgrade. Also mußte ich wieder zackig grüßen – nur wollte mein rechter Arm diese zackigen Bewegungen noch nicht so schnell mitmachen.

Am Eingangtor der Kaserne angekommen, wurde ich von einem Wachtposten kontrolliert. Daraufhin schickte er mich zum wachhabenden Unteroffizier, der mir erklärte, in welchem Gebäude sich die Genesenen-Kompanie befand. Dort meldete ich mich in der Schreibstube beim Kompaniefeldwebel und gab meinen Marschbefehl ab. Anschließend wurde ich dem Kompaniechef vorgestellt, der mich nach meiner Einheit und der Ursache meiner Verwundung befragte.

Nach der Anmeldung beim Furier *(Verpflegungsunteroffizier)*, beim Rechnungsführer und in der Bekleidungskammer hatte ich alles gemäß meines Laufzettels ausgeführt und gab ihn in der Schreibstube wieder ab. Dann erhielt ich vom Kompaniefeldwebel ein Antragsformular für Heimaturlaub, das ich ausfüllen und auf dem ich meine Heimatadresse eintragen mußte. Den Rest des Tages verbrachte ich zum Teil in einer 8-Mann-Stube, in der ich allein untergebracht war, und in der Kantine, dem „Aufenthaltszentrum“ der Soldaten. Gegen Abend bekam ich noch meinen Urlaubsschein und eine Fahrkarte für den nächsten Tag. So suchte ich mir auf dem langen Korridor noch auf einem großen Fahrplan den infrage kommenden Zug aus.

Während ich mit den anderen Soldaten im Speisesaal zu Abend aß, sah ich mich nach mir bekannten Kameraden um – jedoch vergebens. So verbrachte ich die ersten Abendstunden mit einem Bier in der Kantine, bei den Radaumachern von Rekruten, die noch in der Ausbildung waren. Als sie irgendwann meine Auszeichnung sahen, wollten sie neugierig wissen, wie das so ist, an der Front. Aber die einsilbige Fragerei war mir zu dumm, und ich spürte die Distanz, die mich als inzwischen Frontsoldaten von den noch jungen Rekruten trennte. Da ich in der Kantine niemanden fand, den ich vom Fronteinsatz her kannte, zog ich mich schon früh in „meine“ Stube zurück.

Im Zug, auf dem Weg heim nach Wilkau, saßen in meinem Abteil auch Personen, die bereits die ersten Gefallenen zu beklagen hatten. Es berührte mich mitleidvoll, weil ich diesbezüglich schon selbst erste Erfahrungen gemacht hatte.

Am späten Nachmittag traf ich zur allgemeinen Überraschung bei meiner Familie ein. Die Freude war groß, denn man konnte ja sehen, daß ich trotz der Armverwundung gesund war. Beim Bürgermeisteramt holte ich mir gleich meine Zuteilungsmarken für den Lebensunterhalt ab. Es war zwar nicht viel, aber meine Eltern waren dadurch etwas entlastet.

Wie ich aus dem Radio hören konnte, war der Frankreich-Feldzug für unsere Truppen zwar siegreich beendet und das Waffenstillstandsabkommen unterzeichnet worden, trotzdem ging alles im kriegsmäßigen Einsatz weiter. Luftwaffe und Marine meldeten jeden Tag neue Vernichtungserfolge, und im Radio ertönte täglich die nun schon gewohnte Siegesfanfare. Jedes Mal waren meine Gedanken bei meiner Kompanie, und ich fragte mich, wo sie wohl sein mochte...

In der Heimat erschien mir das Leben trostlos. Ich war zwar zu Hause, aber es füllte mich nicht aus. Es gab auch keine Abwechslung, denn Musik und Tanz waren allgemein verboten, und zum Kino war mir der Weg zu weit. Ich sehnte den Tag der Abfahrt herbei. Nach vierzehn Tagen war es dann soweit, Abschied zu nehmen.

Wieder bei der Kompanie

In Küstrin angekommen, konnte ich schon am Bahnhof die Garnisonsstadt erkennen. Außer der Zivilisten befanden sich viele Soldaten auf dem Bahnhofsgelände und in der Stadt. Es war ein gänzlich anderes Leben und Treiben als auf dem Land.

In der Kaserne meldete ich mich vom Urlaub zurück und ging zu der mir zugeteilten Stube. Unterwegs traf ich bereits die ersten Kameraden. Freudig begrüßten wir uns. Jeder erzählte kurz seine Erlebnisse. Nach der Ausgabe des Tagesbefehls mußten einige von uns zum Sanitätsbereich zur ärztlichen Nachuntersuchung – auch ich. Wenngleich ich als „noch nicht voll einsatzfähig" eingestuft wurde, ging dennoch die allgemeine Ausbildung weiter; für mich allerdings noch ohne Vollbelastung. Die Unterweisungen empfanden wir Frontsoldaten als sehr lästig. Was wollten uns Unteroffiziere ohne jede Fronterfahrung denn beibringen? Sie waren teilweise als Kranke aus der Reserve gekommen, oder hatten bisher nur in der Heimat ihren Dienst verrichtet.

Nach einigen Tagen wurde ich zum Kompaniechef gerufen, und man stellte mir die Frage, ob ich Ausbilder werden und dann zu einer speziellen Ausbildungskompanie versetzt werden wollte. Aber ich lehnte ab.

Plötzlich wurden wir Soldaten vom Pionier-Bataillon 71 in die Schreibstube befohlen. Dort erfuhren wir, daß unser Bataillon und die Division auf dem Rückweg aus Frankreich unterwegs waren. Außerdem übermittelte uns der Kompaniechef eine Einladung des Pionier-Bataillons 71, an einer großen Divisions-Parade in Posen teilzunehmen. Wir waren begeistert und stimmten sofort zu, denn schließlich waren da ja endlich wieder unsere Leute.

Schon am Bahnhof in Posen gab es ein großes Hallo. Soldaten der jeweiligen Einheiten holten ihre Kameraden zur Division ab. Von unserer Kompanie, die in einem kleinen Ort in der Nähe von Posen lag, wurden wir großartig empfangen. Ernst Linke ließ mich sogleich zu sich kommen, erkundigte sich nach meinem Befinden und tröstete mich. Ich staunte über sein EK I. Wie ich dann sah, waren auch Leutnant Birkefeld und Oberfeldwebel Schönstedt damit ausgezeichnet worden.

Georg und ich freuten uns ebenfalls sehr über unser Wiedersehen, doch leider hatte er als Kraftfahrer nur wenig Zeit für ein Gespräch, da er sich auf die Parade vorbereiten mußte. Kurz darauf wurden wir auf die Gruppenfahrzeuge verteilt, und die Fahrt in Richtung Stadt begann.

Die Straßen waren gesäumt von Menschen, die sich drängten, die siegreiche Truppe jubelnd und winkend zu begrüßen. Ich war emotional sehr bewegt, und mein Herz schlug heftig – am meisten, als wir an der Ehrentribüne vorbeifuhren. Unser Divisionskommandeur und hohe Parteifunktionäre standen oder saßen auf der geschmückten Tribüne und nahmen unter den Klängen des Musikzugs den Vorbeimarsch ab.

Nach der Parade rückten die Einheiten sofort wieder in ihre Standortquartiere ab. Unsere Kompanie verabschiedete uns schon in Posen. Kurz darauf begaben wir uns zum Bahnhof, um nach Küstrin zurück zu fahren. Dort angekommen, waren wir wieder „ernüchtert". Es war doch ein großer Unterschied zwischen diesem Ersatzhaufen und der verbindlichen Kameradschaft unserer 3. Kompanie.

Noch in derselben Woche wurden wir zur Marschkompanie versetzt und zogen sogleich in ein anderes Gebäude um. Meine Ausschau nach dem Kameraden Helmchen blieb aber leider ohne Erfolg. Ich fragte mich, was wohl aus ihm geworden war...

Jeden Tag wurden wir nun neu eingekleidet und ausgerüstet – kampf- und marschfähig. Eine nagelneue Erkennungsmarke erhielt ich auch: -69-Gen.Kp.PiErs.Btl.68. Übel war immer das neue Lederzeug. Es war noch naturfarben braun, und man mußte erst alles mühsam schwärzen. Zweimal täglich wurde das Zeug fett mit Schuhcreme bearbeitet und auf Hochglanz poliert. Schwarz waren danach auch unsere Hände.

Während meines Aufenthalts beim Ersatz-Pionier-Bataillon 68 1941 in Küstrin – in Ausgehuniform.

Es waren noch keine zehn Tage seit des letzten Wiedersehens mit unserer 3. Kompanie vergangen, da waren wir schon wieder zurückgekehrt. Wieder holte man uns vom Bahnhof ab, und mit dem Gruppenwagen wurden wir zu einer uns bis dahin unbekannten Kaserne gefahren – einer Pionier-Kaserne. Man nannte sie so, weil dort schon im Ersten Weltkrieg Pioniere gelegen hatten. In der Nähe gab es an der Warthe auch einen Wasser-Übungsplatz. Hauptfeldwebel Ossi Barth ließ uns gleich antreten, um die Personalien aufzunehmen und uns auf die alten Gruppen zu verteilen. Die neuen Landser, die dabei waren, kamen zur Auffüllung und mußten warten, bis sie zu den Pionier-Gruppen eingeteilt wurden. Ich kam wieder zur 7. Gruppe, zu Unteroffizier Enoch, und war froh, wieder dabei zu sein, weil ich mich dazugehörig fühlte. Ruhe kehrte in mir ein. Georg und ich lagen, zusammen mit den anderen, wieder auf einer Bude. Von ihm erfuhr ich nun, wie es nach meiner Verwundung in Frankreich weitergegangen war. Meinen Weg seit meiner Verwundung hatte ich schnell erzählt, denn da gab es ja nicht viel zu berichten. Der alltägliche Dienst hatte uns nun wieder eingeholt, und anschließend gingen wir in die Stadt – die allerdings erst einmal „erobert" werden mußte, denn für mich war sie völlig neu.

Im Laufe der Zeit lernte ich Posen kennen, und es sah so aus, als würde diese Stadt für die nächste Zeit meine neue Heimat. Die Stadt hatte einige bemerkenswerte Einrichtungen zu bieten: Einen Flugplatz, einen großen Bahnhof, ein Messe-Ausstellungsgelände, eine Reitbahn, ein Stadion, ein

Opernhaus, mehrere Kinos, Gaststätten, Hotels und Straßenbahnen. Die Stadt war nicht klein, aber auch nicht besonders groß, hatte ein angenehmes Flair und man fühlte sich in ihr wohl.

Georg und ich lernten ein Mädchen kennen, das uns Posen „schmackhaft" machte. Bald verbrachten wir alle unsere Freizeit immer zu dritt. Wir benahmen uns wie ausgelassene Kinder. Sie kannte auch die Stätten, an denen es noch Wein und Spirituosen zu trinken gab... Sie war eine sogenannte *Volksdeutsche*, und bald lernten wir auch ihre sympathischen Eltern kennen. Mehrmals wurden wir von ihnen eingeladen – aber es sollte noch ganz anders kommen...

Anfang September 1940 mußten Georg und ich an einem Unteroffizierslehrgang innerhalb unseres Bataillons teilnehmen. Mein Wunsch war es, Berufsunteroffizier zu werden. Es wurden drei Gruppen aufgestellt; von jeder Kompanie eine. Unsere Ausbildungsgruppe führte ausgerechnet mein Gruppenführer, Unteroffizier Enoch, den Ausbildungszug Leutnant Preuß und Oberfeldwebel Schönstedt. Von morgens bis abends erlebten wir nun nochmals unsere Rekrutenzeit – allerdings mit zusätzlichen neuen Kommandos. Wir lernten das Führen eines Unterrichts vor der Gruppe oder einem Zug. Noch nie zuvor hatte ich vor Soldaten gestanden, die ich befehligen mußte. Besonders schwierig war es immer, die ersten richtigen Worte zur Eröffnung eines Themas zu finden. Da es bei den Feldeinheiten keine Heeresdienstvorschriften gab, mußte man sich Schreibpapier besorgen und alles notieren und dann auswendig lernen. Die Kommandos mußten laut erteilt werden. Dazu stand der ausführende UA *(Unteroffiziersanwärter)* dreißig bis vierzig Meter weit von der Gruppe entfernt. Am Abend war ich heiser... Außerdem war es besser, auf den Fluren keinem der anderen Unteroffiziere zu begegnen, denn dann hieß es gleich, „*Sie* wollen Unteroffizier werden?" Es wurde uns nichts geschenkt; vielmehr wurden wir rangenommen, daß uns, wie man uns hinterher brüllte, „das Wasser im Arsch kocht"...

Ernst Linke hatte die Oberaufsicht, und er verlangte von uns das Äußerste. Es war fast schlimmer, als in der Rekrutenzeit, aber abends gingen wir dennoch aus... Am nächsten Tag bekamen wir dann so blöde Sprüche zu hören, wie, „abends bis zum Geht-nicht-mehr die Frauen stemmen, und am nächsten Morgen müde sein...!" Aber dafür wurden wir während unserer Ausbildung nicht zur Kasernenwache abgestellt.

Zur Hälfte der Ausbildungszeit sprangen dann einige Lehrgangsteilnehmer ab. Wir anderen, die weitermachten, durften nun den schmalen Balken aus Silberlitze an den Schulterklappen anbringen. Jetzt waren wir „echte" Unteroffiziersanwärter. Einige unserer Nicht-UA-Kameraden machten blöde Bemerkungen, aber ich hatte mein Ziel vor Augen...

Inzwischen wurde die 1. Kompanie für eine Neuaufstellung an die 111. Infanterie-Division abgegeben. Die im Bataillon entstandene Lücke wurde von den beiden verbliebenen Kompanien besetzt, auch mit Dienstgraden. So gab es bereits offene Stellen, die auf uns warteten...

Zum Ende unseres Lehrgangs wurde auf dem Truppenübungsgelände ein Schau-Manöver durchgeführt, in dem Georg die Verteidigungsgruppe befehligte, ich jene, die angriff. Bei dieser Übung waren der Bataillonskommandeur und sämtliche Offiziere und Unteroffiziere anwesend. Doch bevor es losging, wurden für unsere Gewehre und MGs Platzpatronen ausgegeben. Eier- und Stielhandgranaten waren scharf munitioniert. Dann bezogen wir unsere Ausgangspositionen im Gelände. Eine aufsteigende grüne Leuchtkugel zeigte den Beginn unseres Angriffs an.

Das Maschinengewehr ratterte los und gab uns beim Vorgehen Feuerschutz. Vor uns hatte man Pappfiguren aufgestellt, die als Ziele dienten. Mein Kommando wurde befolgt, und jeder gab sein Bestes. Unsere Handgranatenwürfe lagen gut, und die Explosionen fegten alles beiseite. Wir „kämpften" uns immer weiter an die Verteidigungsgruppe heran. Da sah ich Georg in einem Schützenloch liegen, und mir kam der Gedanke, ihn aus der noch weiten Entfernung von etwa achtzig Meter annähernd zu treffen. Beim Aufspringen zog ich eine scharfe Handgranate ab und warf sie in seine Richtung. Für den Wurf brauchte ich soviel Kraft, daß mich mein rechter Arm schmerzte. Dann sah ich der durch die Luft trudelnden Handgranate nach – und sah, wie sie genau in Georgs Loch fiel. Panische Angst wallte heiß in mir auf. Da sah ich Georg über den Rand seines Loches springen und sich sofort Deckung suchend hinwerfen. Es krachte. Das Blut schien in meinen Adern zu gefrieren...

Die Übung wurde sofort beendet. Georg hatte Glück gehabt – aber ich auch... Singend marschierten wir in die Kaserne zurück. Dort wurden wir von Oberleutnant Ernst Linke für unseren Einsatz gelobt. Damit war der UA-Lehrgang beendet, und wir kehrten wieder zu unseren alten Gruppen zurück.

Zwei Wochen später hatten Georg und ich uns vorgenommen, nach Dienstschluß auszugehen. Wir wollten gerade die Stube verlassen, da erschien der GvD *(Gefreiter vom Dienst)* und sagte: „Sofort im Dienstanzug zur Schreibstube kommen!“ Und weg war er.

Wir sahen uns an und wußten nicht, was das zu bedeuten hatte. Also gingen wir zur Schreibstube. Dort trafen wir auf die anderen Lehrgangsteilnehmer und die Unteroffiziere Enoch und Nelke. In einer Reihe standen wir vor dem Kompaniefeldwebel. Die Tür des Chef-Büros ging auf, und Ossi Barth rief: „Achtung!“ Wir schlugen die Hacken zusammen und nahmen stramme Haltung an. Barth meldete an Oberleutnant Linke: „Zwei Unteroffiziere und sechs Unteroffiziersanwärter angetreten!“

Dann beförderte der Chef Nelke und Enoch zu Feldwebeln und uns Anwärter zu Unteroffizieren – welche Freude! Wir gratulierten einander und bekamen die Beförderungsurkunden ausgehändigt. Unsere Soldbücher wurden dem „Spieß“ überreicht und die Eintragungen vorgenommen. Daraufhin befahl Ossi: „Um 20:00 Uhr versammelt sich das gesamte Unteroffizierskorps der Kompanie in der Unteroffizierskantine!“

Ossi Barth hatte bereits alles organisiert. Es wurde gut gegessen, und dann begann der Umtrunk. Die „Ränkespiele-Trichter“ im Hosenbund und Glasbalance auf der Stirn. Dabei wurde ein Eimer Wasser in den Trichter gegossen…

Gegen 22:00 Uhr erklärte Ossi Barth, daß, wer nach 24:00 Uhr noch ohne Litzen angetroffen werde, den ganzen Abend bezahlen müßte. Aber wir hatten doch gar kein Geld…! Wir rannten zur Unterkunft und holten dort den Schneider aus dem Bett. Wir versprachen ihm alles Mögliche, wenn er uns nur helfen würde. Auf dem Dachboden hatte er seine Schneiderei. Dort nähte er uns die „Gurkenschalen“ *(eine einen Zentimeter breite, helle Paspelierung)* um die Kragen. Schnell noch die fertigen Schulterklappen aufgezogen, und wir schafften es gerade noch rechtzeitig zur vorgegebenen Zeit als „fertige“ Unteroffiziere zu erscheinen. Die Feier ging weiter.

Am nächsten Morgen weckte uns der UvD wie immer mit viel Spektakel. Oh jeh, was hatte ich für einen dicken Kopf… Dennoch, wir durften beim Morgenappell nicht fehlen. Nun gehörten auch wir zu den Vorgesetzten, die den Mannschaften ein Vorbild sein mußten. Aber es fing verdammt schwer an.

Mir wurde nun eine Gruppe des 2. Zugs zugeteilt, Georg blieb beim 3. Zug. Meine Zugführer waren nun Leutnant Birkefeld und Oberfeldwebel Schönstedt. Gerade in dieser Zeit erhielten wir „Nachschub“ vom Ersatz-

Bataillon. Allerdings hatten diese Soldaten nur eine kurze Ausbildung absolviert. Unter ihnen waren auch Freiwillige aus dem Warthegau. Ich bekam den Befehl, sie voll einsatzfähig auszubilden. Einige von ihnen konnten nur sehr wenig Deutsch sprechen und hatten folglich ernste Verständigungsschwierigkeiten. So versuchte ich, wenn wir allein waren, mich mit ihnen in ihrer Heimatsprache zu unterhalten. Diese Sprache war mir schon als Kind einigermaßen geläufig.

Zwischendurch gingen Georg und ich, nun als Unteroffiziere, mit unserem Fräulein in Posen aus. Wir hatten viel Freude an unserem Trio.

Auf Leben und Tod

Unsere Division bekam einen neuen Kommandeur – Generalleutnant Hollidt. Er wurde für eine Besichtigung unseres Bataillons angemeldet. Meine Kompanie sollte die große Wache am Kaserneneingang stellen. Sechs dekorierte Obergefreite und ich wurden für diese Aufgabe bestimmt, und alles wurde bis ins Kleinste geprobt.

Dann erschien der General am Tor. Im Laufschritt führte ich die Wache an, und wir stellten uns zur Meldung auf. Schon am Tor wurde die Delegation des Kommandeurs und seines Adjutanten sowie das Bataillons-Offizierskorps empfangen. Ich machte eine ordentliche Meldung und war froh, daß sie mir so gut über die Lippen gegangen war. Der General wandte sich ab und ging weiter, aber da erschien sein Adjutant Raßmussen und sagte zu mir: „Wenn Sie Ihren rechten Handschuh ordentlich zugeknöpft hätten, wäre die Wache noch besser gewesen."

Beim Laufen aus der Wachstube hatte ich es nicht mehr geschafft, so schnell den Knopf durch die enge Öse zu schieben. Nun spürte ich, wie mir das Blut zu Kopf stieg, und aus war's mit meiner guten Laune. Ich ließ die Wache ins Wachlokal wegtreten und ahnte, daß meine Fahrlässigkeit Konsequenzen nach sich ziehen würde...

Nach dem Wachdienst meldete ich mich in der Schreibstube zurück. Mit einem zynischen Lächeln teilte mir der „Spieß" mit, daß ich drei Strafwachen abzuleisten hatte. Nachdem ich eine Wache im Gerätedepot und eine am Haupteingangstor absolviert hatte, war der Fall aber schon wieder erledigt, denn am 25. Oktober 1940 durfte ich ganz plötzlich in den Heimaturlaub fahren. Man ließ mir noch nicht einmal richtig Zeit, darüber nachzudenken, was für ein Grund sich dahinter verbarg... Ich packte meine Sachen und reiste ab.

Zu Hause angekommen, war die Freude wieder groß. Nun hatten sie alle den Unteroffizier, den sie sich in mir gewünscht hatten. Sogar mein Stiefvater war stolz auf mich. Er war im Ersten Weltkrieg nur Gefreiter gewesen.

Als ich zwei Tage später morgens vom Bett aufstehen wollte, konnte ich vor plötzlich aufgetretenen Schmerzen im Brust- und Rückenbereich kaum noch atmen. Ich informierte meine Mutter, die mich mit beschwichtigenden Worten beruhigte. So blieb ich noch etwas liegen, doch mein Zustand besserte sich nicht. Mein Gefühl sagte mir, daß ich mich ins Krankenhaus begeben sollte. Auch meine Mutter konnte ich nun davon überzeugen. Der Opel stand zwar im Schuppen, jedoch ohne Fahrgenehmigung. Ich wollte alles auf meine Kappe nehmen, denn ich spürte, daß ich dringend professioneller Hilfe bedurfte.

Mein Stiefvater fuhr mich nach Namslau ins Krankenhaus. Dort wurde ich sofort von einem Arzt untersucht. Diagnose: Doppelseitige Lungenentzündung. Ich mußte im Krankenhaus bleiben und wurde in ein Krankenzimmer geführt, in dem schon ein älterer Herr lag. Das Auskleiden konnte ich gerade noch schaffen und war froh, als ich wieder im Bett lag. Noch am selben Tag erschien der Chefarzt, untersuchte mich nochmals sehr gründlich und stellte dieselbe Diagnose. Aber er tröstete mich etwas, indem er mir sagte, daß ich in spätestens drei Wochen wieder bei meiner Einheit sein würde – aber es sollte so ganz anders kommen…

Nach der Untersuchung machte ich mich mit meinem Zimmergefährten bekannt. Er schien sich ehrlich darüber zu freuen, daß er nun nicht mehr allein sein mußte. Noch am selben Nachmittag bekam er Besuch. Ich vermutete, daß es seine Frau und ihre gemeinsame Tochter waren, die er mir auch namentlich vorstellte. Ich verstand jedoch nicht, warum die beiden ihn mit *Sie* anredeten. Fragen wollte ich aber auch nicht, und da in diesem Moment auch meine Familie erschien, um mir einige notwendige Dinge zu bringen, beließ ich es dabei. Nachdem der gesamte Besuch wieder fort war, schrieb ich an meine Kompanie und informierte sie über meine Situation.

Die Tage vergingen, ohne daß ich eine Besserung verspürte. Ich fühlte mich schwach und hatte keinen Appetit. Die Ärzte und Schwestern verfuhren mit mir sehr gewissenhaft und zuvorkommend. Da erschien meine Mutter und jammerte, daß nun auch mein Bruder Paul seine Einberufung erhalten hatte und sich in Breslau melden mußte.

Eines Tages ging die Tür des Krankenzimmers auf und da standen Leutnant Birkefeld, Ossi Bath, Georg und der Fahrer, „Hupen-Paule“. War das eine Freude!

Nun erfuhr ich, daß die Division in Richtung Süden verlegt werden sollte; zuerst einmal in die Tschechei. Gern wäre ich mitgegangen, doch war der Grad meiner Erkrankung noch nicht erkannt worden. So fiel mir der Abschied von meinen Leuten schwer.

Bei jeder Visite drängte ich nun auf eine bessere Diagnose, fragte, wie es wirklich um mich stand und nahm artig meine Medikamente, damit die Genesung möglichst rasch voran ging. Dann hieß es Anfang Dezember, daß meine Entlassung bald erfolgen sollte, doch wollte mich der Chefarzt vorher nochmals röntgen. So ging ich in den Keller, in dem die Geräte standen. In einem dunklen Raum mußte ich mich entkleiden und die Durchleuchtung begann. Als der Arzt fertig war, erschreckte er mich mit einer neuen Diagnose: „Ihre Lunge steht links ganz und rechts bis zum Herzen unter Wasser. Um Ihr Leben zu retten, müssen wir Sie sofort punktieren...“

Mir war alles egal, Hauptsache, ich würde bald wieder zu meiner Einheit kommen können. Aber mein Wunsch, noch vor Weihnachten aus dem Krankenhaus entlassen zu werden, hatte sich mit der neuen Erkenntnis meines Zustandes zerschlagen.

Schon bald darauf wurde ich auf einer fahrbaren Liege vom Krankenzimmer in den OP gerollt, dort auf den OP-Tisch gelegt, und ich erhielt eine Spritze in den Rücken – zur örtlichen Betäubung. Dann nahm der Arzt eine übergroße Spritze zur Hand und bohrte sie mir im hinteren Brustkorb zwischen die Rippen hindurch bis in die Lunge. Langsam zog er die Flüssigkeit heraus.

(Eine Pleuraraum-Punktion wird vorgenommen, wenn sich Luft oder Sekret im Raum zwischen Lungen- und Rippenfell befindet – im sogeannten Pleuraspalt, folglich die Lunge komprimiert wird, was unter anderem zu schwerer Atemnot führen kann. Nach der Punktion wird das Sekret aus dem Pleuraraum mittels einer Spritze herausgezogen, oder es wird eine Dauersaugung angeschlossen, die das Sekret kontinuierlich absaugt.)

Nachdem der Arzt seine Tätigkeit beendet hatte, wurde ich wieder zurück ins Krankenzimmer gefahren. Ich war fix und fertig. Doch erfolgte diese Prozedur ein paar Tage später noch einmal. Ich verlor deutlich an Kraft – und an Lebensmut. Meine Mutter kam jeden Tag voller Sorge um mein Leben. Auch brachte sie mir immer etwas zu essen mit. Es war nicht viel, aber sehr kräftigend. Dennoch wurde ich von Tag zu Tag schwächer, und ein Aufstehen war mir bald unmöglich.

Da überraschte mich eines Tages Tante Ludmilla mit ihrem Besuch. Sie war Oberschwester eines katholischen Hauses in Groß Wartenberg und veranlaßte, daß ein Priester kam und mir die Letzte Ölung verabreichte – was für eine Perspektive... Alle um mich herum sprachen mir Trost zu, auch der Herr im Nebenbett.

Weihnachten und der Beginn des Jahres 1941 gingen an mir vorüber, ohne daß ich es noch zur Kenntnis nehmen konnte. Irgendwann erschien ein Krankenpfleger, holte mich aus dem Zimmer, rollte mich in den OP, und mir wurde die Narkosemaske auf die Nase gelegt. Ich fiel in einen dunklen Dämmerzustand. Ich spürte entfernt, daß an meinem Rücken herumhantiert wurde, fühlte aber keinen Schmerz und konnte keinen klaren Gedanken fassen – alles war so unendlich weit entfernt...

Als ich wieder erwachte und die Augen öffnete, befand ich mich in einem Einzelzimmer, bewacht von einer Schwester. Sie fragte mich, wie ich mich fühlte. *Gar nicht*, taumelte mir der einzige Gedanke durch den Kopf. Sie ging, und kurz darauf erschien der gesamte Ärztestab im Zimmer. Es wurde viel geredet. Die Worte erreichten zwar meine Ohren, aber ihr Sinn nicht mehr meinen Verstand.

Als der Dämmerzustand dann irgendwann abgeklungen war, begann ich die Dinge um mich herum endlich richtig wahrzunehmen. Mein gesamter Körper war mittels breiter Gurte am Bett festgebunden. Ich mußte und konnte nur auf der linken Seite und in einem ganz bestimmten Winkel liegen. Von der nicht weit entfernten Dauersaugungs-Armatur führten Schläuche zu mir, und neben meinem Bett stand eine dickbauchige 20-Liter-Flasche, wie man sie für hausgekelterten Wein braucht. Traurig versank ich in einem dunklen, psychischen Tief...

Jedes Mal, wenn meine Mutter mich in der nächsten Zeit besuchte, saß sie weinend am Bett. Dabei stopfte sie mir irgendwelche Häppchen in den Mund. Auch Likör, den sie unter großen Schwierigkeiten besorgt hatte, flößte sie mir vorsichtig ein. Sie kämpfte auf ihre Weise um mein Leben. Die Ärzte und Schwestern konnten offenbar auch nichts weiter für mich tun. Ich erhielt lediglich Medikamente. Ich sah ihre sorgenvollen Blicke. Zuerst hatte ich eine Lungenentzündung, dann auch noch eine Rippenfellentzündung. Ich fühlte mich völlig aus der Bahn geworfen, dämmerte nur noch so dahin.

Da es 1941 in Europa noch keine Antibiotika gab (erst die Amerikaner brachten sie nach ihrem Einmarsch 1945 mit),beschränkte sich die Therapie einer Rippenfellentzündung, die mit einer Ansammlung von Wundsekret sowie häufiger Infektion und Eiterbildung einherging, lediglich auf die Absaugung des Wundsekrets mittels einer sogenannten Bülau-Perthes-Dauersaugung. Eine derartige Dauerabsaugung besteht aus zwei Sekret-Flaschen, die durch Schläuche miteinander verbunden sind und an einer Sogquelle angeschlossen werden. Wenn nach zirka drei Wochen keine Besserung eingetreten ist, wird versucht, die als Empyem bezeichneten Eitermassen, operativ zu entfernen. Auch nach einer solchen Operation muß wieder eine Dauersaugung angebracht werden. Auch heute ist diese Therapie noch für den Patienten sehr schmerzhaft und komplikationsbehaftet.

Es waren bereits vier Monate seit meiner Einlieferung ins Krankenhaus vergangen, da überfielen mich plötzlich grausame Schmerzen in Brust und Rücken. Ich zog an der Not-Klingel über dem Bett und hielt sie fest. Als eine Schwester erschien, brüllte ich vor Schmerzen. Ein Arzt wurde gerufen, der eilig herbeigelaufen kam. Sofort wurde die Dauersaugung abgestellt. Ein fahrbarer Tisch mit Instrumenten wurde geholt, um meinen hinteren Brustkorb wieder zu „bearbeiten“. Vor Schmerz und aus Angst weinte ich, konnte es kaum aushalten. Die Verbindungen zwischen meinem Körper und der Dauersaugung wurden entfernt. Mittels eines großen Spiegels zeigte mir der Arzt, was an meinem hinteren Brustkorb geschehen war: Das durch die Pumpe entstandene Vakuum hatte sich im Körper festgesogen, und so wurde meine Haut fast von den Rippen gerissen. Eine große Beule war auf meinem Rücken entstanden, einem Bienenkorb ähnlich. In den Rippen klaffte ein dunkles Loch. Man hatte mir bei der Operation ein etwa drei Zentimeter großes Stück aus einer Rippe genommen, und da hindurch die Schläuche eingeführt. Es sah gar nicht gut aus... Nun wurde die Wunde gereinigt und die Flasche mit etwa zwei Litern der abgesaugten Flüssigkeit entfernt. Mir war verdammt elend zumute, und ich fühlte mich am ganzen Körper wie zerschlagen. Aber am übelsten war der Gestank dieser Flüssigkeit. Nun wurden kleine Kanülen in die Wunde eingeführt, die mich in meiner liegenden Position aber nicht weiter beeinträchtigten.

Von diesem Tag an verspürte ich endlich eine langsame Besserung. Mein Appetit und auch die körperliche Energie nahmen wieder zu. Während der langen Zeit meiner Bettlägerigkeit hatte sich die ganze Hornhaut von meinen Füßen gelöst; nur eine zarte Haut war zurückgeblieben.

Es waren inzwischen wieder etwa zwei Wochen vergangen, da wurde ich ein weiteres Mal geröntgt. Wegen meiner körperlichen Schwäche konnte ich nicht gehen und wurde deshalb in den Röntgenraum gefahren. Der Arzt stellte fest, daß die die Flüssigkeit verursachenden Herde noch immer im Körper waren. Sie sollten nun durch eine weitere Punktion entfernt werden. Als ich das hörte, verweigerte ich energisch: „Sie können alles mit mir machen, aber keine Punktion mehr!"

Die beiden folgenden Wochen lang versuchte mich der Arzt zu einer weiteren Punktion zu überreden – aber ich verneinte konsequent. Dann sagte er mir: „Ich sehe, daß Sie kein Vertrauen mehr zu meiner Behandlungsmethode haben... Ich kann es aber nicht länger verantworten, Sie hier liegen zu lassen. So sehe ich mich gezwungen, Sie in ein Lazarett nach Bres lau zu verlegen."

Was blieb mir anderes übrig, als dem nachzugeben. Die Kanülen waren bereits entfernt, und ich konnte mich schon wieder ganz allein waschen, wenngleich ich auch noch ziemlich wacklig auf den Beinen war. In den nächsten Tagen sollte die Verlegung per Eisenbahn erfolgen. Dazu benötigte ich eine Wehrmacht-Fahrkarte, aber die wollte mir niemand holen – weil ich mich dem Arzt widersetzt hatte.

Meine Uniform hing im Schrank, und ich bat die Schwester, daß sie mir beim Ankleiden behilflich sein möchte. Ich wollte mir die Fahrkarte nun beim Kreiswehrersatzamt selbst holen. Dann ging ich sehr langsam und unsicheren Schrittes los. Es war inzwischen Frühling geworden, aber das Wetter war alles andere als schön, dennoch tat es sehr gut, endlich wieder die frische Luft einzuatmen. Ich konnte sie regelrecht schmecken; es war wunderbar. Irgendwann war ich beim Kreiswehrersatzamt angekommen und bekam dort meine Fahrkarte. Als ich wieder ins Krankenhaus zurückgekehrt war, sank ich erschöpft in mein Bett und war sehr froh, wieder dort zu sein.

Am Nachmittag besuchte mich wieder meine Mutter. Als sie erfuhr, wie es mit mir weitergehen sollte, wollte sie mich unbedingt auf der Fahrt nach Breslau begleiten, und wir besprachen alles. Sie suchte den Zug aus, erklärte mir, wann ich am Bahnhof sein sollte und nahm meine restlichen persönlichen Dinge mit nach Wilkau, wo sie am nächsten Morgen in den Zug zusteigen wollte.

Nachdem ich am folgenden Morgen Abschied von den Krankenschwestern genommen und mich für deren Fürsorge bedankt hatte, ging ich los, um den Zug pünktlich zu erreichen.

Der Personenzug lief ein, und die vornehmlich berufstätigen Fahrgäste bestiegen die Waggons. Dann kletterte auch ich die drei hohen Trittstufen hinauf, was mir sehr große Anstrengung bereitete. Der Zug war zwar gut besetzt, doch bekam ich einen Sitzplatz direkt am Fenster.

In Wilkau konnte ich meiner Mutter schon beim Einfahren in den Bahnhof aus dem Fenster zuwinken. Meine Mutter stieg zu, und man rückte in unserem Abteil etwas zusammen, damit auch sie einen Platz bekommen konnte. Unterwegs sagte sie mir:

„In Breslau werden wir zuerst meinen Arzt, Herrn Dr. Sauer, besuchen. Er hat mir schon mehrmals schnell und erfolgreich geholfen – er ist Heilpraktiker…"

Zuerst sträubte ich mich dagegen, weil man als Soldat auch betreffs der eigenen Gesundheit nur den offiziellen Dienstweg gehen darf. Da ich aber nun endlich wieder gesund werden wollte, willigte ich ein.

In Breslau, auf dem Weg zum Reserve-Lazarett I, hatte mich meine Mutter überredet, noch zu einem Fotografen zu gehen. (Die langanhaltende, schwere Krankheit hatte deutliche Spuren in meinem Gesicht hinterlassen.)

Mit der Straßenbahn fuhren wir zu Dr. Sauers Praxis in der SA-Straße 1. Dort angekommen, war ich wieder am Ende meiner Kräfte. Nach seiner Untersuchung stellte Dr. Sauer dieselbe Diagnose wie der Arzt im Krankenhaus. Dann mußte ich ihm meinen Krankheitsverlauf schildern. Daraufhin gab er mir zwei kleine Glasflaschen mit weißen Kügelchen, von denen ich dreimal täglich eine einnehmen sollte. Somit sollte die Flüssigkeit aus meiner Lunge ohne Punktion entweichen. Meine Mutter bezahlte, und wir verabschiedeten uns.

Nachdem sie mich dazu überredet hatte, mit ihr noch zu einem Fotografen zu gehen, fuhren wir mit der Straßenbahn zum Reserve-Lazarett I in

Breslau-Hundsfeld. Es war ein sehr großes Gebäude aus roten Ziegelsteinen und wirkte nicht gerade einladend...

An der Pforte gab ich meine Überweisungspapiere ab und wurde auf die Innere-Station befohlen. Dort wurde ich von der Stationsschwester in ein Zimmer geführt; ein Zimmer mit 12 Betten nebeneinander. Mir wurde das einzig freie Bett in der Mitte zugewiesen und ich mußte mich sofort hinlegen. Froh war ich, als ich endlich lag.

Im Krankenzimmer lagen Soldaten verschiedener Dienstgrade bis zum Unteroffizier. Bald brachte die Schwester das Mittagessen, danach nahm ich die erste Pille ein, und nachdem ich meiner Mutter versprechen mußte, ihr bald zu schreiben, verabschiedete sie sich, um zurück nach Wilkau zu fahren.

„Na, was fehlt Ihnen denn...?"

Die Frage des Stabsarztes hatte mich aufgeweckt. Zwar hielt er meinen schriftlichen Befund in der Hand, doch sollte ich ihm alles noch einmal berichten. Nachdem er mich daraufhin untersucht hatte, stellte auch er dieselbe Diagnose. Dazu bemerkte er: „Heute ist Freitag. Wir warten bis Montag, dann beginnen wir mit der Durchleuchtung und dem Punktieren..."

Ich erschrak. Wieder die Nadel in den Rücken...? Aber hier war eine Verweigerung unmöglich. So schwieg ich. Meine Pillchen hatte ich in meinen Toilettenutensilien im Nachtschrank gut versteckt. Vorschriftsmäßig nahm ich sie nach jedem Essen unauffällig ein.

Mit den anderen Landsern wurde über Krankheiten, die Ärzte und Schwestern gesprochen – und über den Krieg. Ich erfuhr nun, daß mein Pionier-Bataillon 71 am 8. Dezember 1940 nach Jablonetz im Riesengebirge verlegt worden war.

Anfang Februar 1941 war auch die gesamte 50. Infanterie-Division mit der Bahn nach Bulgarien und Rumänien, unweit Bukarest, verlegt worden. Anfang März war man bis zur griechischen Grenze marschiert, und am 5. April war der Angriff auf die Engländer erfolgt. Teile der Division und der 3. Kompanie des Pionier-Bataillons 71 hatten beim Erstürmen der Befestigungsanlagen schwere Einsätze zu bestehen, doch das Pionier-Bataillon erreichte Saloniki am Schwarzen Meer. Nach einer kurzen Ruhephase war der Rückmarsch in die Ausgangsposition in Rumänien erfolgt.

Trotz meiner krankheitsbedingten Schwäche verfolgte auch ich die Rundfunkmeldungen des OKW *(Oberkommando der Wehrmacht)* mit großem Interesse. Insgeheim war ich enttäuscht, nicht auch dabei gewesen zu sein... Da bekam ich Post von Georg – noch aus der Zeit, als unser Bataillon am Schwarzen Meer gestanden hatte. Er berichtete mir von den schweren Kämpfen und von den eigenen großen Verlusten.

Am Montag, drei Tage nachdem ich im Reserve-Lazarett I eingetroffen war, fand die erste Visite dieser Woche statt. Der Stabsarzt untersuchte wieder Brust und Rücken, klopfte und hörte mich ab. Nachdenklich sagte er: „Ich verstehe das nicht, Ihr Krankheitszustand kommt mir heute ganz anders vor, als noch am Freitag..."

Ich sagte dazu nichts. Mir war nur aufgefallen, daß ich häufiger Wasser lassen mußte.

„Kommen Sie nach der Visite in den Röntgenraum."

Ein Sanitäter kam und holte mich zum Röntgen. Ich mußte meinen Oberkörper entblößen, dann wurde ich in einen dunklen Raum geführt, den nur eine schwache rote Lampe spärlich erhellte. Der Arzt hatte eine ungewöhnliche Brille auf, und vor dem Körper trug er eine dicke Schutz-Schürze. Ich trat vor den Schirm, das Licht wurde ausgeschaltet, dann hörte ich ihn sagen: „Ja..., da sind noch kleine Flüssigkeitsherde – aber kaum von noch Bedeutung... Licht an!" Als wir uns wieder im Hellen sehen konnten, sagte er: „Sie haben eine sehr schwere Krankheit hinter sich gebracht. Wenn Sie so weitermachen, werden Sie tatsächlich wieder ganz gesund. In zwei Wochen sehen wir uns das nochmal an."

Am Abend desselben Tages erschien nach dem Essen die Stationsschwester, die eine Kopfhaube mit einem roten Kreuz trug. Sie kam zu mir ans Bett und sagte leise, daß sie der Meinung sei, daß ich meiner Genesung doch wohl etwas nachgeholfen hätte und daß sie schon lange in ihrem Beruf tätig ist und folglich wisse, das eine so schnelle Heilung eigentlich gar nicht möglich sein könnte.

Wir haben uns noch lange unterhalten, aber davon, daß ich heimlich die homöopathischen Tabletten einnahm, habe ich nichts gesagt, denn meine Sorge, daß mir daraus Unannehmlichkeiten entstehen könnten, war viel zu groß. Ich hatte nur einen einzigen Wunsch – so schnell wie möglich wieder zu meiner Einheit zu kommen. Aber dann kam's:

Sie fragte mich, ob ich einem Unteroffizierskameraden helfen wollte, denn er hätte dieselbe schlimme Krankheit wie ich... Ich schaute einen langen Moment prüfend in ihre tiefgründigen Augen. Dann fragte ich sie, ob sie schweigen könnte. Sie gab mir ihr Wort. Daraufhin erzählte ich ihr von

Dr. Sauer und zeigte ihr das Fläschchen mit den kleinen Kugeln. Ihr stiegen Tränen der Ergriffenheit in die Augen. Dankbar drückte sie meine Hand, dann verschwand sie wieder.

Natürlich hatte ich in den wenigen Tagen meines Aufenthalts in diesem Lazarett bemerkt, daß es hier wirklich schwere Fälle gab. Es war ein einziges Kommen und Gehen – genesen oder tot.

Meiner Mutter schrieb ich wahrheitsgemäß, daß es mir nun deutlich besser gehe und sie sich nicht mehr zu sorgen brauchte. An die Möglichkeit eines Rückschlags habe ich überhaupt nicht gedacht. Meine Kräfte nahmen wieder zu, ebenso Hunger und Appetit. Zum erstenmal durfte ich nach Monaten endlich ein Wannenbad nehmen – unter Aufsicht. Bald war mein Befinden derart gut, daß ich mich so fühlte, als könnte ich Bäume ausreißen – allerdings nur solche, die erst am Tag zuvor gepflanzt worden waren... So wollte ich nun auch beim Baden auf die Aufsichtsperson verzichten, und der Sanitäter, der ohnehin noch genug anderes zu tun hatte, ließ mich allein.

Nachdem die vorgegebenen zwanzig Minuten Badezeit verstrichen waren, stieg ich aus der Wanne – und mir wurde schwarz vor den Augen...

Ich spürte kaltes Wasser im Gesicht und kam wieder zu Bewußtsein. Der Sanitäter war gekommen, um nach mir zu sehen und hatte mich am Boden liegend gefunden. Es war ein Glück, daß ich mich bei dem Sturz nicht verletzt hatte.

Anfang Juni 1941 wurde ich zur Kur nach Oberschreiberhau in ein ehemaliges Lehrerheim geschickt. Es war ein wirklich schönes Haus, in dem sich nur Lungenkranke aufhielten. Es stand an einem dichten Waldrand, und in dem Zimmer, in das ich einquartiert wurde, lagen noch ein Oberfeld- und ein Hauptfeldwebel. Wir verstanden uns vom ersten Moment an sehr gut. Die Leitung des Hauses unterstand einem älteren Ehepaar, das auch für die Küche und die Kantine zuständig war, außerdem gab es noch einen Sanitätsfeldwebel und einen Stabsarzt.

Noch am selben Tag wurde ich untersucht und erhielt einen Laufzettel mit etlichen Anweisungen. Auch hatte ich die strenge Hausordnung zur Kenntnis zu nehmen. Wer dagegen verstieß, wurde sofort entlassen.

Jeden Vormittag mußten wir 25 Soldaten von 7:30 Uhr bis 11:30 Uhr im Wald eine Liegekur durchführen. Immer kam der Sanitätsfeldwebel pünktlich zum Deckeneinpacken. Es durfte nicht gesprochen werden, und wehe dem, der rauchte oder erst nach dem Zapfenstreich, also später als 20:00 Uhr, erschien. Nach der Liegezeit mußte jeden Tag ein anderer Sanitäter mit den Kranken Atemgymnastik durchführen. Anschließend Mittagessen, dann von 13:00 Uhr bis 15:00 Uhr Bettruhe, und danach, sofern man wollte, konnte man Kaffee und Kuchen empfangen. Anschließend wurden leichte Spaziergänge unternommen. Oberschreiberhau war ein schöner Kurort mit herrlichen Parks und einladenden Bänken. Kurkonzerte gab es allerdings keine mehr, vermutlich, weil auch sämtliche Musiker zum Militär eingezogen worden waren.

Nach einiger Zeit, als ich mich wieder einigermaßen im Vollbesitz meiner Kräfte fühlte, unternahm ich mit einigen anderen Genesenden auch längere Spaziergänge in die Berge – jedoch ohne Wissen des Heimpersonals. Oft stellte ich mir die Frage, wie ich zu der schweren Lungenkrankheit gekommen war, und ebenso oft fand ich keine Erklärung dafür.

Beim Ersatz-Bataillon 68

Überraschend erreichte uns die Meldung, daß trotz des am 23. August 1939 abgeschlossenen deutsch-russischen Nichtangriffsvertrags am 22. Juni 1941 von deutscher Seite der Rußlandfeldzug ohne eine Kriegserklärung begonnen worden war.

Einen Plan für einen Angriff gegen Rußland, sowie die dazu notwendigen Maßnahmen, hatte Hitler bereits seit Juni 1940 getroffen. Gemäß seiner „Weisung Nr. 21“ vom 18. Dezember 1940 war von ihm vorgesehen worden, „Sowjetrußland in einem schnellen Feldzug niederzuwerfen“. Es sollte deshalb ein rascher Vorstoß bis zur Linie Archangelsk-Astrachan erfolgen, damit der UdSSR kaum Zeit blieb, ihre 12 Millionen Männer starke Reserve mobilisieren zu können. In drei Heeresgruppen mit insgesamt 125 Divisionen (3 Millionen Soldaten mit 3.580 Panzern und Sturmgeschützen, rund 75 Prozent des deutschen Feldheeres) waren zu diesem Großangriff angetreten. Im Nordabschnitt, mit Stoßrichtung auf die baltischen Länder und Leningrad, drang Generaloberst von Leeb vor; im Mittelabschnitt, mit Stoßrichtung auf Minsk-Smolensk-Moskau, drang Generaloberst von Bock vor; und im Südabschnitt, marschierte Generaloberst von Rundstedt in Richtung Kiew-Dnjeprbogen… Dem deutschen Angriff hatte die Sowjetunion 5 Heeresgruppen entgegenzustellen, die in 15 Armeen mit 149 Divisionen formiert waren. Die deutsche Luftwaffe bot insgesamt 1.945 Flugzeuge auf, die Russen verfügten über rund 8.000 Maschinen. Die Sommer-Offensive brachte den deutschen Armeen rasch große Landgewinne.

Als wir davon erfuhren, konnten wir es zuerst kaum glauben. Die 50. Infanterie-Division war nun im Südabschnitt eingesetzt und gehörte zur 11. Armee. Wir diskutierten darüber und hatten betreffs eines Sieges ein schlechtes Gefühl, denn einerseits war Rußland ein sehr großes, weitläufiges Land, andererseits mußten in einem derart großen Land auch viele Menschen leben, folglich mußte es über sehr viele Soldaten verfügen. Täglich überschlugen sich die Sondermeldungen im Radio. Alle drei Wehrmachtteile siegten an der ganzen Front, von Norden bis Süden – und ich war wieder nicht dabei.

Im August kam es endlich zu meiner Abschlußuntersuchung. Mein Allgemeinzustand war gut, der Arzt zufrieden, aber ich wurde nicht *kv (kriegsverwendungsfähig)* geschrieben. „Der Krieg ist für Sie zu Ende."

Traurig blickte ich zu Boden: „Jawohl, Herr Stabsarzt."

Ich wurde wieder nach Küstrin geschickt, zum Ersatz-Bataillon 68. Dort angekommen, wurde ich von jedem Untergebenen, der mir begegnete, ordnungsgemäß begrüßt. Es waren so viele, daß ich mir zur Grußerwiderung besser gleich die Hand an den Kopf hätte binden können.

Die Torwache der Pionier-Kaserne wies mir den Weg zur Genesenen-Kompanie. Sie lag noch immer im selben Gebäudeteil. Nur der „Spieß" und der Kompaniechef waren inzwischen andere. Nachdem ich mich angemeldet und meinen Marschbefehl abgegeben hatte, wurde mir eine Unteroffiziers-Unterkunft mit drei Betten zugewiesen, von dem nur noch jenes an der Eingangstür unbelegt war. Ich fragte mich, wie lange ich hier wohl aushalten müßte, zumal ich außer meiner Uniform, mit der ich vor 11 Monaten in den Urlaub gefahren war, keinerlei Ausrüstungsgegenstände besaß.

Dann erhielt ich meinen Laufzettel, und wieder ging ich alle Stellen ab. In der Bekleidungskammer empfing ich nun zum erstenmal eine Ausgehjacke mit Unteroffiziersbesatz. Sie stand mir gut...

Abends traf ich in der Kantine die ersten Kameraden meiner 3. Kompanie des Pionier-Bataillons 71. Sie waren während des Balkan- und Rußland-Feldzugs verwundet worden. Ich erfuhr von ihren Einsätzen und jenen der 3. Kompanie. Hart hatten die Griechen die starken Bollwerke der *Festung Hellas* und der *Höhe 510* verteidigt, deren Einnahme viele Gefallene und Verwundete zur Folge hatte. Doch der Rußland-Feldzug sollte alles bisher Geschehene weit übertreffen... Am schlimmsten sollten die russischen Kommissare sein. So die Erzählungen meiner Kameraden.

Inzwischen stürmten die deutschen Truppen vorwärts. Unter schweren Verlusten wurden die Ukraine und Bessarabien von der 50. Infanterie-Division erobert, der Dnjestr mit Schlauch- und Sturmbooten überquert und die Stalin-Linie durchbrochen, dann die Richtung auf die Krim eingeschlagen...

Mein Vater, Josef Wimmer, geboren am 27. November 1898 in Alt-Schalkowitz in Oberschlesien. (Hier noch als Unteroffizier.)

Am nächsten Tag durfte ich in den Heimaturlaub fahren. Man freute sich, mich wieder daheim zu haben. Auch mein Stiefvater war inzwischen Soldat geworden und bewachte gefangene Franzosen und Engländer im polnischen Warthegau. Als mein Urlaub beendet war, fuhr ich zurück nach Küstrin.

In der Genesenen-Kompanie empfing mich wieder der Alltag. Die Unteroffiziere hatten den Auftrag, eine Art „Unterhaltungsausbildung" mit Unterweisungen am Gerät zu betreiben. Da wir alle noch nicht voll einsatzfähig waren, konnte man uns körperlich ja noch nicht belasten. Der Stabsarzt schrieb mich *GfH (Gesund für die Heimat)*. Das fand ich zwar gar nicht gut, mußte es aber befolgen.

Nun hatte ich jeden Tag andere Soldaten zu beaufsichtigen, was meine Stubenkameraden besser konnten als ich, denn sie waren ja schon seit längerer Zeit hier. Sie taten auch alles, um mich in meiner Unzufriedenheit zu bestärken. Ich wollte wieder fort von hier, wieder zurück zu meiner Kompanie...!

Über's Wochenende fuhr ich endlich mal zu meinem leiblichen Vater nach Bückgen in der Lausitz. Durch unsere Korrespondenz hatte ich erfahren, daß er gerade im Urlaub zu Hause war. Nun konnte ich ihm zeigen, daß ich zum Unteroffizier befördert worden war – und er stellte sich mir als gerade zum Feldwebel Beförderter vor… So hatten wir gleich zwei Gründe, etwas zu feiern.

Danach versuchte ich, mit ehemaligen Schulfreunden Kontakt aufzunehmen, aber sie waren inzwischen auch alle Soldaten geworden, und einige von ihnen sogar schon gefallen…

Die weitere Ausbildung beim Pionier-Ersatz-Bataillon 68, in Küstrin, war sehr anstrengend. Den Soldaten mußte ich unter anderem Schnelligkeit, Genauigkeit und Zielpräzision beibringen, Dinge, die im Ernstfall wichtig sind, um zu überleben. Wenn auch die Schinderei und die ständige Nörgelei der Auszubildenden frustrierend war, so mußte dennoch jeder Handgriff bei Tag und Nacht korrekt auszuführen sein. Im Ernstfall durfte man nicht erst umständlich herumhantieren.

Anfang Oktober wurde ich nach dem Morgenappell zur Schreibstube befohlen. Dort sagte man mir, daß ich als Truppführer mit weiteren zwölf Soldaten nach Rosenheim in Bayern fahren mußte – zu einem Lehrgang, dessen Thematik das Befahren starker Ströme bildete. Das Ganze sollte sechs Wochen dauern. So gingen alle Teilnehmer zur Bekleidungskammer und erhielten ihre feldmarschmäßige Ausrüstung.

Am nächsten Tag marschierten wir zum Bahnhof und bestiegen einen Zug nach Berlin. Dort hatten wir bis zum Umsteigen in den Zug nach München fast acht Stunden Zeit. Da mehr als die Hälfte meines Trupps aus Berlinern bestand, konnte ich verstehen, daß sie mich baten, kurz zu ihren Familien fahren zu dürfen. Obwohl ich niemanden von ihnen richtig kannte, meldete ich mich beim Transport-Offizier im Bahnhof und trug ihm das Anliegen vor. Er war zwar einverstanden, doch die Verantwortung eines Urlaubs auf Ehrenwort lag dennoch ganz allein bei mir. So erklärte ich meinen Soldaten, daß sie spätestens eine Stunde vor der Abfahrt wieder hier zu erscheinen hatten, andernfalls ich Meldung beim Transport-Offizier erstatten würde. Alle versprachen, pünktlich wieder zurück zu sein. Dann verabschiedeten sie sich und verschwanden. Nur zwei Soldaten blieben bei mir. Wir gaben unser Gepäck zur Aufbewahrung ab und sahen uns Berlin an – ein Berlin, das von den schweren Luftangriffen der West-Alliierten bereits schon erschreckend zerbombt war… Ich erinnerte mich daran, daß Hermann Göring, der Oberbefehlshaber der Luftwaffe, einst vollmundig erklärt hatte, daß er Meier heißen wollte, wenn es auch nur einem einzigen feindlichen Bomber gelingen sollte, Deutschlands Grenze zu überfliegen.

Als wir zum Bahnhof zurück kamen, erschienen auch die ersten meiner „Urlauber" wieder. Sie bedankten sich und wußten meine Großzügigkeit zu schätzen. Doch einer fehlte noch – und die Zeit rann dahin. Nervosität stieg in mir auf. War ihm etwas zugestoßen? War er gar desertiert? Bloß das nicht...! Plötzlich wurde der Zug nach München aufgerufen. Meine Nerven lagen blank... Nur noch knapp fünf Minuten bis zur Abfahrt... Da kam er endlich an.

Nachdem wir im Zug unsere Plätze eingenommen hatten und er losgefahren war, nahm ich mir den „Spätheimkehrer" vor. Ich erklärte ihm, daß es anläßlich der Rückfahrt für ihn keinen Aufenthaltsurlaub in Berlin mehr gäbe.

Am späten Nachmittag trafen wir in Rosenheim ein. Wir wurden mit einem Lastwagen vom Bahnhof abgeholt und zu der weit außerhalb gelegenen Kaserne gefahren. Vor dem Stabsgebäude hielt der Wagen an. Ich ging zum Ia, um uns für den Lehrgang anzumelden. Die Mannschaften wurden dem B-Lehrgang zugewiesen, ich dem A-Lehrgang.

In den Unteroffizierszimmern lagen jeweils sechs Personen, unser Hörsaal faßte 36. Drei Feldwebel und ein Offizier waren unsere Ausbilder. Wir Unteroffiziere kamen uns nun wieder wie Anfänger vor.

Nach der Begrüßung durch den Kommandeur der Schule und des Hörsaal-Leiters marschierten wir nachmittags zum Wasserplatz am Inn. Der Strom hatte eine Fließgeschwindigkeit von viereinhalb Meter pro Sekunde. Das erschien uns sehr schnell, aber wir sollten den Strom noch *richtig* kennenlernen...

Nun wurden uns die verschiedenen Floßsäcke, M-Boote, Sturmboote und das Brückengerät B gezeigt. Den meisten Unteroffizieren war des Brückengerät B bekannt, jedoch nicht über 60 Tonnen Tragkraft. Das ließ auf Panzer und andere schwere Fahrzeuge schließen...

Unser Ausbildungsplan schrieb vier Tage der Woche von morgens bis mittags Brückenbau vor, einen Tag M- oder Sturmboot fahren, zwischendurch Floßsacküberquerung oder Fährbetrieb – und das auf diesem schnellfließenden Strom... Zur Verankerung standen gewirkte Hanf- und Stahl-Taue zur Verfügung.

Die Arbeit war für mich sehr schwierig, denn mein rechter Arm war noch zu schwach, um schwere Dinge zu heben. Für mich begann dieser Lehrgang einige Zeit zu früh. Hier stieß ich an die Grenzen meiner gegenwärtigen Leistungsfähigkeit. Nachmittags mußten wir Sport treiben oder erhielten Unterricht im Hörsaal. Der Sport war gegenüber der sonstigen praktischen Ausbildung geradezu harmlos.

Vom Hörsaal-Leiter wurde ich eines Tages angesprochen, ob ich gewillt wäre, hier zu bleiben, was ich klar verneinte. Ich war einer der Wenigen, die bereits das EK II und das Verwundetenabzeichen trugen und hatte nur den Wunsch, bald wieder zu meinem Pionier-Bataillon 71 zu kommen – das allerdings momentan in Rußland lag…

Nachdem der Lehrgang beendet war, fuhren wir wieder zurück nach Küstrin, zum Ersatz-Bataillon.

Mitte November mußte ich mich im Sanitätsbereich einer Nachuntersuchung unterziehen lassen. Ich bat den Stabsarzt, mich nun wieder *kv* zu schreiben, was er erst ablehnte. Doch da ich mich freiwillig stellte, mußte er es dennoch tun.

Das ganze Treiben, hier in der Heimat, behagte mir so gar nicht. Ich wollte wieder zu meinen Kameraden an die Front. So wurde ich in die Marschkompanie versetzt. Sie bestand ausschließlich aus Frontsoldaten, die auf ihre Abstellung zu ihren Einheiten warteten.

Hier traf ich meinen ehemaligen Stubenkameraden, Helmut Hartmann. Es war eine herzliche Begrüßung. Er war aber ein komplizierter Mensch, mit dem der Umgang nicht so ganz einfach war. Eines abends wollte er unbedingt mit mir ausgehen, und ich tat ihm den Gefallen. Er freute sich darüber und nutzte diese Gelegenheit, um sich etwas von der Seele zu reden:

In der Tschechei, während der Verlegung in den Balkan, war mein Kamerad Georg zum Offizier vom Ortsdienst eingeteilt worden und hatte anläßlich des Zapfenstreichs die Quartiere zu kontrollieren. Dabei hatte er Helmut in angetrunkenem Zustand getroffen und ihn verwarnt. Doch der hatte daraufhin Georg am Kragen gepackt und ihm heftig auf die Brust geschlagen. Infolge Georgs diesbezüglicher Meldung war Helmut durch ein Kriegsgericht verurteilt worden und hatte ein Jahr Festungshaft bekommen. Während dieser Zeit hatte er neun Monate lang bei den Junkers-Flugzeugwerken in Thüringen arbeiten müssen. Nun wollte Helmut zu unserer Kompanie zurück… Ich konnte erkennen, daß er in Wahrheit ein gutmütiger, sensibler Mensch war.

Wir sollten nun bald zu unserer Einheit zurückkehren, doch erreichten uns höchst ungute Nachrichten, und wir fragten uns, ob es sich dabei nicht nur um üble „Parolen" handele... Der Winter war kalt und häßlich, und in Rußland gab es indessen schwere Kämpfe. Wir hörten von Ausfällen von Lokomotiven, weil sie angeblich auf offener Strecke eingefroren waren. Fahrzeuge sollten wegen der großen Kälte nicht mehr angesprungen sein, und es hieß, daß es viele Erfrierungen unter den Soldaten gab und daß kein Nachschub rollen würde... Derartig erschreckende Berichte waren schauerlich anzuhören. Da es weiterhin hieß, daß die Russen auch von Bäumen herabschießen würden, wurde unsere Ausbildung im Tarnen, Wald- und Nahkampf verschärft. Ein leises Murren machte sich unter uns Landsern breit.

Zum Ende des Jahres 1941 durfte ich über Weihnachten und Neujahr in den Urlaub fahren. Ich besuchte wieder meine Familie. Als der Rückreisetag gekommen war, traf ich einige Soldaten von der Ostfront, die mich mit äußerst schlechten Berichten erschreckten: In Rußland würden Temperaturen von bis zu 45 Grad unter Null herrschen und die Truppen nur über unzureichende Kleidung verfügen, alle Fahrzeuge seien liegengeblieben und der Nachschub würde nicht mehr zur Front durchkommen, weil sich die Eisenbahnen nicht mehr bewegen könnten – doch der „Eroberungskrieg" ginge weiter. Das hatte ich doch schon mal gehört...

Als ich abends wieder in der Kaserne eintraf, erzählte ich alles meinen Kameraden. In uns machte sich eine unangenehme Unruhe breit.

Zu Beginn des Jahres 1942 fanden sich in unserer Kaserne etliche von ihren Verwundungen genesene Soldaten von der Ostfront ein. Man konnte in ihren Gesichtern das Grauen vor der russischen Front erkennen – und ihre Sorge, wieder dorthin zurück zu müssen... Da wir mit den Mannschaften keinen direkten Kontakt pflegen konnten, blieb alles lediglich unter den Dienstgraden ab der Unteroffiziere aufwärts. Es wurde von erdrükkenden Einbrüchen an der Front berichtet und vom nur spärlichen deutschen Widerstand, bedingt durch fehlende Ausrüstungen und ständigem Hunger. Die des Weiteren durchgesickerten und hinter der vorgehaltenen Hand gemunkelten Gräuelmeldungen von allen Teilen der Ostfront nahmen diesen Soldaten jegliche Zuversicht.

Die Zeit verging schnell, und unsere Ausbildung war völlig auf einen Einsatz in Rußland ausgerichtet. Die ersten Gerüchte betreffs eines Fronteinsatzes machten die Runde. Man mußte nun täglich mit der Abstellung zur Feldtruppe rechnen. Da trat eines Morgens, beim Appell, der „Spieß" vor die Genesenen-Kompanie und zog seine sogenannte „Brustbibel" aus der Jacke. In unseren Reihen waren, mit wenigen Ausnahmen, nur Frontsoldaten angetreten, die fast alle bereits ein EK II, das Infanteriesturmabzeichen und das Verwundentenabzeichen auf ihren verblichenen Uniformröcken trugen. Als Nicht-Frontsoldaten und ohne Auszeichnungen standen da nur die Ausbilder, die, aus welchen Gründen auch immer, nicht frontdienstfähig waren – oder gute Beziehungen hatten... Der Hauptfeldwebel las rasch eine Menge Namen vor. Diese Soldaten mußten rechts ´raustreten. Ich

Mein letzter Heimaturlaub zum Jahreswechsel 1941/42, bevor ich nach Rußland mußte. Die schrecklichen Meldungen von der Ostfront bereiteten meiner Mutter und mir große Sorgen. Von Urlaub zu Urlaub und von Abschied zu Abschied hatte sich die Kriegslage verschlimmert – und um so größer wurde unsere Sorge.

war auch dabei. Ein Obergefreiter fluchte vor sich hin: „Himmel, Arsch und Zwirn; jetzt wieder 'rein in die Scheiße."

Wir mußten noch einmal zu einer abschließenden Untersuchung in den Sanitätsbereich, anschließend zur Kleiderkammer, um unsere Feldausrüstung zu empfangen. Es sollte auf die russische Halbinsel Krim an der Nordküste des Schwarzen Meers gehen, die seit dem Herbst 1941 ebenfalls zu einem der vielen neuen Kriegsschauplätze geworden war...

Nachdem die Ukraine im September 1941 von deutschen Truppen erobert und am Asowschen Meer starke sowjetische Streitkräfte zerschlagen worden waren, hatte die 11. Armee unter der Führung des Generals der Infanterie, von Manstein, versucht, durch die Enge von Krasnoperekopsk den Zugang zur Krim zu erzwingen. Doch war der von der sowjetischen 51. Armee energisch verteidigt worden. Erst am 27. Oktober des Jahres war den deutschen Truppen der Durchbruch gelungen. In der Folge war die Halbinsel von ihnen besetzt worden – mit Ausnahme der von den deutschen Truppen eingeschlossenen See-Festung Sewastopol. Landungsversuche der Roten Armee bei Kertsch, auf der gleichnamigen, auf der östlichen Seite an die Krim angrenzenden Halbinsel, und Feodossija, Ende Dezember 1941, sowie bei Eupatorija, am 5. Januar 1942, zum Zwecke einer Rückeroberung der Krim, waren gescheitert. Aber es bestand noch ein von den Sowjets gebildeter Brückenkopf bei Kertsch.

Auf der Krim

Ein Tag nach dem anderen verging, ohne daß ein Marschbefehl für uns eintraf. Der Winter war fast vorbei, die Transporte liefen wieder an.

Dann wurde Anfang März ein Nachschubzug für sämtliche Truppenteile der 50. Infanterie-Division zusammengestellt. Es kamen noch Grenadiere und Artilleristen hinzu, und wir wurden im Küstriner Bahnhof verladen, zu je dreißig Soldaten pro Waggon – wie Vieh. Am Kohlentender prangte die Aufschrift *Räder müssen rollen für den Sieg...* Die Dampflok stieß einen grellen Pfiff aus, und der Zug setzte sich in Bewegung. Die Waggons rumpelten über die Rangiergleise und Weichen auf die freie Strecke. Die Fahrt führte in südliche Richtung, über Breslau, Oppeln, Krakau, Lemberg und so weiter.

Da es in dem zugigen Waggon sehr kalt war, entzündeten wir in dem kleinen Kanonenofen ein Feuer. Geheizt wurde mit Eierbriketts. Nach und nach besserte sich unsere Stimmung. Nach einiger Zeit stieß die Lok wieder einen schrillen Pfiff aus, und der Zug bremste derart abrupt, daß alle durcheinander fielen. Dann stand der Zug. Jemand schob die große Holztür auf. Der Zug stand an einem Bahnhof. Ein wirres Durcheinander schwarzer Schatten wimmelte herum, Zivilisten und Soldaten wollten zusteigen, was aber nicht möglich war. Draußen rief jemand:

„Essenholer ´raustreten, Verpflegungsempfang!"

Mit klappernden Eßgeschirren begaben sich einige auf den Weg zu einer Rot-Kreuz-Küche. Dort gab es heißen Malzkaffee.

In Lemberg mußten wir dann waggonweise aussteigen und in einer Reihe über die Gleise zu einer Holzbaracke gehen, um uns eine heiße Suppe „servieren" zu lassen.

Während der weiteren langen Fahrt zur Krim gab es einige unliebsame Vorkommnisse: Vereiste Weichen, schlechte Wasserversorgung der Lok, und wer auf die Toilette mußte, bekam bereits einen höchst unangenehmen „Vorgeschmack" auf das, was uns erwartete. Was immer man verrichten wollte, es mußte im Stehen geschehen, denn man konnte den Abort überhaupt nicht betreten, weil er mit einem riesigen, ebenso breiten wie hohen Haufen Kot regelrecht zugeschissen war.

Während der Fahrt zur Krim mußte der Zug gelegentlich anhalten. Diese Unterbrechungen wurden von den Soldaten genutzt, um sich auf der langen Fahrt zwischendurch mal die Füße vertreten zu können. Auch ich (stehend, Bildmitte) nutzte mit meiner kleinen Gruppe gern derartige Pausen im Freien.

Unser Zug stampfte weiter nach Osten. Mehrmals wurden auf der langen Fahrt die Loks gewechselt. Dann hatten auf einmal die Bahnhöfe keine Namensschilder mehr, und wir wußten nicht, wo wir uns befanden.

Ab dem dritten Tag gab es nur noch kalte Verpflegung – Kommißbrot, Butter und Dauerwurst. Wir befanden uns bereits tief in der Ukraine. Niemand von uns konnte in den rumpelnden, schaukelnden und stickigen Waggons schlafen, vielmehr waren alle einsatzmäßig bekleidet, und unsere Waffen lagen griffbereit.

Als der Zug wieder einmal an einer Bahnstation hielt, sahen wir bärtige Russen mit finsteren Gesichtern in wattierten Jacken, dicken Filzstiefeln und mit Pelzmützen auf den Köpfen für die deutsche Bahnverwaltung arbeiten. Hier wurde die Umstellung der Bahn von der deutschen auf die russische Spurbreite vollzogen.

Weiter ging es, auch vorbei an gaffenden russischen Frauen, von denen man nicht sagen konnte, ob sie alt oder jung waren, so sehr waren sie von der bei diesem brutalen Klima getragenen Kleidung vermummt. Lange, wattierte Jacken, die keine Körperformen mehr erkennen ließen; dicke, aus fahlgrauem, filzigen Stoff gefertigte Röcke; kniehohe Filzstiefel und braune Kopftücher.

In der eisigen Winternacht war es schon ein verdammt kitzliges Gefühl, durch Niemandsland zu fahren. Man mußte ja mit allem rechnen... Es ging über Lemberg, Ternopol, Mogiljow, Nikolajew, Cherson, Berislaw, Krasnoperekopsk *(Perekop am Schwarzen Meer)*, Armjansk bis Simferopol. Das schier unendlich weit erscheinende Land war völlig eben und bot keinerlei Deckung. Der weiße Horizont, der konturlos in den ebenso weißen Himmel überging, wurde gelegentlich nur von einigen Baumgürteln und Sträuchern unterbrochen. Ein ideales Gelände für Panzertruppen. Die kleinen ukrainischen Bauernhäuser, die meistens nur aus zwei Räumen bestanden, waren aus festgestampftem Lehm gebaut, mit Stroh bedeckten Dächern und weiß gekalkten Wänden. Gelegentlich sah man eine alte Kirche, noch seltener Fabriken. Mich erstaunte der krasse Unterschied im Erscheinungsbild zwischen den Dörfern und Städten, von denen manche sauber, gepflegt und wohlhabend erschienen, andere, manchmal nur einen Kilometer entfernt, einen armseligen und verkommenen Eindruck machten. Viele Russen, Männer und Frauen, waren mit Arbeiten an den Gleisanlagen beschäftigt.

Plötzlich fuhr unser Zug langsam über die Behelfsbrücke eines Verbindungskanals. Links und rechts konnte man noch die Labyrinthe von Drahthindernissen und Laufgräben sehen – und viele Bunker. Wir fuhren über den sogenannten Tataren-Graben *(eine im 18. Jahrhundert von zurückgedrängten Tataren gebaute Verteidigungsanlage)*. Es war ein zirka 8 Kilometer langer, 10 Meter tiefer und 30 Meter breiter, überdimensionaler Graben. Er führte von der Bucht von Krasnoperekopsk bis zum Asowschen Meer. Wie ich erfuhr, waren die Verluste der kämpfenden Divisionen vor nur wenigen Wochen auf beiden Seiten sehr hoch.

Die Eisenbahnlinie und die Straßen führten durch eine Art Wattenmeer, das die Halbinsel Krim vom Festland trennte. Dann sahen wir ein großes, deckungsloses Schlachtfeld mit vielen inzwischen wieder verschneiten Granattrichtern, abgeschossenen russischen Panzern und zerstörten Häusern. Beiderseits der Bahnlinie erstreckte sich nun das Schwarze Meer. Hier hatten auch meine Kameraden gekämpft, und ich fragte mich, wie viele von ihnen wohl noch leben mochten.

Bei strahlendem Sonnenschein fuhr unser Zug in den Bahnhof von Simferopol ein. Endlich war die Fahrt in den engen Güterwagen zu Ende, und wir waren froh, die lange Tour ohne einen ernsten Zwischenfall überstanden zu haben.

Der Transportleiter gab das Kommando zum Aussteigen. Von weitem konnte man schon die Abholer der jeweiligen Einheiten sehen. Da erkannte ich auch Oberleutnant Raßmussen, der uns Pioniere zu den wartenden Fahrzeugen unserer Kompanie befahl. Dann fuhren wir in die Hauptstadt der Krim-Halbinsel ein. Ich sah viele Wehrmachtsoldaten aller Waffengattungen in den Straßen, und zum erstenmal auch rumänische Soldaten. Eine ganze Nachschubbasis lag hier: Stäbe, Lazarette, Schlachterei- und Bäckerei-Kompanien, ein Gefängnis sowie Kinos und ein Fronttheater. An den großen Straßenkreuzungen waren massenhaft übereinander angebrachte Hinweisschilder zu den jeweiligen Einheiten samt ihrer taktischen Zeichen aufgestellt worden.

Auf Lastwagen fuhren wir Richtung Sewastopol, auf der Südwest-Spitze der Krim-Halbinsel. Links und rechts eine Hügellandschaft mit niedrigem Baum- und Strauchbewuchs, dazwischen Ackerland mit Mais und Sonnenblumen. Nach zwei Stunden Fahrt waren wir beim Bataillonsstab angekommen.

Im Jaila-Gebirge lag ein Tatarendorf mit dem seltsamen Namen Bachtschissaraji. Es war einst die Hauptstadt des alten Reiches der Krim-Tataren. Da gab es auch noch ein Schloß des Tataren-Königshauses. Es war gänzlich aus Holz erbaut. *(Schlösser dieser Art sollen auf der ganzen Welt nur zwei erhalten geblieben sein. Das andere steht am Südhang des Kaukasus, oberhalb Tiflis.)* Das Schloß mit seinen Minaretten und den 127 Brunnen machte selbst im bereits begonnenen Stadium des Verfalls noch den Eindruck einer stolzen Residenz.

Ein Witzbold hatte in der Nähe von Sewastopol ein Hinweisschild aufgestellt: Nach Berlin (Mitte) 2481,3 km…

Eines unserer Austro-Daimler-Gruppenfahrzeuge, die wir Landser wegen ihres klobigen Aussehens als Austro-Bomber bezeichneten.

An der Südküste der Krim, der Riviera Rußlands, stehen Schlösser und Villen, und es gedeihen Palmen und Mandelbäume. Die kleinen Häuser der Tataren hatten im Allgemeinen nur zwei Räume. Den einen belegten die Soldaten der Wehrmacht, im anderen blieben die Tataren wohnen. Sie waren ein altes Kriegsvolk und verstanden sich gut mit den deutschen Soldaten, durften Gewehre tragen und gingen oft mit ihnen in den Einsatz gegen russische Partisanen. Nachdem das alte Stammpersonal nun wieder zu den Kompanien zurückgekehrt war, wurden ihnen die jeweiligen Aufgaben zugewiesen. Der Troß meiner Kompanie lag in der Nähe der Bahnlinie, in einer ehemaligen Lagerhalle. Ihre Wände und das Dach waren repariert. Pioniere können sich immer helfen, weil sich unter ihnen so viele Handwerker befinden.

Beim Troß-Gefechtsstand meldete ich mich bei Hauptfeldwebel Ossi Barth, der mich und meine Kameraden sehr freundlich empfing – so schien es jedenfalls. Zugegen waren auch Oberschirrmeister Müller und Unteroffizier Rudi Schulz vom Instandsetzungszug. Kurz darauf kam auch Oberleutnant Birkefeld. Da man Oberleutnant Ernst Linke schon in Posen zur Generalstabsausbildung versetzt hatte, war nun Birkefeld unser neuer Kompaniechef. Wir freuten uns alle über unser Wiedersehen.

Während ich nun ein paar Tage in der Front-Etappe blieb, erfuhr ich einiges von den mir bekannten Kameraden, über die Zeit ihrer Einsätze, über die Verluste und hörte von schrecklichen Gräueltaten. So erfuhr ich, daß am 18. Januar dieses Jahres im Rücken der 46. Infanterie-Division russische Marine-Truppen bei Odessa gelandet waren. Viele Häuser am Strand hatten als Lazarette und Verwundetensammelstellen gedient. Die Russen waren darin eingedrungen, hatten die Sanitäter und Ärzte umgebracht und die Schwestern und Helferinnen vergewaltigt. Danach hatte man sie aus den Fenstern ins eisig kalte Wasser des Hafenbeckens geworfen. Die verwundeten und kranken Soldaten waren erschossen oder auf die Straße gezerrt und mit eiskaltem Wasser übergossen worden, damit sie bei den extrem niedrigen Temperaturen erfrieren sollten.

Viele meiner alten Kameraden waren schon im Balkan-Feldzug gefallen und die Verwundeten nicht mehr zurückgekommen. Die noch lebenden Kameraden von 1939 waren inzwischen infolge ihrer Fronterfahrung schon fast alle zu Stabsgefreiten befördert worden, manche zu Unteroffizieren, und unser Bataillonskommandeur zum Oberstleutnant. Auch hatte er das Deutsche Kreuz in Gold verliehen bekommen. Wegen seines Alters hatte man ihn aber in die Heimat versetzt.

Die Situation auf der Krim war inzwischen sehr bedrohlich geworden und die deutsche Belagerung Sewastopols gefährdet. Einen bereits begonnenen Angriff unserer 50. Division hatte man wieder eingestellt. Im Ersatz-Bataillon war man froh darüber, nun für neue Aufstellungen erfahrene und gut ausgebildete Gruppenführer zu erhalten. Alles war sehr streng geworden, und selbst für den dienstlichen Weg zum Stab bedurfte es eines speziellen Marschbefehls. Die Stabsniederlassungen waren von Fliegerabwehrkanonen einigermaßen geschützt. Doch trotz der Feldgendarmerie und ständiger Kontrollen sah ich mir während meines Aufenthalts mehrmals die alte Tataren-Stadt an.

Tagsüber waren kaum Fliegerangriffe zu erwarten, aber wenn es dunkel wurde, kamen die Russen mit gepanzerten Flugzeugen, die wir wegen ihres sonoren, leisen Motorengeräusches „Nähmaschinen" nannten, kaum hörbar, fast segelnd und sehr tief fliegend – bis plötzlich die Bomben krachten. Auch warfen sie oft nur Handgranaten 'runter, allerdings recht treffgenau. Manchmal riefen sie auch „Nazi-Schweine" von den Flugzeugen herunter oder lachten laut. Wir stellten uns auf die nächtlichen Attacken ein, und unsere Zwillings- und Vierlingsflak schoß mit Leuchtspurmunition in den dunklen Himmel. Für Abschußerfolge bei Nacht fehlten allerdings Scheinwerfer.

Wir lagen ständig in der Nähe unserer Gruppenfahrzeuge, die am Stadtrand von einem Erdwall umgeben waren. Die Fahrzeuge wurden von der Troßmannschaft bewacht. Unsere Verpflegung war äußerst dürftig. Zehn Soldaten mußten sich ein einziges kleines Kommißbrot teilen und fünf Männer sich eine Zigarette. *(Das Nachschubproblem resultierte aus dem extrem harten letzten Winter. Die Bahnverbindungen waren weitgehend unterbrochen, da die Weichen bei bis zu minus 50 Grad Celsius völlig eingefroren waren.)* Dennoch blieb der Bevölkerung infolge sehr strenger Anordnungen der Ortskommandanten gegen eigenmächtige Requirierungen ein Mindestbedarf an Lebensmitteln erhalten. Die einzelnen Einheiten hatten zwar eine kleine Reserve an Vieh aus dem Beutegut, doch mußte es vorsorglich eingeteilt werden. Es gab auch keine Feldpost mehr, und die Hoffnungen der Kameraden auf etwas Urlaub wurde durch ständig neue Urlaubssperren zunichte gemacht. Die Stimmung unter den Soldaten war miserabel. Die meisten waren allerdings durch den brutalen Kampf ums nackte Überleben derart in Anspruch genommen, als daß sie sich die Köpfe betreffs irgendwelcher großen Zusammenhänge zerbrechen wollten oder konnten.

Seit meinem Eintreffen war bereits eine Woche vergangen, da nahm mich Oberleutnant Birkefeld mit seinem Fahrzeug mit zur HKL, hinter der unsere Kompanie im Belbek-Tal in der Bereitschaftsstellung lag. Dort mußte ich einen Obergefreiten als Gruppenführer ablösen, der dann mein Stellvertreter wurde. Wie ich bereits geahnt und befürchtet hatte, waren die Gruppen zu etwa siebzig Prozent durch Neuzugänge aufgefüllt worden. Von meinen alten Kameraden waren nur noch sehr wenige dabei. Mein Freund Georg gehörte einem anderen Zug an, so konnte ich ihn erst später aufsuchen.

Meine neue Gruppe lag in einer alten Kate. Der Zugführer des 2. Zugs instruierte mich betreffs meiner Aufgaben und stellte mich meiner neuen Gruppe vor. Wir wünschten uns eine gute Zusammenarbeit unter dem Motto *Einer für alle, alle für einen*... Dann wies man mir einen Platz in dem großen Raum zu, der den Russen gleichermaßen als Küche und Schlafraum diente.

Um überhaupt ein Verständnis für meine neuen Männer zu bekommen, stellte ich ihnen zuerst einmal viele Fragen. Die erste Nacht verlief bei uns ruhig. Am nächsten Vormittag suchte ich Georgs 3. Zug auf. Unsere Wiedersehensfreude war fast kindlich. Nach der langen Zeit der Trennung fielen wir uns in den Arme.

Hunger, Krätze und Läuse

Es lag nur noch wenig Schnee auf den Höhenzügen. Am nördlichen Berghang des Belbek-Tals befand sich unser Divisions-Friedhof. Die Anlage war sehr ordentlich hergerichtet, mit schönen Kreuzen und einer akkuraten Einfriedung – aber jene, die dort begraben waren, hatten davon nichts.

Es fehlte an Verpflegung! Oft mußten sich nun schon 12 Soldaten ein Kommißbrot teilen. So zerrieben wir Saatkörner auf einem Spaten und fertigten daraus einen klumpigen Brei. Sogar einige Pferde mußten geschlachtet werden. Außer der Kälte und des ständigen Hungers machten uns auch noch die Läuse und das Krätze-Fieber schwer zu schaffen. Die Kämpfe gingen indessen weiter, und da Rotarmisten immer wieder durch die vorderste Linie sickerten, unterstützten wir den Partisaneneinsatz der Tataren.

Inzwischen war es Ende April. Das Wetter wurde langsam besser, und unsere Versorgung nahm zu. Die schwere Zeit war zwar erstmal überstanden, doch der Stellungskampf vor Sewastopol verhärtete sich geradezu brutal. Die Festung war seit drei Monaten von vier unserer Divisionen und einer rumänischen Brigade eingekreist. Die Vorberge des Jaila-Gebirges boten in ihrer wild-romantischen Zerrissenheit durch zahllose felsige Steilhänge und scharf eingeschnittene, gewundene Täler ideale Feldstellungen und Grabenanlagen – gleichermaßen für Freund und Feind. Nachts gingen die Spähtrupps vorsichtig auf Fühlung, wobei auf jedes nur leiseste Geräusch gleich mit Maschinengewehr- oder Granatwerferfeuer reagiert wurde. Tagsüber gab es oft starkes Artillerie-Störfeuer. Immer wieder lagen wir in heftigem Granatbeschuß, der von der großen Festung her auf uns niederging.

Anfang Mai zogen wir eines Abends in die vorderste Linie und lösten dort die Infanterie in ihrer Stellung ab. Die Männer meiner Gruppe wurden zu je zweien in die Schützenlöcher verteilt. Mein Gefechtsstand mit meinem Stellvertreter lag etwas rückwärtig. Gleich in der ersten Nacht wurde auch der erste deutsche MG-Feuerüberfall unternommen, unterstützt von Granatwerfern und leichter Artillerie.

Plötzlich schrillte das Feldtelefon. Der SMG-Führer meldete: „Vorsicht, ein russischer Spähtrupp ist direkt vor der HKL!"

Indem krepierten die ersten Handgranaten, und eine geballte Ladung explodierte. Danach trat Ruhe ein – für den gesamten Rest der Nacht.

Ein strahlender Morgen war heraufgezogen. Da ich mich über die Lage informieren wollte, kroch ich unsere Löcher ab und vergewisserte mich über das Befinden meiner Männer. Da hörte ich nicht sehr weit entfernt, das mehrmalige, charakteristische Glucksen eines Granatwerfers. Sofort preßte ich mich in das mir zunächst gelegene Loch. Doch wegen des felsigen Untergrunds waren unsere Löcher nur sehr schmal angelegt worden, so kam ich nicht so schnell hinein... Da krachten schon in meiner Nähe die Einschläge.

Ein Gefreiter sagte: „Herr Unteroffizier, sie bluten an der rechten Hand..."

In einer kleinen Wunde meiner Hand steckte ein Metallsplitter. Ich zog ihn heraus, und der Soldat legte mir einen leichten Verband an.

Allabendlich kam der Verpflegungsunteroffizier mit dem Koch und brachte der Kompanie warmes Essen. So mußten immer zwei Soldaten mit den Kochgeschirren zur vereinbarten Ausgabestelle gehen. Es mußte alles ganz leise geschehen, denn wenn die Russen nur irgendein leises Geklapper hörten, bekamen wir sofort den „Abendsegen".

Als ich mich einmal mit meinem Stellvertreter unterhielt, sagte ich: „Du kannst sagen, was Du willst, aber ich bin der Meinung, daß die Ruhe hier nicht lange andauert..."

Er sagte: „Das ist doch ganz egal, denn eines Tages werden wir sowieso alle einen kalten Arsch haben – und dann sind unsere Traumvorstellungen ausgeträumt."

Acht Tage lang lagen wir an der HKL, dann wurden wir nachts wieder von der Infanterie abgelöst. Die Ablösung erfolgte fast geräuschlos und ohne Zwischenfall. Unsere Kompanie sammelte sich wieder im Belbek-Tal. In der Dunkelheit marschierten wir die fünf Kilometer bis zu unseren Gruppenfahrzeugen. Es wurde aufgesessen, fahrbereit gemeldet, und die Kompanie fuhr in ein anderes und einsames Tal. Dort errichteten wir Zwei-Mann-Zelte für einen mehrtägigen Aufenthalt.

Erst gegen Mittag des nächsten Tages wurde die Kompanie zum Essen geweckt. Danach mußten wir *(jeden Tag)* unter Aufsicht des Kompaniefeldwebels Atebrin-Tabletten gegen das Wolynische Fieber *(die russische Malaria)* einnehmen. Da keine Anzugordnung mehr befohlen war, trug jeder, was er gerade tragen wollte. In der Nähe unseres Lagers durchzog ein Bach mit sauberem Wasser das Tal. Nun war endlich wieder Zeit und Gelegenheit für eine Wäsche, Körperpflege und Uniformreinigung. Die Sauberkeit war zwar sehr angenehm, nicht aber die hartnäckigen Läuse und Erdflöhe, denen das Waschen nur äußerst wenig schadete.

Es gab nun auch wieder Marketenderwaren und für je zehn Soldaten eine Flasche Schnaps, für je zwei Männer eine Flasche Wein und sonstige Kleinigkeiten für den täglichen Bedarf. In den leider nur drei Tagen unserer Ruhepause hatte ich nun Gelegenheit, meinen Einstand in die neue Gruppe und das Wiedersehen mit den Unteroffizieren zu begießen – was ich gerade noch so verkraften konnte.

„Operation Trappenjagd"

Die 50. Infanterie-Division wurde nach Feodossija verlegt. Wir befanden uns auf der Route in Richtung Kertsch; mal am Tage, doch meistens nachts, damit die Russen unser Vorhaben nicht durchkreuzen konnten. Dennoch erfuhren sie davon – so wie wir erfuhren, was sie vorhatten.

In größerer Entfernung zur HKL, die östlich Feodossija verlief, wurde unsere Kompanie in eine Reserve-Stellung auf einen kleinen Bauernhof befohlen. Unsere einzelnen Gruppen mußten nun zur Sicherheit unserer Infanterie Minen verlegen – eine äußerst gefährliche Angelegenheit.

Zwei Unteroffiziere waren als Letzte gegangen, um zur Sicherheit der anderen Pioniere die Minen selbst scharf zu machen. Es erfolgte auch noch die Meldung, „Minenfeld ist scharf!" Dann passierte es: Einer der beiden Kameraden trat versehentlich selbst auf eine Mine, der andere reagierte erschreckt – und trat ebenfalls auf eine solche. So kamen beide auf schreckliche Weise ums Leben. Nach diesem grausamen Zwischenfall herrschte unter uns eine bedrückte Stimmung.

Nun wurde ich zur Infanterie abgestellt, um die Soldaten an der Front in der Handhabung, Wirkung und Gefahr von Minen und geballten Ladungen zu unterweisen. Die meisten Infanteristen hatten Angst davor, zumal sich die Tragödie der beiden Unteroffiziere rasch herumgesprochen hatte. Während meiner Einweisung legte ich zur Demonstration betreffs der Wirkung von Sprengmitteln eine geballte Ladung neben den Turm eines abgeschossenen Panzers. Als die Explosion dann den schweren Turm etliche Meter weit fortgeschleudert hatte, waren die Soldaten äußerst beeindruckt. Allerdings fand meine Vorführung unter Feindeinsicht statt, und so mußte ich mehrmals losspurten, um mich in Deckung zu bringen. Dabei merkte ich, daß mein Atem nicht weit reichte.

Die Russen rannten zu dieser Zeit immer wieder unsere Front an, und beide Seiten mußten große Verluste hinnehmen. Nicht selten kam nachts der „Iwan" in die vorderste Stellung und machte unter unseren übermüdeten Infanteristen Gefangene.

Am 8. Mai 1942 begann im Morgengrauen, um 3:00 Uhr, die Operation Trappenjagd *(Deckname für die deutsche Offensive auf der Halbinsel Kertsch mit von Mansteins 11. Armee; mit einer Panzer-Division, fünf Infanterie-Divisionen und drei rumänischen Divisionen sowie mit Unterstützung des VIII. Flieger-Korps von Richthofen gegen die sowjetische Krim-Front).*

Für den Angriff auf Kertsch waren den Divisionen mehrere Werfer-Abteilungen unterstellt worden, die man hier zum ersten Mal einsetzte. Die raketenartigen Geschosse rasten mit langen Feuerschweifen und unbeschreiblichem Geheul durch die Luft. Wir preßten unsere Körper fest an den Boden, als sie unsere Ausgangsstellung überflogen. Allein schon die psychologische Wirkung dieser so gräßlich heulenden Geschosse muß für den Gegner schrecklich gewesen sein. Die Einschläge lagen gut, und der Erdboden bebte unter unserer Brust. Dann sprangen wir auf, und mit lautem „Hurra!“ ging’s vorwärts.

Wir Pioniere hatten den Auftrag bekommen, beim ersten Artillerieschlag zu den eigenen Stacheldrahtverhauen und Sperren vorzulaufen und diese mit langen, mit Sprengstoff gefüllten Aluminiumrohren in die Luft zu jagen. An der geplanten Durchbruchstelle gelang uns die Überraschung. Wir sprangen in die Gräben und liefen sofort in die Abwehrstellungen. Die Infanterie folgte und übersprang uns. Wir hinterher. Unser Angriff traf auf einen sich geschickt und verbissen wehrenden Gegner. Mitten im Niemandsland, und schon fast an den russischen Gräben, lag meine Gruppe und gab den Infanteristen Feuerschutz, wenn sich drüben etwas bewegte.

Im höllisch tosenden Lärm sah ich zwischen den aufspritzenden Erdfontainen plötzlich in nicht allzu weiter Entfernung einen Russen, der mit seinem Gewehr in meine Richtung zielte – und schoß. Fast gleichzeitig spürte ich einen stechenden Schmerz im rechten Oberarm. Durchschuß... Wieder einmal hatte ich Glück gehabt, denn wenn der Russe nur etwas besser gezielt hätte, konnte es auch ein Kopfschuß gewesen sein.

Ich rief meinem Stellvertreter zu, was mir widerfahren war und beauftragte ihn mit der weiteren Führung unserer Gruppe. In dem ganzen lauten Hurra-Geschrei und der Schießerei war mein Rufen mit trockener Zunge fast untergegangen. Dann sprang ich auf und rannte, von heftig stechendem Schmerz gepeinigt, zu einem anderen Schützenloch und sprang hinein – fast auf die Köpfe zweier Russen. Geistesgegenwärtig hielt ich ihnen sofort meine Maschinenpistole vor die Nasen. Ihren Gesichtern konnte ich den Schreck und die Angst ansehen. Noch immer brüllten die schweren Mörser, Feldhaubitzen, Kanonen und kreischten die Nebelwerfergeschosse über unsere Köpfe hinweg. Die Flak hämmerte im Horizontalbeschuß, und Stukas flogen über uns die Front an und unterstützten unseren Angriff. Meine beiden Gefangenen vor mir hertreibend, durchlief ich das Inferno und konnte sie etwas weiter hinten, in einer Bodensenke, bei einigen meiner Kameraden, abliefern. Daraufhin suchte ich nach dem nächsten Verbandplatz.

Vom Hauptverbandplatz bei Daln-Kamysche wurde ich mit einem Sanka ins Lazarett nach Simferopol gefahren. Der Angriff auf Kertsch hatte viele Verluste zur Folge gehabt. Man konnte es an der plötzlichen und starken

Belegung des dortigen Lazaretts sehen. Viele der schweren Verwundungen sahen schrecklich aus. Meine Wunde hingegen heilte schnell und gut, und nach nur zehn Tagen wurde ich wieder als geheilt zu meiner Kompanie entlassen. An der Rollbahn, wie wir die langen Überlandstraßen nannten, winkte ich einem in Richtung Kertsch fahrenden Lastwagen. Er hielt an, und man nahm mich mit.

Ein Flammenwerfertrupp im Einsatz gegen russische Stellungen.

In einer der vielen Schluchten warten Infanteristen der 50. Division auf ihren Angriffsbefehl.

Nach einem Stuka-Angriff: Eine der von russischen Geschütz- und Fahrzeugwracks fast gänzlich verstopften Rollbahnen.

In Feodossija angekommen, fragte ich mich zur Ortskommandantur durch. Dort erfuhr ich, daß mein Bataillon noch vor Kertsch lag. Auch dorthin wurde ich von einem Lastwagen mitgenommen. Unterwegs sahen wir neben der Rollbahn viele tote Russen und Tierkadaver liegen, und ausgebrannte Fahrzeuge standen im Gelände. An einer Kreuzung sah ich dann das taktische Zeichen meiner Kompanie. Ich ließ anhalten, bedankte mich fürs Mitnehmen und folgte der angegebenen Richtung.

Als ich wieder bei meiner Kompanie eintraf, war die Begrüßung herzlich, doch von den Kameraden fehlten nach dem letzten Angriff sehr viele… Ich übernahm wieder meine Gruppe. Wie ich erfuhr, waren Georg und noch einige andere im Heimaturlaub, und mein Stellvertreter war verwundet und lag irgendwo in einem Lazarett.

Noch am selben Tag erhielt ich vom „Spieß“ den Befehl, etwas Eßbares für die Küche zu „organisieren“. Ich bekam dafür einen russischen Beute-Lastwagen und einen Fahrer, und wir fuhren los, in unbekanntes Land und in Richtung Schwarz-Meer-Küste.

Schon bald sah ich eine Herde von zwölf Büffeln, die frei in der Gegend umherzogen. Ich ließ den Lastwagen anhalten, nahm meine Maschinenpistole und ging langsam auf die Herde zu. Als ich mich den großen Tieren bis auf relativ kurze Distanz genähert hatte, wandte sich plötzlich ein Bulle mir zu, senkte drohend seinen breiten Kopf, dann lief er in Angriffshaltung auf mich zu. Ich legte meine MPi an die Schulter, zielte auf seine Stirn und schoß. Das Tier fiel um.

Wir beeilten uns mit dem anstrengenden Aufladen des schweren Bullen, denn wir wußten nicht, wem die Tiere gehörten – und wollten es auch gar nicht erst erfahren...

Am nächsten Tag ging es zurück nach Feodossija. In der Nähe des Hafens bezogen wir Quartier. Unweit davon gab es einen schönen Park, in dem die Gefallenen bestattet werden sollten. Oberleutnant Birkefeld erteilte mir den Befehl, mit meinen Männern den Divisionsabschnitt mit gefangenen Rotarmisten aus unserem Lager aufzuräumen, gefallene Russen einzubetten und gebrauchtes Material zu bergen. Für diese Aufgabe bekam ich zwei Lastwagen. Wir holten vom Instandsetzungstrupp Schaufeln und Spaten und fuhren los, zum Gefangenenlager. Dort angekommen, legte ich meine Bescheinigung vor, und man übergab mir dreißig Gefangene – gegen Quittung.

Bald erreichten wir die mir noch vom letzten Angriff bekannte Gegend. Jeder der Russen erhielt einen Spaten oder eine Schaufel. Meine Männer bewachten die Gefangenen. Bei einem Fluchtversuch sollte sofort geschossen werden.

Mein Arbeitskommando setzte sich in Bewegung. Es dauerte nicht lange, da fiel ein Schuß.

„Wer war das?", rief ich und lief zu jener Stelle, von der aus geschossen worden war. Dort stellte sich heraus, daß einer der Russen ein gefundenes Gewehr aufgehoben und damit auf einen ohnehin schon toten Kommissar geschossen hatte. Der Russe deutete wütend auf die blutige Leiche und rief: „Njet dobre; Kommissar!" *(„Nicht gut; Kommissar!")*

Ich schimpfte und befahl den Gefangenen, so etwas nicht noch einmal zu tun. Vorsichtshalber suchte ich die Gegend nach weiteren umherliegenden Waffen ab, doch vergeblich. Dabei stieß ich plötzlich auf einen toten deutschen Soldaten. Auf dem aufgedunsenen Körper lag noch sein aufgeschlagenes Soldbuch. Der leichte Wind blätterte die Seiten hin und her. Ich nahm das Buch auf und las den Namen des Gefallenen – und las ihn nochmals... und nochmals... Ich konnte es nicht glauben, aber vor mir lag mein toter Stellvertreter... Tränen traten mir in die Augen.

Vorsichtig legten wir ihn auf einen der Lastwagen, und ich schickte ihn mit einigen Männern zurück nach Feodossija. Dann erzählten mir meine

Soldaten, was hier geschehen war und zeigten zu einem abgeschossenen russischen Panzer. Er hatte bei dem Angriff die meisten Toten und Verwundeten verursacht... Ich ging zu dem Panzer und sah ihn mir aus der Nähe an. Er stand genau über einem Schützenloch, von hinten mit einem Zugang unter die Panzerwanne. Von dort unten kam man in den Panzer hinein. Jetzt war mir alles klar: Unsere erste Welle war überrollt und die nachfolgenden einzeln abgeschossen worden.

Nachdem der Lastwagen einige Stunden später von Feodossija zurückgekommen war, meldete man mir, daß mein ehemaliger Stellvertreter bereits auf dem Heldenfriedhof im dortigen Stadtpark beigesetzt worden war. Auch die russischen Gefallenen erhielten nun ordentliche Gräber, und die Arbeiten wurden ohne weitere Vorkommnisse beendet. Gebrauchsgegenstände wurden bei den Aufräumarbeiten keine gefunden. Wir schlossen unsere Aktion ab und fuhren zurück. Betreffs meines gefallenen guten Kameraden war ich emotional noch lange bewegt.

Noch in derselben Nacht verlegten wir in unsere ehemalige Troßstellung bei Bachtschissaraji. Es war inzwischen Mitte Mai, und der Nachschub verlief wieder normal. Die Verpflegung war gut. Feldpost war auch eingetroffen, und jeder freute sich über einen Gruß oder ein Päckchen von Zuhause. Was auch immer eingetroffen war, es wurde untereinander aufgeteilt. Und noch etwas kam aus der Heimat: Ersatz. Außer etlicher Neuer waren auch viele Genesene dabei.

Während unseres Angriffs bei Kertsch hatten die Russen bei Sewastopol keinen Angriff unternommen. Dennoch waren sie nicht untätig gewesen, wie die Luftaufnahmen bewiesen, die man uns Unteroffizieren bei den Lagebesprechungen zeigte. Die Russen erklärten Sewastopol stolz zur stärksten Festung der Welt – eine Behauptung, die durchaus keine Anmaßung war und der Tatsache sehr nahe kam.

Neue Truppen trafen bei uns ein, per Lastwagen und Eisenbahn. Für unsere nächste Offensive gegen die Festung Sewastopol sollten 80 schwere Batterien, 65 leichte, 24 Werferbatterien der Kaliber 30,5 cm und 35 cm sowie 42-cm-Mörserbatterien zur Verfügung stehen. Auch gab es noch zwei 60-cm-Sonder-Geschütze. Und noch etwas war für die Schleifung der russischen Festung auf die Krim-Halbinsel transportiert worden: Das überschwere deutsche Eisenbahngeschütz *Dora (offizielle Wehrmachtbezeichnung „Gustav-Gerät")*. Da diese riesige Superkanone nicht zu verbergen war, reizte sie zu Besichtigungen und bot allgemein viel Gesprächsstoff.

1937 von der Firma Krupp entwickelt, war die als „Schwerer Gustav" bezeichnete Kanone mit einer Rohrlänge von 28,96 Meter, einer Geschützlänge von 32,48 Meter, einer Gesamtlänge (inklusive Lafette) von 42,98 Meter, einem Kaliber von 80 Zentimeter und 1.350 Tonnen Gesamtgewicht das größte (Eisenbahn-)Geschütz der Welt. Das Gewicht einer einzigen Granate betrug 7,1 Tonnen und bedurfte einer Treibladung von 250 Kilo Sprengstoff. Die Mündungsaustrittsgeschwindigkeit der Granaten betrug 720 Meter in der Sekunde, die Feuergeschwindigkeit 3 Schuß pro Stunde und die Reichweite (normal) 37 Kilometer (mit größerer Treibladung bis zu 47 Kilometer). Um das kolossale Gewicht des Geschützes (innerhalb seiner Feuerstellung) tragen zu können, war grundsätzlich ein doppelter Schienenstrang (Doppelgleis) notwendig. Eine Seitenrichtung der Kanone war nur auf einer sogenannten „Schießklaue" möglich (einer Gleiskurve), auf der das Geschütz dazu mittels zweier 940-PS-Diesel-Rangierloks verschoben und durch anschließende Selbstfahrt mit Hilfe eingebauter Elektromotoren die Feineinstellung vorgenommen werden mußte. Als Bedienungsmannschaft inklusive Sicherungstruppe wurden 4.400 Soldaten benötigt.

Das Eisenbahn-Geschütz „Schwerer Gustav" war die größte Kanone, die weltweit jemals gebaut wurde.

Die Kanone war am 19. September 1941 eingeschossen worden. Gemäß der Tradition des Herstellers, schenkte Krupp dieses erste Geschütz einer geplanten Serie Adolf Hitler. (Ein zweites derartiges Geschütz, mit einem Preis von 7 Millionen Reichsmark, wurde zwar 1942 noch produziert und nach Leningrad verlegt, erhielt jedoch niemals eine Mannschaft; folglich kam es auch nicht mehr zum Einsatz. Die offizielle Wehrmachtbezeichnung dieser beiden Geschütze war „Gustav-Gerät“. Ein drittes Geschütz, mit der Bezeichnung „Langer Gustav“ und mit einem Kaliber von „nur“ 52 Zentimeter, blieb noch im Zuge seiner Herstellung unvollendet.)

Am 8. Januar 1942 war die spezielle Schwere Artillerie-Abteilung (E)672 aufgestellt und das große Geschütz anläßlich der Übergabezeremonie auf den Namen „Dora“ getauft worden. Gemäß Hitlers „Weisung 41“ war dann am 5. April 1942 der Marschbefehl an die Abteilung 672 ergangen – um die See-Festung Sewastopol zu beschießen.

Die Verlegung des schweren Geschützes fand in mehreren Einzelteilen statt. Allein dafür waren fünf Eisenbahnzüge mit insgesamt 99 Waggons notwendig, und weitere vier Bauzüge mit zwei 110-Tonnen-Elektrokränen. Wie bei allen schweren deutschen Eisenbahngeschützen, wurden auch die riesigen Kartuschen (Treibladungen) und Granaten in speziellen und separaten Klima-Waggons transportiert und gelagert, um somit eine optimale Temperatur (folglich berechenbare Verbrennung) des für die Treibladungen verwendeten Nitroglycerin-Pulvers von zirka 15° Celsius zu gewährleisten.

Innerhalb von insgesamt sechs Wochen Vorlaufzeit hatten Eisenbahn-Pioniere und 1.500 zusätzliche Arbeitskräfte den Transport und den Aufbau des Geschützes (eigentliche Montagedauer 54 Stunden) samt seiner weitläufigen Feuerstellung vollendet. Vom dreigleisigen Montageplatz aus bildete dann eine zweigleisige, eintausend Meter lange Schießkurve die eigentliche Feuerstellung. Zum Schutz des großen Geschützes standen zwei Heeres-Flakabteilungen bereit.

Gegen die Festung Sewastopol…

Am 2. Juni 1942 wurden wir schon früh morgens von starkem Artilleriefeuer geweckt; aber erst am 4. wurden wir nachts bis fast an die HKL gefahren. Der schwere Artilleriebeschuß und unsere Flugzeuge boten uns morgens eine gute Geräusch-Tarnung. Es erschien mir merkwürdig, wie gelassen man das ganze Unternehmen angehen konnte. Vielleicht war

„Dora“ auf dem seitlich getarnten Doppelgleis in der Feuerstellung vor Sewastopol.

es die psychologische „Rückendeckung“ der vergangenen erfolgreichen Ereignisse, die zu Optimismus Anlaß gaben.

In der Nacht zum 6. Juni kamen wir nach längerem Fußmarsch in die Nähe der Kamyschly-Schlucht. Unsere Kompanie wurde sofort dem Infanterie-Regiment 123, im Rücken der Ausgangsstellung, zugeführt. Die Kompanien waren für den Angriff in starke Stoßtrupps unterteilt.

Wir Pioniere sollten bei Verminung im Gelände eingesetzt werden oder bei einem zu starken Widerstand die kämpfende Truppe unterstützen. Die dazugehörige Ausrüstung wie Flammenwerfer, geballte Ladungen und Minensuchgeräte war auf die Gruppen verteilt worden.

Am 6. Juni um 3:50 Uhr begann unser Angriff *(„Unternehmen Störfang")*. Im zarten Morgendämmern zerriß der erste Schuß mit lautem Dröhnen die bis dahin herrschende Stille. Nun orgelten die Granaten heran. Ein Rauschen, Zischen und das häßliche Sirren umherspritzender Stahlsplitter war um uns herum zu hören. Unsere Luftwaffe flog im „rollenden Einsatz" und bombardierte das Vorgelände. Massenhaft Stukas stürzten sich laut heulend mit ihrer Bombenlast auf die Kamyschly-Schlucht, die unser erstes Angriffsziel sein sollte. Wir ahnten nun, was uns bevorstand, wußten wir doch, daß die Sowjets Sewastopol mit allen Mitteln der modernen Technik und allen Raffinessen der Befestigungskunst weiter ausgebaut und verstärkt hatten. Allein schon das umgebende Gelände mit seinen zerklüfteten Schluchten und Steilhängen, den hintereinander liegenden Hügeln und weithin offenen Hochflächen mit schier undurchdringlichem Unterholz war eine Festung für sich und begünstigte eine Verteidigung. So kam unser Angriff ins Stocken. Die rumänischen Soldaten hatten mit unserer Angriffsgeschwindigkeit nicht mithalten können und hingen deutlich zurück.

Nach drei Stunden erbitterten Kampfes trat eine Feuerpause ein. Überall klafften große Granattrichter, und die Verluste an Menschen, Waffen und Material waren furchtbar. Die ersten blutüberströmten und stöhnenden Verwundeten wurden an uns vorbeigetragen.

Das Eisenbahngeschütz „Dora" wird geladen. Für das Heraufbringen der Treibladungen (Hülsen- oder Beutel-Kartuschen) und der Granaten waren zwei spezielle Aufzüge ans Heck der Schießgalerie montiert worden (links die Granate, rechts eine Hülsen-Kartusche).

Dann setzte schlagartig das Artilleriefeuer aus insgesamt 600 Rohren wieder ein. Ein grauenhaftes Brüllen der schweren Geschütze *Gamma*, *Thorn*, *Odin* und *Dora* erfüllte die Luft und, wie es schien, sogar den Erdboden. Plötzlich gab es einen furchtbaren, allen anderen Lärm übertönenden Knall... *(Eine der gewaltigen, 4,60 Meter langen, panzerbrechenden 80-cm-Granaten der „Dora" hatte bei der Beschießung der russischen Festung dreißig Meter dickes Felsmassiv durchschlagen und zufälligerweise ein großes, unterirdisches Munitionslager getroffen und damit eine ungeheure Explosion ausgelöst.)*

Als die Munition mit einem ohrenbetäubenden Getöse in dem Berg explodierte, schien es, als ginge die Welt unter. Die Luft vibrierte stark spürbar. Der Berg öffnete sich wie bei einem Vulkanausbruch, und die gewaltige, lang anhaltende Detonation und die enorme Qualmentwicklung waren höllisch. Der dunkle Qualm waberte in dicken Wolken empor, und in weitem Umkreis regneten Tausende Felsbrocken vom Himmel herab.

Nun gab Oberleutnant Birkefeld den Befehl zum Angriff. Wir rannten los und erreichten die ersten russischen Stellungen. Dort suchten wir in den vorderen Gräben Deckung. Wir lagen direkt hinter der Infanterie und stabilisierten somit die Front. Hier sah ich die ersten Toten unseres Angriffs herumliegen. Ein schrecklicher Anblick... Für sie war der Krieg vorbei. Einen Moment sinnierte ich darüber, ob man sie bedauern sollte, oder sie, angesichts dieses Infernos, in das wir geraten waren, beneiden.

Den 7. Juni 1942 begann unsere Division mit einem Täuschungsangriff. Die Russen reagierten sofort, wie wir es erwartet hatten. Wenn keines unserer Flugzeuge in der Luft war, schoß die schwere russische Artillerie aus den uns bekannten Befestigungswerken an der Schwarzmeerküste – *Maxim Gorki I* und *Maxim Gorki II*, *Stalin*, *Molotow*, *Tscheka*, *Wolga*, *Lenin*, *Sibirien*, *GPU* und *Donetz*. Sie schoß genau in unsere Bereitstellungsräume.

Starker Regen fiel auf uns herab. Unsere Zeltplanen boten wenigstens etwas Schutz. Es wurde wieder Nacht. Die „Fliegenden Nähmaschinen" kamen wieder, und die Russen warfen wahllos ihre Bomben ab. Die Infanterie und die Artillerie hatten etliche Ausfälle zu beklagen. Es durfte nicht geraucht werden, und bei jeder Bewegung im Gelände mußte man jegliches Geräusch vermeiden. In den frühen Morgenstunden, gegen 2:00 Uhr, schoß unsere Artillerie heftiges Störfeuer. Auf unserer Seite wurde ein neuer Angriff vorbereitet – der am Morgen des 8. Juni begann.

Die Russen erwiderten unser Feuer. Granaten von 35 Zentimeter und mehr gurgelten durch die Luft. Wir nannten sie „Milchkannen“ und hatten davor mächtig Respekt. In dem Boden aus Kalkgestein ließ es sich mit unseren kleinen Feldspaten nur sehr schlecht graben. Wir hätten uns, wenn es möglich gewesen wäre, sogar Deckungslöcher hineingekratzt, so sehr suchten wir Schutz vor den verdammten Granatsplittern. Man war in dieser Situation dem Zufall ausgeliefert.

Wieder wurden die ersten verwundeten Infanteristen dieses Tages geborgen. In diesem grauenhaften Moment, und trotz des höllischen Kampflärms, begannen in unserer Nähe mehrere Nachtigallen zu singen. Ihr wunderschöner Gesang in dieser schrecklichen Situation hatte etwas Unwirkliches, Phantastisches… Da schoß eine Nebelwerfer-Batterie ihre brüllenden Raketen ab, die jedes andere Geräusch gräßlich übertönten. Unmittelbar darauf hörten wir von den Unteroffizieren der Werfer-Batterie den lauten Befehl zum sofortigen Stellungswechsel – und schon war sie fort. Die umgehende „Antwort“ der „Iwans“ erhielten dann wir, statt der Werfer-Batterie.

Dieser Tag war ein noch schwererer und brachte uns noch mehr Verluste in der vordersten Linie. Endlich wurden wir nachgezogen und konnten das Tal wieder verlassen. Es war kaum noch ein Stein auf dem anderen. Überall lagen tote Russen herum, und die Luft war angefüllt vom süßlich-widerlichen Geruch des Todes. Viele lagen schon seit dem Winter hier.

Unweit des Ortsausgangs hatten die Russen einen übertarnten Verteidigungsgraben angelegt. Beim genaueren Betrachten konnte ich sehr großvolumige Flammöl-Behälter erkennen, die, mit Drähten verbunden, direkt vor dieser Stellung lagen. Vermutlich wollten die Russen uns ein grandioses Feuerwerk bieten. Aber infolge unseres starken Beschusses waren die Anlagen nun nicht mehr einsatzbereit.

Unser Zug bezog auf der Anhöhe einen Unterstand in fast sechs Meter Tiefe. Es handelte sich dabei wahrscheinlich um einen Gefechtsstand des russischen Stabes. Nun richtete unsere Kompanie darin ihren Gefechtsstand ein. In der Nähe lag ein abgeschossener russischer Panzer, daneben stand eine Feldküche, deren Kessel noch voller Reis war – so hatten Tausende Fliegen eine reiche Beute… Da kamen drei Sturmgeschütze III auf dem Hügel-Plateau angefahren und wollten den russischen Graben überqueren. Dabei setzte einer der Panzer mit der Wanne auf und blieb hängen, der andere blieb vor einem der Flammöl-Behälter stehen. Da diese

Stelle vom Feind nicht eingesehen werden konnte, lief ich hin und sagte der Besatzung, daß keine Gefahr bestand. So konnte der eine den anderen Panzer wieder „flott machen“.

Am nächsten Tag ging die ganze Kompanie in Angriffslinie vor. Das Gelände war zerklüftet und mit Dornengestrüpp wild bewachsen. Die Temperatur erreichte am Tag fast +50° Celsius. Unsere Sicherung fand hauptsächlich nach links statt, wo sich die Trennlinie zur Nachbar-Division

Ein langer, sehr auffälliger Gürtel russischer Panzerabwehrminen vor der Front.

...die dann von uns Pionieren an mehreren Sammelplätzen zusammengetragen wurden und nun für ihre Zerstörung bereitlagen.

...dann erfolgten die Sprengungen der russischen Minen. Dadurch entstanden ungeheure Detonationen, die noch in weitem Umkreis die Erde beben ließen. Weithin sichtbare Wolken schwarzen Qualms stiegen auf.

In der eintönigen Landschaft standen halbzerstörte russische Katen.

befand. Von dort aus fielen immer wieder Schüsse, wenn unsere Seite eine auffällige Bewegung vollführte. Plötzlich eine Handgranaten-Explosion. Sofort warfen wir uns hin und gingen in Stellung. Vor uns war keine Bewegung auszumachen, aber von links kam starkes Feuer und Explosionsdonner. Unser 1. Zug war auf russischen Widerstand gestoßen und rang im Nahkampf den sich zäh verteidigenden „Iwan“ nieder. Diese Aktion hatte einen Unteroffizier und drei Soldaten als Gefallene sowie ein paar Verwundete zur Folge – und unsere aufwallende Wut eine brutale Reaktion. Wir machten sechs Gefangene, und fünf andere Russen wurden erschossen. Danach gingen wir zu unserer Ausgangsstellung zurück und warteten auf unseren nächsten „Feuerwehr-Einsatz“, und der folgte bald – nach einer längeren Zigarettenpause, denn schon vor einiger Zeit hatte ich mit dem Rauchen angefangen.

Die Verluste der Infanterie wurden von Angriff zu Angriff größer. So mußten wir mit zwei Zügen in der vordersten Linie als Verstärkung in den Angriff eingreifen. Wir stürmten über ausgehobene Laufgräben und Schützenlöcher. Mitten auf dem Plateau brannte vor uns auf dem leicht abfallenden Gelände noch immer eine russische Artillerie-Stellung. Wahrscheinlich war sie von den Flammöl-Granaten der Werfer getroffen worden. Gespenstisch standen die Geschütze ohne jede Bewegung da. Meine Gruppe war angelehnt an die Gruppe des Obergefreiten Neupert. Nach wenigen weiten Sprüngen trafen wir uns in einem größeren Grabensystem mit kleinen, überdachten Unterkünften. Jede Gruppe belegte einen dieser Unterstände. Wir vergewisserten uns, ob auch alles feindfrei war, um uns vor unliebsamen Überraschungen zu schützen. Eine russische „Ratschbum“ feuerte aus Richtung Sewastopol. *(Bei dem im Landserjargon als „Ratschbum“ bezeichneten Geschütz handelte es sich um eine 7,62-cm-Kanone, Modell 1939, mit 7,45-kg-Granaten und einer Reichweite von 8,75 km. Die Kanone war so gefürchtet, weil der Abschußknall fast genau mit dem Geschoßeinschlag stattfand, folglich sich keine Chance auf eine Deckungssuche bot.)* Sie feuerte im Dauerbeschuß direkt über unsere Köpfe hinweg – aber ohne Treffer. Man hatte ein verdammt unangenehmes Gefühl in der Magengegend, wenn die Granaten dicht über uns hinweg jagten.

Ich ging zum Kameraden Neupert hinüber, und wir unterhielten uns über die Lage. Da erschien Oberleutnant Birkefeld bei uns. Wir machten Meldung. Er nahm seine Landkarte zur Hand, und wir stellten gemeinsam fest, daß wir uns im *Alten Fort* befanden. Wir standen auf historischem Boden, denn hier hatten hundert Jahre zuvor Briten und Türken gegeneinander gekämpft. *(Bereits im Krim-Krieg war die alte Festung Sewastopol von 1853 bis 1855 heftig umkämpft worden. Dabei fand der erste sogenannte Stellungskrieg statt.)*

Während unserer Unterhaltung mit dem Oberleutnant nahm ich mein Fernglas vor die Augen und betrachtete das Vorfeld. Plötzlich sah ich einen russischen Stahlhelm glänzen – in etwa einhundertfünfzig Meter Entfernung. Ich ließ mir rasch einen Karabiner reichen, entsicherte, zielte und schoß. Der Helm flog durch die Luft; man konnte es gut sehen. Vermutlich hatte es sich um einen Späher gehandelt, denn nicht weit entfernt lagen auf dem *Türkenwall*, in der Parpasch-Enge die Russen. Dort war die schmalste Stelle, von der aus die feindliche Artillerie unablässig Störfeuer schoß.

Wir verließen die vorderste Linie und zogen zum anderen Berghang, weiter links, hinüber. Dort lag unsere Infanterie in ihren Löchern und harrte in der Hitze aus. Man wollte den russischen Scharfschützen kein Ziel bieten. Hier, an der Trennstelle zur Nachbar-Division, wurde der Angriff neu gegliedert. Die Rumänen wurden zwischen unsere Reihen gestellt. Man munkelte von ihren Ängsten und von Feigheit. Das rumänische Militärwesen war so gänzlich anders als das unsere… Die Offiziere trugen außer ihrer Waffe einen Stock bei sich, mit dem sie begangene Straftaten ihrer Soldaten mit festen Hieben ahndeten. Jede Rangstufe hatte ihre eigene Küche und Verpflegung *(Offiziere, Unteroffiziere und Mannschaften)*.

Unser Angriff begann aus den bezogenen Ausgangsstellungen und den jeweiligen Aufstellungen. Von einer Anhöhe aus ging es in gelockerter Schützenlinie bergab ins Tal, und dann wieder bergan. Es fiel kein Schuß, nur die Artillerie schoß über uns hinweg, und Flugzeuge verschiedener Typen flogen umher. Sie hatten die uneingeschränkte Luftherrschaft. Doch die russische Flak war in der Festung noch sehr aktiv…

Am Berghang fand ich ein russisches Scharfschützengewehr; allerdings ohne Munition. Gern hätte ich es mitgenommen, doch wohin damit? Als Gruppenführer war ich ohnehin schon sehr bepackt. Am Koppel hingen zwei Magazine mit MPi-Munition, ein paar Stielhandgranaten, die Kartentasche, der Brotbeutel mit Verpflegung, Eihandgranaten und die Gasmaskendose mit der Maske. Am Schultertragegurt hingen die Zeltplane und das Kochgeschirr – das Sturmgepäck. In einer Hand trug ich meine Schmeißer-Maschinenpistole.

Auf der Anhöhe bezogen wir eine Halte-Stellung. In unserem Abschnitt war Ruhe eingetreten – keine Feindberührung. Nach kurzer Zeit kam mein Chef zu mir und erteilte mir den Befehl, einen kleinen Spähtrupp anzuführen: „Erkundung und Feindfühlung feststellen!"

Ich nahm noch zwei Soldaten meiner Gruppe, und wir machten uns auf den Weg. Die vorderste Linie war bereits über unseren Auftrag informiert worden. Es war mein erster Spähtrupp-Einsatz. Ich erinnerte mich an eine der Grundregeln, die ich während meiner Ausbildung gelernt hatte: *Viel sehen und nicht gesehen werden!*

Wir machten jeweils nur kurze Sprünge, verharrten jedes Mal – und spähten... Meine beiden Männer sollten mir im Gefahrenmoment Feuerschutz geben. Ein Spähtrupp mußte und sollte *nicht* kämpfen.

Solange es den Abhang hinunter ging, war es nicht so beschwerlich, doch der Aufstieg machte uns bei der großen Hitze schwer zu schaffen. Der Schweiß rann am Gesicht und am Körper herunter. Ich bekam Atemnot und mußte mehrmals kurze Pausen einlegen. Wir besprachen uns nur im Flüsterton. Noch war vom „Iwan" nichts zu sehen. Leise setzten wir unseren Aufstieg fort. Als ich einige Dornensträucher auseinander bog und hindurch gehen wollte, sah ich plötzlich in nur etwa sieben Meter Entfernung zwei Russen vor mir, ihre Gewehre im Anschlag. Ich riß meine MPi hoch und feuerte, sah noch, wie einer der beiden vornüber fiel. Ich rief meinen Männern zu: „Zurück!"

Wir stoben sofort auseinander. Da explodierten schon die übergroßen russischen Handgranaten-Töpfe. Einer meiner Männer rief: „Ich bin verwundet!"

Ich hielt im Laufen inne und rief dem Anderen zu, ebenfalls herzukommen. Dann sah ich mir den Verwundeten an. Er hatte etliche Splitter in den Rücken bekommen. Rasch hängten wir unsere Waffen um den Hals und trugen den Kameraden auf gegenseitig unter seinem Gesäß verschränkten Armen hinunter. Durch dieses Dilemma verloren wir jedoch völlig unsere vorgesehene Richtung. So standen wir plötzlich an einer Eisenbahnlinie. Rechts von uns war ein Tunnel, auf der Anhöhe darüber unsere Stellungen.

Der Verwundete klagte über heftige Schmerzen. Ich selbst war von der eigenen Atemnot bereits sehr geschwächt. Ich überlegte, was zu tun sei. Auf den Berg klettern konnten wir wegen unseres Verwundeten nicht, außerdem hätten wir es ohnehin nicht geschafft. Da kam mir die Frage in den Kopf, ob der Tunnel vielleicht feindfrei sei...

Wir gingen das Risiko, zum Tunnel zu gehen, ein. Mich gruselte es, in die große, dunkle Öffnung zu schauen und nicht zu wissen, ob sich nicht der Feind darin verborgen hielt...

Langsam stolperten wir über die Eisenbahnschwellen dahin. Einen Ausgang konnte man nicht erkennen. Entweder vollzog die Bahnlinie eine Kurve, oder er war auf irgendeine Weise verschlossen... Ich trug keine

Taschenlampe bei mir, und keiner der beiden Kameraden hatte Streichhölzer für eine Notfackel bei sich. Allerdings hätte ein Licht auch das Risiko, beschossen zu werden, erhöht – sowohl von Freund und Feind... Wir befanden uns in einer äußerst mißlichen Situation. Immer wieder hielten wir inne. Nichts war zu sehen oder zu hören.

Eine kleine Ewigkeit war vergangen, bis wir endlich sahen, daß von der anderen Seite des Tunnels etwas Licht einbrach. Immer näher kamen wir dem Tunnelausgang – dann war's geschafft!

Vor dem Tunnel fanden wir von den Russen erbeutete deutsche Waffen aller Art. Wir gingen weiter... Bald sahen wir einige deutsche Sanitäter, denen wir unseren verwundeten Kameraden übergaben. Danach gingen wir sofort zurück zum Kompaniegefechtsstand, wo ich Meldung erstattete.

Der nun schon mehrere Tage währende Kampf bei der erbarmungslos auf die Stahlhelme brennenden Sonne zehrte an den Kräften der Angriffstruppen. Unsere Kehlen waren trocken, und Wasser wurde zu einer begehrten Kostbarkeit. Inzwischen kannten wir auch das unangenehme Gefühl, das sich einstellt, wenn man von Verwundungen oder dem Tod der Kameraden hört, mit denen man noch vor kurzer Zeit zusammengesessen hatte. Es war gerade dieses Wissen der Todesnähe, das uns hart gemacht hatte.

Der Abend brach an, und wir stiegen hinab zu den Gleisanlagen, die mir bekannt waren. Wir sollten auf die erkundete Anhöhe einen Nachtangriff unternehmen. Die Kompanie bewegte sich fast geräuschlos im Graben neben den Gleisen vorwärts. An einem Eisenbahnerhaus hielten wir an. Mit dem Auftrag, Feuerschutz zu leisten, mußte meine Gruppe Stellung in dem Gebäude beziehen. Ich betrat mit meinen MG-Schützen 1 und 3 das Gebäude. In einem der Räume bezogen wir an einem offenen Fenster Stellung. Ich fragte mich, wie wir in der Dunkelheit Feuerschutz leisten sollten...

Nach einiger Zeit kam der Vollmond über den Berg hervor und beleuchtete mit seinem kalten Licht den kahlen Grad des Berges. Man hätte jede Bewegung deutlich erkennen können. Da fielen die ersten Schüsse, und man konnte die ersten Explosionen hören. Wir sahen, wie der „Iwan“ von oben Handgranaten herabwarf. Mein MG-Schütze feuerte einen Moment lang Dauerfeuer – bis der erste Munitionskasten leergeschossen war. Vorsichtshalber befahl ich nun einen Stellungswechsel in einen anderen Raum. Von dort aus setzten wir das Feuer fort. Der MG-Schütze 3 und ich standen rechts und links vom schießenden MG-Schützen 1, als es plötzlich in unserem Raum eine ungeheure Explosion gab. Die Druckwelle riß mich von den Füßen.

In der fast völligen Dunkelheit war der Raum ausgefüllt von einer dichten, weißen Wolke Mörtelstaubes. Im ersten Moment war in meinem Kopf alles wie benebelt. Ich lag am Boden, doch konnte ich mich noch bewegen. Aber bis zum Oberschenkel schmerzte meine gesamte rechte Körperseite. Trotzdem wollte ich mich zuerst um die Kameraden kümmern. Ich rief: „Was ist los?"

Der MG-Schütze 3 weinte und jammerte vor Schmerz. Im vom Mondlicht nur spärlich erhellten, diffusen Nebel des Staubes sah ich dann sein Gesicht – völlig blutüberströmt. Der MG-Schütze 1 lag rechts neben mir und bewegte sich nicht. Da sah ich es: Er hatte keine Beine mehr, und sein Bauch war völlig aufgerissen, seine Gedärme herausgequollen... Schnelle Schritte näherten sich, und in dem Dunst tauchten einige Sanitäter auf. Wir beiden noch Lebenden wurden auf Tragen gelegt und zum Verbandplatz getragen.

Es war am 23. Juni 1943 bei Meckensiewy-Gori als ich, gerade erst eingeliefert, sofort auf den Operationstisch gelegt wurde. Jemand drückte mir eine Narkosemaske auf die Nase – und alles um mich herum verschwand im Dunkeln...

Leises Wehklagen drang in mein noch träges Bewußtsein, wurde lauter. Im Waggon eines Eisenbahntransports wachte ich auf. Ich spürte, daß ich völlig nackt war, nur in Decken eingehüllt. Da beendete der Verwundetentransport seine Fahrt in Saporshje. Ich wurde in einen Sanka umgeladen und zum Feldlazarett 4/606 gefahren.

In einem nicht sehr großen Krankensaal fühlte ich mich in der Obhut des Sanitätspersonals und der Ärzte in Sicherheit. Nun erfuhr ich auch, wie schwer meine Verwundung war: Meine rechte Körperpartie war von 33 Granatsplittern getroffen worden. Der Schwerste hatte im rechten Unterarm gesteckt, drei Zentimeter über dem Handgelenk.

Sämtliche Wunden verheilten gut, und bereits nach drei Tagen durfte ich das Bett verlassen. Soweit es meine Verwundungen zuließen, konnte ich dem Personal beim Essenausteilen und anderen leichten Arbeiten helfen. Doch nach acht Tagen brach die große Wunde am rechten Unterarm wieder auf. Weder die Ärzte noch ich selbst konnten eine Erklärung dafür finden.

Man bestellte mich zum Röntgen. Dort sollte ich mein Hemd ausziehen und den Unterarm vor den Röntgenschirm halten, was ich auch tat. Da schimpfte der Arzt, ich sollte doch endlich mein Hemd ausziehen. Ich trat vor und zeigte ihm, daß mein Oberkörper völlig unbekleidet war. Er war erstaunt: „Das gibt's doch nicht..."

Ich hielt meinen Arm hinter den Röntgenschirm, schaute aber gleichzeitig um die Ecke und sah nun, warum sich der Arzt wunderte. Zwischen dem Ellen- und Speichenknochen steckte ein runder Knopf mit vier, quadratisch angeordneten kleinen Löchern – der Knopf meiner Feldbluse. Er war von einem der Granatsplitter mit in den Arm gepreßt worden... Bei der Operation hatte man zwar die Stoffreste und den Splitter entfernt, jedoch den Knopf dabei übersehen.

Ich scherzte: „Lassen wir ihn doch einfach d'rin. Wer weiß, was für lausige Zeiten noch kommen." Der Knopf blieb drinnen *(bis heute).*

Die Kämpfe in Sewastopol und der Umgebung wurden noch bis zum 1. Juli 1943 fortgesetzt. An diesem Tag kapitulierten die sowjetischen Verteidiger – nach 250 Tagen der Belagerung. Rund 100.000 russische Soldaten gerieten in deutsche Kriegsgefangenschaft.

Das Eisenbahngeschütz „Dora" hatte während seines Einsatzes vom 7. Juni bis zum 1. Juli 1942 seinen gesamten Munitionsvorrat auf die verschiedenen Festungsanlagen verschossen – 48 panzerbrechende Granaten sowie 5 Sprenggranaten.

Wenngleich „Doras" Beschuß auf das Panzerfort „Maxim Gorki I" auch wenig wirkungsvoll gewesen war, hatte das große Geschütz dennoch an einem seiner sieben Ziele einen höchst spektakulären (Zufalls)-Treffer anbringen können – den auf das dreißig Meter tief im Felsmassiv der „Weißen Klippe" eingebettete russische Munitionslager. In ihm hatte sich der gesamte, für zwei Jahre ausgelegte Munitionsbedarf der Sewastopol-Festung befunden.

Nach den dreiwöchigen Kampfhandlungen auf der Krim-Halbinsel und trotz seiner Verlegung an die Front bei Leningrad kam es zu keinem weiteren Einsatz des Riesengeschützes.

Unser Sieg wurde überall gefeiert. Allen an den Kampfhandlungen beteiligten deutschen Soldaten wurde vom „Führer" der Krim-Schild verliehen und von nun an als Teilnahmeabzeichen am linken Ärmel unserer Uniform getragen. Aber man fragte sich immer öfter, wann dieser Scheiß-

Krieg denn nun endlich zu Ende sei. Die Chirurgen des großen Lazaretts waren ständig im Einsatz, um die vielen Verwundeten wieder „zusammenzuflicken". Immer häufiger stellte sich in der letzten Zeit die ernste Frage, wofür das alles?

Jalta

Am 30. Juli kehrte ich als genesen zu meiner Kompanie zurück. Inzwischen waren junge Pioniere vom Ersatz-Bataillon als „frischer Nachschub" aus der Heimat eingetroffen und auf die einzelnen Gruppen verteilt worden. Das Bataillon war durch den schweren Einsatz bei Sewastopol stark dezimiert worden, und viele alte Kameraden waren gefallen oder verwundet. Das gesamte Gefüge hatte mächtig und erkennbar gelitten. Wir paar „Alten" jedoch waren ein umso verschworener Trupp erfahrener Pioniere, die sich absolut sicher aufeinander verlassen konnten.

Die Ruhephase wurde für weitere Ausbildungen und Geräteauffüllung genutzt. Wir Gruppenführer waren bemüht, den jungen Soldaten unsere Erfahrungen zu vermitteln. Die meisten der „Neuen" konnten unsere Ausbildungsmethode nicht begreifen, weil sie einen scharfen Schuß und dessen Wirkung noch nicht kannten. Es fehlte ihnen das Verständnis für den Ernstfall. Sie glaubten, was sie in den propagandistischen Wochenschauen im Kino in stark verharmloster Form vorgeführt bekommen hatten.

Während dieser Zeit wurde unsere gesamte Division mit der Afrikauniform eingekleidet. Sogleich gingen wieder „Parolen" um. Man munkelte von einer bevorstehenden Landung in der Türkei oder von einer Verlegung nach Nordafrika, zu Generalfeldmarschall Erwin Rommel. Aber für mich sollte alles ganz anders kommen...

Mitte August erhielt ich einen Bescheid von Hauptfeldwebel Barth, daß ich mich zu einem 14-tägigen Aufenthalt im Divisions-Erholungsheim nach Jalta *(auf der Krim)* in Marsch setzen sollte. Ich fragte mich nach dem Warum, doch packte ich meine Wäschetasche mit den dazugehörigen Dingen und nahm auch meine Maschinenpistole mit.

Ich hatte Glück und fand bald einen Lastwagen, der mich direkt bis Jalta mitfahren ließ. Während der Fahrt sah ich die verheerende Wirkung der Schlacht um die Krim. Verbrannte Erde an den Steilhängen der Berge, zerstörte russische Batterien, Bombenkrater, Granattrichter, und dazwischen Laufgräben – und Soldatenfriedhöfe.

Nach dem Erhalt der neuen Afrika-Uniform mit dem Obergefreiten Neupert in Sewastopol. Niemand wußte, wohin es nun gehen sollte…

In Jalta angekommen, mußte ich zuerst das Divisionsheim suchen und fragte mich durch. Es war ein großer Bau mit einem flachen Dach. In einem schönen Park standen noch einige kleine Gebäude. Die großen Bäume spendeten einen angenehm kühlen Schatten. Ein breiter Weg führte durch den Park zum Haupteingang. Ich wurde von einem verwaltenden Feldwebel empfangen. Das Hauptgebäude war bereits völlig besetzt, und so wurde mir in einem der Häuser im Park ein Einzelzimmer zugewiesen. Ein Gefreiter begleitete mich dorthin.

Hier herrschte eine fast unnatürliche Stille – keine Granatwerfer, kein MG-Feuer und kein Kommandoton. Nur das blaue Meer schwappte in rhythmischen Intervallen gegen den Strand und lief rauschend wieder ab.

Manchmal wehten leichte Böen durch den Park, bewegten die Pinien, die Palmen und Mandelbäume. Ihre sich fast rhythmisch bewegenden Schatten schienen über die herrlich angelegten Blumenbeete zu tanzen. Auf den abfallenden Berghängen gab es viele Weinreben. Ich betrachtete das blau-schwarze Meer. Irgendwo weit dahinter lag der Kaukasus, die Türkei, Syrien, Arabien und der Indische Ozean. Als ich so allein war, vergaß ich, wo ich war. Die Ruhe und Stille überwältigten mich. Wie schön das Leben doch sein konnte.

In diesen Häusern hatten bestimmt die Dienstboten gewohnt. Aber das war mir egal, Hauptsache, sie waren sauber. In meinem Zimmer gab es ein Bett, einen Schrank, einen Tisch, zwei Stühle und an einer Wand ein Waschbecken. Dem gegenüber ein Fenster, aus dem man durch die Mandelbäume auf das herrliche Meer sehen konnte. An der Tür hing ein Zettel mit der Hausordnung. Die Mittagsruhe mußte eingehalten werden, und einen Zapfenstreich gab es auch. Ich las, wo sich eine Sanitätsstelle und der Arzt befanden und wann die Mahlzeiten eingenommen wurden.

In meinem Wäschebeutel waren frische Wäsche und alle meine Utensilien verstaut, auch eine Bade- und die Sporthose und das Turnhemd mit dem großen aufgenähten Adler. Ich legte alles ordentlich in den Schrank. Zuerst mußte ich lernen, mich zu orientieren. Jalta bestand lediglich aus einer langen Promenadenstraße und vielen Villen und Häusern. Hinter den Häusern mit ihren gepflegten Parks ragte das stark ansteigende, zerklüftete Gebirge auf. In dem blauen Meer sah ich badende Menschen. Unweit des Strandes standen einige Felsen im Wasser. Noch nie hatte ich etwas Ähnliches gesehen. Es war wunderschön hier…

Nachdem ich mir einen ersten groben Überblick verschafft hatte, ging ich zurück zu meinem Quartier. Die vielen militärischen Pflichtgrüße auf der Promenade empfand ich als lästig und unangenehm. Im Hauptgebäude sah ich mir dann die Speiseräume und die Kantine an. Ich hatte den Eindruck, daß es in diesem „Laden" wohl recht steif zugehen mußte… Personen, die sich offenbar schon längere Zeit kannten, bildeten kleine Gruppen, und es dauerte erfahrungsgemäß immer eine Weile, bis man Anschluß finden konnte. So suchte ich mein Zimmer auf, legte mich in meiner Uniform aufs Bett und schlief ein.

Als ich nach ein paar Stunden wieder erwachte, war es bereits Zeit zum Abendessen. Im Speiseraum standen die Tischreihen entsprechend der Dienstgrade getrennt – wie in der Kaserne… Eine Ordonnanz, ein Gefreiter, brachte mich zu einem freien Platz, an einen Tisch, an dem nur ein Unteroffizier und ein Feldwebel saßen. Mir gefiel diese Extrawürstchentuerei überhaupt nicht, aber mir blieb nichts anderes übrig. Nach dem Essen ging ich gleich wieder in mein Zimmer und schlief mich erst einmal richtig aus.

Am nächsten Morgen erwachte ich schon sehr früh. Angenehm kühle Luft drang durch das offene Fenster, und gleich nach dem Frühstück ging ich zum Strand hinunter, um zum erstenmal in meinem Leben im Meer zu baden. Bevor ich einen schönen Platz an dem steinigen Strand fand, warf ich einige besonders flache Steine so dicht über die Wasseroberfläche, daß sie beim Aufkommen noch ein paarmal dahinhüpften – so wie ich es einst als Kind getan hatte... Allmählich erschienen immer mehr Landser am Strand, einzeln oder in kleinen Gruppen.

Die Tage vergingen mit baden, in der Sonne bräunen und mit vielen Spaziergängen. Einsame Wege führten in die Berge. Ich stieg über sie hinauf und suchte mir auf einer Wiese einen schönen Platz zum Liegen. Nicht weit von mir entfernt weideten Ziegen, Schafe, Kühe und Panje-Pferde, die mit Lederriemen an den Füßen kurz gebunden waren, damit sie nicht davonlaufen konnten. Hirten konnte ich nirgendwo sehen. Mir kam der Gedanke, daß es eigentlich seltsam war, daß ich hier ohne eine Waffe und ganz allein umherstreifte. Was wäre, wenn nun plötzlich Partisanen kämen...? Ich empfand mein Verhalten als leichtsinnig.

Eines der Pferde kam langsam näher. Es machte einen verwahrlosten Eindruck. Sein Fell war struppig und schmutzig. Ich versuchte, es noch näher zu locken, jedoch vergebens. Als ich beruhigend auf das Tier einsprach, spitzte es die Ohren, dann schüttelte es seinen Kopf. Wahrscheinlich verstand es meine Sprache nicht. Ich fragte mich, was so ein Pferd wohl denken mag...

Nachdem ich wieder von dem Berg herabgestiegen war, schrieb ich Briefe an meine Eltern. Danach ging ich in die Kantine, in der es viele interessante Dinge gab, die man kaufen konnte. Geld spielte für uns Landser keine Rolle. Man hatte genug davon, weil man in der Kompanie nur selten Gelegenheit hatte, es ausgeben zu können.

Hier, in Jalta, waren viele Krankenschwestern tätig. Man konnte erkennen, daß sie mehr an Soldaten höherer Dienstgrade und Auszeichnungen interessiert waren. So kam es wegen der „hübschen Schürzen" nicht selten zu Streitigkeiten.

Dann war mein letzter Aufenthaltstag an diesem schönen Ort gekommen. Die Tage hier waren in einer nicht unangenehmen Gleichförmigkeit und in großer Ruhe vergangen. Als am Abend die Sonne hinter dem Jalta-Gebirge versank, färbte sich das Meer von dunkelblau zu schwarz. Nur am östlichen Horizont, dort, wo das Meer aufzuhören schien, glitzerte noch für kurze Zeit helles Licht – bis sich der Schatten des Gebirges darüber senkte.

Alles geht einmal zu Ende, doch sentimental sollte man deswegen nicht werden. Vielmehr mußte man wachsam sein. Wachsamkeit war in Rußland das erste Gebot. Nun freute ich mich auf das Wiedersehen mit den Kameraden meiner Kompanie.

Nachdem die Kämpfe Anfang Juli 1942 auf der Krim beendet waren, mußte die 50. Infanterie-Division als einziger Kampfverband auf der Halbinsel bleiben. Ende desselben Monats war ich zu meiner Kompanie am äußersten Stadtrand von Sewastopol zurückgekehrt. Ein beschädigtes altes Bahnhofsgebäude diente uns als Quartier. Dort begann die Sewernaja-Bucht. Während meiner Abwesenheit war neuer Ersatz aus der Heimat eingetroffen. Von meinen alten Kameraden lebte nach dem harten Einsatz bei Sewastopol kaum noch jemand... Die Neugruppierungen wurden vorgenommen. Als Gruppenführer wurde mir die 7. Gruppe des 3. Zuges zugewiesen. Unsere Gruppen-Fahrzeuge und Funkwagen, Kräder und Troßfahrzeuge wurden neu zusammengestellt. Jeden Vormittag mußte die Kompanie harte Ausbildungen im Gelände absolvieren. Von der Division war Einsatzbereitschaft gefordert worden. Jeden Tag mußten wir wieder Atebrin-Tabletten als Präventivmaßnahme gegen das Wolynische Fieber schlucken. Eines Tages bekamen alle Truppenteile die Tropen-Uniform, denn, so hieß es, wir sollten als Küstenschutz auf der Krim verbleiben.

Am 26. September 1942 wurde wieder ein Alarm ausgerufen. Wir saßen auf die Fahrzeuge auf, und die Fahrt verlief durch Bachtschissaraji und weiter an Simferopol vorbei. Überrascht waren wir, als die Kraftfahrzeuge dann auf einem weitläufigen Feldflughafen anhielten und „absitzen!" befohlen wurde.

„Kompanie antreten! Ausrichten! Stillgestanden! Augeeen geradeaus! Augeeen rechts!"

Oberleutnant Birkefeld meldete dem Kommandeur, Hauptmann Graumann, die Ankunft unserer Truppe. Da schwebten auch schon einige Ju

52 auf das Rollfeld nieder. Nachdem die Flugzeuge gelandet waren, wurden die Motoren nicht abgestellt, die Propeller liefen weiter, und wir mußten gruppenweise in die Maschinen einsteigen. Da es in den Rümpfen keinerlei Sitzmöglichkeiten gab, nahmen wir am Boden Platz, mit den Rücken an die Wände gelehnt. Die Türen wurden geschlossen, und einen Moment später holperten die Flugzeuge über das Rollfeld, erhoben sich in den Himmel.

Es war bereits mein zweiter Flug in meinem Leben. Etlichen Kameraden wurde schlecht, und sie mußten sich übergeben. Nach und nach erhoben sich einige der Soldaten und schauten aus dem Fenster. Wir flogen nicht sehr hoch, und ich sah Wasser unter uns. Vielleicht war es eine taktische Maßnahme. Mich beschlich die Sorge, daß wir von den Russen abgeschossen werden könnten.

Wir waren bereits einige Zeit lang geflogen, da erfuhren wir unser Ziel – Stalingrad… Die Überraschung war gelungen. Geheimer ging es nicht. In dem Lärm, den die Motoren verursachten, konnte man sich nicht unterhalten, und so hing nun jeder seinen Gedanken nach. Stalingrad erhob sich vor meinen geistigen Augen wie ein blutrünstiges Monster… Während unserer Ruhephase hatten wir in Sewastopol Wochenschauen mit wenig erfreulichen Frontberichten von Stalingrad gesehen. Auch unsere Divisions-Zeitung hatte über die schweren Kampfhandlungen dort berichtet.

Niemand von uns hatte noch in die Heimat schreiben können, wo er war oder wohin es nun ging… Wir Pioniere, in der Heimat vielleicht durch die Einnahme Sewastopols bekannt und zur Zeit ohne Einsatz, wir sollten Stalingrad erobern helfen…? Aber was hier gerade nach Stalingrad geflogen wurde, waren nicht die alten, kampferfahrenen Pioniere, sondern neue, unerfahrene, die, wenngleich gut ausgerüstet, lediglich die großen Lücken in unseren Reihen gefüllt hatten. Ihre bisherige Ausbildung war noch viel zu mangelhaft für eine derartige Aufgabe, wie sie in Stalingrad auf uns wartete…

(Nach der deutschen Belagerung und Erstürmung der See-Festung Sewastopol 1942, wiederholte sich dieser Ablauf 1944 – jedoch waren es dieses Mal die Sowjettruppen…

Im Dezember 1943 wurde die deutsche 17. Armee auf der Krim von Rotarmisten abgeschnitten, weil Hitler eine Räumung der Halbinsel verboten hatte. Am 8. April 1944 begannen die Sowjets eine starke Offensive, in deren Verlauf sich die deutschen Truppen auf Sewastopol zurückzogen.

Als Folge Hitlers erst am 5. Mai 1944 erlaubter Evakuierung geriet ein großer Teil der 17. Armee in russische Gefangenschaft. Trotz schwerer feindlicher Luftangriffe war es dennoch möglich, 37.000 deutsche Soldaten aus Sewastopol herauszubringen – allerdings versanken während der Evakuierung davon 8.100 der Männer mit den Transportschiffen. Am 12. Mai 1944 hatten die Rotarmisten die See-Festung wieder zurückerobert.)

Stalingrad

Stalingrad (1942 600.000 Einwohner), das bis 1925 Zarizyn geheißen hatte und ab 1961 in Wolgograd umbenannt wurde, war schon seit den 30er Jahren eine bedeutende sowjetische Industrie- und Handelsstadt, in der flachen Steppenlandschaft am Westufer der Wolga gelegen. Zu Beginn der deutschen Sommer-Offensive 1942, die vordergründig auf den Kaukasus ausgerichtet war, hatte das OKW (Oberkommando der Wehrmacht) der Stadt vorerst keine besondere Bedeutung beigemessen. Als Hitler jedoch nach den ersten Erfolgen der Offensive die Sowjetarmee als stark geschwächt erachtete, hatte er nun beide Ziele gleichzeitig erreichen wollen (Weisung Nr. 45 vom 23. Juli 1942). In Stoßrichtung Stalingrad hatte Hitler von den ursprünglich starken Kräften nun nur noch die 6. Armee (Generaloberst Paulus) von Nordwesten, sowie die 4. Panzer-Armee (Generaloberst Hoth) aus Südwesten vorgehen lassen, außerdem den Auftrag dahingehend erweitert, auch die Kaukasus-Offensive mit zu decken – jedoch fehlten dazu die benötigten Streitkräfte. Die Luftunterstützung für diese Operation war dem VIII. Flieger-Korps (Generaloberst Fiebig) übertragen worden. Stalingrad bildete somit gewissermaßen den Drehpunkt der Gesamtoffensive. Die Sowjets hatten darauf mit dem Ausbau dieses Gebiets zum Hauptverteidigungsbereich reagiert und unter dem Kommando des Generaloberst Jeremenko und des Politkommissars Nikita Chruschtschow vor Stalingrad vier weitläufige Stellungsbögen ausgebaut und sechs Infanterie-Armeen, zwei Panzer-Armeen und eine Luft-Armee konzentriert. Zwar hatten diese starken Streitkräfte den deutschen Einbruch in Stalingrads Vorfeld deutlich erschweren, jedoch nicht verhindern können. Der noch sehr starken 6. Armee war es gelungen, vom 7. bis 14. August 1942 den Durchbruch zu erringen, jedoch waren die sowjetischen Armeen in der Lage gewesen, die 4. Panzer-Armee bei Tinguta zum Halten zu zwingen. Außerdem hatten sie durch Bildung starker Brücken-

köpfe die 6. Armee an ihrer linken Flanke gebunden. Auch war das XIV. Panzer-Korps (Generaloberst von Wietersheim), das am 23. August Stalingrad erreicht hatte, sogar kurzfristig in zwei Teile gespalten und teilweise eingeschlossen worden. Infolge massiver sowjetischer Gegenstöße war der 6. Armee die Stärke genommen worden, im Verbund mit der am 30. August eingebrochenen 4. Panzer-Armee die russische 62. und 64. Armee vor Stalingrad zu fassen. Nur in einem Frontalangriff konnte es den deutschen Kräften gelingen, die Verteidiger zu verdrängen oder zu vernichten. Seit Ende August waren die deutschen Truppen nun dabei, sich mühsam durch die Trümmer des verwüsteten Stalingrad zu kämpfen.

Nach unserer Landung auf einem Feldflugplatz in der Nähe von Kalatschna verließen wir die Flugzeuge und betraten die schier unendlich weite, trostlos anmutende Steppe zwischen Don und Wolga. Dann marschierten wir gruppen- und zugweise an den Rand des Flugplatzes und sammelten uns kompanieweise für den weiteren Transport – und der ließ nicht lange auf sich warten. Da kamen etliche Lastwagen des Straßenbau-Bataillons 521, nahmen uns auf und fuhren in die Richtung der heißumkämpften Stadt. Aus weiter Ferne konnten wir das zwar noch leise aber bedrohliche Grollen des Kampflärms hören... Ein eigenartiges Gefühl beschlich mich, als wir schließlich am Horizont und noch im Dunst die unregelmäßige Silhouette der so heftig umkämpften Industriestadt erkennen konnten. Je näher wir kamen, um so deutlicher konnte man die einzelnen Abschüsse und Einschläge der Granaten und die ständigen Detonationen der Bomben erkennen.

Wir wurden mit den Lastwagen in die Nähe der von der 6. Armee belagerten und eingeschlossenen Stadt gefahren, weil es die Umgehung so verlangte. Auch wir waren nun der 6. Armee unterstellt. In der Nähe der Fliegerschule und Kaserne, die auf einer Anhöhe lag, machten wir kurz Halt und sahen uns das ganze furchteinflößende Panorama an. Wir konnten die Stuka- und Ju-87-Einsätze mit ihren unentwegten Bombenabwürfen sehen – und unseren Augen bot sich ein einziges, schreckliches Trümmerfeld, dazwischen die hoch aufragenden Ruinen der ehemals mehretagigen und nun zerstörten Wohnhäuser, ebenso der große Bahnhof mit seinen weitverzweigten Gleisanlagen, von denen viele Schienenstränge wie verbogene Drähte in den Himmel ragten, die Traktorenfabrik, die anderen ausgedehnten Werksanlagen, Verwaltungsgebäude, Silos und Wassertürme.

Die weitläufige Industriestadt Stalingrad erstreckt sich längs der Wolga und liegt mit ihrem Rücken zur Steppe. Erosionsschluchten verlaufen selbst innerhalb des Stadtgebiets in mehreren tiefen Senken. Die Altstadt liegt im Süden, der Stadtkern, dessen Herz der Rote Platz bildet, senkt sich in Treppenfluchten vom Mamai-Hügel *(Höhe 102)* bis zum Wolga-Ufer. Eine Stadt ohne Brücken, deren Verkehr über den breiten Strom mittels Fährbetrieb übergesetzt wurde. Die Industriestätten mit dem Traktorenwerk und den Treibstofflagern liegen im Norden, die Chemie-Fabrik *Lazur* im Zentrum der Schleife einer Bahnlinie, die auf dem Stadtplan deutlich und markant erkennbar war – weshalb sie den treffenden Namen *Tennisschläger* erhalten hatte. Danach kommt die Stahlgießerei *Roter Oktober* und die Geschützgießerei *Barrikade*.

Zuerst war vor einigen Wochen die Altstadt eingenommen worden. Die Eroberung der großen Silos durch die 29. Infanterie-Division war die erste wirkliche Kampfhandlung, die der Schlacht um Stalingrad ihren unvergleichlichen Charakter verliehen hatte. Schon dort hatte sich der schonungslose Kampf Mann gegen Mann entwickelt. Zu der Zeit, da wir hier ankamen, hatte der Kampf bereits irrationale Ausmaße angenommen. Hier standen sich zwei Heere gegenüber, die nicht mehr nach den üblichen Regeln militärischer Logik vorgingen. Vielmehr stürzten sich hier die Gegner mit ungeheurer Wucht aufeinander. Das OKH *(Oberkommando des Heeres)* gab Stalingrad nicht auf und erwartete kompromißlos die Einnahme der Stadt. Stalingrad war für die eine wie für die andere Seite zum Prestigeobjekt geworden.

„Pioniere, die Wegbereiter der Infanterie, müssen her!“, hatte es irgendwann geheißen – und nun fuhren die Lastwagen mit uns am Rand der Stadt weiter. Ich sah, wie ein Flugzeug von der russischen Flugabwehr abgeschossen wurde und abstürzte. Dann feuerte die deutsche Artillerie, Pak und Flak. Es war ein einziges höllisches Inferno, das kaum einen klaren Gedanken zuließ. Nun konnte ich auch tiefe Laufgräben erkennen, die kleine Feldbunker mit Ein-Mann-Löchern verbanden. Die Russen kämpften um diese Stadt mit einem unglaublichen Fanatismus, der unseren Truppen Grenzen setzte. Und wieder stiegen große, schwarze Rauchpilze in den vom Pulverdampf geschwängerten Himmel auf.

Rumpelnd und heulend quälten sich unsere Lastwagen über die lehmige, zerklüftete Straße, durch Löcher und Pfützen. Ausgebrannte Häuser und zerstörte Lehmhütten standen beiderseits der Rollbahn, die sich als breites, braunes Band durch die baumlose Steppe wand, dann wieder durch tief eingeschnittene, ausgetrocknete Schluchten schlängelte, an graubraunen Tümpeln und mit Unrat gefüllten Löchern vorbei.

Immer näher kamen wir dem Kampfgeschehen... Wieder fuhr unsere Kolonne in eine Schlucht hinein, in deren steile Wände sich deutsche Truppen in Löchern und Unterständen eingerichtet hatten. Offenbar handelte es sich dabei um eine Ruhe- oder Reservestellung.

Dann war unsere Fahrt zu Ende. Wir waren am Zielort angekommen. Aber *wo* waren wir angekommen...? Niemand wußte es – alles hier hieß Stalingrad... Trotz des langen Umwegs, den unsere Fahrzeuge wegen der gefährlichen Feindeinsicht genommen hatten, konnte es bis zum Stadtrand nicht weit sein.

Die Züge und Gruppen wurden eingewiesen und zum Schutz vor Artilleriefeuer und Fliegerangriffen weit auseinandergezogen. Sofort begannen wir, unsere Zelte aufzustellen und Löcher in die Steilhänge zu graben – und waren froh, damit unsere große Besorgnis und die finsteren Gedanken etwas vertreiben zu können... Man ließ uns auch keine Zeit, uns zu besinnen. So gut es ging, versuchten wir uns „einzurichten“. Der Abend brach schon an. Wir fragten uns, ob an diesem Tag noch Verpflegung ausgegeben würde. Wir waren durstig und erkundigten uns bei Oberfeldwebel Enoch, ob wir etwas zu trinken bekommen könnten. Aber es gab in der ganzen Umgebung kein Wasser.

Ein abgeschossener russischer Panzerspähwagen.

Ein Melder wurde zum Stab abgestellt, um Genaueres betreffs unserer Versorgung in Erfahrung zu bringen. Es dauerte nicht lange, da wurden die Gruppenführer gerufen, und es fand eine Befehlsausgabe statt:

1. Kein Kompanieangehöriger darf ohne Abmeldung unsere Unterkunft in dieser Schlucht verlassen.

2. Die Verpflegung wird den Kompanien vom Straßenbau-Bataillon 521 zugestellt – je nachdem, wie es die Lage erlaubt. Es werden dann Essenbehälter und Wasserkanister geliefert. Das Wasser ist aber nur zum Waschen da, und es soll so wenig wie möglich verbraucht werden. Wasser ist hier Mangelware und wird aus irgendwelchen braunen Tümpeln geholt. Leitungswasser gibt es nicht.

3. Besondere Vorkommnisse sind sofort zu melden.

4. Der Platz für ein „Donnerloch", das ausschließlich für die Notdurftverrichtung aufgesucht werden darf, wird vom Kompanietrupp bestimmt.

Am späten Abend traf dann ein Lastwagen der Feldküche ein. Viel Geschrei wurde wegen der Verspätung nicht gemacht, vielmehr stand uns allen eine gewisse Demut in den Gesichtern... Eine solche Situation war selbst uns „Alten" ungewohnt. Schon bald krochen wir in unsere „Unterkünfte", denn die Dunkelheit begann uns einzuhüllen, und offenes Licht durfte keins gemacht werden. Was uns blieb, waren Taschenlampen – sofern überhaupt vorhanden. Talglichter, sogenannte *Hindenburglichter (ähnlich den heutigen Teelichtern, nur etwas größer)*, reichten nicht aus und waren, wenngleich billig, so doch kostbar, da hier Mangelware. Von der Luftveränderung und den Strapazen erschöpft, fielen wir, schlecht gelaunt und ohne uns entkleiden zu dürfen, in unseren Löchern und Zwei-Mann-Zelten in einen nur flachen Schlaf. Im Wechsel hatten die Gruppen Feldwache, und eine Parole war ausgegeben worden.

Gegen Morgen wurde es, trotz der noch frühen Jahreszeit, schon empfindlich kalt. Viele froren und trieben Gymnastik, um den Körper aufzuwärmen und wieder elastisch zu machen. Man sah Männer mit mißmutigen Gesichtern, denn was an Restverpflegung am Vorabend aufgehoben wurde, war in der Nacht von Ratten und Mäusen aufgefressen worden. Auch Erdflöhe hatten schon in unsere Uniformen Einzug gehalten. Wir kratzten uns an Beinen, Brust und Rücken. Von unseren Uniformen war bereits das Beste dahin – verschmutzt und ohne Bügelfalten... Es gab weder eine Gelegenheit, sich zu waschen, noch zu rasieren. So klopften wir lediglich unsere Uniformen ab und rieben uns den Schlaf aus den Augen. „Guten Morgen, neuer Tag…"

Der 2. Zug stellte irgendwann einen kleinen Trupp Wasserholer zusammen. Ich schloß mich ihnen an, um mich mit den hiesigen Umständen vertraut zu machen. Nach Überwindung der Steilwand der Schlucht kamen wir auf die flache Steppenebene. Ringsum unbekanntes Terrain. Soweit man sehen konnte, war nichts Auffälliges zu erkennen. Wir gingen aufs Geratewohl in nordwestliche Richtung.

Nach nur kurzer Wegstrecke stießen wir auf eine andere, von deutschen Soldaten belegte Schlucht. Hier „gastierte" ein Panzer-Instandsetzungszug. Wir fragten nach Wasser. Man wies uns eine Richtung, machte uns aber keine große Hoffnung. So zogen wir weiter…

Etliche Senken mußten wir durchlaufen, und überall wimmelten deutsche Soldaten und russische „Hiwis" *(Hilfswillige)* herum. Dann fanden wir endlich eine Wasserstelle – einem Dorfteich ähnlich, in den Ausmaßen von etwa 30 mal 40 Meter, das Wasser lehmig-braun, am Ufer lagen einige Tierkadaver, die schon zum Umfallen stanken, und in dem Teich trieb ein undefinierbarer, widerlich aussehender Gegenstand, von dem niemand sagen konnten, ob es sich dabei um ein totes Tier oder einen Menschen handelte… In Anbetracht des Ekels, der einen befiel, durfte man nicht lange überlegen. So füllten wir so schnell es nur ging, unsere beiden mitgebrachten Kanister, die dann je zwei Männer den ganzen weiten Weg zurückschleppen mußten…

Aus der Ferne hörte man ständigen Geschützdonner bedrohlich grollen. Mühsam und restlos bedient von dem Horror des ganzen Wasserholunternehmens erreichten wir wieder unser Quartier. Meiner Gruppe sagte ich von alledem nichts – außer: „Grundsätzlich nur zum Waschen benutzen, und ja nicht in den Mund nehmen!" Ich sprach diese Worte sehr nachdrücklich – und verzichtete danach selbst aufs Waschen.

Den Vormittag des 27. September verbrachten wir mit Müßiggang. Wir hatten keine Aufgabe, und das Wetter war bestens. Hier und da wurde etwas an unseren „Unterkünften" verbessert.

Am Nachmittag kamen drei Lastwagen angefahren – einer für jeden Zug. Mein Zugführer befahl mir, mit meiner Gruppe mitzufahren, um vom Stadtrand noch nutzbares Holz zu holen. Wir nahmen dieses Mal vorsichtshalber die Gewehre und ich meine Maschinenpistole mit, und die Fahrt begann.

Mein Platz war vorn, neben dem Fahrer. Meine Männer standen auf der Ladefläche und beobachteten die Gegend und den Himmel, um einen möglichen Angriff früh genug erkennen zu können. Wieder kamen wir an der Flieger-Kaserne vorbei. Ein Lazarett, direkt neben einer großen Straßenkreuzung, war mit auffälligen roten Kreuzen gekennzeichnet – aber die Russen hielten sich nicht an die Genfer Konvention...

Wir fuhren an vielen Ruinen vorbei. Da und dort hatten einst Häuser gestanden, jetzt lag dort nur noch Asche, aus der Schornsteine ragten... Nahe der noch unzerstörten Häuser sah man säuberlich aufgestapelte Ziegel. Es waren in der Sonne trocknende Briketts, gefertigt aus dem Dung der Kühe, Kamele und Pferde.

Irgendwann fanden wir das Holz, nach dem wir gesucht hatten – ein auseinandergenommenes Haus. Ich ordnete an, das Holz aufzuladen. Zwei Soldaten übernahmen die Sicherung, denn schließlich mußten wir hier mit allem rechnen.

Ich ging indessen etwas weiter, um den Weg zu erkunden. Da kam ein kleines, schwarzes Angora-Kätzchen mit einem weißen Fleck unter dem Hals aus den Trümmern und miaute mich an. Ich streichelte das Tier, was ihm offenbar gut gefiel, denn es schnurrte leise dabei. Wir verliebten uns auf den ersten Blick – und ich nahm es mit.

Dann entdeckte ich in einem Garten einen Brunnen und ein Holzfaß. Neben dem Brunnen war bereits Wasser vergossen worden, und in seinem Schacht hing an einem Strick ein Eimer. Ich rief zwei Pioniere zu mir. Wir luden das Faß auf den Lastwagen und füllten es voll Wasser. Als wir mit unserer Arbeit fertig waren, fuhren wir auf einem anderen Weg zurück in unsere Schlucht.

Während der Rückfahrt bat ich den Fahrer, der die Gegend gut kannte, auf eine Anhöhe zu fahren, damit wir die Wolga sehen könnten. So fuhr er einen kleinen Umweg, auf dem wir allerdings vom Feind eingesehen werden konnten. Auf einem Warnschild stand: *Achtung! Der Iwan sieht Euch!* Da wurden wir auch schon von der Feldgendarmerie angehalten. Nach einer kurzen Erklärung ließ man uns aber weiterfahren. Wir konnten von dort oben den breiten Strom sehen, der träge dem Horizont entgegenfloß. Durch ein Fernglas konnte ich auch deutlich die Einschläge der Artillerie erkennen, und die steilen Kampfanflüge der Stukas beobachten, die erst kurz über dem Erdboden zielgenau ihre tödlichen Bomben abwarfen. Von weitem hörte man das höllische Kampfgeschehen dort unten im Dunst, und es erschien mir, als würden sämtliche Musiker eines großen Orchesters laut und schrill durcheinanderspielen, dazwischen das unrhythmische Dröhnen großer Pauken.

Wir fuhren weiter. Da schlugen plötzlich in unserer Nähe Granaten ein. Ich fragte mich, ob der Russe uns aus der großen Entfernung sehen konnte, oder ob er in der Nähe einen Vorgeschobenen Beobachter für seine Artillerie aufgestellt hatte.

Als wir wieder im Quartier ankamen, standen die beiden anderen Lastwagen schon dort. Der 3. Zug lud das Holz ab. Das Wasser wurde zum Zugführer gebracht, der dann die Rationen einteilte. Ich zog mich in mein Loch zurück und widmete mich der hübschen kleinen Katze, die ich einfach Muschi nannte. Sie würde in der nächsten Zeit erstmal nur Essenabfälle erhalten – und etwas von meiner eigenen mageren Verpflegung. Aber sie konnte hier jede Menge Mäuse fangen.

Wir wußten nicht, wie lange wir an diesem Ort bleiben würden, aber lange sicherlich nicht, denn in den nächsten Tagen sollte wohl ein Einsatz erfolgen, damit war zu rechnen. Wir fühlten uns hier wie Stiefkinder in einem häßlichen Märchen, ausgesetzt in einer unwirtlichen, fremden und äußerst gefährlichen Umgebung. Es lag etwas in der Luft, und man hatte das Gefühl, daß es schon fast greifbar war, so „geladen" war die Atmosphäre. Kompaniechef Birkefeld und Oberfeldwebel Enoch waren oft zu Besprechungen zum Bataillonsstab gegangen.

Am 29. September wurden dann auch die Zug- und Gruppenführer zu einer Besprechung gerufen. Dort teilte man uns mit, daß uns ein Nachtangriff bevorstand. Unser Pionier-Bataillon 71 und die Pionier-Bataillone 41 und 635 sollten nun eine Pionier-Kampfgruppe *(ein Pionier-Regiment)* bilden, die zum Einsatz gegen hartnäckig verteidigte Industrie-Werkanlagen in Stalingrad vorgesehen war. Wir wurden somit dem Infanterie-Regiment 516 der *(hannoverschen)* 295. Infanterie-Division unterstellt. Nach den Ausführungen unseres Chefs war es eine tapfere Truppe, die sich zuletzt bei den Kämpfen um die Don-Übergänge nördlich Kalatsch erfolgreich geschlagen hatte. Nach Erteilung der üblichen Verhaltensregeln wurden wir zu unseren Gruppen entlassen.

Am 30. September wurde der Termin für den Nachtangriff bekanntgegeben: Der 1. Oktober 1942. Angriffsbeginn sollte 0:30 Uhr sein. Das Unternehmen erhielt den Decknamen *Blau-Braunschweig*.

Nachmittags bauten wir unsere Zelte ab. Unser Sturmgepäck wurde einsatzbereit gepackt. Es hieß zwar, daß wir wieder hierher zurückkämen, doch man konnte nie wissen, was noch alles geschehen würde.

Aus Erfahrung wußten wir, wie der Angriff ablaufen würde. Bei beginnender Abenddämmerung mußten wir Lastwagen besteigen, und schon gegen 18:00 Uhr waren wir bei der Fliegerschule am Stadtrand und hatten die erste Bereitstellung erreicht. Von dort marschierte unser Bataillon zu Fuß und in auseinandergezogenen Doppelreihen in der Deckung einer der Schluchten nahe der feindlichen Stellungen dahin.

Als wir eine Marschpause an einer Infanteriestellung einlegten, fragten uns die Infanteristen, ob wir die erwartete Verstärkung wären. Wahrscheinlich wußten sie, was uns bald bevorstand. Zu unserem Erstaunen hausten hier in den Höhlen der Steilhänge auch noch russische Zivilisten. Alles war ruhig, nur das leise Klappern der Gasmaskendosen am Koppelzeug konnte man bei jeder Bewegung hören.

Wir bezogen nun die Sturmausgangsstellung. Uns war mulmig zumute... Bei der 1. und der 3. Pionier-Kompanie 71 befanden sich auch zwei 3,7-cm-Panzerabwehrkanonen des II. Bataillons des Artillerie-Regiments 295. Der Auftrag unseres Bataillons lautete:

„Bis zur Wolga durchstoßen und dort nach Norden schwenken. Wenn das nicht mehr möglich sein sollte, die eigene Stellung verteidigen!“

Wir lagen nun im zugeteilten Angriffsabschnitt an der HKL in Deckung und rauchten in langen Zügen unsere Zigaretten. Die Nerven waren aufs Äußerste angespannt. Viele Fragen gingen einem durch den Kopf. Alles war uns hier fremd, und selbst ein Blick aus unserer Deckung konnte uns keinen ausreichenden Überblick über die örtlichen Verhältnisse oder irgendeine Orientierung vermitteln. Die Dunkelheit machte uns dann noch unsicherer...

Exakt um 0:30 Uhr griff unsere Kompanie mit der Sturmspitze der Infanterie an. Gleich die ersten Männer gerieten in ein Minenfeld. Es krachte mehrmals, und es kam zu schweren Verlusten. Wir konnten sie schreien hören. Die Anderen drangen in die Häuser ein.

Als ich mit meiner Gruppe zum Angriff ansetzte, erfolgten bereits die ersten Detonationen, und uns schlug heftiges Abwehrfeuer sowie flankierendes MG- und MPi-Feuer aus Häusern und Ruinen entgegen. Aufsteigende Leuchtkugeln erhellten mit ihrem kalten, gleißenden Licht schauerlich die tosende Kampfstätte. Leuchtspurgeschosse sirrten in nur geringer Höhe kreuz und quer umher. Wir lagen auf dem Bauch und robbten vorwärts.

„Sprungweise vorarbeiten!“, rief ich meinen Männern zu. Doch unsere Bemühungen waren vergebens, denn wir gerieten ebenfalls in ein Minenfeld.

Niemand hatte vorher von diesen verdammten Minenfeldern ein einziges Wort gesagt – und nun befanden wir uns mitten im größten Schlamassel. Als ich gerade wieder einmal aufsprang, gab es in meiner unmittelbaren Nähe eine laute Detonation. Eine Mine hatte einen Kameraden zerrissen. Ein zweiter, der links von mir lag, wurde an den Beinen und am Oberkörper schwer verwundet. In das laute Geknalle der rings umher schießenden Soldaten hallten die grellen Schreie der Verwundeten. Das Stöhnen der Schwerverwundeten ging in dem Lärm völlig unter. Man schrie nach Sanitätern. Doch es gab für uns einhundert Männer nur einen einzigen, und ob der noch am Leben war, wußte niemand…

Die heftigen Detonationen ließen die Luft vibrieren und betäubten meine Ohren. Meine rechte Gesichtshälfte fühlte sich plötzlich an, als sei sie aus Watte, und ein einziges schreckliches Brummen erfüllte meinen Kopf. Ich konnte nichts mehr hören. Ich war nach außen hin wie abgeschaltet.

Durch Zuruf übergab ich den Rest meiner Gruppe an meinen Stellvertreter. In diesem Moment griffen auch noch die Artillerie und Granatwerfer ins Kampfgeschehen ein. Befehlend rief ich einem Kameraden zu, mir zu helfen, den Schwerverwundeten zur Schlucht zurück zu bringen. Schnell hängten wir uns die Waffen um den Hals, hoben ihn zwischen uns, und schleppten ihn mittels Verwundeten-Tragegriff zurück. Der Pionier brüllte vor Schmerzen. Ich empfand plötzlich eine ungewöhnliche Gleichgültigkeit gegenüber der schrecklichen Dinge, die rings um uns herum geschahen. Eine sonderbare Lethargie hatte sich meiner bemächtigt.

In der Schlucht angekommen, fanden wir zufälligerweise sogleich eine beleuchtete Höhle, in der Verbände angelegt wurden. Wir drängten auf sofortige Hilfe, und der Pionier wurde augenblicklich behandelt. Weil in der Höhle nicht genug Platz für so viele Personen war, verließen wir sie gleich wieder. Nun sah ich den sich im ersten Morgengrauen schwach vor dem Himmel abzeichnenden Rand der Schlucht. Schemenhafte Gestalten sprangen darüber zurück – der spärliche Rest unserer Kompanie. Dumpf und zäh waren meine Gedanken und stumpf meine Gefühle; überall in mir nur Hohlheit.

Selbstverständlich waren wir Pioniere versiert im Kampf gegen Befestigungsanlagen, Feldstellungen und Kampfstände, doch hatten uns bei den Einsätzen in Stalingrad technische Hilfsmittel wie Flammenwerfer, geballte Ladungen etc. gefehlt. Wir waren lediglich mit „blanker Waffe“ in den Einsatz gegangen – und geopfert und „verheizt“ worden. Unser Einsatz war nichts weiter gewesen, als eine gewaltsame Erkundung, bei der sehr viele Kameraden auf furchtbare Weise in treuer Pflichterfüllung ihr Leben lassen mußten.

Unter der Führung eines Sanitäters der Infanterie wurde ich im Fußmarsch mit mehreren Verwundeten zu einem Feldlazarett geführt. Bis ich endlich verarztet wurde, dämmerte bereits der Morgen herauf. Immer mehr Sanitätswagen brachten Verwundete. Ein Sanitäter holte mich in den Behandlungsraum. Ein Arzt untersuchte mich. Dann stellte er fest:

„Rechtes Trommelfell gerissen.“

Man wickelte mir einen Verband um den Kopf, hauptsächlich um meine rechte Gesichtshälfte. Meine Feldmütze konnte ich nun in die Tasche stekken. Ich sollte zur Ausheilung in ein rückwärtiges Lazarett gebracht werden. Lieber wollte ich aber zu meiner Einheit zurück, und dort meine Verletzung ausheilen. So wurde mir ein kurzer Bericht mitgegeben, daß ich mich in den nächsten Tagen zur ambulanten Behandlung einfinden sollte.

Als ich daraufhin den großen Vorraum betrat, sah ich mich zuerst nach Kameraden meiner Kompanie um. Es war aber kein einziger zu sehen. So mußte ich irgendwie allein zu meiner Einheit zurückfinden. Aber ich wußte nicht, wo sie lag...

Während ich noch dastand und darüber nachdachte, wie ich wohl zurückfinden könnte, erschienen mein Kompaniechef und Oberfeldwebel Enoch. Wir begrüßten uns herzlich, und sie fragten nach meinem Befinden. Ich erklärte die Situation und bat, mich gleich mitzunehmen. Sie willigten sofort ein, gingen aber vorher erst noch zur Verwundetenaufnahme, um sich nach den hier festgestellten Verwundeten unseres Bataillons zu erkundigen. Sie erfuhren, daß hier auch unser Bataillonskommandeur mit einer schweren Brust- und Bauchverwundung lag. *(Hauptmann Graumann verstarb an den Spätfolgen seiner Verwundungen am 10. Januar 1951 in Bischofswiesen und wurde auf dem Soldatenfriedhof in Berchtesgaden bestattet.)*

Nach Erledigung der Formalitäten fuhren wir mit einem Lastwagen zurück zur Unterkunft. Dort erfuhren wir im Kreise der Unteroffiziere, was in der letzten Nacht geschehen war:

Um 2:00 Uhr war der Angriff nochmals vorgetragen worden, und man konnte bis zu den vordersten Öltanks vorstoßen. Meine Kompanie hatte sich dem Angriff der 1. Kompanie links gestaffelt angeschlossen und, nach Norden schwenkend, die Häusergruppe im südwestlichen Stadtteil erreicht. Dort war es aber nicht weitergegangen und der Angriff zusammengebrochen. Um 2:30 Uhr hatte man dann den gesamten Angriff abgebrochen. Besonders erschreckend war die Feststellung, daß Oberleutnant Tilsen, der Chef der 1. Pionier-Kompanie, mit einem ganzen Zug in einen Hinterhalt und (vermutlich) in Gefangenschaft geraten war. (Noch tagelang hoffte man auf eine andere Nachricht, doch vergebens – und niemals kehrte einer dieser Soldaten nach dem Krieg aus der Gefangenschaft zurück...)

Zerschlagen und wie betäubt lagen wir in den Löchern in unserer Schlucht. Die meisten der Löcher waren nun leer... *(Wie sich erst später herausstellte, hatte meine Kompanie den Angriff mit einer Gefechtsstärke von fast einhundert Soldaten begonnen. Danach gab es nur noch einen Offizier, drei Unteroffiziere und 47 Mannschaften.)* Die Hälfte unserer Leute waren fort. Aber wo waren sie geblieben...? Die gefallenen Kameraden konnten nicht geborgen werden, weil sie unter Beschuß lagen. Uns blieb nur die Hoffnung, daß die Infanterie in unserer Abwesenheit den Kameraden eine würdige Bestattung zuteil werden ließ. Unsere Stimmung war auf dem Tiefpunkt angelangt. Für die jungen Pioniere war es der erste Kampfeinsatz gewesen – ihre „Feuertaufe"... Deprimiert und schweigend lagen die Überlebenden in ihren Löchern, wußten nicht, wie ihnen geschehen war. Die 1. Kompanie hatte die meisten Verluste und wurde deshalb aufgelöst und ihre Soldaten auf die 2. und 3. verteilt, um deren Kräfteverhältnis wieder einigermaßen herzustellen.

Immer wieder bemühte man sich, bei den Verwundetensammelstellen und Lazaretten herauszufinden, ob dort Soldaten von uns eingeliefert worden waren, jedoch ohne Ergebnis. Während der nächsten Tage gab es für uns keinen Kampfeinsatz mehr. Alte, bewährte Männer des Pionier-Bataillons wurden in den Heimaturlaub geschickt, einige andere mußten Dienstreisen antreten. So auch Oberleutnant Birkefeld, der sich beim Troß der 50. Infanterie-Division um die nun sehr bald erforderliche Winterbekleidung kümmern mußte. Auch hatte er dafür zu sorgen, daß die noch fehlenden Ausrüstungsgegenstände nachgeführt wurden. Einige unserer Pioniere wurden zu Lehrgängen in die Heimat, nach Dessau-Rosslau, abgestellt, wo die Pionier-Schule lag. Oberfeldwebel Enoch wurde zum Kompanieführrer bestellt. Dort setzte er sich nachdrücklich für den Rest der motorisierten 3. Kompanie ein.

Zweimal wöchentlich wurde ich mit einem Lastwagen zur Behandlung meines Ohres ins Lazarett gefahren. Plötzlich erkrankte ich an der Ruhr – wahrscheinlich als Folge des schlechten Trinkwassers. So war ich nur noch bedingt einsatzfähig. Im Lazarett erbat ich mir etwas Tee, den ich mir in der Schlucht in einer leeren Konservendose aufbrühte. Ich war bestrebt, alles mir Mögliche zu unternehmen, damit ich nicht irgendwann nur noch liegen mußte.

Soldaten der 295. Infanterie-Division zwischen den Ruinen in Stalingrad.

Es war bereits Mitte Oktober. Die Tagestemperaturen heizten zwar unsere Körper auf, aber in der Nacht kühlte man immer wieder ziemlich aus. Im Steilhang bauten wir uns einen offenen Kamin, um uns etwas wärmen zu können. Eines Tages kam Oberfeldwebel Enoch und brachte uns den Befehl zum Verlegen von Minen. Dazu brauchte man außer der Minen auch einen Schreibblock, einen Stift und ein Maßband zum Vermessen und Abstecken des Minenfelds. „Laßt Euch alles von der Infanterie geben", hieß es.

Am späten Nachmittag wurden wir von zwei Lastwagen und einem begleitenden Infanterieoffizier abgeholt. Wir fuhren zur 376. Infanterie-Division, die am linken Flügel Stalingrads in Stellung lag. Am Ziel angekommen, saßen wir ab, und die Lastwagen fuhren zurück. Wir stiegen in eine Schlucht hinab. Ich sah den Stander eines Bataillonskommandeurs. Die Männer wurden in eine Seitendeckung geschickt, und wir zwei Unteroffiziere meldeten uns bei einem Hauptmann der Infanterie.

Gleich nach der Begrüßung informierte man uns über die Lage. Eine Landkarte wurde ausgebreitet und der Standort, der Verlauf der HKL und der Feindstellung erklärt. Ergänzend teilte man uns mit, daß bekannt geworden war, daß die Russen gegenwärtig einen Angriff vorbereiteten. Es hieß, daß in den letzten Nächten eine lebhafte Spähtrupptätigkeit bemerkt worden war. Um der nur dünn besetzten Infanterie mehr Sicherheit zu gewährleisten, sollten vor der HKL Tellerminen verlegt werden…

Wir sprachen einige wichtige Fakten an, die für uns als Pioniere unbedingt geklärt werden mußten, und versuchten, noch einige weitere Informationen zu erhalten. Aber es hieß, daß wir das alles nicht zu wissen brauchten, da ohnehin kein Gegenangriff geplant war. Grundsätzlich mußte aber jedes Minenfeld vermessen und aufgezeichnet werden. Was sollten wir nun tun, außer uns mit den wenigen Aussagen zu begnügen? Aber ich bat noch um etwas Warmes zu trinken. Danach wurden die Infanterie-Führungskräfte verständigt und über unsere Absichten informiert. Unseren beiden Gruppen wurde je ein Melder zugeteilt, um die Wege in die jeweiligen Abschnitte zu finden.

Als die Besprechung zu Ende war, traten wir in die Dunkelheit hinaus. Der Infanterie-Melder und ich gingen zum Ausgang der Schlucht, dorthin, wo die mit T-Minen beladenen Lastwagen standen. Jeder Mann nahm eines der schweren Gestelle in die Hand, in denen je zwei Minen verpackt waren. Wir nahmen sie heraus, dann in jede Hand eine und setzten uns zur HKL in Marsch.

Bei einem Zugführer angekommen, wurde unsere Aufgabe kurz besprochen, und ich bat um eine Schützen-Sicherung vor unserem anzulegenden Minenfeld, denn wir konnten nicht gleichzeitig verlegen und sichern. Es war inzwischen so dunkel, daß man kaum seine eigene Hand vor den Augen erkennen konnte. Ich zog mit meiner Gruppe ins Vorgelände und wollte mich an den Sternen orientieren – aber die standen hier so ganz anders, als ich es gewohnt war... Es blieb mir nichts anderes übrig, als selbst von der Infanterie-Stellung aus das Terrain dreißig Meter weit abzuschreiten. Dort angekommen, stellte ich den ersten Pionier auf. Dasselbe auf der anderen Seite. Wieder schritt ich die Strecke ab und befahl, die erste Mine abzulegen, nicht aber scharf zu machen. Ich wußte, daß die jungen Pioniere noch keine Erfahrung im Minenverlegen hatten. Somit lag die Verantwortung ausschließlich bei mir. Da ich nun selbst die Minen scharf machte, brauchte ich bei der Kontrolle keine Sicherungsschnur zu suchen – was sehr gefährlich werden konnte...

Am äußersten Rand stellte ich einen Mann auf, der uns beim nächsten Gang die Richtung wies. In dieser Nacht verlief alles problemlos. Einzelne Stellen im Boden waren zwar knochenhart, aber was wir in Ermangelung an Kreuzhacken nicht in die Erde bekommen konnten, wurde einfach offen verlegt.

Als wir mit unserer gefährlichen Arbeit fertig waren und uns abmelden wollten, erhielt jeder als Belohnung von der Infanterie ein warmes Essen. Wir ließen es uns schmecken. Danach wurden wir mit den Lastwagen wieder in unsere Schlucht zurückgefahren.

Anfang November 1942 wurden wir der 71. Infanterie-Division unterstellt. Das Wetter verschlechterte sich ganz plötzlich – wie so oft in der Steppe, die nur Extreme kennt. Der ganze Oktober hatte noch warme Tage gehabt. Nun fiel kalter Sprühregen. Der Erdboden war hart, und das Steppengras verfärbte sich gelblich-braun. Der Himmel bot nicht mehr das prächtige Farbenspiel, sondern war unangenehm dunkelgrau und kündigte den nahen Winter an. Die Läuse, die infolge fehlender Waschgelegenheiten unsere Körper befallen hatten, vermehrten sich dramatisch, obwohl wir sie täglich „jagten“ und zu „knacken“ versuchten. Es war nicht einfach, mit den schwachen Soldaten ohne eine positive Moral, schlecht verpflegt und ebenso schlecht bekleidet, noch einen ordentlichen Einsatz zu führen. Wir wurden nun zum Sprengen einiger abgeschossener Sowjet-Panzer eingesetzt, da sich darin russische Scharfschützen eingenistet hatten.

Am 14. November kam ich in den Morgenstunden mit einer handvoll Pioniere von einem derartigen Einsatz und meldete mich bei Oberfeldwebel Enoch vom erledigten Auftrag zurück. Er hatte seinen Gefechtsstand in der Steilwand der Schlucht eingerichtet. Nachdem ich meinen kurzen Bericht beendet hatte, sagte er, daß er etwas für mich habe und überreichte mir mit einem gleichermaßen erfreuten wie wehmutsvollen Gesichtsausdruck meinen Marschbefehl und einen Urlaubsschein mit Fahrkarte. Obwohl meine Freude, aus diesem Einsatz hier herauszukommen, groß war, fiel mir der Abschied von allen Kameraden schwer – denn wen von ihnen würde ich wohl eines Tages noch einmal wiedersehen können...?

Schon einige Zeit zuvor hatte ich mir einen kleinen Blechkasten besorgt, der einst Granatwerfer-Munition enthalten hatte. Mit dem Seitengewehr stieß ich nun ein Loch hinein, denn er sollte als Transportkasten für meine russische Muschi dienen. Dann packte ich meine Ausrüstungsgegenstände zusammen, ohne sie erst noch zu säubern, nahm meinen Transportkasten und machte mich auf den Fußweg zur Rollbahn. Muschi miaute und bettelte, wieder aus ihrem engen Gefängnis herauszukommen, aber ich wollte sie als Andenken mit nach Haus nehmen, denn wer weiß, welches Schicksal sie in dem schrecklichen Stalingrad noch ereilt hätte.

Eine Katze, die Ruhr und Gelbsucht

Es hatte nicht lange gedauert, da hielt neben mir ein vierrädriger Panzerspähwagen an. An der Seite war ein taktisches Zeichen mit einem springenden Pferd angebracht. Der Fahrer fragte mich: „Wohin, Kamerad? Richtung Kalatsch?“

Ich nickte, und er ließ mich aufsteigen.

Während der Fahrt auf dem Spähwagen wurde es mir sehr kalt. Gelegentlich stoppte das Fahrzeug, und der Kommandant hielt aufmerksam Ausschau. Dann hörte ich, wie er über Funk seinen Standort durchgab. Ich war froh, nun unterwegs zu sein, nur fort von Stalingrad.

Etwa 25 Kilometer östlich von Kalatsch mußte ich das Fahrzeug verlassen, weil der Fahrer in eine andere Richtung weiterfahren mußte. Ich bedankte mich und wünschte der Besatzung viel Soldatenglück. Hier war wieder eine Rollbahn, an der ich auf ein weiteres Mitnehmen wartete. Aber dieses Mal dauerte es längere Zeit, bis irgendwann eine italienische Lastwagen-Kolonne erschien, die mich mitnahm.

Es begann schon zu dämmern, als wir endlich in Kalatsch eintrafen. Wir fuhren direkt auf das Bahnhofsgelände. Dort sprang ich von der Ladefläche. Da wir uns sprachlich nicht verständigen konnten, bedankte ich mich mit einem Händedruck und winkte zum Abschied.

Im Bahnhofsgebäude erklärte man mir, daß an diesem Abend kein Zug mehr abfuhr – „vielleicht morgen…“ Als ich mich gerade aufmachen wollte, mir ein Nachtquartier zu suchen, traf ich noch einen Urlauber, und wir suchten zusammen in dem überfüllten Kalatsch nach einer geeigneten Schlafstätte. Nach einiger Zeit fanden wir ein altes Gebäude, daß keine Fenster mehr besaß, aber egal, Hauptsache, wir hatten ein Dach über dem Kopf. Nachdem wir uns niedergelassen hatten, erzählte mir mein „Mitbewohner“, daß er erfahren hatte, daß starke russische Verbände gegenüber den rumänischen und italienischen Frontabschnitten nördlich Stalingrad aufmarschieren würden. Mir war klar, daß dieser Aufmarsch nichts Gutes zu bedeuten hatte… Wir stellten uns einige Stühle und einen Tisch für unser Schlaflager zusammen und versuchten, darauf zu schlafen. Doch die großen Wanzen piesackten uns derartig, daß sie uns fast aus dem Haus vertrieben hätten.

Noch sehr früh am Morgen des 15. November gingen wir, in der Hoffnung, daß bald ein Zug fahren würde, zum Bahnhof. Das gesamte Gelände war von der Feldgendarmerie abgesperrt worden. Jeder wurde nach seinem Woher und Wohin gefragt. Mancher Soldat „blieb hängen“ und wurde zu seiner Einheit zurückgeschickt. Viele Soldaten, kranke, verwundete und solche, die in den heiß ersehnten Urlaub fahren wollten, drängten sich bereits vor dem Gebäude. Da die Eintragung in meinem Soldbuch *3. mot. Pi.Btln.71 / 50. Inf.Div.* lautete, das in diesem Raum nicht bekannt war, konnte ich mit dem vorletzten Zug, der nach Westen fuhr, meinen Urlaub in Richtung Heimat antreten.

Der Urlauberzug war zwar schon ziemlich voll besetzt, dennoch stiegen auf allen größeren Stationen noch Landser zu – alle in Richtung Heimat… Aber diese Fahrt verlief nicht problemlos, denn nach einem plötzlichen lauten Krachen kam unser Zug abrupt zum Stehen. Partisanen hatten ihn überfallen und die Lok teilweise gesprengt. Es entstand große Aufregung. Man fragte sich, wie es nun weitergehen sollte. Doch nach einiger Zeit näherte sich von vorn eine andere, einzelne und rückwärts fahrende Lokomotive. Vor unsere Kaputte gekoppelt, schleppte sie dann den ganzen Zug langsam ab. Am nächsten Bahnhof wurde die schwer beschädigte Lok auf einem Nebengleis abgestellt, und weiter ging's mit der heilen.

Während dieser Fahrt ließ ich meine Katze aus ihrer engen Kiste, damit sie sich mal wieder etwas bewegen konnte – was sie auch spontan tat. Sie sauste los und im ganzen Abteil umher. Die meisten Soldaten waren über Muschis plötzliches Auftauchen erstaunt. Nur mit einiger List gelang es mir, das äußerst muntere Tierchen wieder einzufangen.

In Brest-Litowsk wurde die Fahrt wieder unterbrochen. Alle Soldaten mußten zum Zwecke einer Entlausung ein spezielles Bad nehmen. Währenddessen beförderte man unsere Uniformen durch Hitze-Kessel, in denen die Läuse und Flöhe infolge der hohen Temperaturen abstarben. Aber hundertprozentig sicher war das alles dennoch nicht... Nach Beendigung der ganzen langwierigen Prozedur erhielt jeder Soldat ein sogenanntes Führer-Paket für Fronturlauber. Von Brest-Litowsk aus hatte es mit dem Zug noch eineinhalb Tage gedauert, um dann nach insgesamt zehn Tagen endlich in Wilkau und bei meiner Mutter und den Geschwistern anzukommen. Unsere Wiedersehensfreude war groß, als ich plötzlich und gänzlich unerwartet in der Tür stand. *(Wenn es Fronturlaub gab, war es infolge seiner kurzfristigen Erteilung grundsätzlich nicht möglich, sich vorher noch bei seinen Lieben daheim anzumelden.)*

Zuhause erst öffnete ich mein Führer-Paket. Wir waren überrascht, denn darin befanden sich Brot, Wurst, Butter, Plätzchen, Zigaretten, Schokolade und noch einige Kleinigkeiten. Die größte Überraschung aber war mein lebendes „Mitbringsel“. Muschi hatte den langen Transport gut überstanden und brauchte keine lange Eingewöhnungszeit. Da meine Mutter ebenfalls sehr tierlieb war, wurde die Katze sehr bald auch ihr gegenüber zutraulich und nahm den ihr zugewiesenen Platz in unserer Wohnung in Besitz. Da Muschi gut auf mich hörte, gingen wir oft gemeinsam spazieren. Mit meinem Kleinkalibergewehr schoß ich ein paar Spatzen, damit sie frisches Fleisch bekam.

Eines Tages hörte ich im *Volksempfänger*, wie die Radios genannt wurden, daß die Schlacht um Stalingrad von uns verloren würde, und daß dem Feind auch noch an anderen Fronten Einbrüche gelungen waren. Ich fragte mich, ob die ganzen schrecklichen Strapazen der Soldaten und die vielen Verluste nun umsonst gewesen waren.

Aber im Moment machte mir meine eigene Gesundheit die meisten Sorgen. Noch immer war ich an der Ruhr erkrankt, und meine Verfassung verschlechterte sich weiterhin; außerdem hatte mein Gesicht eine seltsame gelblich-blasse Färbung bekommen. Meine besorgte Mutter drängte mich, einen Arzt aufzusuchen. So fuhr ich in die Kreisstadt Namslau, zum Standort-Arzt. Nach dem Betreten des Arztzimmers machte ich meine übliche Ehrenbezeugung vor dem Stabsarzt.

Sofort sagte er: „Sagen Sie nichts! Ich überlege – denn wir kennen uns von irgendwoher…"

Noch als er sprach, erinnerte ich mich daran, daß er es gewesen war, der mich damals im Krankenhaus behandelt hatte. Da fragte er: „Waren Sie nicht mit einer Lungenentzündung und Pleuritis bei mir im Krankenhaus in Behandlung?"

„Jawohl, Herr Stabsarzt."

Den Sanitätsfeldwebel fragte er: „Wer wartet noch, da draußen?"

Der Feldwebel sah nach und sagte: „Niemand mehr da."

Der Stabsarzt lehnte sich auf seinem Stuhl zurück: „So, nun erzählen Sie mal, wie es Ihnen inzwischen ergangen ist…"

So habe ich ihm von den Ereignissen der letzten Zeit berichtet. Immer wieder schüttelte er ungläubig den Kopf. Dann verriet er mir etwas: Die Behandlung mit der Leitung, die damals die Flüssigkeit aus meinem Körper gesogen hatte, war seine erste Behandlung dieser Art gewesen. So war seine Freude, sein „Versuchskaninchen" wiederzusehen natürlich verständlich. Auch sagte er, daß mir der Aufenthalt auf der Krim und die anschließende Kur an der Küste meine Lungen gesunden ließen, die Atemnot aber leider bleiben würde. Von dem homöopathischen Heilerfolg verriet ich ihm nichts.

Nach einer langen Unterhaltung erfolgte dann die Untersuchung, abschließend der Befund: „Hepatitis und Ruhr."

Am 2. Dezember 1942 erhielt ich die Überweisung ins Reserve-Lazarett VI in Breslau-Masselwitz. So machte ich mich einmal mehr auf die Reise. Im Lazarett wurde ich sofort in ein halb abgedunkeltes Zimmer eingewiesen. Hier lag schon ein Soldat, und so war es für keinen von uns beiden langweilig. Dann untersuchte mich ein Stabsarzt und fragte, wie ich zu dieser Krankheit gekommen war. Sein Wissensdurst war kaum zu befriedigen, als er erfuhr, daß ich aus Stalingrad kam.

Mir wurde strenge Diät verordnet. Der Aufenthalt in dem Lazarett tat mir gut. Ich kam wieder zu Kräften. Bereits am 19. Dezember wurde ich als geheilt entlassen – mit einer Heimaturlaub-Verlängerung. Die Weihnachts- und Neujahrstage konnte ich nun endlich nach mehreren Jahren einmal zuhause feiern.

Es war sehr schön, wieder daheim zu sein. Die Urlaubs- und Feiertage verbrachte ich so gut es ging – in Anbetracht der traurigen Zeit und der leidigen Umstände. Es war ein Glück, wenn man sich noch einigermaßen sattessen konnte, denn Vorräte gab es kaum, die Zuteilungsmarken oftmals nicht erhältlich, und „hamstern“ war streng verboten. Wegen der schrecklichen Situation in Stalingrad waren sämtliche Kinos geschlossen *(vermutlich, um somit zu vermeiden, dem interessierten Publikum in den Wochenschauberichten Katastrophenmeldungen vorführen zu müssen)*. Die Cafés waren leer, der Winter kalt, und ich war sehr froh, daß man mich im Lazarett in Breslau noch mit guter Winterkleidung ausgestattet hatte.

Jeden Tag gab es neue Nachrichten, hauptsächlich betreffs der schweren Kämpfe um Stalingrad und vom Kaukasus. Ich dachte viel an meine Kameraden, die dort kämpfen mußten und fragte mich, wie viele von der „Alten Garde“ wohl überhaupt noch am Leben waren…

Am 3. Januar 1943 mußte ich meine Mutter, die Geschwister und die Heimat wieder verlassen und mit dem Zug in Richtung Ostfront abreisen mit höchst gemischten Gefühlen. Von Wilkau über Breslau in Richtung Krakau war der Fronturlauberzug voll besetzt. Man führte miteinander Gespräche betreffs der Zuversicht auf den sogenannten „Endsieg“. Wir waren alle bereits erfahrene „Fronthasen“. Wenngleich man sich auch vorher gar nicht gekannt hatte, so verstand man sich gleich miteinander recht gut. Außerdem waren wir erholt und ausgeruht und noch mit den Gedanken mehr bei unseren Lieben daheim.

In Krakau endete die Fahrt, und alle mußten den Zug verlassen. Auf dem Bahnhof lotste die Feldgendarmerie die Urlauber durch die Frontleitstelle. Hier mußten alle ihr Soldbuch, den Urlaubsschein und sonstige Marschbefehle vorzeigen. Nach der Kontrolle bekamen wir Unterkünfte und Verpflegung zugewiesen. Alles wurde administrativ erfaßt und abgestempelt, was für uns Soldaten sehr wichtig war, denn bei nachweisbarem Fehlverhalten drohten Arrest oder sogar das Kriegsgericht.

In Krakau blieb ich zwei Tage, bis ich meinen Marschbefehl bekam. Ich sollte nach Lemberg weiterfahren. Nur in den Leitstellen wußte man, wie und wann die Züge in die jeweiligen Frontabschnitte weiterfuhren.

Bis Lemberg fuhr ich einen Tag. Nach der Ankunft erfolgte wieder die gleiche Prozedur durch die Frontleitstelle. Hier gab es zwar nur einen kurzen Aufenthalt, doch hatte ich noch die Möglichkeit, ein Soldatenheim aufzusuchen, in dem man gegen zu bezahlende Marken gut essen und trinken konnte.

Am späten Abend setzte sich unser Zug endlich in Richtung Osten in Bewegung – aber, wie wir erfuhren, ohne ein festes Ziel... Die Plätze innerhalb der Abteile waren gut verteilt, so daß sich jeder auch mal richtig ausstrecken konnte. Nur schlafen mußten wir entweder auf den Sitzbänken, am Boden oder im Gepäcknetz. In den Waggons wurden sofort die kleinen, dickbauchigen „Kanonenöfen" angezündet. Die Ofenrohre waren aus den offenen Fenstern hinausgelegt worden, jedoch drückte der Fahrtwind den Qualm wieder in die Abteile zurück. Egal, die Hauptsache war, daß wir uns die Hände vor dem heißen Blech wärmen konnten.

Die Frontberichte, die wir erhielten, waren nur spärlich und unklar. Alles was man zu hören bekam, waren sogenannte „Scheißhaus-Parolen". Eine Meldung löste die vorherige ab. Es wurde von schweren Kämpfen bei Charkow gesprochen, und daß Generalfeldmarschall von Manstein das Kommando im Süden Rußlands übertragen worden war. Mein ehemaliger Divisionskommandeur, General Hollidt, war, wie ich erfuhr, inzwischen mit seinem Korps in schwere Kämpfe im Donez-Bogen verwickelt.

Mit seiner „Weisung Nr. 45" hatte Hitler am 23. Juli 1942 mit dem „Plan Blau" befohlen, daß die Heeresgruppe A unter Generalfeldmarschall List parallel zum Vorstoß auf Stalingrad über Rostow, 400 Kilometer südwestlich Stalingrad, und den West-Kaukasus angreifen und zur Ost-Küste des Schwarzen Meeres und zu den Ölfeldern bei Baku und Grosny vorstoßen sollte. Zwar war das gesamte Unternehmen am 26. Juli 1942 erfolgreich angelaufen, jedoch der weitere Vormarsch wegen zunehmender Nachschubschwierigkeiten ins Stocken geraten, was am 22. November des Jahres zur Ablösung Lists durch Generalfeldmarschall von Kleist geführt hatte. In der Folge war die Heeresgruppe A, genau wie die 6. Armee in Stalingrad, nach sowjetischen Gegenoffensiven ab November in Gefahr geraten, abgeschnitten zu werden. Infolge der Stalingrad-Krise sah sich Hitler gezwungen, am 28. Dezember 1942 den Rückzug in den Kuban-Brückenkopf zu befehlen. Dort sollte ein Teil der Heeresgruppe A so lange 400.000 russische Soldaten binden, bis die Masse der Truppen über die Straße von Kertsch auf die Krim in Sicherheit gebracht werden konnte („Unternehmen Wiking").

(In der Folge erwies sich die Kaukasus-Offensive als ein äußerst verlustreicher Fehlschlag und trug durch die Schwächung des gesamten auf die Wolga ausgerichteten Angriffskeils entscheidend zur Niederlage in Stalingrad Anfang des Jahres 1943 bei.) Zu dieser Zeit stand im Kaukasus die 17. Armee mit 9 Divisionen (der 3., 13., 50., 111. und 370. Infanterie-Division, der 13. Panzer-Division, der 5. SS-Division „Wiking", der 5. Luftwaffen-Division sowie der 2. Gebirgsjäger-Division).

Wir fragten uns ernsthaft, ob wir noch bis nach Rostow durchkommen konnten. Überhaupt ging alles nur sehr langsam voran. Der Zug rollte in dunkler Nacht und dichtem Schneetreiben im monotonen Takt der Schienenstöße mit nur mäßigem Tempo dahin.

Beim Anbrechen der Dämmerung rappelten sich am nächsten Morgen die ersten Soldaten auf, um ihre Notdurft zu verrichten. Während sie in dem ständig schlingernden Waggon schlaftrunken über ihre noch schlafenden Kameraden stiegen, wurde auch manchmal daneben getreten, und ein lautes „Au!" war zu hören.

Durch das Abteilfenster sah man die unendlich weite, ebene und schneebedeckte Landschaft, manchmal auch einen einzelnen Menschen oder Wildschweine und Hasen. Die Bahnstrecke war fast überall einspurig, mit Ausnahme einiger parallel verlaufender kurzer Ausweichgleise, auf die immer einer der sich entgegenkommenden Züge fahren und solange abwarten mußte, bis der andere vorbeigerollt war. Von der Ukraine bis zum Donez-Becken verband die Eisenbahnstrecke nur sehr wenige Ortschaften miteinander. Man war geradezu froh, wenn man gelegentlich einen Menschen zu sehen bekam. Wenn unser Zug mal auf größeren Stationen anhielt, wurden wir von Rot-Kreuz-Schwestern, Sanitätssoldaten und manchmal sogar von Zivilisten mit warmer Suppe, Tee oder Kaffee versorgt. Wenn es nicht ausreichte, wurde etwas von den Vorräten für die Heimat genommen…

Dnepropetrowsk und Stalino hatten wir zwischenzeitlich hinter uns gebracht, Rostow lag noch vor uns. Hier sah man viele deutsche Heereseinheiten und *(mit uns verbündete)* rumänische Soldaten in alle Richtungen marschieren. Dann hieß es auf einmal, es gehe nicht mehr weiter. Der Russe war bei Stalingrad durch die Kalmücken-Steppe in Richtung Rostow zum Schwarzen Meer durchgebrochen. Die Rumänen sollten geflohen und somit der Einbruch der Russen gelungen sein. Nun wollte der „Iwan" offensichtlich die Heeresgruppe A im Kaukasus von allen anderen Truppenteilen abschneiden…

Im Kaukasus

Am 10. Januar 1943 kamen wir in Rostow an und fuhren sofort weiter in den Kaukasus, dorthin, wo „meine“ 50. Division in heftigen Abwehrkämpfen stand. Auf dem dortigen Bahnhof wurden die Einheiten lautstark aufgerufen und zum Aussteigen aufgefordert. Auch hier wurden verschärfte Kontrollen der Feldgendarmerie durchgeführt, damit niemand „verschwinden“ konnte.

Für einen Landser gab es nichts Schlimmeres, als zu einer „Alarmeinheit“ abgestellt zu werden, weil man da als „Fremder“ immer in den „dicksten Dreck“ geworfen wurde. Einer kannte den anderen nicht, und man war noch nicht einmal richtig registriert (so entstanden im Krieg die vielen Vermißten). Um aus einer solchen Situation wieder heil herauszukommen, traf der Spruch „jeder ist sich selbst der Nächste“ zu.

Wie noch viele andere auch, hatte ich das Glück, daß der Zug eine neue Lokomotive bekam und mit uns direkt in südöstliche Richtung weiterfuhr – über Bataisk, Krasnodar bis Woroschilowsk. Hier war das Ende unserer Eisenbahnfahrt.

Nachdem ich die Frontleitstelle aufgesucht und mir den nötigen Stempel und die Marschpapiere hatte geben lassen, ging ich in Richtung Rollbahn, auf der sämtlicher Nachschub an die Front gefahren wurde...

Es dauerte nicht lange, und ich wurde von einem Lastwagen mitgenommen. Die Straße war in einem saumäßig schlechten Zustand, völlig verschlammt. Auch der Boden auf den Feldern war vom Schneematsch aufgeweicht, tiefe Löcher links und rechts der Rollbahn. Überall Bombenkrater, Granattrichter und Wracks von abgeschossenen russischen und deutschen Panzern und ausgebrannten Personen- und Lastwagen. Je näher man dem Terek kam *(ein 623 Kilometer langer, ins Kaspische Meer mündender Fluß)*, je lauter hörte man das Grollen und Donnern der Artillerieabschüsse. Kolonnen von Fahrzeugen kamen uns entgegen. Die Straßen, die wir befuhren, waren von liegengebliebenen Fahrzeugen verstopft und lange Staus entstanden. Es war ein Glück, daß keine russischen Flugzeuge in der Luft waren, sonst hätte man einer totalen Vernichtung nicht entgehen können...

Von den Soldaten erfuhr ich von der Frontlage und der Absetzbewegung der gesamten Armee. In Mineralnyje-Wody stieg ich von dem Lastwagen ab und ging zur Standortkommandantur, um mich nach meiner Einheit zu erkundigen. Sie befahlen mich wieder zurück nach Woroschilowsk...

Zwei Tage brauchte ich für meinen mühsamen Weg durch Schnee und Morast – teils zu Fuß, manchmal ein Stück mit einem Lastwagen. Gemessen an heimatlichen Verhältnissen war Woroschilowsk ein größeres Dorf und lag in einer Hügellandschaft eingebettet. Die von den Russen bewohnten Häuser erweckten den Eindruck eines guten Erhaltungszustandes, und es gab sogar einen Marktplatz. Auf diesem Platz waren massenhaft deutsche Militär-Hinweisschilder aufgestellt worden, an denen ich mich schnell orientieren konnte.

Nun marschierte ich auf einer sehr breiten und steil bergabführenden Straße in Richtung der Kommandantur. Mit meinem nur spärlichen Handgepäck war ich „einseitig beladen“, denn die andere Hand hielt das über die Schulter gehängte Gewehr. Auf dem festgefahrenen Schneeboden kam ich mit meinen eisenbeschlagenen Stiefeln mehrmals heftig ins Rutschen. Dann saß ich plötzlich auf dem Hintern. Das war mir als Soldaten peinlich, und ich blickte mich nach allen Seiten um, ob jemand meinen „Satz“ gesehen hatte. Zu meinem Erstaunen entdeckte ich dabei, daß mir zwei Männer der *Organisation Todt* in nicht weiter Entfernung gefolgt waren.

Ich setzte meinen rutschigen Weg fort – dieses Mal ohne ein „Zwischenspiel“, bis ich das Gebäude erreicht hatte, in dem die Kommandantur etabliert war. Mehrere Soldaten gingen vor mir ein und aus.

Nachdem ich eingetreten war, stand ich in einem langen Flur, durch den sich in fast seiner gesamten Länge eine Reihe wartender Soldaten aller Dienstgrade zog. Ich stellte mich hinten an. Im nächsten Moment erschienen auch die beiden OT-Männer und stellten sich ebenfalls an – direkt hinter mich… Ich blickte nach vorn.

Die Tür, vor der alle anstanden, ging gelegentlich auf und zu, und wieder auf und zu. Man mußte viel Zeit haben, hier… So sah ich mir gelegentlich mal diese und jene Person an, die den langen Flur entlangging. Und irgendwann sah ich mich auch einmal nach den beiden OT-Männern um – und blickte direkt in die Augen meines Vaters.

Nach zweieinhalb Jahren trafen sich Vater und Sohn in einer kleinen Kommandantur im Kaukasus wieder, 2.600 Kilometer von daheim entfernt… Was für eine Freude; und die anderen Soldaten nahmen großen Anteil daran. Unsere Fragen sprudelten nur so heraus: „Woher kommst Du? Wie geht es Dir? Was tust Du hier? Wohin mußt Du gehen?“

Aber noch ehe wir uns richtig aussprechen konnten, wurde die Eingangstür geöffnet, und im fahlen Licht der Flurlampe erschien ein Offizier.

Ich erkannte ihn sofort, es war mein Chef, Oberleutnant Birkefeld. Ich ging auf ihn zu, schlug die Hacken zusammen und meldete mich militärisch: „Unteroffizier Wimmer vom Heimaturlaub zurück!“

Dann fielen wir uns in die Arme. Daraufhin stellte ich meinen Vater vor.

Oberleutnant Birkefeld wollte sich beim Leiter der Standortkommandantur erkundigen, wo unsere Pionier-Kompanie für ein paar Tage Quartier beziehen konnte.

Mein Vater sagte: „Unsere Einheit zieht ab; Ihr könnt das Haus haben.“

Birkefeld ernannte mich kurzerhand zum Quartiermacher und verabschiedete sich, um zu seiner Kompanie zurückzukehren. Da die Kompanie aber erst am nächsten Tag ankommen sollte, hatten Vater und Sohn nun einen ganzen langen Tag füreinander Zeit. Es war ein Freudentag.

Wir machten uns auf den Weg zum Quartier meines Vaters. Dort angekommen, staunte ich über das große Haus mit seinen vier Etagen und den vielen Räumen. In einem solchen Haus hatten wir im ganzen bisherigen Krieg noch nicht gewohnt. Dann besichtigte ich es eingehender. Es gab große Räume mit Schlafstellen, Toiletten, Bade- und Waschräume, und alles war in gutem Zustand. Danach gingen wir ins Zimmer meines Vaters. Nachdem die Tür geschlossen war, fielen wir uns um den Hals, drückten uns, und Tränen der Freude rannen über unsere Gesichter.

Während ich meinen Mantel auszog, berichtete ich kurz vom Heimaturlaub und davon, wie es zu Hause war. Als ich mich danach etwas frisch machte, kehrten meine Gedanken zurück nach daheim. Ich fragte mich, was sie dort wohl gerade tun und was sie denken, wenn sie von den Frontverschiebungen hören, die überall stattfanden.

Als ich den großen Speiseraum betrat, war der Rest des Nachkommandos der OT-Einheit beim Essenempfang. Mein Vater stellte mich seinen Kollegen vor, und ich durfte ein anständiges Mittagessen zu mir nehmen. Danach mußte der Koch eine gute Flasche aus der Kantinen-Reserve öffnen. Ich konnte sehen, daß mein Vater vor seinen Kameraden sehr stolz auf seinen inzwischen dekorierten Sohn war.

Nach dem Essen setzten sich alle zusammen, und ich sollte erzählen, wie es in der Heimat aussah und wie ich zu meinen Auszeichnungen gekommen war: Das EK II hatte ich bereits im Polen-Feldzug erhalten, war in Frankreich am Oise-Aisne-Kanal verwundet worden, und hatte auf der Krim vor Kertsch gelegen und die große Festung Sewastopol miterstürmt.

Ich war insgesamt fünfmal verwundet worden und hatte somit das Goldene Verwundetenabzeichen erhalten. Den Krim-Schild, den ich auf dem linken Ärmel trug, hatte ich im Oktober 1942 erhalten. Außer dem EK I, das mir am 15. Januar 1943 für meine Einsätze auf der Krim und in Stalingrad verliehen worden war, und dem rumänischen Orden *Kreuzzug gegen den Kommunismus* war ich auch noch mit dem Pionier-Sturmabzeichen dekoriert worden.

Abschließend berichtete ich auch noch über meinen Einsatz in Stalingrad. Die älteren Soldaten, die zum Teil schon den Ersten Weltkrieg in Nordfrankreich oder an der russischen Front mitgemacht hatten, waren erstaunt darüber, daß ich an den Kampfhandlungen so vieler verschiedener Kriegsschauplätze teilgenommen hatte.

Damit meine Kompanie ihre Bezugsräume problemlos finden konnte, mußte ich für eine gute Ausschilderung in der Umgebung sorgen. Die dafür notwendigen Tafeln, Farbe und Pinsel bekam ich mit Unterstützung meines Vaters von der *OT*. Ich sorgte für eine saubere Beschriftung und war bald mit meiner Arbeit fertig. Dann kennzeichnete ich noch mit Kreide die Türen der Räume, die von den einzelnen Zügen und ihren Gruppen bezogen werden sollten.

Auf dem Gelände vor dem Gebäude war viel Platz zum Abstellen unserer Gruppenfahrzeuge, für Lkw, Pkw und die Kräder sowie der Fahrzeuge des Instandsetzungszugs und des Verpflegungs- und Schreibstubenwagens. Bei meinem Rundgang sah ich auch den großen Bagger meines Vaters, der in mehreren Teilen auf drei Lastwagen verladen worden war. Seine langjährige Erfahrung kam ihm bei der verantwortungsvollen Tätigkeit mit diesem schweren Gerät zugute. Bereits im Ersten Weltkrieg und danach infolge mehrerer Übungen war er als Pionier sehr erfahren. In der kurzen Zeit unseres Zusammenseins konnten wir einige unserer Erfahrungen austauschen. Unsere letzte gemeinsame Nacht verbrachten wir in seinem Zimmer.

Schon früh am nächsten Morgen wurden wir von seinen Leuten geweckt. Die OT-Kolonne stand schon abmarschbereit. Der Abschied fiel uns beiden sehr schwer, besonders in Anbetracht des Krieges, in den wir beide geraten waren. Dann stand ich da und sah der dahinfahrenden Kolonne nach, bis sie hinter einer Wegbiegung in Richtung Rostow verschwunden war. Ich war von der Begegnung mit meinem Vater, der viel zu kurzen Zeitspanne unseres Zusammenseins und dem nunmehr erfolgten Abschied emotional stark bewegt.

Es war noch nicht viel Zeit vergangen, da trafen schon die ersten Fahrzeuge meiner Kompanie ein. Ich war gespannt, wer von meinen alten Kameraden wohl noch dabei sein würde, denn ich hatte erfahren, daß die Kompanie bei einem Nachteinsatz in Stalingrad „verlorengegangen“ war. Nachdem man sich wieder zusammengefunden hatte, stellte ich fest, daß es nur noch einen einzigen überlebenden Offizier und zwanzig Unteroffiziere und Mannschaften gab… Aber Genaueres wußte ich bis zu diesem Moment nicht.

Als Hauptfeldwebel Ossi Barth kam, wich meine Anspannung. Nach kurzem Umsehen konnte ich auch viele alte Kameraden entdecken, die während des besagten Nachteinsatzes bei den Troßfahrzeugen bleiben mußten, folglich an dem Einsatz in Stalingrad gar nicht teilgenommen hatten. Groß war die Freude, als ich meinen besten Freund, Georg Rennhack, endlich wieder begrüßen konnte. Er war damals von der Krim aus in den Heimaturlaub gefahren und gar nicht mehr bis Stalingrad gekommen. Gemeinsam bezogen Georg und ich ein Zimmer, in dem wir allein waren, denn wir hatten uns viel zu erzählen.

Unser Pionier-Bataillon bestand nun aus „Resturlaubern“ und einem kleinen „Auffrischungs-Nachschub“ vom Ersatz-Bataillon. Der ganze Haufen war erst etwa zwei Wochen alt… Der Kampfverband setzte sich nur noch aus einer Handvoll alter Kameraden zusammen, die nach einer Verwundungsgenesung oder ihrem Heimaturlaub wieder zur Kompanie zurückgekehrt waren. Ansonsten sah man nur neue Gesichter, an die und deren Namen man sich erstmal gewöhnen mußte. Die jungen Soldaten hatten keinerlei Erfahrungen und waren der Meinung, daß, wenn sie kämen, der „Iwan“ sofort davonrennen würde. Sie hatten noch niemals einen scharfen Schuß gehört… Vom Einsatz mit Sprengmunition und vom Minenverlegen hatten sie auch noch keine Ahnung. Woher auch? Die viel zu kurze Schnellausbildung in der Heimat hatte ihnen nicht genug Informationen betreffs derartiger Dinge vermittelt. Sich dieses Wissen anzueignen, bedurfte es schon einiger Zeit.

Im kleinen Kreis der alten Kameraden wollte man nun erfahren, wo ich inzwischen gewesen und woher ich gerade gekommen war. Realistisch betrachtet, war der ganze Krieg eine sehr zweifelhafte Angelegenheit, und die Frage nach seinem Sinn wurde immer vordergründiger besonders seit den schrecklichen Verlusten in Stalingrad. Wir, die Letzten der 3. Kompanie, hatten glücklicherweise noch eine im wahrsten Sinne des Wortes ordentliche und überlebenswichtige Spezialausbildung in Friedenszeiten erhalten. Außerdem kannte inzwischen einer den Anderen, und man wußte, daß man sich auf die Kameraden hundertprozentig verlassen konnte.

Mir wurde nun eine Pionier-Gruppe des 2. Zugs übertragen, und man nutzte den Aufenthalt dazu, die Gruppenfahrzeuge wieder neu mit Ausrüstung zu bestücken, das gesamte Gerät wieder in Ordnung zu bringen. Jeder bekam hier aber auch die Möglichkeit, endlich mal wieder richtig zu baden oder zu duschen. Es war für uns Landser schon ein recht „nobles" Quartier. Ich nutzte die Zeit, um nach Hause zu schreiben und meine Leute daheim über mein Wohlergehen zu informieren. Was uns in der vor uns liegenden Zeit noch bevorstand, war wieder einmal sehr ungewiß.

Nach drei Tagen überbrachte ein Kradmelder des Bataillons einen neuen Einsatzbefehl für unsere Kompanie. Die Zug- und Gruppenführer wurden zu einer Lagebesprechung gerufen. Es war beobachtet worden, daß die Russen unsere Division am rechten Flügel, westlich Armarwir, in der Krymsk-Linie, weiträumig nach Westen ausholend, umgehen wollten. Durch Absetzbewegungen und die Herausnahme anderer Einheiten waren Lücken in der Front entstanden, die man erst spät erkannt hatte – und genau dort wurden wir sofort gebraucht. Der nächste Einsatz sollte mein erster mit den „Neuen" werden...

Es war kalt und die Landschaft noch immer schneebedeckt, somit die Granateinschläge deutlich sichtbar. Wo man auch hinsah, Schutthaufen, Granattrichter, rußgeschwärzte Grundmauern zerstörter Häuser und immer wieder Granattrichter und Bombenkrater.

Überall fehlte es am Notwendigsten. Die wenigen Männer, die noch übriggeblieben waren, taten, was man von ihnen verlangte. Sie schossen, warfen Handgranaten, sprangen nach vorn, suchten Deckung, legten Minen, nahmen welche auf und sprengten Hindernisse. Die Häuser in den Ortschaften wurden zäh verteidigt. Für uns Landser war es gut, daß es so viele Granattrichter gab, in die man hineinspringen konnte, um vor dem Beschuß Deckung zu suchen. Es war fast ausgeschlossen, daß eine Granate in genau denselben Trichter einschlägt, weil jedes Geschütz nach einem Abschuß etwas verreißt, somit der nächste Schuß nicht exakt dieselbe Stelle trifft – doch ganz auszuschließen war ein Wiederholungstreffer an genau dieselbe Stelle dennoch nicht.

Der Ersatz aus der Heimat, um wieder ein einsatzfähiges Pionier-Bataillon zu erstellen, kam nur sehr schleppend an die Front. Der tägliche Verlust älterer und erfahrener Pioniere erforderte aber eine sofortige Spezialausbildung der Neuen. Aber das war zu dieser Zeit schon gar nicht mehr realisierbar. Jeder in der Division wußte, daß wir nur noch ein zusammengeschossener Haufen waren, der sich mit lediglich ein paar bewährten Soldaten behaupten mußte.

Vorn, wo die Front dünner war, wurden ständig größere Strecken vermint. „Minen statt Menschen“, hieß es immer öfter. Wir, als motorisierte und folglich schnell bewegliche Kompanie, hatten es am schwersten. Die Pionier-Gruppen bildeten nur Sprengtrupps, und hier und dort einen kleinen Stoßtrupp oder eine Nachhut.

Nach mir war kein einziger Stalingrad-Urlauber mehr zu unserer Kompanie zurückgekehrt. Ich fragte mich, was wohl aus all den Anderen geworden sein mochte... Da nun überall die Depots und Vorratslager von uns zerstört wurden, damit die Lebensmittel nicht den Russen in die Hände fielen, luden wir Pioniere alles, was einigermaßen genießbar war, auf unsere Fahrzeuge – sofern es darauf überhaupt noch etwas Platz gab.

Unsere Division mußte etliche Kilometer Front verteidigen, und wir hatten nun schon viele Sturmangriffe mitgemacht und dem Feind oft ins Auge gesehen. Aber immer wieder erfolgte dieses Absetzen, das Zurückziehen... Was war nur mit unserer Armee geschehen...? Es hatte inzwischen genug Krisen gegeben; was sollte noch alles auf uns zukommen? Doch die offenbar aussichtslose Lage durfte uns nicht umwerfen. Man konnte nicht verstehen, wofür der gute Wille und der persönliche Einsatz hier noch geopfert wurden.

Fast jede Nacht brummten russische Flugzeuge über unsere Köpfe hinweg, und immer ertönte der alarmierende Ruf: „Die Nähmaschinen sind da!“ Dann ein Pfeifen und Zischen... „Deckung!“

Dann krachte es auch schon – einmal, zweimal, dreimal, ...siebenmal, achtmal. Kleine „Brocken“ stieben umher. Sie waren härter als unsere Köpfe... Noch ein leises Sirren in der Luft, die letzten Stahlsplitter kamen herunter, dann war der Spuk wieder vorbei. Glück gehabt.

An manchem Abend griffen wir zur Flasche und tranken, um wenigstens für kurze Zeit den Wahnsinn um uns herum vergessen zu können... Niemand sollte sehen, wie es in einem selbst aussah. Man hielt innerlich Zwiegespräche mit sich selbst, dachte über alles nach und rauchte eine Zigarette zur Beruhigung – eine Ruhe, die ich unbedingt auch auf meine Gruppe übertragen mußte.

Oberleutnant Birkefeld gab sich Mühe, seine Soldaten weitgehend zu schonen und ihnen möglichst lange ihr Leben zu erhalten. Da erreichte uns in der zweiten Hälfte der Nacht ein Befehl des Divisionskommandeurs. Die Pioniere sollten so schnell wie möglich zu einer russischen Einbruchstelle in der Front stoßen und, wie es hieß, „die Lage um jeden Preis bereinigen und die Front halten". Unsere motorisierte Kompanie rückte sofort ab.

In einiger Entfernung zu unserem Einsatzort kletterten wir in einer Bodensenke von den Fahrzeugen. Zu Fuß und weit auseinandergezogen ging es zur Front, in jenen gefährdeten Bereich. Es war inzwischen schon unangenehm hell geworden. Ich verharrte mit meiner Gruppe in einer vorläufigen Stellung. Überall herrschte eine gewisse Hektik. Ich dachte an Zuhause, an meine Lieben daheim.

Lautes Tackern der Maschinengewehre, Schüsse aus Gewehren und Feuerstöße aus Maschinenpistolen schreckten mich aus meinen Gedanken auf. Heftige Detonationen von Granatwerfereinschlägen erschütterten den Erdboden. Meinen Leuten war die Angst anzusehen. Mit ungeheurer Schnelligkeit folgten die Detonationen, und das Getöse, das über dem bebenden Boden brüllte, schwoll immer mehr an und erschien alles regelrecht zu erdrücken. Unsere Artillerie hatte ihr Feuer über unsere Köpfe auf die angreifenden Russen gelenkt und kam ebenfalls immer näher... In dem Chaos sprang ich von einem Loch zum anderen, um meine Männer zu beruhigen und ihren Willen, die schreckliche Situation durchzustehen, aufrecht zu erhalten.

Von der enormen Anstrengung ging mein Atem stoßweise. Ich spürte meinen heftigen Herzschlag in der ganzen Brust und den Hals hinauf. Es war mir in dem ganzen Getöse überhaupt nicht möglich, so schnell die Lage zu übersehen. Nur Explosionen, Feuerbälle, Qualm und ein chaotisches Durcheinander. Wir wehrten uns mit allen Mitteln, schossen, warfen Handgranaten, sprangen auf, rannten ein paar Schritte, riefen und schrieen, warfen uns hin, schossen und schossen.... Es war ein höllischer Kampf. Die Russen kamen nicht weiter durch und zogen sich zurück – und zurück blieben wieder viele Gefallene..., viel zu viele. Eigentlich wäre schon ein einziger Gefallener einer zuviel gewesen.

Bis zum Abend dieses Tages tat sich nichts mehr, und in der Nacht wurden wir wieder von der Infanterie abgelöst. Nun bekamen wir im rückwärtigen Gebiet, hinter der Front, einen neuen Einsatz: Unser Pionier-Zug mußte vor einem schmalen Fluß T-Minen *(Tellerminen gegen Panzer)* und S-Minen *(Schützenabwehrminen)* verlegen.

Während unserer Tätigkeit sicherten unsere MG-Schützen das Vorfeld gegen einen eventuellen Angriff der Russen. Zur Vorbereitung einer Sprengung wurde meine Gruppe an eine schmale Holzbrücke befohlen. Nach einer kurzen Inspektion kam ich zu der Überzeugung, daß zwei Kisten mit Pionier-Sprengmunition ausreichen würden. Ich ließ an jedem der beiden Trägerbalken der Brücke eine der Kisten installieren, die dann mit einem elektrischen Zündkabel verbunden wurden. Die Zündstellung konnte in einem Haus in etwa zweihundert Meter Entfernung eingerichtet werden. Die Arbeiten, insbesondere das Anbringen der Sprengmunition an die Trägerbalken, waren nur mit Hilfe von Behelfsmaterial *(Drahtverschnürung)* möglich. Der gefrorene Boden war so hart, daß zuerst mit der Kreuzhacke vorgearbeitet werden mußte, um dann mit dem Klappspaten die gelöste Erde herauszuwerfen. Als wir die entsprechende Tiefe erreicht hatten, senkten wir die Munitionskisten ins Erdreich. Danach setzte ich die Sprengkapsel in einen der Sprengkörper ein und schraubte die Elektro-Kabelzündung auf, die dann in dem Kreislauf miteinander verbunden wurde. In der Zündstellung kontrollierte ich mit dem Zündprüfgerät, ob alles ordnungsgemäß installiert war. Zwei Stabsobergefreite mit Kriegserfahrung wurden nun vom Zugführer für die später zu erfolgende Sprengung eingeteilt. Der Auftrag lautete: „Beim Übergang des Feindes über die Brücke sind möglichst dessen Fahrzeuge zu sprengen, dann sich zur Einheit begeben."

Die Russen fühlten inzwischen mit unterschiedlicher Stärke die HKL ab und verwickelten die dünnen Stellungen in heftige Angriffe. Im Morgengrauen setzten wir uns ab.

Am Dorfausgang erwarteten uns die Gruppen-Wagen, und der Koch verteilte heißen Tee mit Rum und etwas Verpflegung. Dann fuhren wir müde zum Gefechtsstand ab. Zu dieser Zeit war es in unserem Frontabschnitt ungewöhnlich ruhig. Auch die Artilleristen waren dabei, zu schanzen... Der Einsatzbefehl der Division lautete, in den Räumen um Djdkowskaja, Nowo, Kossunskaja und Barbinskaja den Kuban-Brückenkopf für längere Zeit zu halten. Unsere Absetzbewegungen waren taktisch notwendig, um den Feind mit seinen Kräften zu binden. Er hatte ja die größeren Nachschubschwierigkeiten... Wir hatten unsere Depots beim Vorstoßen mit allem gefüllt, das eine Armee braucht. Was für den Feind bei seinem Vorstoß von Nutzen sein konnte, wurde von uns gesprengt. Ich schrieb, obwohl so etwas streng verboten war, an meine Mutter *(auszugsweise)*: *Wenn Ihr die Verwüstung hier sehen könntet, würdet Ihr in den Himmel schreien.*

In der Heimat litt die Bevölkerung an einem dramatischen Ernährungsmangel, und hier, an der Front, flog alles in die Luft oder wurde verbrannt... *Verbrannte Erde* hieß unser schreckliches „Unternehmen“, das Hitler befohlen hatte.

Die Wahrsagerin

Eines abends bezogen wir in festen Häusern Quartier – hauptsächlich, um Behelfsminen fertigzustellen. Die Original-T-Minen waren restlos verbraucht. Um aber das Vorgelände zu verminen, mußten wir nun viele Minen von Hand herstellen. So organisierten wir Bretter, die mit einer Handsäge auf eine bestimmte Rahmenlänge und -breite zugeschnitten wurden, um einen sogenannten Kastenrahmen anzufertigen, in dem ein Druckzünder eingebaut und das Ganze mit Bindedraht verrödelt werden mußte. Erst wenn wir diese schwere und äußerst gefährliche Arbeit erledigt hatten, konnten wir uns zur ersehnten Nachtruhe begeben – aber da gab es vorher noch ein besonderes Ereignis:

In diesem Haus, in dem wir uns befanden, wohnten ursprünglich zwei russische Familien. Sicherlich waren die Männer beim Militär, denn hier waren nur noch die beiden Frauen und einige Kinder zurückgeblieben.

Das Feuer in unserem Ofen brannte gut, und wir waren froh, im Warmen zu sitzen. Einige meiner Soldaten scherzten und erzählten Witze. Plötzlich kam einer der Pioniere meiner Gruppe zu mir und sagte: „Herr Unteroffizier, kommen Sie doch mal mit; eine der Frauen kann Karten legen und daraus die Zukunft ablesen.“

Eigentlich hatte ich überhaupt kein Interesse an derartigen Dingen, doch meine Leute redeten mir so eindringlich zu, daß ich kein Spielverderber sein wollte. So ging ich zu der Russin und nahm an ihrem runden Tisch Platz. Die Frau begann, ihre Karten zu mischen. Dann mußte ich von dem Kartenstapel dreimal abheben. Die Russin legte nun die Karten nach einem bestimmten, mir unbekannten Schema auf die Tischplatte. Jeder meiner Männer sah gespannt dabei zu.

Nach einer Weile verfinsterte sich die Mine der Russin, und halb russisch, halb deutsch sagte sie: „Nix gut, Pan *(Mann)*. Bald dawai nach Germania.“ Dann traten Tränen in ihre Augen. Leise redete sie weiter: „Nix gut, Pan.“

So gut ich konnte, drängte ich auf Russisch und Deutsch, sie möge weiterreden, und ich wollte wissen, warum sie weinte. Sie schien irritiert und sagte nur, daß es mir sehr schlecht ergehen würde und ich gut auf mich aufpassen sollte… Das Letztere war ohnehin normal, doch kamen mir ernste Bedenken, und in der Nacht beschlich mich die Frage, *was kommt morgen…?*

Am nächsten Morgen wurde ich aus einem nur vagen Halbschlaf gerissen; jemand rief: „Der Iwan hat in der Nacht eine offene Stelle in der Front gefunden und ist am Ortsrand von Nowo-Korsunskaja durchgesickert!“

Wir alle ´raus; so wie wir gerade bekleidet waren, mit oder ohne Jacke oder Stahlhelm, aber mit unseren Waffen.

Da sahen wir schon die Russen mit ihren braunen Uniformen in nur noch weniger als einhundert Meter Entfernung auf uns zukommen. Ohne überhaupt noch irgendeinen Befehl abzuwarten, begannen wir zu feuern. Ich sah, wie sich einer der Sowjetsoldaten schon über die Feldküche hermachte. Die Russen waren aber von unserem plötzlichen Abwehrfeuer derart überrascht, daß sie sofort umkehrten und flohen. In diesem Moment kam auch die Infanterie von beiden Seiten zu Hilfe.

Kaum waren die Russen vertrieben, mußte ich mit meiner Gruppe sofort eine Schleuse sprengen, um das Flußbett durch in der Folge überlaufendes Wasser als Übergang zu versperren. Der Kampf tobte hier den ganzen Tag mit seltener Zähigkeit seitens der Russen. Unser Divisionsabschnitt war für eine starke Verteidigung viel zu lang und die Infanterie schon zu stark dezimiert. Die Eingreifreserve und wir Pioniere waren ständig äußerst wachsam. Die Einschläge der russischen Granaten kamen immer näher, doch solange sie noch innerhalb der Sicherheitsgrenze lagen, konnte nicht viel geschehen. Nur war es kaum möglich, sich auf die Abschüsse der Batterien und den Einschlag ihrer Geschosse nicht so schnell einzustellen, dazu bedurfte es immer einer gewissen Zeit, um entsprechende Berechnungen anstellen zu können. Abschuß und Geschoßknall ermöglichten derartige Vorausberechnungen.

Der Abend kam, und wir Pioniere waren an diesem Tag der Rest der Absetzbewegungen. Die Infanterie hatte um 20:00 Uhr die HKL verlassen, so mußte noch mit einem feindlichen Angriff gerechnet werden… Wie an jedem Abend wurde eine Parole ausgegeben. Wir lagen angespannt in unseren Löchern und warteten darauf, daß es 23:00 Uhr wurde, damit auch wir uns absetzen konnten.

In der Ferne loderten einige Brände, und ab und zu überflog uns der „russische UvD", die „Ratta" oder der „Rollbahn-Maxe", und warf leichte Splitterbomben ab. Als es wieder ruhig geworden war, tauchten plötzlich im Dunkeln zwei Gestalten auf. Einer meiner Soldaten rief: „Parole?"

Ängstlich wurde geantwortet: „Nicht schießen! Wir sind Deutsche!"

Erschreckt entsicherten wir unsere Karabiner, Maschinenpistolen und MGs. Überall konnte man das Klicken der Sicherungsflügel hören. Die Beiden kamen näher – es waren tatsächlich deutsche Landser…

Die beiden Soldaten gehörten einer anderen Division an und erzählten uns, daß sie sich schon seit zwei Tagen in Richtung Westen und zu unseren Linien durchgeschlagen hatten. Überall dort, wo es keine russischen Stellungen gab, waren sie tagsüber in Löchern und Schluchten „untergetaucht". Die Kälte und der Hunger waren währenddessen das schlimmste Übel gewesen. Wir gaben ihnen von unserer dürftigen Verpflegung zu trinken und zu essen. Unsere Anspannung war verflogen. Die beiden Landser hatten Glück gehabt.

In unserem Abschnitt war an dem ganzen Abend kein einziger Schuß gefallen, nur in den Nachbarabschnitten ratterte gelegentlich ein Maschinengewehr. Man konnte die Schußlinien der Leuchtspurmunition sehen. Auch krepierten dort mehrere Handgranaten.

Als dann die Zeit gekommen war, daß auch wir uns endlich absetzen konnten, nahmen wir die beiden Versprengten bis zum nächsten Gefechtsstand mit. Der Fußmarsch wärmte uns wieder etwas auf. Aber ich spürte, daß es mich irgendwie „erwischt" hatte, offenbar eine plötzliche Magenverstimmung. Bis zum Erreichen unseres Ziels mußte ich siebenmal die Hose herunterlassen. Noch nie hatte ich einen derartigen Durchfall gehabt. Das Schlimmste dabei war das Ausziehen der dicken, mehrteiligen Bekleidung – Wintermantel, Wintertarnanzug, Normalhose und Unterhose. Der plötzliche Druck war jedes Mal derart stark, daß man das alles im Eiltempo verrichten mußte. Außerdem konnte man das nicht mit den dicken Handschuhen tun. Die nackten Hände erfroren einem fast bei der extremen Kälte, während man schnell die ganzen Knöpfe aufbekommen mußte. Ich hatte schon bald kein Gefühl mehr in den Fingerspitzen. Aber es war ein

Glück, daß nichts in die Kleidung ging. Papier gab es keins, so erfolgte jedes Mal die Reinigung mit eiskaltem Schnee.

Dann zog ich meine ganzen Klamotten wieder an und versuchte so schnell wie möglich Anschluß an meine Leute zu finden. Wenn ich sie aber gerade wieder erreicht hatte, fing alles von vorn an. Im wahrsten Sinne des Wortes ein Scheiß-Zustand... Ich fragte mich, wie ich zu so etwas gekommen war. Wahrscheinlich war's das kalte Hammelfleisch aus der Dose oder die Aufregung oder die Last der Verantwortung für die Kameraden. Jedenfalls war es ein wahrer Elendszustand.

Während wir hier selbst im Dreck lagen, war die Nachricht zu uns durchgedrungen, daß am 2. Februar 1943 die 6. Armee mit ihren Stalingrad-Kämpfern aufgegeben hatte. Es muß eine Erlösung für diese armen Durchhalte-Helden gewesen sein, an die wir oft gedacht hatten, aber für uns gab es diesbezüglich noch viele unbeantwortete Fragen.Wir hofften, daß wir bald detaillierte Informationen erhalten würden. Wir machten uns große Sorgen um unsere Kameraden, denn wie wir erfahren hatten, gab es seitens der Russen betreffs der Behandlung unserer gefangenen Soldaten nur äußerst Negatives zu berichten.

Infolge gezielter Schwerpunktbildung der sowjetischen Truppen hatten diese am 19./20. November 1942 die sich an den Flanken des Kampfgebiets befindlichen rumänischen Verbände überraschend schnell vertreiben können. Die bereits in ihrer Beweglichkeit stark eingeschränkte 6. Armee war zu dieser Zeit zwar noch in der Lage gewesen, ihre eigene Vernichtung, nicht aber ihre Einschließung durch die Sowjetarmee zu verhindern. Schon lange vorher hatte Hitler wiederholte Anträge (insbesondere von Generalfeldmarschall Paulus) kategorisch abgelehnt, die zu einer Abnutzungsschlacht herabgesunkene ursprüngliche Stalingrad-Offensive abzubrechen und diese im Grunde geschlagene Armee aus Stalingrad abzuziehen – vordergründig aus Prestige. Aber auch nach der seit dem 20.November eingetretenen neuen Lage hatte er einen von Paulus vorgeschlagenen Ausbruchversuch streng verboten, da er noch mit einer ausreichenden Versorgung aus der Luft sowie einem baldigen Entsatz durch die neu aufgestellte „Heeresgruppe Don“ (Generalfeldmarschall von Manstein) rechnete. Hitler wollte Stalingrad unbedingt halten, weil es als ein von ihm als unabdingbar erachteter Ausgangspunkt für eine für das Jahr 1943 geplante weitere Großoffensive dienen sollte. Aus diesem Grund hatte Hitler Generalleutnant von Seydlitz-Kurzbach mit 13 der insgesamt 23 eingeschlossenen Divisionen der 6. Armee sowie einem Korps der 4. Panzer-Armee seinen Angriff in Richtung der Wolga fortsetzen lassen. Infolge der dadurch entstandenen Bindung ihrer motorisierten Verbände und Panzer-Kräfte sowie der höchst negativen Umstände durch schlechtes Wetter, innerer Strukturen und einer durch feindliche Einwirkungen ungenügenden Luftbrücke (von der Luftflotte 4 zum Stalingrader Flughafen Pitomnik) war die 6. Armee weitgehend bewegungsunfähig geworden und auch nach einer Mitte Dezember 1942 erfolgten Umgruppierung nicht mehr in der Lage gewesen, zur Entsatzoperation der 4. Panzer-Armee („Wintergewitter“) beitragen zu können.

Die Sowjetarmee hatte mit weiteren „Saturn“-Operationen am 16. Dezember 1942 die italienische 8. Armee und am 24. Dezember die deutsche 4. Panzer-Armee derart stark bedrängt, daß die deutsche Front erst in der Nähe ihrer ursprünglichen Ausgangslinie (Juli 1942) zum Stehen kam. Obwohl das Kaukasus-Gebiet geräumt werden mußte, hatte Hitler das weitere Halten des Stalingrad-Kessels und des Kuban-Brückenkopfes im Vorland des Kaukasus durch die 17. Armee befohlen, um sie als vorgeschobene Offensivbasen für 1943 zu erhalten.

Den Niedergang der 6. Armee, deren guter Kampfgeist infolge Hungers, Kälte, Krankheiten und unentwegter Kampfhandlungen (durchschnittlich ein Verlust von täglich 650 Soldaten) seit Jahresbeginn 1943 ins Wanken gekommen war, ignorierte Hitler. Vielmehr übertrieb er die Schwierigkeiten der Roten Armee, die durch taktische Fehler und Probleme mit der Versorgung von Winterbekleidung, Treibstoff und Munition entstanden waren. Nachdem eine Kapitulationsaufforderung abgelehnt worden war, hatte die Don-Front seit dem 10. Januar 1943 den Kessel von Westen her eingedrückt. Am 2. Februar 1943 hatten sich die letzten Soldaten der 6. Armee ergeben. Mit der Niederlage bei Stalingrad wurde der Vormarsch der deutschen Truppen im Rußland-Feldzug beendet. Stalingrad war zum „Wendepunkt“ des Krieges geworden.

Während der Kämpfe um Stalingrad waren 58.000 deutsche Soldaten gefallen (offizielle Verlustmeldungen der Sowjetarmee gibt es nicht), und von den 210.000 Gefangenen der 6. Armee kehrten erst etliche Jahre nach dem Krieg nur 6.000 nach Deutschland zurück.

Die Erfüllung der Prophezeiung

Am 10. Februar 1943, als die Soldaten der 50. Infanterie-Division die Z-Linie verließen *(jede Kampflinie hatte eine besondere Bezeichnung erhalten)*, bezogen wir die Bereitschaftsräume bei Labinsk, Nowo Nikolajwskj und Chtrorok.

Am Abend des 12. Februar 1943 hatten wir in einer ehemaligen Schule Quartier bezogen. Alle Räume waren völlig leer. So hatten wir uns einfach auf den Fußböden niedergelassen. Nun sah ich aus dem Fenster. Die momentane Ruhe war geradezu unwirklich. Es wurde nirgendwo mehr gesprochen; alle schliefen. Der Mondschein erhellte mit seinem bläulichen Licht die weite, öde Landschaft, und der Schnee glitzerte. Melancholische Gedanken gingen mir durch den Kopf... Vielleicht würde der nächste Tag ein sonniger... Ich dachte darüber nach, daß die junge Truppe allmählich stolz auf ihre Erfolge war, aber sie ahnte nicht, was ihr noch alles bevorstehen konnte. Einen Nahkampf oder die Erstürmung einer Festung hatten die jungen Soldaten noch nicht erlebt. Ich fragte mich, warum dieser Krieg überhaupt noch weitergeführt wurde und ob er noch zu gewinnen war... Wofür dieses schreckliche Töten auf Befehl?

Im ersten Morgengrauen des 13. Februar überbrachte ein Melder unserem Kompaniechef den neuen Einsatzbefehl. Die Kompanie wurde sofort in Alarmbereitschaft versetzt. Es war gegen 4:30 Uhr. Schweigend legten die Männer ihr Sturmgepäck an, nahmen die Gewehre, die MGs, Munitionskästen und Handgranaten auf und standen schon nach kurzer Zeit abmarschbereit in den großen Räumen der Schule. Oberleutnant Birkefeld rief die Zug- und Gruppenführer zu sich und erklärte ihnen kurz die Einsatzlage: „Die Russen sind wieder mal in die HKL eingebrochen, und die Infanterie hat ihre Verteidigungsstellung verloren. Die Stellung vom Vortag muß wieder zurückerobert werden – koste es, was es wolle... Befehl von der Division."

Dann erging der Befehl, „Kompanie Marsch – folgen!"

Wir marschierten auf dem verschneiten Eis eines gefrorenen Flusses, in seiner tiefen Einbettung gut gedeckt vor Feindeinsicht. Mir stand der erste größere Stoßtruppeinsatz mit meiner Gruppe bevor, und ich dachte, daß er schwierig und gefährlich werden würde, denn einerseits fehlten die alten, erfahrenen Kameraden, auf die man sich so gut hatte verlassen können, und andererseits, weil von dem neuen Trupp einer den anderen noch nicht gut genug kannte.

Der Schnee knirschte unter unseren Stiefeln. Hier und da klapperte eine Gasmaskendose am Koppelzeug. Kein lautes Wort wurde gesprochen. Je näher wir uns dem neuen Einsatzort näherten, um so lauter wurde der ständig brodelnde Gefechtslärm.

Als es schon hell geworden war, trafen wir in der Bereitschaftsstellung ein, und sofort mußte der 3. Zug in den Angriff übergehen – ohne irgendeine Unterstützung durch Artillerie, Panzer oder Flugzeuge. Unser 2. Zug blieb als Reserve liegen; aber nur für kurze Zeit, dann erging auch für uns der Einsatzbefehl. Oberleutnant Birkefeld wies mich an:

„Da hinten, das vorletzte Haus am Dorfrand erreichen, einnehmen und verteidigen."

Meine Gruppe folgte mir in gebückter Haltung. Durch eine Obstplantage arbeiteten wir uns vorwärts; mal laufend, mal robbend, unter Beschuß von Gewehren, MGs und Maschinenpistolen. In dem ohrenbetäubenden Kampflärm konnten wir nicht feststellen, aus welcher Richtung der „Iwan" uns beschoß. Öfter als üblich, drehte ich mich nach meinen Männern um, mich vergewissernd, ob sie mir auch wirklich folgten. In jedem ihrer Gesichter konnte ich die pure Angst sehen…

Im Vorgehen bot sich uns ein grauenhaftes Bild: Gefallene Soldaten mit geöffneten Mündern und überdrehten Augen lagen herum, und blutende Verwundete schrieen um Hilfe. Ihre Schreie waren in dem Getöse kaum zu vernehmen. Unter ihnen befanden sich Infanteristen und Kameraden des 3. Zugs, auch mein bester Freund, Georg Rennhack. Er wurde bereits von einem Sanitäter behandelt. Ich verlangsamte meinen Schritt, und im Vorübergehen fragte ich nach seinem Befinden. Er war von einem Explosivgeschoß am rechten Oberschenkel getroffen worden. Das Geschoß war genau auf seinem Taschenmesser, das ein Pionier immer in der Hosentasche trägt, eingeschlagen.

Endlich an dem von Oberleutnant Birkefeld bezeichneten Haus angekommen, wies ich schnell jedem meiner Männer seinen Platz für die Verteidigung zu. Genau in diesem Moment brach der Kampflärm abrupt ab. Kein einziger Schuß war mehr zu hören. Ich fragte mich, was das zu bedeuten hatte…

Plötzlich kamen in breiter Front und mit schnellen Schritten die erdbraunen Gestalten über die vorgelagerte kleine Anhöhe. Für einen Moment stockte uns der Atem. Drei Panzer hatten sie dabei. Wir begannen zu feuern. Aber die Panzer waren mächtiger. Sie rollten immer näher. Wie sollte ich jetzt handeln? Ich zauderte einen Moment, einen eigenmächtigen Absetzbefehl zu erteilen, wo wir doch das Haus zu besetzen hatten. Wir konnten uns doch nicht ohne Befehl zurückziehen. Zu bleiben, war ein schwerer Entschluß. Aber auf einmal rannten meine Soldaten aus der Deckung und durch das Gewehr- und Panzerfeuer der Russen nach hinten, ohne daß ich in der Lage war, sie aufhalten zu können. Sie waren von Panik erfaßt. Ich sah ihnen nach, wie sie kopflos davonrannten. Da erreichte mich der Ruf eines Melders: „Sofort absetzen!"

Die Luft war voller Geschosse. Von beiden Seiten wurde gefeuert – und mittendrin waren wir. Ein Landsersprichwort sagt, *wer läuft, stirbt.*

Zu Laufen kam in dieser Situation einem Selbstmord gleich. Ich blieb bei dem Haus zurück. Die Geschoßgarben strichen mit ihren Leuchtspuren links und rechts an mir vorbei und über mich hinweg. Die Russen waren nur noch weniger als fünfzig Meter hinter dem Haus. Sie konnten mich aber sicherlich noch nicht sehen. Dann erblickte ich einen Gefallenen meiner Gruppe. Sein Parteiabzeichen blinkte am Uniformrock. Ich hörte Verwundete um Hilfe schreien. Die schreckliche Situation kam mir vor, wie eine Treibjagd auf Menschen.

Ich sah mich in dem Haus um. Alles bebte von den Abschüssen der russischen Panzerkanonen und den Einschlägen unserer Artillerie. Von überall gellten Schreie nach Sanitätern. Von der hinteren Seite des Hauses kam das Dröhnen der Panzermotoren immer näher. Ich konnte trotz des Kampfgetöses schon das Rasseln ihrer Ketten hören. Die Panzer feuerten unentwegt und in schneller Folge. Da kam überraschend einer meiner neuen Männer aus einem Nebenraum. Er war etwa zwanzig Jahre alt, gutaussehend, sympathisch und sagte ruhig: „Herr Unteroffizier, ich bleibe bei Ihnen."

Es war kein Moment für viele Worte. Wir mußten schnell und überlegt handeln. Im Flur des Hauses sahen wir eine kleine Einstiegluke zum Dachboden – jedoch ohne Treppe und ohne eine Leiter… Rasch hob ich den Soldaten empor, und als er oben war, zog er mich schnell hinterher.

Nun suchten wir nach einer Möglichkeit, uns zu verstecken. An beiden Giebeln war Stroh aufgehäuft. Ich überlegte, wie *ich* handeln würde, wenn *ich* das Haus und somit auch die Strohhaufen durchsuchen müßte: Ich würde einfach mit dem Bajonett hineinstechen oder hineinschießen… Dennoch bot sich keine andere Versteckmöglichkeit. So entschied ich mich für den Strohhaufen, der an der linken Giebelwand aufgehäuft war, da er bis weit unter das schräge Dach reichte. Dort konnte man tief d'runterkriechen.

Von draußen vernahmen wir das bösartige Fauchen und Jaulen der Panzer- und Artilleriegranaten. Schlimme Angst stieg in uns auf, und uns zitterten die Hände. Rasch zogen wir die Hosen herunter, damit wir uns nicht hineinmachten, und verrichteten, am ganzen Körper bebend, unsere Notdurft. Was, wenn das Haus einen Treffer mit Brandfolge erhalten sollte? Wir krochen unter das Stroh. Ich begann zu beten... Da hörten wir russische Stimmen. Ich konnte mir nicht vorstellen, daß uns die Russen ungestört auf dem Dachboden liegen lassen würden.

Nach einer Weile konnte ich durch das Stroh sehen, daß sich in der offenen Luke zwei Hände empor tasteten. Dann erschien ein Russe auf dem Dachboden. Es war nicht das erstemal, daß ich einem Rotarmisten Auge in Auge gegenüberstand. Aber als ein Wehrloser in einem ungeschützten Versteck, war mir unheimlich zumute. Wie ich geahnt hatte, so geschah es: Der Russe ging zuerst zu dem anderen Strohhaufen und stach mit seinem Bajonett, das er auf sein Gewehr aufgepflanzt hatte, darin herum. Da er dort nichts gefunden hatte, nahm er unsere Seite in Augenschein – aber nur in Augenschein... Dann ging er ohne irgendeine Regung zu zeigen, zur Luke zurück und stieg wieder hinunter. Ich wußte nicht, ob er uns gesehen hatte – aber da waren ja noch unsere Exkremente...

Kurz darauf war unten im Haus ein lautes Palaver zu hören. Dann kam ein anderer Russe herauf, blieb vor unserem Strohhaufen stehen und forderte uns mit vorgehaltener Maschinenpistole auf, herauszukommen.

Ich sagte zu meinem Kameraden: „Ehe wir hier zusammengeschossen werden, sollten wir uns lieber ergeben."

Wir kamen ohne unsere Waffen und mit erhobenen Händen heraus und ließen uns durch die Luke hinunter. Kaum unten angekommen, schlugen die Russen sofort mehrmals brutal mit Fäusten auf uns ein. Dann zerrte man uns hinter das Haus. Dort war eine schmale Straße. Wir wurden getrennt und einzeln von etlichen Russen genau betrachtet. Um mich herum standen fünf Rotarmisten, unter ihnen auch eine uniformierte Frau. Alle waren mit erbeuteten deutschen Waffen, wattierten Tarnjacken oder Offizierspelzmänteln ausgestattet. Da begann einer der Russen, mir die Stiefel auszuziehen. Ein anderer filzte meine Taschen. Auch die Russin trat an mich heran und nahm mir alle meine Auszeichnungen einzeln ab – auch ein Medaillon, das mir einst meine Mutter als Glücksbringer geschenkt und das ich bis zu diesem Moment um den Hals getragen hatte.

Da stand ich nun in der Eiseskälte und im Schneematsch, nur noch mit Hemd, Hose und Socken bekleidet, und bekam kein Wort mehr über die Lippen. Aus den Augenwinkeln konnte ich sehen, wie an meinem Kameraden herumgezerrt und er geschlagen wurde. Dann versetzte man ihm einen heftigen Tritt und stieß ihn über die Straße. Noch während er dahinstolperte, feuerte einer der Russen eine Salve aus seiner Maschinenpistole auf ihn ab. Mein treuer Kamerad fiel kopfüber in den jenseitigen Straßengraben.

Vor Kälte und Angst zitterte ich am ganzen Körper. Auf russisch protestierte ich lautstark. Da kam mir ein schrecklicher Gedanke: *Hoffentlich binden sie mich nicht an einen ihrer Panzer...* Ich hatte mehrmals von derartigen Grausamkeiten gehört. Die Angst überwältigte mich, und ich brach mit einem Weinkrampf zusammen.

Man hatte mich völlig ausgeplündert und diskutierte nun, was man mit mir machen sollte. Da ich als Oberschlesier auch die polnische Sprache beherrschte, konnte ich das, was sie sagten, recht gut verstehen. Die Russen entschieden dann, mich zu ihrem Vorgesetzten zu bringen. Zwei von ihnen nahmen mich in ihre Mitte und führten mich zu jenem Haus, von wo aus unser Einsatz zuvor begonnen hatte. Ich spürte vor Aufregung weder Kälte noch Schmerzen. Nahe dieses Hauses stand ein russischer Panzer, und wieder kam mir der schreckliche Gedanke, daß man mich daran anbinden würde.

Man führte mich zu einem Offizier mit drei Sternen am Kragenspie-gel. Einer der Russen, die mich hergebracht hatten, fragte: „Was sollen wir mit dem Mann machen?“

Der Offizier brüllte: „Erschießen; den Mann erschießen!“

Er zeigte mit dem ausgestreckten Arm auf mich. Er kochte vor Wut, zog seine Pistole und drohte damit den Russen, die mich zu ihm geführt hatten. Er wiederholte seinen Befehl, mich zu erschießen – auf der Stelle.

Mein Herz schlug so heftig wie ein Schmiedehammer in meiner Brust. Der Russe mit seiner Maschinenpistole neben mir zögerte noch immer. Plötzlich riß er die MPi hoch und zielte auf meinen Kopf. In meiner Verzweiflung stürzte ich mich ihm entgegen und stieß mit der rechten Hand die Maschinenpistole zur Seite. In diesem Moment löste sich der Feuerstoß. Die Geschosse flogen dicht an meinem Kopf vorbei. Die Panik ergriff mich.

Ich drehte mich auf der Stelle um und rannte zwischen die Russen hindurch ins Haus. Es knallte, und ich spürte einen heftigen Schlag im rechten Oberarm, der mir aber keinerlei Schmerzen verursachte. Zwischen den vielen Russen gelangte ich in ein Zimmer. Ich brüllte vor Angst. Alle blickten mich entgeistert an. Ich sah auf einer Bank mehrere ältere Russen sitzen und drängte mich schutzsuchend zwischen sie und setzte mich zu ihnen.

Da erschienen wutschnaubend meine Häscher. Einer trat vor mich hin und schlug mir mit Wucht den Kolben eines deutschen Karabiners auf den Kopf. Es ging alles so schnell, daß ich keine Chance hatte, meine Arme über dem Kopf zu verschränken, um mich vor dem harten Schlag zu schützen. Funken tanzten vor meinen Augen. Ich hörte noch, daß die älteren Russen mit den Soldaten schimpften. Man stritt lautstark.

Als ich wieder aus einer offenbar nur kurzen Bewußtlosigkeit erwachte, bekam ich gerade noch mit, daß die Russen darüber palaverten, was nun mit mir geschehen sollte: Einer von ihnen sollte mich nun zu einem russischen Gefechtsstand hinter der Front bringen.

Inzwischen war es draußen still. Es fiel kein Schuß mehr. Blut rann mir vom Kopf. Nun mußte ich drei Meter vor meinem Bewacher hergehen. Der Russe trug seine Maschinenpistole an der rechten Hüfte. Kälte und Angst ließen mich wieder am ganzen Körper zittern, und weil ich annahm, daß er mich gleich von hinten erschießen würde, bat ich ihn um Gnade... Vergebens. Dann versuchte ich, ihn in ein Gespräch zu verwickeln, aber er ging nicht darauf ein. Ich versuchte es immer wieder, bis wir an der alten Infanterie-Stellung am Hügel angelangt waren.

Noch immer schwiegen alle Waffen – eigenartig... Wir betraten einen MG-Stand, der gleichzeitig zu einem kleinen Unterstand hinunterführte. Dort übergab mich mein Bewacher an sechs andere Russen. Offensichtlich handelte es sich hier um einen Befehlsstand, folglich mußten hier auch Offiziere sein.

Man rückte zusammen und forderte mich auf, mich hinzusetzen. In der hinteren Ecke hockte ein Russe, der den Hörer eines Feldtelefons in der Hand hielt. Es war ein brauner Kasten mit einer kleinen Kurbel an der Seite. Man fragte mich etwas, aber statt darauf zu antworten, erbat ich einen Verband für meinen Kopf, von dem das Blut über mein Gesicht rann. Der Russe, der den Feldfernsprecher bediente, wurde beauftragt, mir einen Verband anzulegen. Dann fragte man mich nach meiner Einheit, ob wir über Panzer und wie viel Artillerie verfügen würden.

Noch während man mich befragte, begann unsere Artillerie plötzlich, sich auf genau diese Anhöhe einzuschießen. Ein Russe kam aufgeregt hereingestürzt und rief: „Die Deutschen greifen auf der ganzen Linie an!“

Sofort wurden Befehle gerufen, und alle machten sich zum Aufbruch fertig. Ich fragte mich, was nun mit mir geschehen würde. Aber da wurde dem Telefonisten, der mir gerade erst den Verband angelegt hatte, befohlen, mich entweder mitzunehmen oder hier zu erschießen. Der Russe ging auf Distanz und blieb, ohne etwas zu sagen, im Eingangsbereich stehen. Umständlich drehte er sich im engen Laufgraben um, entsicherte seine Maschinenpistole und richtete sie auf mich. Geistesgegenwärtig sprang ich vor, versuchte in einem „toten Winkel“ Schutz zu finden. Da krachte ein Schuß und traf meine rechte Schulter. Entweder hatte seine MPi Ladehemmung, oder sie war auf Einzelfeuer eingestellt. Der Russe fingerte nervös an seiner Waffe herum. Inzwischen ließ ich mich in der Ecke zu Boden fallen und stellte mich tot. Kurz darauf schoß der hektische Russe nochmals und traf mein rechtes Hosenbein. Dann verließ er den Unterstand.

Ich sah eine russische Zeltplane und nahm sie an mich. Dabei fiel eine Russenmütze heraus, die ich mir sofort auf den Kopf stülpte. Die Zeltplane hängte ich mir lose über die Schultern. In diesem Moment hörte ich draußen Soldaten laufen. Ich überlegte, was ich tun sollte, wenn plötzlich wieder ein Russe hereinkommen würde. Sollte ich ihm dann auf Russisch antworten? Ich hielt es für besser, nach draußen zu gehen und die Lage zu übersehen. Ungeordnet fluteten die russischen Infanteristen zurück. Auch die beiden Panzer sah ich davonrollen. Die Einschläge unserer Artillerie lagen gefährlich gut, und der ganze Boden bebte. Beunruhigt kehrte ich wieder in den Unterstand zurück, fand aber auch darin keine Ruhe. Mir war unheimlich zumute. Ich mußte hier schnellstens wieder ´raus...

Draußen war nun niemand mehr zu sehen, nur das Gefechtsfeuer ging über mich hinweg. Ich krabbelte aus dem Graben und kroch soweit ich konnte. Mehrmals mußte ich vor Erschöpfung verharren. Dann kroch ich wieder weiter. Als ich mich einmal etwas hochstemmte, um mir einen Überblick zu verschaffen, sah ich in etwa einhundertfünfzig Meter Entfernung die ersten deutschen Infanteristen näherkommen. Es waren zwar nur einzelne, die eine Sturmlinie gebildet hatten, aber sie kamen immer näher.

Ich stand auf, hob die Hände und rief: „Kameraden, nicht schießen!“ Ich lief ihnen entgegen, rief es immer wieder und spürte, wie meine letzten Kräfte schwanden.

Jemand rief: „Das kann jeder sagen!“

Dann führte mich einer der Infanteristen wie einen Gefangenen zu einem Gefechtsstand, der in einem kleinen Bauernhaus der Ortschaft eingerichtet war. Die Infanterie hatte die Stellung vom Vortag wieder eingenommen – aber zu welch schrecklichem Preis…

Nachdem ich mich wieder einigermaßen gesammelt hatte und wieder richtig atmen konnte, stand ich in meiner ungewöhnlichen Kleidung, den Verband um den Kopf und mit blutverschmiertem Gesicht schwankend vor einem Hauptmann, konnte mich kaum noch auf den Füßen halten, und meldete mich ordentlich zurück: „Unteroffizier Wimmer von der 3. motorisierten Kompanie, Pionier-Bataillon 71, meldet sich aus der russischen Gefangenschaft zurück.“

Doch der Hauptmann traute mir in meiner sonderbaren „Kostümierung“ auch nicht. Ich durfte mich setzen und spürte die angenehme Wärme des Ofens… Der Offizier verlangte von mir die Personalangaben meines Kompaniechefs. Danach griff er zum Feldtelefon und ließ sich mit Oberleutnant Birkefeld verbinden: „Sagen Sie bitte, Herr Oberleutnant, vermissen Sie einen Ihrer Unteroffiziere?“ Nach einem nur kurzen Moment fügte er hinzu: „Gut, dann kommen Sie bitte hierher – er ist bei mir.“

Ich war einer Ohnmacht nahe… Nach einer Weile erschien Birkefeld. Fast hätte er mich nicht wiedererkannt, freute sich aber, mich zu sehen. Er nahm mich mit zur Kompanie. Sie hatte, genau wie die Infanterie, bei dem Angriff sehr schwere Verluste erlitten.

Als der Abend anbrach, traf Verpflegung ein. Ein heißes Getränk und das warme Essen lösten endlich meine Verkrampfung. Danach mußte ich in meiner dürftigen Bekleidung annähernd zehn Kilometer weit durch die Kälte bis zum Troß zurücklaufen, um mir von meiner dortigen Bekleidungsreserve wieder etwas Ordentliches zum Anziehen zu besorgen.

Ich machte mich auf den Weg. Das Gehen ohne Stiefel, nur in Strümpfen, war auf dem gefrorenen Boden äußerst beschwerlich, und nach einiger Zeit schmerzte mein ganzer Körper.

Inzwischen war es dunkle Nacht geworden. Die Landstraße mit dem schmutziggefahrenen Schnee zeichnete sich deutlich von der weißen Umgebung ab. Je weiter ich ging, je stärker spürte ich wieder die Erschöpfung. Auch meine Psyche war noch von den schrecklichen Ereignissen des Tages stark belastet.

Als ich völlig durchgefroren endlich beim Troß ankam, wurde zuerst mein Kopf von einem Sanitäter neu verbunden. Kameraden brachten mir meinen Reservebeutel und den Tornister. In ihnen befanden sich meine Zweituniform und diverse Leibwäsche. Man stellte mir viele Fragen zu meinen Erlebnissen mit den Russen, die ich nur noch mühsam beantworten konnte. Irgendwann sank ich vornüber und schlief erschöpft ein.

Nach einem langen und tiefen Schlaf erwachte ich mit Kopfschmerzen, doch die Ereignisse des Vortages waren in meiner Psyche deutlich verblaßt. Meine Wunden wurden neu verbunden, dann fuhr mich Oberleutnant Birkefeld mit einem Kfz 16 *(Personentransportwagen)* zum Gefechtsstand des Bataillonskommandeurs. Wir fuhren durch die kalte Schneelandschaft in Richtung Mineralnyje-Wody. Um früh genug russische Flugzeuge erkennen und in Deckung gehen zu können, beobachteten wir ständig den Himmel.

Beim Bataillonsgefechtsstand angekommen, mußte ich zum Ic *(für die Feindlage zuständiger Offizier)* und ihm mein Erlebnis vom Vortage genau berichten. Dann wurde ich zum Divisionsgefechtsstand gebracht. Hier erfolgte dieselbe Befragung durch den dortigen Ic. Von dort ging es weiter zum Hauptverbandplatz der 50. Division in Soletavewskaja.

Nachdem ich von einem Stabsarzt gründlich untersucht wurde, mußte ich mit anderen verwundeten Kameraden einer fremden Einheit in einen Sanka steigen und wurde nach Krymskaja und zum dortigen Feldflugplatz gefahren. Der Flugplatz sah aus wie ein Sturzacker. Unentwegt wurde gestartet und gelandet. Der Sanka fuhr bis nahe an eine He111, einem Doppelrumpf-Flugzeug in Ganzmetallbauweise mit zwei Motoren. Trotzdem mußten wir noch in den tiefen Schneematsch treten. Aber das war uns egal, Hauptsache, wir konnten nun in Ruhe genesen... Es wurden immer acht Soldaten in einer Maschine untergebracht. Wie in einer Badewanne mußten wir hintereinander sitzend Platz nehmen.

Die Motoren wurden gestartet und liefen auf Hochtouren. Die Maschine rollte los, wurde schneller und schneller, doch sie kam nicht hoch. Der unebene, morastige Boden vereitelte eine ausreichende Geschwindigkeit. Da wurde der Startvorgang abgebrochen, die Maschine rollte zurück, und alles begann von vorn. Dieses Mal hob das Flugzeug ab – und ich mit ihm, zu meinem dritten Flug.

Ohne Zwischenfälle landeten wir auf einem anderen Feldflugplatz. Erst jetzt wurde uns mitgeteilt, daß wir uns wieder auf der Krim befanden. Mehrere Sanka kamen und luden die Verwundeten ein. Ich wurde zu einem Durchgangslazarett gebracht. Hier nahm man meine Verwundungen nicht sonderlich ernst; da gab es sehr viel Schlimmeres. Man ließ mir unbegrenzte Freiheit, die ich auch gern nutzte. So ging ich zu dem mir bekannten Lazarett 3/509 in Simferopol, um mich zu erkundigen, ob dort Kameraden von mir eingeliefert worden waren.

Bei der Anmeldung erfuhr ich, daß Georg in diesem Lazarett lag. Welche Überraschung! Ich ging sofort zu ihm. Er schlief, doch ich weckte ihn auf. Wir freuten uns über unser Wiedersehen wie glückliche Kinder. Jeder erzählte, was ihm inzwischen widerfahren war.

Nach dem Gespräch mit Georg erfuhr ich von einer Krankenschwester, daß es meinem Freund in Wahrheit gar nicht gut ging. Das Explosivgeschoß, das auf seinem Messer eingeschlagen war, hatte viele kleine Splitter erzeugt, die weit verstreut in seinen Oberschenkel eingedrungen waren und zu Wundbrand geführt hatten. Georg und die Schwester wehrten sich gegen eine Amputation seines Beines.

Dann bat mich Georg, daß ich mich während meines Aufenthalts in diesem Lazarett zu ihm ins Zimmer legen möge. Natürlich stimmte ich zu. Aber auf eine eventuelle Verlegung konnte ich keinen Einfluß nehmen. Die Schwester versprach, ihr Möglichstes für uns zu tun.

Am 18. Februar wurde ich verlegt – neben jenes Bett, in dem Georg lag. Er hatte starke Schmerzen, und ich versuchte, ihn etwas davon abzulenken. Was sein Bein betraf, so war das eine sehr gefährliche Angelegenheit. Aber die Krankenschwester hegte für Georg große Sympathie und hatte den Chefarzt dringend ersucht, eine Amputation solange wie möglich aufzuschieben.

Wir lagen in einem großen Krankenzimmer, und die Tür war, wie bei den anderen Zimmern auch, ständig weit geöffnet. So konnten wir die Schmerzensschreie und Hilferufe anderer Patienten hören. Es war erschütternd. Der schrecklichste Eindruck war jener, wenn Kameraden auf der Bahre mit zugedeckten Gesichtern an unserer Tür vorbeigetragen wurden. Es geschah sehr oft. Nach acht Tagen teilte man mir mit, daß ich mit einem Lazarettzug in die Heimat überführt würde. Unser Abschied fiel Georg und mir sehr schwer, denn niemand wußte, wie es weiterging und ob wir uns jemals wiedersehen würden...

Im Lazarettzug wurde mir ein Liegeplatz zugewiesen. Meine Gehirnerschütterung war mir natürlich äußerlich nicht anzusehen, und auch die Wunden an meinem Kopf sahen nicht schlimm aus, aber die Ärzte mahnten zur Vorsicht. Die Durchschußverwundungen waren unter dem Verband gut „verpackt".

Gleich am ersten Märztag setzte sich der Zug in Bewegung. Wir passierten die Landenge von Perekop und verließen die Halbinsel Krim. Es ging über Nikolaijew, Cherson, Lemberg und Krakau. Hier wurden die ersten Schwerverwundeten ausgeladen und in schon bereitstehende Sanka geschoben und in die Lazarette gebracht.

Der Zug fuhr weiter über Cosel, Oppeln *(meine Heimat)*, Breslau und Glogau. Überall wurden Kameraden ausgeladen... Für mich endete die Fahrt in Neusalz an der Oder. Wir, die Soldaten in meinem Abteil, verabschiedeten uns voneinander und wünschten uns noch viel Glück.

Man legte mich auf eine Trage, und ich wurde in einen der vielen bereitstehenden Sanka geschoben. Als die Fahrt begann, fragte ich mich, wohin ich wohl transportiert würde. Aber schon nach nur kurzer Fahrtstrecke hielt der Wagen vor einem Haus mit einem großen Vorplatz. Alle Verwundeten wurden ausgeladen und in einen Saal getragen. Insgesamt waren es 23 Soldaten. Bald erfuhren wir, daß dieses Lazarett ehemals eine Schule gewesen war. Dann erschienen einige Sanitäter und nahmen unsere Personalien auf. Es war der 8. März 1943, und endlich konnte man die Tage wieder nach dem Datum leben.

Nachdem man unsere Personalien aufgenommen hatte, wurden wir gewaschen. Wer dazu in der Lage war, konnte es selbst verrichten. Mannschaften und Unteroffiziere lagen in den Zimmern zusammen; es gab keinen Rangdünkel – verwundet waren wir alle.

Der Chefarzt war ein Oberstabsarzt der Reserve; vermutlich noch einer aus dem Ersten Weltkrieg. Er überprüfte die bei mir gestellte Diagnose und befand: „Vorläufig bettlägerig."

Ich war „festgenagelt".

Am nächsten Tag schrieb ich meiner Mutter und teilte ihr mit, wo ich mich zur Zeit befand – wieder einmal in einem Lazarett. Das, und den Grund dafür, brachte ich ihr so vorsichtig bei, wie ich konnte. Ich bat sie, mich zu besuchen und mir meine Extra-Uniform mitzubringen.

Am dritten Tag nach meiner Einlieferung meldete man mir den Besuch meiner Mutter. Als sie an mein Bett trat, standen uns beiden die Freudentränen in den Augen... Sie hatte viele Fragen, denn ich war ja erst zwei Wochen zuvor bei ihr daheim gewesen. In bewußt groben Zügen erzählte ich ihr von meinen Erlebnissen. Sie war stark bewegt und dankte Gott für mein großes Glück in dieser gefährlichen Situation. Noch am selben Tag fuhr sie wieder nach Wilkau, weil sie dort von meinen Geschwistern gebraucht wurde. Dieses Mal fiel uns der Abschied nicht so schwer, weil man sich in der Heimat sicher fühlte.

Es konnte nicht ausbleiben, daß meine Bettnachbarn von meinen Erzählungen etwas mitbekommen hatten und nun neugierig Fragen stellten. Als ich auch ihnen berichtet hatte, war die einhellige Reaktion:

„Mensch, hast Du ein Glück gehabt."

Fünf Wochen waren seit meiner Einlieferung ins Lazarett vergangen, und ich durfte endlich die ersten Schritte tun. So konnte ich mich den bettlägerigen Kameraden gegenüber nützlich erweisen, wenn sie meiner Dienste bedurften – zum Beispiel Essen bringen oder in der Kantine kleine Einkäufe tätigen.

Ständig hörten wir die Frontnachrichten und Sondermeldungen. Dabei kehrten sicherlich nicht nur bei mir die Gedanken zu den Kameraden zurück, die noch da draußen, am Kuban-Brückenkopf, im Kaukasus, in der Scheiße lagen... Dort zeichneten sich immer schwerere Abwehrkämpfe ab, weil die deutschen Truppen offenbar abgeschnitten werden sollten. Wie schnell ging doch das gerade erst so blutig erkämpfte Gebiet wieder verloren.

Meine Steckschußwunde im rechten Oberarm und die beiden Durchschußwunden in der rechten Schulter waren verheilt und die Kopfschmerzen endlich vergangen – aber an eine Entlassung war nicht zu denken. Auf meine diesbezügliche Frage, gab mir der Chefarzt zur Antwort: „Alles zu seiner Zeit."

Soldatenhochzeit, Haft und eine Audienz beim Papst

Zwei Wochen lang war ich nun schon im Lazarett umhergelaufen und konnte mich ohne Einschränkungen bewegen. Da erschien eines Vormittags die Oberschwester in unserem Saal und bat um Ruhe und um Aufmerksamkeit. Sie fragte, wer daran interessiert sei, an einer Soldatenhochzeit teilzunehmen. Die Oberschwester erklärte, daß ein Frontsoldat heiraten würde, an seiner Hochzeit aber keiner seiner an der Front kämpfenden Kameraden teilnehmen dürfte, denn wegen der starken Abwehrkämpfe war eine generelle Urlaubssperre verhängt worden. Der Bräutigam wollte aber gern im Kreise von Kameraden heiraten, und so wurde nach einem adäquaten Ersatz gesucht. Drei Männer meldeten sich zu diesem ungewöhnlichen „Sonder-Einsatz". Auch ich wurde diesbezüglich von der Oberschwester angesprochen: „Ich dachte auch an Sie, Herr Wimmer... Sie sind soweit genesen, haben eine schöne Uniform und können repräsentieren. Außerdem *muß* ein Dienstgrad bei der Zeremonie dabei sein."

Eigentlich wollte ich mit der ganzen Sache gar nichts zu tun haben, aber die Oberschwester bestimmte meine Teilnahme einfach eigenmächtig und sehr resolut.

Die Trauung sollte am nächsten Tag um 11:00 Uhr stattfinden. Wir fragten die Oberschwester, wo man denn in diesem Ort Blumen kaufen könnte, denn schließlich wollten wir „unsere" unbekannte Braut nicht mit leeren Händen in die Kirche führen. Die Oberschwester bestellte daraufhin beim Blumenladen telefonisch die gewünschten vier Sträuße. Es war ein Glück, daß wir noch unseren Wehrsold und die Frontzulage bekommen hatten.

Am nächsten Tag wurden wir mit einem Sonderausweis ausgestattet und zur Hochzeit „abgestellt". Der Weg zu jenem Gebäude, in dem die Feier stattfinden sollte, war nicht weit, und wir konnten ihn bequem zu Fuß zurücklegen. Dort angekommen, lasen wir die hohen Buchstaben an der Hauswand über einem großen Fenster: *Metzgerei und Gaststätte*.

Wir betraten das Gebäude und wurden von den erwartungsvollen Brauteltern empfangen. Die Brautmutter zog mich zur Seite und drückte mir 100 Reichsmark in die Hand: „Für die Auslage für die Blumen."

Das war mir gar nicht recht, doch sie beharrte darauf, daß ich das Geld annehme, denn schließlich war man froh, daß wir an diesem wichtigen Tag „aushalfen"... *(Das Geld teilte ich am nächsten Tag mit den anderen drei „Hochzeitskameraden", die nichts bekommen hatten).*

Wir wurden zur Braut geführt und uns gegenseitig vorgestellt. Der Bräutigam war ein Obergefreiter, dessen Einheit an der Ostfront lag. Auch er bedankte sich für's Kommen. Vermutlich, weil ich als Unteroffizier oder *(an meinen Orden und Abzeichen ganz offensichtlich erkennbar)* der höchstdekorierte Soldat dieser Veranstaltung war, wurde ich vom Bräutigam zum Brautführer auserkoren. Man erklärte mir den Ablauf der Zeremonie und stellte mir meine spätere Begleitdame vor. Zur kirchlichen Trauung ging es dann mit mehreren Pferdedroschken. An der Straße standen etwa achtzig neugierige Personen, die dem Festzug offenbar wohlwollend zusahen.

Nach dem Hochzeitszeremoniell fuhren alle wieder zur Gaststätte zurück. In dem Festsaal wurde fröhlich musiziert und ausgiebig getanzt. Während der Unterhaltung mit meiner Tischdame stellte sich heraus, daß sie bereits eine Soldatenwitwe war. Ihr Mann war als Oberfeldwebel bei den Jagdfliegern gewesen und 1940 über Frankreich abgeschossen worden. Fast hatte ich während dieser feierlichen Stunden den schrecklichen Krieg vergessen, doch nach diesem Gespräch waren die Gedanken daran wieder da.

Das Hochzeitsmahl bestand aus zehn opulenten Gängen. Das war ein Luxus, den man sich in Zeiten der Lebensmittelkarten nur als Sohn eines Metzgers und Gaststättenbesitzers erlauben konnte – wie im Fall des Bräutigams... Beim letzten Gang versagte mir dann allerdings der Appetit; ich war mehr als satt. Die Hochzeitsfeier dauerte bis Mitternacht, dann verabschiedeten wir uns und gingen zu Fuß zum Lazarett zurück.

Am 12. Mai wurde ich aus dem Lazarett entlassen und bekam noch vierzehn Tage Genesungsurlaub, in dem ich zu meiner Mutter fuhr. Nun erzählte ich ihr, was mir am 13. Februar im Kaukasus *wirklich alles* zugestoßen war.

Dieser Urlaub war kein richtiger mehr, nicht das, was man sich als sorglose Erholungsphase vorstellen konnte, denn ich erfuhr nun, daß viele ehemalige Schulkameraden gefallen waren, und die Trauer saß tief in den Herzen der Angehörigen. Es gab Familien, die sogar schon mehrere Söhne verloren hatten. Seltsame Gedanken beschlichen mich – ich war noch einer der Lebenden. Man konnte deshalb fast ein schlechtes Gewissen bekommen.

Eine Freundin, mit der man auch mal unbeschwerte Stunden verbringen konnte, hatte ich längst nicht mehr, und in den Gaststätten war nichts los; es gab weder Musik noch etwas Alkoholisches zu trinken. Nur auf Lebensmittelkarten konnte man noch Kuchen und Kaffee bekommen. Es war trostlos, und ich fragte mich, wohin das alles noch führen würde. So suchte man die Nähe von Kameraden, die mit denselben Problemen konfrontiert waren. Ich sehnte mich nach dem Tag, an dem ich wieder in der Kaserne sein konnte.

Als der Urlaub zu Ende war, fuhr ich mit dem Zug nach Küstrin. Dort lag in der Kaserne am Stadtrand das Ersatz-Bataillon 68, das mir nach den vorherigen Aufenthalten nun schon vertraut war. Nach meiner Ankunft lief alles wieder genauso ab, wie die Male zuvor: Meldung beim Bataillon und Einweisung in die Genesenen-Kompanie. Dann der obligatorische Laufzettel, die ärztliche Untersuchung und der Befund: „GvH!" *(Genesenenverwendung Heimat)*

Wie ich nun erfuhr, war ein paar Tage vor meiner Ankunft in dieser Kaserne ein Auffrischungsersatz für mein Pionier-Bataillon 71 auf die Krim und zum Kuban-Brückenkopf geschickt worden. Aber dahin hätte man mich sowieso nicht mitgenommen, da ich wegen meiner Gefangennahme nicht mehr an derselben Front eingesetzt werden durfte. Dafür gab es einen speziellen Heereserlaß.

Ich wurde nun Ausbilder für genesene Soldaten. Jeden Morgen um 6:00 Uhr schallte der Weckruf des UvD durch die langen Flure: „Kompaniiie aufsteeeh'n!"

15 Minuten später erfolgten die Stubendurchgänge, und die Stubenältesten machten ihre Meldungen. Dann das Raustreten der Kaffeeholer und schnell frühstücken. Um 6:45 Uhr fertigmachen zum Antreten. Die Kompanie versammelte sich mit schnellen Schritten vor dem Kompaniegebäude. Beim Antreten kannte jeder seinen Platz. Ein Feldwebel rief: „Ausrichten!"

Fast Schulter an Schulter und die Füße in einer Linie nebeneinander, richteten wir uns aus.

„Stillgestand'n! Die Augeeen links! Die Augeeen grad'aus!"

Der Kompaniefeldwebel erschien, und ihm wurde Meldung betreffs der Unteroffiziers- und Mannschaftsstärke gemacht. Der „Spieß" verlas die Tagesbefehle und erteilte Anordnungen für den Revierdienst. Nach etwa zwanzig Minuten erschien der Kompaniechef. Kurze Meldung an ihn, dann begann der Dienst.

Wenn es zum Wasserdienst an die Warthe ging, an der unser Wasserübungsplatz lag, wurde beim Marschieren dahin immer ein Lied angestimmt. Die Bewohner kannten die Pioniere schon, und manchmal winkten sie uns zu, oder der Kompaniechef an der Spitze wurde gegrüßt. Die meisten dieser Soldaten hatten den Krieg zwar von Beginn an miterlebt, doch mußten Sie hier irgendwie beschäftigt werden. Meine Gruppe war als Belag-Trägertrupp für eine 6-Tonnen-Brücken-Fähre eingeteilt worden. In dieser Gruppe gab es einen äußerst widerspenstigen Querulanten, einen Obergefreiten, der mich derart und solange provozierte, bis ich mich dazu hinreißen ließ, ihm einen Tritt in den Hintern zu versetzen, was ich sofort bedauerte. So etwas war gar nicht meine Art, und ich entschuldigte mich umgehend bei ihm. Aber er ging zum Aufsicht habenden Offizier und meldete das Vorkommen. Daraufhin rief man mich zu einer Anhörung. Unumwunden gab ich mein Vergehen zu und erklärte, wie es dazu gekommen war.

Als Unteroffizier 1943 beim Pionier-Ersatz-Bataillon 68 in Küstrin und inzwischen ausgezeichnet mit dem EK II und dem EK I, dem Silbernen Sturmabzeichen (gestiftet am 1.6.40 und verliehen an Soldaten aller Waffengattungen, die im eigenen Verband oder mit der Infanterie oder den Panzern kämpften), dem Goldenen Verwundetenabzeichen (gestiftet am 1.8.39, und allen Soldaten nach mehr als viermaliger Verwundung verliehen) sowie den Krim-Schild (am 25.7.42 gestiftet, und an alle Teilnehmer an den Kämpfen um die Krim verliehen).

Als wir nach der Wasserübung wieder in die Kaserne zurückgekehrt und die Soldaten der Kompanie weggetreten waren, wurde ich umgehend in die Schreibstube befohlen. Der Chef empfing den Obergefreiten und mich. Voneinander getrennt, hörte er sich unsere jeweilige Darstellung der Umstände an. Wieder stand ich ehrlich zu dem Sachverhalt. Was sollte ich auch sagen, daß meine Kopfverwundung noch nicht ganz verheilt und ich deswegen so leicht reizbar war…?

Am selben Nachmittag mußte ich im Dienstanzug mit Koppelzeug und Stahlhelm nochmals beim Chef erscheinen. Der verurteilte mich zu drei Tagen Haft. Ich war mir selbst böse und legte demonstrativ meine erst kurze Zeit zuvor nachgekauften Auszeichnungen als Protest ab. Ein Feldwebel begleitete mich zur Artillerie-Kaserne in einer alten Festung. Dort mußte ich die drei Tage „absitzen". Nach meiner Haftentlassung kehrte ich zur Kompanie zurück. Der querolantische Obergefreite war inzwischen an die Ostfront versetzt worden… Bei meiner Zurückmeldung fragte mich der Kompaniechef: „Warum haben Sie sich eigentlich nicht verteidigt? Sie waren doch am Kopf verwundet…"

Ich war ärgerlich und entgegnete: „Wer Argumente für seine Entschuldigung gebraucht, macht sich nur verdächtig…"

Die weiteren Tage waren in der Hauptsache mit Scharfschützen-, Wald- und Nahkampfausbildung ausgefüllt. Eines Mittags wurde beim Appell ein sogenannter Führer-Befehl vorgelesen, in dem es hieß, daß sich jeder Soldat zur Sturmartillerie melden konnte. Ich horchte auf, denn schon lange hegte ich ein Interesse an den Panzern. Da ich schon so viele Verwundungen zugefügt bekommen hatte, stellte der stählerne Schutz eines Panzers für mich eine willkommene Alternative dar...

Nach dem Wegtreten ging ich zur Schreibstube und meldete mich beim „Spieß". Ich bat um Versetzung und stellte diesbezüglich einen schriftlichen Antrag, allerdings wußte niemand, wie lange die Bearbeitungszeit dauern würde...

In diesem Frühsommer des Jahres 1943 wurde die sich anbahnende Wende des Kriegsgeschehens immer offensichtlicher. Von allen Fronten wurden nur deutsche Rückzüge gemeldet....

Am 13. Mai mußten sich die deutschen Truppen in Tunesien den West-Alliierten mit 130.000 Soldaten ergeben, das Afrika-Korps verlor am selben Tag 157.000 Männer – nur an Gefangenen, und am 10. Juli erfolgte die Landung der Alliierten auf Sizilien. An der Ostfront war indessen eine Stagnation eingetreten.

Eines Vormittags, Anfang Juli, mußte die Kompanie plötzlich auf dem Appellplatz antreten. Niemand wußte, warum. Der Chef erschien mit einem fremden Offizier. Nach der Meldung durch den „Spieß" wurde uns mitgeteilt, daß Unteroffiziere mit Fronterfahrung für die *Aktion Tunis* abgestellt werden sollten. Im Landserjargon nannte man das *Heldenklau*. Es wurden 12 Unteroffiziere ausgewählt – einer davon war ich.

Sofort ging es zur Untersuchung auf Tropentauglichkeit. Ein Assistenzarzt erklärte mich für „kriegsverwendungsfähig". Ich betrachtete es als Gottesfügung... Schon am selben Nachmittag wurden wir mit neuen Tropenuniformen eingekleidet, und am Abend saßen wir schon in der Eisenbahn. Es ging von Küstrin über Berlin und Leipzig nach München, von dort aus weiter über den Brenner – und alles in einem furchteinflößenden Eisenbahntempo. Der Zug raste nur so über die Schienen und durch die Kurven... Endlich sollte ich wieder einmal „Neuland" sehen. Ich stand am Fenster des Abteils und betrachtete die herrliche Landschaft. Hinter mir fachsimpelte man betreffs des Soldatenlebens und mutmaßte, wo wir wohl „landen" würden.

In Rom angekommen, meldeten wir uns bei der Transportleitung, um weitere Order zu bekommen. Wir wußten ja immer noch nicht, wohin es gehen sollte. Aber es stellte sich heraus, daß unsere Reise hier zu Ende war. Man ordnete an, daß wir uns beim Pionier-Stab 16 zu melden hatten. So ließen wir uns die Anschrift aufschreiben und die Verkehrsverbindung erklären. Um zu unserem Ziel zu gelangen, konnten wir einen Bus oder die Straßenbahn nehmen. Wir fragten uns durch und fuhren mit der Straßenbahn quer durch Rom. Eigentlich hätten wir zwölf Unteroffiziere mit unserem Marschgepäck allein für uns zwei ganze Straßenbahnwaggons gebraucht, die aber nicht verfügbar waren. So quetschten wir uns in die ohnehin schon ziemlich vollbesetzte Bahn. Der Schaffner kam, um die Fahrgebühr zu kassieren – aber niemand von uns hatte italienische Lira. Der Schaffner war davon absolut nicht erbaut, wollte sich aber dennoch nicht mit uns, als mit Italien verbündete Soldaten, anlegen und akzeptierte unsere kostenlose Mitfahrt zähneknirschend. Wir fragten erst ihn, dann einige Fahrgäste, ob wir auf dieser Linie in die richtige Richtung fahren würden oder eventuell irgendwo umsteigen müßten, doch immer bekamen wir zur Antwort: „No capito."

Dann zeigten wir unseren Zettel mit der Adresse darauf. Nun bestätigte man uns, daß wir auf dieser Route richtig waren. Aber es dauerte lange, bis wir endlich den Standort des Pionier-Stabs erreichten. In dem Gebäude angekommen, wurden wir vom Wachhabenden dem Adjutanten des Stabes gemeldet und in einen großen Raum geführt. Dort konnten wir endlich unser schweres Marschgepäck ablegen. Der Adjutant erschien und sagte uns, daß unsere „Reise nach Tunis" hier beendet war, und daß wir ab jetzt dem Pionierstab 16 unter der Führung des Generals Schmidt unterstanden – ZbV *(Zur besonderen Verfügung).*

Nach der Begrüßung erklärte er uns, wo wir in der Stadt unsere Quartiere beziehen konnten und in Zivil eingekleidet würden. Wir kletterten auf einen Lastwagen und wurden dorthin gefahren. Allein hätten wir den Weg niemals gefunden.

In einer Seitenstraße unweit des Kolosseums und des Hauptbahnhofs wurde gehalten. Unsere Bleibe war sehr dürftig. Es war ein altes Reihenhaus, und wir lagen alle zusammen in einem großen, offenbar ehemaligen Lagerraum.

Rom war unter Mithilfe des Vatikans zur *freien Stadt* erklärt worden, somit durften die Alliierten die Stadt nicht angreifen, andererseits durften sich aber auch keine Heeresdienststellen darin befinden. Die Ausnahme waren Lazarette oder Leitstellen für durchreisende Soldaten. Für sie war der Aufenthalt gestattet. Deshalb war das Tragen von Uniformen untersagt. Wir kamen uns als Soldaten im Krieg in der Zivilkleidung einigermaßen sonderbar vor, doch der nächste Tag brachte uns ganz andere Überlegungen…

Morgens fuhren wir mit der Straßenbahn *(auch ohne zu bezahlen)* wieder zur Dienststelle. Dort wurden wir einzeln ins Zimmer des Adjutanten gerufen, in dem man einen Sitzplatz angeboten bekam. Dann wurde ein Gespräch „unter vier Augen" geführt. Als ich ihm meine Einheit nannte, stellte sich heraus, daß er einst demselben Bataillon angehört hatte, wie ich – dem Pionier-Bataillon 71. Er war allerdings Angehöriger der 1. Kompanie gewesen, von der ich nur wenige Soldaten kannte. So bestand gleich eine gewisse Beziehung zueinander. Wenn ich mich auch geehrt fühlte, daß man mir nun das Angebot unterbreitete, als Hauptfeldwebel „Spieß" zu werden, so gefiel mir eine solche Position dennoch gar nicht. Das war nicht meine Sache; Bürobetrieb und Verwaltungsbereich waren mir völlig fremd. Ich wand mich, tat mich schwer, *nein* oder *ja* zu sagen. Verantwortung *ja* – aber mit Soldaten an der Front, nicht aber am Schreibtisch, dazu fühlte ich mich zu jung. Ich entschied mich für *nein*.

In der Nähe unseres Quartiers wohnten deutsche Nachrichtenhelferinnen, sogenannte *Blitzmädchen*. Mit deutschen Soldaten hatten sie nicht viel im Sinn, dafür um so mehr mit den italienischen Amigos, die ihnen teure Strümpfe, schöne Stoffe und noch viele andere, für Frauen begehrenswerte Dinge für eine „nette Unterhaltung" boten… Sie belagerten ständig das Haus, in dem die *Blitzmädchen* einquartiert waren. Für uns Soldaten war es ein verrufenes Haus. Unsere auf Anstand und Sitte ausgerichtete Moral vereinbarte sich in keiner Weise mit dem unmoralischen Verhalten dieser lasterhaften Mädchen.

Zur Abwechslung fuhr man mit uns Soldaten für einen Tag zum Privatanwesen des Papstes, das am Castel Gandolfo, in einem Krater eines Vulkantals, in den Albaner Bergen herrlich gelegen war. Die Jahreszeit hatte wunderbare Blüten hervorgebracht, und es war eine Freude, die üppige Natur zu erleben. Aber wo immer man sich aufhielt, man mußte wachsam sein, denn die Agententätigkeit war sehr stark und uns gut bekannt. Bei diesen Leuten handelte es sich um desertierte ehemalige italienische Soldaten.

Während unseres Aufenthalts in Rom hatten wir viel Freizeit, und die nutzten wir für Besichtigungen wie das Kolosseum, das Foro Italico mit dem Nationaldenkmal und dem Grab des Unbekannten Soldaten, das Capitol, die Piazza Venezia und vieles mehr. Das Eindrucksvollste aber war der Besuch des Petersdoms mit einer Audienz bei Papst Pius XII. *(mit bürgerlichem Namen Eugenio Pacelli)*. Dafür waren nur zwölf katholische Soldaten von der Standortverwaltung auserwählt worden – ich gehörte auch dazu.

Auf dem Petersplatz mußten wir uns zu Fuß durch eine große Menge von etwa zweiteinhalbtausend Menschen schlängeln. Uns war dabei nicht ganz wohl in unserer Haut. Als wir endlich den Audienz-Saal betreten hatten, erschien der Kämmerer des Papstes und führte uns in einen kleineren Nebenraum. Der Papst, ein gebürtiger Italiener, wollte uns Soldaten gesondert sprechen. Als er dann durch eine vorher nicht erkennbare Tür diesen Raum betrat, knieten wir verlegen nieder. Der Heilige Vater reichte zur Begrüßung jedem von uns die Hand und fragte in fließendem Deutsch jeden einzelnen, wo seine Heimat war, was für einem Einsatz er gerade zugeteilt war und wie es ihm gesundheitlich ging. Auch wollte er von jedem einen kurzen Lebenslauf geschildert haben. Wir beantworteten alle seine Fragen. Die ganze Audienz dauerte etwa 35 Minuten. Zum Abschied erhielt jeder einen Rosenkranz geschenkt, dessen dunkle Perlen wie aus Kohle gefertigt schienen. Dann segnete er uns – jeden einzeln.

Am 25. Juli wurde Italiens Regierungschef Benito Mussolini vom Faschistischen Großrat des Landes abgesetzt und verhaftet. Sein Nachfolger war nun Pietro Badoglio. Die Lage spitzte sich bedrohlich zu. Uns Soldaten wurde der Ausgang nicht mehr gestattet, und vorsichtshalber trug man eine Pistole in der Hosentasche. Jeden Tag erhielten wir Unterricht in Stellungsbau und Sprengungen. Dabei wurden die Erfahrungen aus dem Osten zugrunde gelegt.

Dann erfuhren wir, daß am 12. August deutsche Fallschirmjäger auf dem Bergmassiv des Gran Sasso gelandet waren und Mussolini aus der Haft im dort oben befindlichen Hotel befreit hatten. *(Mussolini fristete danach als nomineller Chef einer „Repubblica Sociale Italiana“ als „Marionette“ seiner deutschen Aufseher in Norditalien sein vorerst weiteres Dasein. Als sich Mussolini später, nach Kriegsende, in die Schweiz absetzen wollte, wurde er von Partisanen gefaßt und zusammen mit seiner Geliebten erschossen.)*

In der Nacht vom 2. auf den 3. September 1943 wurde bei uns der Alarm ausgerufen. Wir wußten, wie wir uns zu verhalten hatten. Die Zivilkleidung blieb auf unseren Betten liegen, da „Uniform" befohlen war. Im Eiltempo schnappte sich jeder sein Marschgepäck, dann rannten wir die Treppen hinunter. Vor dem Haus warteten bereits zwei Lastwagen. Wohin wir nun gebracht wurden, wußte wieder einmal niemand. In der Dunkelheit verließen wir Rom in südliche Richtung. Nach zweistündiger Fahrt hielten die Lastwagen in einem Wald nahe Frascati. Sofort nachdem wir abgestiegen waren, bildeten wir mit dem Stab eine „Igel-Stellung" *(zur Rundum-Verteidigung).* Als der Morgen heraufdämmerte, konnten wir hohe Weinberge sehen. Dann wurden wir in den Ort geführt. An jeder Straßenecke standen deutsche Wachtposten, denn hier befand sich das Hauptquartier des Generalfeldmarschalls Kesselring. Es lag irgend etwas in der Luft.

Nach dem Polen- und Nordfrankreich-Feldzug sowie der sogenannten Luftschlacht um England (vom 13. August 1940 bis zum 31. Mai 1941) war der General der Flieger, Generalfeldmarschall Albert Kesselring, zum Oberbefehlshaber Süd ernannt worden. Ihm oblag nun die schwierige Aufgabe der Kooperation mit dem italienischen Comando Supremo einerseits und mit Generalfeldmarschall Erwin Rommel (seit Februar 1941 in Nordafrika) andererseits.

Im Laufe des Vormittags erreichten uns erste Informationen: Badoglio und seine Regierung hatten gegenüber den West-Alliierten kapituliert. Er wollte jetzt mit dem italienischen Heer gegen uns Front machen.

Marschall Pietro Badoglio, bei Kriegsausbruch Chef des italienischen Oberkommandos, hatte schon Italiens Kriegseintritt an der Seite Deutschlands als Selbstmord bezeichnet und den italienischen Angriff auf Griechenland, den fatalen Balkanfeldzug, kritisiert – für dessen Fehlschlagen er von Mussolini verantwortlich gemacht und am 6. Dezember 1940 entlassen worden war. Nach Mussolinis Sturz hatte Badoglio die Regierungsgeschäfte übernommen und einen Sonder-Waffenstillstand mit den West-Alliierten ausgehandelt. Nachdem am 12. August deutsche Gegenmaßnahmen eingeleitet worden waren, hatte sich Badoglio mit dem italienischen König ins bereits befreite Brindisi abgesetzt. Später, am 13. Oktober, erklärte er Deutschland den Krieg.

Am Nachmittag des 3. September erschien in unserer Nähe ein Fallschirmjäger-Pionier-Zug der 2. Fallschirmjäger-Division. Wir nahmen Kontakt zu ihnen auf und erfuhren, daß sie an der Befreiung des Duce beteiligt gewesen waren. Infolge schlechter Landungen hatte es einige eigene Verluste gegeben – unter ihnen war auch ihr Zugführer gewesen.

Es herrschte spontan eine großartige Kameradschaft unter uns Pionieren zweier verschiedener Truppengattungen. Abends erschien auch der Kompaniechef der Fallschirmjäger. Er setzte sich zufällig zu mir, und es kam zu einem Gespräch, in dessen Verlauf er mich fragte, ob ich bereit sei, den Fallschirmjäger-Zug zu übernehmen. Von diesem Antrag war ich begeistert und fühlte mich geehrt, konnte aber im Moment keinerlei Zusagen machen, weil ich erst die Erlaubnis meines Stabes einholen mußte. So ging ich sofort zum Adjutanten. Der aber unterstellte mir Unzufriedenheit, kein Vertrauen zum Pionier-Stab und noch vieles mehr – jedenfalls erhielt ich ein klares „Nein!“ Ich hatte doch so gern wieder in den Einsatz gewollt, denn für die Etappe war ich so gar nicht geeignet. Es tat mir sehr leid, den Fallschirmjägern absagen zu müssen.

Etwas später gesellte sich eine italienische Afrika-Einheit dazu, die unbedingt unter deutscher Führung weiterkämpfen wollte. Hier erlebte ich zum erstenmal, wie eine Blutsbrüderschaft geschlossen wurde. Es war eine große Kameradschaft unter allen diesen Männern, die mir sehr imponierte. Die in der Nähe befindlichen Weinberge machten wir zu unserer „Eroberung“ und holten die köstliche Flüssigkeit gleich in einem 20-Liter-Kanister von einem Winzer – und erhielten sie völlig kostenlos. Natürlich blieb die Wirkung der „Überdosis“ dieses guten Getränkes nicht aus, aber sie war dennoch relativ harmlos. In diesem Wald biwakierten wir sechs Tage lang und schliefen in Zelten. Dann erreichte uns eine erschreckende Meldung: *„Feindliche Invasion bei Salerno!“*

Am 9. September 1943 waren unter dem Decknamen „Avalanche“ Verbände der 5. US-Armee unter Brigadegeneral Clark im Golf von Salerno, südöstlich von Neapel, gelandet – unterstützt von 84 Kriegsschiffen und etlichen Landungsbooten. Das Ziel des Unternehmens bestand in einer möglichst schnellen Einnahme der sich um die gesamte Bucht erstreckenden Höhenzüge, um somit einen Weg ins Hinterland zu finden, auf Neapel vorzustoßen und die im Südteil Italiens befindlichen deutschen Truppen abzuschneiden.

Gänzlich unerwartet kam nun unsere Verlegung. Zwei Personenwagen und ein Kradmelder waren unsere Vorausabteilung. In einem der Pkw saß ein General *(dessen Namen ich hier nicht nennen möchte).* Für seinen Begleittrupp wurde auch ich bestimmt. Vor derartig hohen Offizieren hatte ich wirklich Respekt, und ich war etwas unsicher, als ich mich bei ihm meldete. Der Begleittrupp hatte die Aufgabe, die Fahrten des Generals gegen etwaige Überfälle und Flugzeugangriffe zu sichern. Als wir dann den Wald verließen, bog die Kolonne auf die berühmte Via Appia. An ihren Straßenrändern lagen massenhaft ausgebrannte Wracks deutscher und italienischer Privat- und Militärfahrzeuge, daneben viele Soldatengräber – alles Opfer der gefährlichen Jagdbomber der Alliierten.

Seit einiger Zeit schon machten die Jabos der West-Alliierten jegliche Truppenbewegung zu einem großen Risiko. Am schlimmsten waren die überfallartigen Angriffe der doppelrümpfigen Lightnings. Sie fegten immer wieder alle Straßen leer.

Je näher wir nach Süden fuhren, um so schöner wurde die Landschaft. Nun sah ich zum erstenmal Plantagen von Feigen-, Zitronen- und Apfelsinenbäumen. Hier öffnete sich das große Tal, das vom Liri-Fluß durchzogen wird. Es war herrlich anzusehen, und ich fragte mich, warum ständig neue Kriege immer wieder soviel Elend und Vernichtung über die Menschen und die Natur bringen.

Auf einem großen Bauernhof in der Nähe von Pontecorvo bezogen wir Quartier. Hier wurde auch unser Gefechtsstand eingerichtet. In sechs Kilometern Entfernung lag Cassino mit dem gleichnamigen Berg und dem großen, alten Kloster auf seiner Spitze. Noch bis vor wenigen Jahren war das ganze Gebiet malariaverseucht, und erst unter dem „Duce" *(=Führer)* Mussolini war es zum Kultur- und Agrarland geworden. Doch der Boden war

Fern der Heimat und in fremder Erde – Gräber deutscher Soldaten.

stellenweise noch immer moorig-feucht. Dieses weitläufige, offene Gelände war für eine von Cassino nach Geata verlaufende Verteidigungslinie sehr gut geeignet. Es wurde nun damit begonnen, diese Linie zu befestigen – und dafür bot sich auch ein von den Italienern „übernommenes“ Depot an.

Die in aller Eile von der Organisation Todt, italienischen Arbeitsbataillonen und deutschen Pionieren in Mittelitalien von Nordosten nach Südwesten errichtete Verteidigungsstellung bildete 120 Kilometer vor Rom eine starke Sperre gegen die von Süden vorstoßenden Truppen der Alliierten. Dieser mit dem Decknamen „Gustav-Linie“ errichtete Sperrriegel erstreckte sich mit einer Gesamtlänge von fast 150 Kilometern von der Adria über die Abruzzen und vom Quellgebiet des Rapido (in annähernd zweitausend

Mit einem VW-Kübelwagen war ich mit zwei weiteren zum Begleittrupp „unseres“ Generals gehörenden Soldaten in den Ortskern von Monte Cassino gefahren und sah dort viel Schmutz und viel Zerstörung.

Metern Höhe) zum Monte Cassino und bis zur Mündung des Garigliano ins Tyrrhenische Meer im Golf von Geata. Nachdem Neapel bereits am 1. Oktober 1943 von den West-Alliierten eingenommen worden war, hatten sie die Einnahme Roms noch für denselben Monat geplant.

Eines Tages wurde besagter General zum OB *(Oberbefehlshaber)* Süd *(Generalfeldmarschall Kesselring)* befohlen. Unser Geleit fuhr mit. Nach der Generalsbesprechung verfuhren wir uns infolge einiger Umleitungen und mußten in einem sehr einsam stehenden, unbewohnten Bauernhaus Quartier beziehen. Umständehalber ergab sich die Situation, daß ich mit dem General allein in einem der wenigen Räume schlafen mußte. Der General entledigte sich seiner Kleidung – und ich konnte sehen, daß er auch nur ein Mensch wie alle anderen war... Zwar verlor ich durchaus nicht den Respekt vor seiner Autorität, dafür aber das erdrückende Gefühl, das mich bisher in Anwesenheit derart hochgestellter Persönlichkeiten immer so unangenehm beschlichen hatte.

Dafür beschlich mich vom nächsten Tag an ein anderes, unangenehmes Gefühl – nämlich der richtige Mann am falschen Platz zu sein... Es mußte nun bald einmal irgend etwas geschehen, denn diese vielen Verlegungen und die ständige Warterei auf neue Ereignisse waren nicht meine Sache. Die Sehnsucht flüsterte mir ins Ohr, *Du mußt fort von hier*, und ich gab ihr recht. Ein paar Tage später meldete ich mich mit der offiziellen Version „als Folge meiner einstigen Lungenentzündung mit leichtem Fieber“ krank. Wie von mir nicht anders erwartet, war das für den Arzt ein Rätsel, und vorsichtshalber schickte er mich in ein Feldlazarett. Von dort aus wurde ich umgehend in ein stationäres Lazarett ins schöne Florenz verlegt.

Nach zwei Wochen durfte ich wieder aufstehen. In der anschließenden Woche besichtigte ich die hübsche Stadt eingehend. Der Weg vom Lazarett in die Stadt führte über die schöne *Goldene Brücke* des Arno.

Dann wurde ich entlassen. In der Schreibstube fragte man mich, wohin ich mich nun begeben wollte, denn ich brauchte ja einen offiziellen Marschbefehl. Ich sagte: „Zum Pionier-Ersatz-Bataillon 68 in Küstrin.“

Da in meinem Soldbuch bisher noch keine andere Eintragung erfolgt war, konnte ich problemlos meine Heimreise antreten.

In Küstrin traf ich einige meiner alten Kameraden. Sie waren für eine Neuaufstellung oder als Ersatz für unser altes Pionier-Bataillon 71 vorgesehen. Hier erfuhren wir, daß seit dem 15. September die Räumung des Kuban-Brückenkopfes begonnen hatte – unter äußerst schlechten Witterungsbedingungen.

Trotz etlicher, mit starken Kräften geführter Angriffe seitens der Sowjets, hatte der deutsche Kuban-Brückenkopf siebeneinhalb Monate lang standgehalten. Zu Beginn der Räumungsaktion befanden sich in der Mitte des September 1943 noch 239.669 einsatzfähige Soldaten, 16.311 Verwundete, 27.456 Zivilpersonen, 115.477 Tonnen Wehrmachtgüter (inklusive Munition), 21.230 Kraftfahrzeuge, 74 Panzer, 1.815 Geschütze und 74.657 Pferde auf der Taman-Halbinsel, die nun auf die Krim überführt wurden.

Die Heeresgruppe Süd war arg in Bedrängnis, und unser Ersatztransport sollte in drei Tagen von Küstrin aus abgehen... Ich wollte aber nicht noch einmal dort hinunter und erinnerte mich an mein damaliges Versetzungsgesuch. So ging ich zum Ia des Pionier-Stabsbataillons und fragte beim diensthabenden Feldwebel betreffs meines Antrags nach.

Der Feldwebel suchte in einem einen halben Meter hohen Papierstapel. Ganz unten fand er dann endlich mein Versetzungsgesuch. Er sah es an und sagte: „Eigentlich müßten Sie schon längst fort sein..."

Sofort gab ich sämtliche Ausrüstungsgegenstände ab – bis auf meinen leichten Dienstanzug. Dann empfing ich die Marschpapiere. Ich sollte mich nach Burg bei Magdeburg begeben, zur Sturmartillerie-Schule 500. Die Kameraden konnten erst nicht glauben, daß ich sie wirklich verlassen würde, und unser Abschied fiel allen schwer. Nun trennten sich unsere Wege endgültig.

Ein neues Soldatenleben

Vom Bahnhof Burg bis zur Kaserne war es sehr weit. Ein Taxi gab es hier nicht, und Wehrmachtfahrzeuge kamen keine vorbei. So mußte ich den langen Weg zu Fuß zurücklegen.

Erst eine kleine Ewigkeit später stand ich vor einer noch relativ neuen Kaserne, die einen guten Eindruck auf mich machte. Am Kasernentor wurde ich vom Wachtposten zuerst in die Wachstube geschickt, in der ich meine Papiere vorlegen mußte. Nach Erledigung der üblichen Formalitäten sollte ich mich zum Stabsgebäude begeben.

Der Exerzierplatz im Kasernenhof war leer. Es herrschte offenbar kein Dienstbetrieb. Im Stabs-Geschäftszimmer erklärte man mir, daß die Sturmartillerie-Schule für Mannschaften und Unteroffiziere ein Vierteljahr zuvor zum Warthe-Lager bei Posen verlegt worden war. Man händigte mir neue Papiere aus, und ich setzte mich wieder in Marsch, den ganzen langen Weg zurück zum Bahnhof... Aber dieses Mal hatte ich Glück, denn ein Offizier, der ebenfalls von der Kaserne kam, nahm mich in seinem Pkw noch den halben Weg bis zum Bahnhof mit.

Im gleichmäßigen Takt der Schienenstöße fuhr der Zug über Berlin, Frankfurt an der Oder und Schwiebus. Hier wurden alte Erinnerungen wach... Dann ging es weiter, bis zum Hauptbahnhof Posen.

Ich freute mich, wieder in Posen zu sein; es war eine hübsche Stadt. Mir kam der Gedanke, daß ich hier gut meinen Lebensabend verbringen könnte *(aber das sollte so ganz anders kommen)*. Der nächste Personenzug, den ich hier bestieg, brachte mich zum Warthe-Lager.

Der Bahnsteig dort war ein aus Balken und Bohlen errichtetes, offenbar neues Provisorium. Auch die Zäune am Bahnsteig waren neu und rochen noch stark und streng nach Karbolineum. Eine Bahnsteig-Sperre gab es nicht – ich befand mich bereits in dem großen Truppenausbildungslager für sämtliche Wehrmachtteile. Hinweisschilder markierten die Wege zu den jeweiligen Einheiten. Die Straßen wurden von Holzhäusern und Baracken gesäumt.

Etwa sechshundert Meter vom Bahnhof entfernt, lag meine neue Einheit. Ich meldete mich im Geschäftszimmer an und wurde sofort vom Kompaniefeldwebel zum Chef der Sturmgeschütz-Schule 500 gebracht und ihm vorgestellt. Der Lehrgang lief bereits seit zwei Wochen. Man sagte mir: „Treten Sie gleich in den Lehrgang ein, und sehen Sie zu, daß Sie den Rückstand so schnell wie möglich aufholen."

In der großen „Bude", in die ich einquartiert wurde, lagen bereits 25 Unteroffiziere, und alle waren schon mehrmals ausgezeichnet. Sie begrüßten mich mit Handschlag und hießen mich in der Gemeinschaft willkommen. Die Männer hier waren ein aus verschiedenen Einheiten „zusammengewürfelter Haufen".

Nachdem man mir ein Bett und einen Spind zugewiesen hatte, nahm ich meinen Laufzettel und meldete mich überall an. Zuletzt ging ich zur Bekleidungskammer. Hier gab ich nun meine mir so vertraute Pionier-Uniform ab und empfing statt dessen eine feldgrüne und die schwarze und viel schickere Uniform eines Panzersoldaten. Auf den Kragenspiegeln der schwarzen Uniform prangte jeweils ein silbern glänzender Totenkopf. Sie sollte eigentlich nur während des Kasernendienstes getragen werden – aber wir trugen sie auch während des Ausgangs.

Nun waren wir bereits speziell ausgebildete und fronterfahrene Soldaten gewissermaßen wieder „Rekruten“, denn wieder standen theoretische und praktische Ausbildung auf dem Dienstplan. Unser Ausbilder im Hörsaal war Oberwachtmeister Schäfer. Er hatte in Rußland durch einen Granatsplitter ein Auge verloren. Er erklärte uns vormittags Zweck und Einsatz der Panzerwaffe, nachmittags erhielten wir von anderen Ausbildern die praktische Einführung.

Wir lernten, daß die 7,5-cm-Kanone L48 und das Zielfernrohr für den Richtkanonier die eigentlichen „Hauptbestandteile“ des *Sturmgeschütz III* darstellten. Neben dem Richtkanonier befand sich der Ladekanonier und der MG-Schütze, der gleichzeitig auch als Funker agieren mußte. Die Frontpanzerung hatte eine Stärke von fünf Zentimeter, die Seitenpanzerung drei Zentimeter. Hinter der Frontpanzerung saß der Fahrer an einer Knüppellenkung. Bei Abweichungen von der vorgesehenen Fahrtrichtung mußten zur Korrektur die Steuerhandhebel links oder rechts angezogen werden. Der Fahrer hatte nur zwei Möglichkeiten hinaus zu sehen – durch einen Sehschlitz und durch die Fahreroptik. Das „Auge“ des Geschützführers bildete im Gefecht das Scherenfernrohr. Auf seiner Seite im Kampfwagen befand sich die gesamte Funkanlage *(ein Sender und zwei Empfänger)*, für die zwei Antennen hochgeklappt werden mußten. Für die Verständigung im Inneren des Panzers sorgte eine Bordsprechanlage. Der Geschützführer und der Zugführer mußten alle einzelnen Teile kennen und einen eventuellen Defekt sofort feststellen können. Wir mußten auch lernen, den Motor des Panzers mittels eines Schwungkraftanlassers zu starten – eine Ausnahmesituation, die nur in Notfällen eintreten konnte, wenn der elektrische Anlasser ausfallen würde. Die Gleisketten mußten nach jeder längeren Fahrt überprüft und gegebenenfalls nachgestellt werden. Man mußte wissen, wo der Treibstoffeinfüllstutzen sitzt, und daß 320 Liter Sprit für eine Strecke von zirka 140 Kilometer auf der Straße und 80 bis 90 Kilometer im Gelände reicht. Auch wurde der Aus- und Einbau des Rohrverschlusses geübt – für den Fall, daß die Ausziehkralle für die Granathülsen abbrechen würde. Das richtige Einschätzen der Entfernungen im Gelände war eine wichtige Voraussetzung für treffgenaue Schüsse. Oft traf erst nach dem sogenannten „Gabeln“ der dritte Schuß das Ziel *(links daneben, rechts daneben – oder umgekehrt – dann in der Mitte der Treffer).* Noch wichtiger war es, mittels einer in der Zieloptik integrierten Abstandskala durch „Vorhalten“ bewegliche Ziele zu treffen. Mit der Kanone des Kampfwagens wurden gegen angreifende Infanterie, MG- und sonstige Verteidigungsstellungen Sprenggranaten verschossen; auf gepanzerte Objekte oder Bunker wurde mit Panzergranaten gefeuert.

Im Laufe der Zeit bekamen wir immer mehr Verständnis für diese neue Waffe, und es kam ein Gefühl des Vertrauens und der Sicherheit auf. Wenn wir nach dem Scharfschießen im Gelände zurückfuhren, stand ich als Geschützführer in der Geschützführerluke und spürte die Macht dieser starken Waffe...

Das Sturmgeschütz III, Ausführung D, Sonder-Kfz. 142, mit seiner vierköpfigen Mannschaft. Die Höchstgeschwindigkeit des Panzers lag bei 40 km/h auf der Straße und 19 km/h im Gelände. Insgesamt wurden von 1936 bis 1942 bei „Alkett“ 822 StuG III, Ausführung A bis F, produziert.

Beim Munitionieren mußte die gesamte Besatzung mithelfen, um die schweren 7,5-cm-Granaten im Sturmgeschütz in den Lagerungsbuchsen zu verstauen. Während der Ausbildung waren es 40 Granaten, im Einsatz 70 bis 90. Zwei Drittel waren Panzergranaten und ein Drittel Sprenggranaten.

Fast an jedem Wochenende fuhren wir nach Posen, um uns in der Freizeit im Kino oder in den Cafés etwas von der Ausbildung und dem Krieg abzulenken. Ich hatte hier neue Kameraden und Freunde gefunden und war nun fast ständig mit Adolf Dresel und Paul Rudeck zusammen. Das größte Café in der Stadt war ständig voll Soldaten, und man mußte lange warten, bis ein Sitzplatz frei wurde. So war es möglich, daß wir drei nicht alle an demselben Tisch sitzen konnten. Deshalb suchten wir immer erst die vielen Räume des Cafés nach einem geeigneten Tisch ab.

Als wir einmal wieder auf der Suche nach drei Sitzplätzen durch das Café gingen, stieß ich mit einer hübschen jungen Frau zusammen, die sich in Begleitung einiger SS-Männer befand. Für einen kurzen Moment waren wir beide überrascht, dann schlang sie voller Freude über das Wiedersehen spontan ihre Arme um meinen Hals. Die Umherstehenden waren betreffs dieser Szene verwundert.

Nach ein paar nur flüchtigen Sätzen verabschiedeten wir uns wieder voneinander. Kurz darauf fanden meine beiden Freunde und ich einen freien Tisch. Meine Begegnung mit der Hübschen hatte auf Adolf und Paul mächtig Eindruck gemacht: „Das war ja ein hübsches Mädchen…“

Aber ich wollte nichts dazu sagen.

Am späten Abend, ich saß inzwischen allein am Tisch, fand sie mich wieder und setzte sich zu mir. Es gab viel zu erzählen, und ich beschwerte mich über ihre Schreibfaulheit. Sie erklärte, daß sie nicht geschrieben habe, weil sie sich nicht an einen Mann binden wollte. Dennoch verabredeten wir uns wieder. Doch sie erschien dann nicht, aber vielleicht hatten wir uns auch irgendwie verfehlt. Ich war enttäuscht, denn ich wollte doch gern eine feste Freundin finden. Da fiel mir die russische Wahrsagerin wieder ein…

Zum Ende des Jahres war eine Urlaubssperre verhängt worden. So begingen wir das Weihnachtsfest und den Beginn des Jahres 1944 in unserer Stube. Die Verpflegung und die Sonderzuteilung waren gut, aber da stand etwas Unangenehmes im Raum, über das niemand sprach, aber das dennoch spürbar war – die Gedanken an unsere Kameraden, die jetzt da draußen, irgendwo an der Front, in der Kälte in den Gräben lagen und tapfer ihr Leben verteidigen mußten… Wir wußten, daß in der Ukraine, bei der Heeresgruppe Süd, in den beiden Kesseln bei Tscherkassy und um Kamenez-Podolsk sowie auf der Krim schwere Kämpfe tobten. Die Russen kamen dem Westen immer näher…

In den letzten Wochen des Februar wurden wir hauptsächlich im Funken ausgebildet. Wenn wir aber im Freien waren, mußten wir uns gut gegen die Kälte schützen. Es lag noch Schnee, und der eisige Ostwind blies uns schmerzhaft in die Gesichter. Mit schweren Schritten stapften wir über die weißen Felder, durch kahle Wälder und über holprige Feldwege. Auf kleinen, hölzernen Handkarren zogen wir unsere Funkgeräte hinterher. Wir marschierten nach vorgegebenen Marschzahlen auf dem Kompaß und mit einer Karte der weiteren Umgebung. In unterschiedlichen Abständen wurden wir angerufen, und wir mußten uns in der Kommandosprache melden, so als ständen wir mit einem Kampfwagen in Lauerstellung. Das Schwierigste an der ganzen Ausbildung war für mich das Morsen, dieses *di, dit, diet, di, dit...*

In der zweiten Hälfte des Monats März fand die Abschlußprüfung statt. Bei dem Gedanken daran war mir unwohl zumute. Die Prüfungen sollten in der Reihenfolge Theorie und Praxis abgenommen werden – vor dem Kommandeur, den Offizieren und Unteroffizieren. Aber ich war nicht der einzige von uns Prüflingen, der nervös war, denn einer machte den anderen verrückt.

An einem Donnerstag war es dann soweit: Theorie-Prüfung. Die Praxis-Prüfung sollte am Freitag erfolgen. Alle waren in dem sehr warmen Hörsaal versammelt, dann kam der Kommandeur der Sturmgeschütz-Schule mit seinem Gefolge. Die „alten Sturmgeschütz-Hasen“ begannen, ihre Fragen zu stellen, und unsere Antworten erfolgten knapp und präzise. Der Hörsaal-Leiter lächelte zufrieden. Dann wurde eine Pause angesetzt.

Auf dem Gang wurden von den Prüflingen massenhaft Zigaretten geraucht, und die Toilette war bald überfüllt. Überall Nervosität.

Nach der Pause sprach der Kommandeur dem Lehrpersonal und den Schülern seine Anerkennung aus. Geschafft! Der erste Teil der Prüfung lag hinter uns. Wir gratulierten uns gegenseitig.

Abends gingen wir nochmals in den Lehrsaal, in dem sich die Innenausrüstung eines Sturmgeschützes befand, um uns alles noch einmal genau einzuprägen – den Verschluß der Kanone mit geschlossenem Verschlußkeil, dem Sicherungsgestänge und dem Sicherheitsschalter. Noch einmal schnell den Aus- und Einbau proben.

Am nächsten Morgen wurde beim Appell „Feldanzug ohne Mantel“ befohlen *(der übliche Kampfanzug für eine Panzerbesatzung)*, damit wir überhaupt in die engen Luken der Kampfwagen hineinkamen. Beim Schießen durfte sich sicherheitshalber niemand vor dem Sturmgeschütz aufhalten. Der Abschußknall war für die Ohren schon schlimm genug, wenn man dahinter stand... Jeder Prüfling hatte nun zwei Panzer- und eine Sprenggranate zu verschießen. Die Treffer wurden bewertet. Die Fahrer, Richtschützen und Ladekanoniere der zur Verfügung gestellten Panzer kannten wir nicht. Folglich waren wir auch nicht aufeinander eingespielt. Ich saß in den Haltegurten, da kam der Einsatzbefehl: „Panzer Marsch!"

Der „Feind" wurde mittels Papp-Panzern und Papp-Schützen dargestellt, die von einem Erdbunker aus bewegt wurden. Meine Fahrt verlief gut, und ich konnte hinterher melden: „Einen Panzer und einen MG-Stand vernichtet."

Mittags waren wir im Gelände fertig. Die Herren Stabsoffiziere und ihre Begleitungen verabschiedeten sich mit Gesichtern, die Zufriedenheit ausdrückten...

Während meiner Zugführer- und Kommandantenausbildung bei der Sturmgeschützausbildungsabteilung 500 im Warthe-Lager vom Oktober 1943 bis Mai 1944. An meiner neuen, feldgrünen Panzeruniform trug ich nun das Band der Medaille Winterschlacht im Osten (gestiftet am 26. Mai 1942 für alle Soldaten, die vom 15.11. 1941 bis 15.4.42 an der Ostfront gestanden und mindestens 14 Tage lang an Gefechten teilgenommen hatten, verwundet wurden oder Erfrierungen erlitten hatten oder sich mindestens 60 Tage kontinuierlich im Einsatz befanden).

Am Nachmittag folgte die weitere Prüfung durch einen Oberfunkmeister und einen Offizier. Danach stellten wir aufatmend fest, daß keiner von uns Dreien durchgefallen war. Abends feierten Adolf, Paul und ich unsere bestandene Prüfung mit dem Wenigen, was wir in dieser Zeit bekommen konnten.

Da erschien unser Batteriechef in unserer Stube. Er setzte sich und unterhielt sich längere Zeit mit uns. Eindringlich ermahnte er uns:

„Geht im Kampf kein Risiko ein, wenn's soweit ist...! Sehen, bekämpfen, zurückfahren!"

Nur jemand, der Erfahrung hatte, konnte so reden.

Wir Lehrgangsteilnehmer wurden nun zur Marsch-Batterie verlegt, die in einem großen, roten Backsteingebäude einer ehemaligen alten Kaserne lag. Vier Unteroffiziere lagen auf einer Stube, in jeweils zwei Betten übereinander. Ich belegte eines der unteren Betten, über mir lag Adolf Dresel.

Am folgenden Tag wurden wir feldmarschmäßig eingekleidet. In der Bekleidungskammer herrschte Hochbetrieb. Wir legten Wert darauf, daß die neuen Uniformen auch wirklich paßten. Nun trugen wir die roten Paspelierungen und rot-silberne Kragenspiegel der Artillerie. Der flotte Schnitt der feldgrauen Bluse entsprach jenem der schwarzen Kampfjacke der Panzertruppe.

Noch in derselben Woche wurden wir zu 33 Sturmgeschütz-Besatzungen neu zusammengestellt. Die Richt- und Ladekanoniere sowie die Funker kamen von unserer Ausbildungs-Abteilung 500. Die 33 Panzerfahrer kamen vom Artillerie-Lehr-Regiment in Jüterborg zu uns. Nun wußte jeder, wer zu wem gehört. Mit mehreren Lastwagen wurden wir nun zum Bahnhof Posen gefahren. Dort stiegen wir in einen Sonder-Personenwagen, und es ging nach Breslau. Vom Bahnhof aus marschierten wir ins Truppendepot, in dem für uns 33 nagelneue Sturmgeschütze zur Abholung bereitstanden. Es gab nun eine Menge Lauferei, um die ganze Ausrüstung für die Panzer zu erhalten. Von einer Halle zur anderen mußte man laufen, um die jeweiligen Geräte zu empfangen. Wir erhielten Funkgeräte, Maschinengewehre, Pistolen *(denn Panzerbesatzungen führen keine Gewehre mit sich)*, Munition und Leuchtpistolen. Dann erhielten wir auch noch die Granaten für die Panzerkanonen, und die Panzer wurden aufgetankt.

Wir hatten uns beeilt und waren ziemlich früh mit allem fertig. Doch dann erfuhr ich vom verantwortlichen Begleitoffizier, daß erst am nächsten Vormittag mit dem Verladen begonnen wurde. Danach sollte die Fahrt losgehen. Da es nicht weit bis Wilkau war, bat ich um einen Kurzurlaub für 14 Stunden auf Ehrenwort. So konnte ich vor der Abfahrt noch einmal meine Mutter besuchen. Ich erhielt einen Marschbefehl und fuhr auf eigene Rechnung los. Am Hauptbahnhof ließ ich mich noch in meiner neuen Uniform fotografieren. Wieder einmal konnte ich meine Lieben daheim mit meinem plötzlichen Erscheinen überraschen. Die Freude war sehr groß, doch die zur Verfügung stehende Zeit nur kurz. Am nächsten Morgen mußte ich schon sehr früh aufbrechen. Wieder verabschiedeten wir uns voller Zuversicht.

Ich kam früher zurück, als erwartet, und das freute den Oberleutnant. Pünktlich und genau wie geplant, wurde mit dem Verladen der 33 Sturmgeschütze auf Eisenbahnwaggons begonnen. Dann setzte sich der lange Zug in Bewegung. Es ging über Oppeln, Krakau und Lemberg bis Tarnopol. Fast zwei Tage waren wir unterwegs. Da man mit Sabotageakten und

Partisanenangriffen rechnen mußte, wurden während der Fahrt vorsichtshalber drei Wachtposten aufgestellt, und alle Soldaten waren ständig einsatzbereit. Die Fahrtroute war mir bekannt, da ich sie ja bereits befahren hatte. Noch gewöhnungsbedürftig erschien uns der bevorstehende Einsatz mit der neuen Panzerwaffe, aber der Gedanke an den stählernen Schutzmantel und die neue Kameradschaft stimmten uns alle recht zuversichtlich.

Auf einem Feldbahnhof angekommen, mußte über eine Kopframpe schnell entladen werden. Bis zur Front war es nicht mehr weit, und wir konnten die Artillerie schon schießen hören. Nun war wieder mit russischen Fliegerangriffen zu rechnen...

Ein Hauptmann der 4. Panzer-Armee empfing uns. Dann fuhren wir in Richtung Front. Am Zielort angekommen, konnten wir sofort in bereits ausgehobene und gut getarnte Panzerlöcher rollen. Kurz darauf mußten die Besatzungen antreten. Zu unserem Erstaunen wurde uns nun mitgeteilt, daß wir hier nicht lange im Einsatz bleiben würden, lediglich solange, bis die regulären Besatzungen aus dem Heimaturlaub zurückgekehrt waren, denn die von uns überführten Sturmgeschütze sollte die 14. Panzer-Division erhalten.

Beim Durchqueren einer Ortschaft mit den Sturmgeschützen.

Am nächsten Tag erhielten wir überraschend den ersten Einsatzbefehl. Mit zwölf Kampfwagen mußten wir an die Front fahren, um einen russischen Einbruch nordöstlich von Tarnopol abzuriegeln. So rückten wir, wie auf dem Truppenübungsplatz gelernt, in breiter Reihe über leicht hügeli-

Mit den Sturmgeschützen auf dem Weg zum ersten Einsatzort.

ges Gelände vor. Gerade einen sanften Hügel herabfahrend, sah ich plötzlich zwei russische T34-Panzer auf der vor mir liegenden Anhöhe stehen. Genau in diesem Moment feuerte einer von ihnen auf uns. Ehe ich mit meinem Kampfwagen zum Stehen kam, gab es einen lauten Knall. Unser Panzer war getroffen worden, aber niemand wußte, an welcher Stelle und wie stark. Ich rief dem Ladekanonier zu: „Nebelkerzen nach vorn abbrennen!"

Da ging ein zweiter Schuß so nah über unseren Panzer hinweg, daß ich glaubte, daß die Panzerplatten abheben würden. Gespannt verharrten wir ohne jede Bewegung. Uns allen war recht mulmig geworden... Das Ausbooten *(das Verlassen des Panzers)* schien unmittelbar bevorzustehen, doch innerlich sträubte ich mich dagegen.

Als ich dann über Funk mit dem Gefechtsstand Verbindung aufnahm, wurde uns befohlen, Ruhe zu bewahren. Es war mir aber nicht möglich, eine genaue Trefferlage durchzugeben. Wir hatten nur den Schlag gespürt und eine Qualmwolke gesehen. Die beiden T34 standen uns noch immer reglos gegenüber...

Am späten Nachmittag sah ich, wie dünne Rauchfahnen an den Hecks der beiden T34 aufstiegen – sie hatten ihre Motoren gestartet. Unsere Kanone war noch geladen, und der Richtkanonier meldete mir die Feuerbereitschaft. In diesem Moment drehten sich die beiden Russen-Panzer zur Seite, um davonzufahren. Ich erteilte den Feuerbefehl. Erster Schuß – ein Treffer. Dann der zweite Schuß – noch ein Treffer. Wir brüllten und schrieen vor Erlösung, aus Angst und aus Freude darüber, noch am Leben zu sein. Unsere Gefühle waren völlig durcheinander geraten, es war nur noch ein einziges emotionales Überschäumen.

Auf der Anhöhe standen die beiden T34 und brannten. Ich sagte dem Fahrer, er sollte versuchen, unseren Motor zu starten und anzufahren. Der Motor sprang sofort an, aber beim Losfahren zog unser Kampfwagen nur einseitig weg… Ich gab einen kurzen Situationsbericht über Funk an unseren Batteriechef durch und erhielt daraufhin die Order, zu verharren, bis wir in der Dunkelheit abgeholt werden könnten.

Schweigend sahen wir zu, wie die beiden russischen Panzer ausbrannten. Kein einziges Besatzungsmitglied hatte einen der beiden T34 verlassen – sie waren alle verbrannt… Aber auch zwei deutsche Sturmgeschütze waren abgeschossen worden, und auch aus ihnen war niemand mehr ausgestiegen. Ich dachte daran, daß wir mit diesen Kameraden doch erst noch vor kurzer Zeit gesprochen hatten – nun waren sie tot… Und die da drüben hatten auch Kameraden, mit denen sie noch kurz zuvor gesprochen hatten. *So ist der Krieg*, dachte ich, *dieser elende, verdammte Scheiß-Krieg…*

Als dann die Dunkelheit hereinbrach, erhielt ich per Funk die Ankündigung, daß man uns nun abholen würde. Ich stieg aus, um mir den Schaden am Sturmgeschütz anzusehen. Das rechte Antriebsrad war getroffen worden und lag neben dem Panzer. Da erschien der Bergepanzer und nahm unser Fahrzeug auf die Scheren-Stange. Wir verließen unseren Standort ohne weitere Feindeinwirkung. Man schleppte uns zum Instandsetzungszug, und damit war unser Auftrag erfüllt.

Nach nur noch weiteren fünf Tagen Aufenthalt ging es dann wieder zurück nach Posen, zur Sturmgeschütz-Ersatz-Abteilung 500. Dort am Vormittag angekommen, erwartete uns ein anderes Abstell-Kommando. Die Gerüchte gingen um, daß wir sofort nach Riga *(Hauptstadt Lettlands)* beordert werden sollten. Ein Oberleutnant vom OKH *(Oberkommando Heer)*, aus Berlin, suchte für sich Leute aus. Unter den von ihm ausgewählten sieben Unteroffizieren und etlichen Mannschaften war auch ich dabei. Wir sollten nun Selbstfahrlafetten mit 8,8-cm-Kanonen übernehmen. Wir waren enttäuscht, weil es nicht mehr die Waffe war, an der man uns einst ausgebildet hatte und mit und in der ich mich sicher fühlte. Mir kam ein Ausspruch meines Vaters in Erinnerung: „Melde Dich niemals freiwillig für Aufgaben, die mit großer Gefahr oder Risiken verbunden sind.“

Da ich mit meinen beiden Freunden zusammen war, fügte ich mich der Abstellung, und wir fuhren mit dem Zug nach Groß-Born. Dort angekommen, gerieten wir schon direkt hinter dem Bahnhof auf einen großen Truppenübungsplatz mit vielen Gebäuden. Das Gros der Abteilung war bereits versammelt. Wir waren die zuletzt eingetroffenen Soldaten der 3. Batterie der Artillerie-Pak-Abteilung 1039 *(bei der Artillerie entspricht eine Abteilung einem Bataillon der Infanterie, und eine Batterie einer Kompanie)*. Unser neuer Batteriechef führte uns in eines der Gebäude, dann begannen auch hier wieder die üblichen Formalitäten für die Personalanmeldung in der Schreibstube. Danach erfolgte die Zuteilung unserer Quartiere. Wir bekamen unsere ganz oben, auf dem Dachboden, weil unsere Abteilung lediglich über ein einziges dieser Gebäude verfügen konnte. Es hieß: „Nicht schön, aber nur für eine Weile."

Kaum hatten wir unser Not-Quartier bezogen, wurden wir Unteroffiziere zum Chef befohlen. Dort erfolgten wieder die obligatorischen Fragen zur Person. Dann wurden uns als Zugführer die jeweiligen Züge zugeteilt. Wachtmeister *(Feldwebel-Dienstgrad der Artillerie)* Kopp führte von nun an den 1. Zug, Leutnant Reelitz den 2. und ich den 3. Zug. Es war ein Glück, daß ich fast alle meine Männer von Posen bei mir behalten konnte, auch Adolf und Paul, als Geschützführer. Als erstes sollten wir nun unsere Panzer-Uniform abgeben und die normalen feldgrauen Röcke in Empfang nehmen. Aber wir Unteroffiziere gaben die Panzer-Uniformen nicht ab, sondern verstauten sie in unsere Tornister, in denen auch die Reserve-Wäsche steckte. Danach mußten wir „Neuen" antreten. Ich gab das Kommando: „Die Augen rechts!" Unter meinem neuen Befehl meldete ich dem Chef: „3. Zug angetreten!" Dann: „Die Augen geradeaus! Rechts um! Im Gleichschritt marsch!"

Neben dem Zug marschierten mein Chef und ich her, zu den Abstellhallen, in denen die Geschütze und Zugmaschinen untergestellt waren. Als wir dort ankamen, fanden wir mehrere 8,8-cm-Panzerabwehrgeschütze *(Pak 43)* vor, die jeweils auf einer Vorder- und einer Hinterprotze standen. Alle waren nagelneu und gelb lackiert – ohne Tarnfarbe. Ihre Räder waren luftbereift und so groß wie die von Lastwagen. Auf der Hinterprotze war ein spezieller Sitz angebracht, der auf dem motorisierten Marschweg immer von einem Bremser besetzt sein mußte. Mit vereinten Kräften wurde eines der Geschütze aus der Halle gezogen. Wir probierten zuerst einmal aus, wie alles funktionierte. Dabei erteilte uns Wachtmeister Kopp genaue Anweisungen zur Handhabung und Bedienung des Geschützes.

8,8-cm-Panzerabwehrkanone Modell 43 in Marschstellung auf einem luftbereiften Sonderanhänger.

Zuerst scherten wir nun die Seitenholme aus, und so entstand die Kreuzlafette. Das auf der Hinterprotze aufliegende Kanonenrohr wurde entzurrt und freigelegt. Auf dieser Protze befand sich eine kleine Winde, die mittels Handkurbeln unter gleichzeitiger Absenkung der Kreuzlafette das Geschütz auf den Boden zu stehen brachte. Die beiden Protzen wurden freigezogen und das 1,1 Meter hohe 8,8-cm-Geschütz stand fast einsatzbereit da. Es hatte den Vorteil, daß es über einen Seitenrichtbereich von 360° verfügte. Die Länge des Rohres betrug 6,01 Meter, und es verfügte über eine Mündungs- und zwei starke Rohrbremsen, die es beim Schuß in Ruhestellung bringen konnten. Der große Nachteil dieser 3.650 Kilo *(Gefechtsgewicht)* schweren Kanone sollte allerdings darin bestehen, daß es, einmal in Stellung gebracht, für das nur sechsköpfige Bedienungspersonal zu schwierig war, sie schnell wieder herauszubringen. Aber wie auch immer, unser erster Anfang mit der neuen Aufgabe war uns fast spielerisch gelungen. Das Geschütz wurde wieder in Marschbereitschaft versetzt und in die Halle zurückgeschoben.

Dann gingen wir zur nächsten Halle. Dort standen die Zugmaschinen. Ich war enttäuscht, als ich sie sah. Es waren leichte Raupenschlepper mit Planenverdecken *(RSO = Raupenschlepper Ost)*. Sie waren ursprünglich für Rußland vorgesehen, wo es viele morastige und unwegsame Straßen gab. Aber was wußten wir davon, wo es wirklich hingehen sollte... Die Ladeflächen der RSO waren für sechs Mann Bedienungspersonal und die notwendige Munition sehr knapp gehalten.

Nach unserer Besichtigung marschierten wir, insgesamt recht enttäuscht, zur Unterkunft zurück. Wir konnten nicht begreifen, daß man uns speziell

Ausgebildete an eine gänzlich andere, fremde Waffe stellen wollte. Wir diskutierten an diesem Abend in unserer neuen Umgebung noch lange über die uns zugefügte Schmach, aber ändern konnten wir es dennoch nicht.

Am nächsten Tag begann gleich die Einweisung und Ausbildung mit dem 8,8-cm-Geschütz im Gelände. Es wurde geübt, in Stellung zu gehen, die Geräte zu bedienen und richtig zu warten. Für den Richtkanonier war das Richten mit der Zieloptik leichter als im Sturmgeschütz. Die Kanone hatte eine Vo *(Mündungsaustrittsgeschwindigkeit)* von 1.130 m/sek. bei Panzergranaten, und 950 m/sek. bei Sprenggranaten – und das im direkten Beschuß...

In der Normandie

Infolge der immer größer werdenden Bedrohung Rußlands durch zunehmend einmarschierende deutsche Truppen, hatte Stalin bereits ab 1942 von den West-Alliierten die Eröffnung einer zweiten Front gefordert, um somit eine eigene Entlastung infolge eines erhofften Abzugs deutscher Truppen von der Ost-Front zu erreichen. Erst zwei Jahre später, am 6. Juni 1944, wurde unter dem Oberkommando des US-Generals Dwight D. Eisenhower am sogenannten „D-Day" (Decision Day = Entscheidungstag) unter dem Decknamen „Operation Overlord" das größte militärische Landeunternehmen der Weltgeschichte eingeleitet. Mit einer Armada von 6.991 Schiffen und Booten sowie 12.837 Flugzeugen und Lastenseglern begann in der Nacht vom 5. auf den 6. Juni die große Invasion – in der Normandie. Mit zwei flankierenden Luftlanderäumen und fünf Küsten-Landeabschnitten gelang es amerikanischen, britischen und kanadischen Truppen bis zum Ende des Tages über eine Breite von rund 85 Kilometer einen mehrteiligen Brückenkopf zu bilden.

Am Nachmittag des 6. Juni erreichte uns mitten in der Ausbildung die gleichermaßen sensationelle wie alarmierende Nachricht, daß die West-Alliierten dabei waren, in der Normandie zu landen. Zu dieser Zeit waren wir noch immer „Fremdkörper" in dieser Einheit. Selbst die Unteroffiziere gingen sich aus dem Weg. Es gab zwei Gruppen Soldaten: Die eine waren die schon länger Etablierten, die andere waren wir Neuen. Neid und Ärger gab es auch betreffs meiner Person, weil ich den Vorgänger-Unteroffizier als Zugführer abgelöst hatte, obwohl mir selbst ja keinerlei Einfluß auf die Geschehnisse möglich gewesen war – und dieser Mann wurde auch noch in meinem Zug als Geschützführer eingeteilt... Er nahm meine Anordnungen oft nur widerwillig und mit offensichtlicher Lustlosigkeit an. Ich ließ ihn gewähren. Unsere Ausbildung ging trotz aller Querelen zügig voran. Man tankte uns regelrecht mit Informationen voll.

Eines Mittags, als die Batterie angetreten war, gab der „Spieß" bekannt, daß an diesem Abend ein Batteriefest veranstaltet werden sollte. Alle freuten sich darauf, und am Festabend saßen die Soldaten der Züge und Geschützbedienungen im Speiseraum an langen Tischen beisammen. Unser Chef hielt eine Ansprache und verlangte mehr Kameradschaft und Einfühlungsvermögen für alle.

Es waren gerade erst zwei Wochen unserer Ausbildungszeit vergangen, als Alarm gegeben wurde. Im Eiltempo wurden wir mit unserem Gerät auf Eisenbahnwaggons geladen – es sollte in die Normandie gehen.

Wir fuhren quer durch Deutschland, bis nach Frankfurt-Griesheim. Dort wurde angehalten. Warum, das wußte niemand. Der Chef machte sich zu Fuß auf den Weg, um sich zu erkundigen. „Unbegrenzter Aufenthalt", wurde ihm gesagt, mehr nicht.

Weil wir unsere Waggons nicht verlassen durften, verlief der erste Tag sehr ruhig. Am zweiten Tag gingen wir an unsere Geschütze und übten soweit es möglich war. Es war ja nur ein Zeitvertreib. Am dritten Tag begann die Situation kritisch zu werden, da unsere Marschverpflegung zur Neige ging. So mußte uns die Standortverwaltung das Essen herausbringen. Dann gab es endlich eine Erklärung für unseren Stillstand:

Während der Heranführung deutscher Verstärkungen in den Westen, hatten die Alliierten damit begonnen, systematisch die Knotenpunkte des gesamten Eisenbahnnetzes in den von unseren Truppen besetzten Ländern Frankreich, Luxemburg, Belgien und Holland durch ihre Luftstreitkräfte zu zerstören. Somit kam jeglicher Nachschub zum Erliegen. Die Weiterfahrt konnte nun wegen der Jabos nur noch nachts stattfinden.

Fast acht Tage waren wir dann unterwegs, bis eines Nachts in der Nähe von Montereau und Fontainebleau plötzlich ausgeladen wurde. Es war dunkle Nacht, und es mußte alles schnell und ohne Licht gehen. Von den Flugzeugen der Alliierten wurden sogenannte Christbäume *(Phosphor-Leuchtmittel)* abgeworfen. Sie schwebten langsam vom Himmel herab und erhellten mit ihrem kalten, gleißenden Licht weiträumig das Umfeld. Man wollte jede deutsche Nachschubmöglichkeit unterbinden, mindestens aber stören. Viele Mitglieder der französischen Widerstandsbewegungen unternahmen nun überall Sabotageakte. Sie sprengten Brücken und Eisenbahnlinien, zerstörten Telefonleitungen und andere wichtige Einrichtungen – und schossen auch oft auf deutsche Soldaten.

Bis zum Anbruch des Tages waren wir bis Versailles marschiert. Da wir nun einmal dort waren, besichtigten wir das berühmte große Schloß. Da erreichte uns der dringende Befehl, sofort über Evreux und Lisieux in Richtung Caen weiterzufahren. Das war sehr gewagt, da die Jabos unentwegt am Himmel umherkurvten und die schier endlos lang geradeaus führende Straße, auf der marschierende Truppen keinerlei Deckung finden konnten, regelrecht leer fegten. Die Felder hingegen waren von hohen Bäumen umsäumt, durchsetzt mit dichten Hecken.

Kurz bevor wir ankamen, mußten wohl einige Jabos Evreux angegriffen haben, denn es stiegen dunkle Rauchwolken über der kleinen Stadt auf. Es roch nach Calvados, diesem hochprozentigen normannischen Obstbrand. Vielleicht war eine Brennerei getroffen worden... Wegen der vielen Obstbäume beiderseits der Straße hatten wir nur wenig Weitsicht. Wir fuhren an etlichen frischen Soldatengräbern vorbei. Da lagen Kameraden, die beim Beschuß der Straßen von Jabos oder einer Widerstandsbewegung getötet worden waren.

Als Zugführer saß ich in einem der Raupenschlepper der 6. Geschützbedienung zwischen Adolf Dresel und dem Fahrer. Es war eng, aber es ging nicht anders. Unsere Batterie hatte nur einen VW-Schwimmwagen für den Chef und zwei Kräder für ihre Melder. Das war viel zu wenig für eine motorisierte Batterie.

Auf halbem Weg zwischen Evreux und Lisieux bemerkte ich, daß unser Fahrer zunehmend Mühe hatte, den Schlepper zu fahren. Andauernd mußte er schalten, und unser Abstand zum vorausfahrenden Gespann wurde immer größer. So ließ ich ihn an den Fahrbahnrand fahren und anhalten. Dann nahm ich unser Gespann in Augenschein. Der ganz hinten sitzende Geschützbremser und Beobachter war eingeschlafen, und einer der großen Hinterreifen hatte keine Luft mehr.

Inzwischen fuhren die nachfolgendenden Fahrzeuge ohne einen entsprechenden Befehl ebenfalls rechts heran. Als der letzte Kradmelder der Marschkolonne angefahren kam, berichtete ich ihm kurz, was uns geschehen war und befahl ihm, daß er sofort zum Chef vorfahren und ihm Meldung machen sollte.

Es dauerte nicht lange, da erschien unser Batteriechef. Da wir keine Ersatzräder hatten, bekam ich Order, mit seinem Fahrer nach Paris zurückzufahren, um vom dortigen Depot einen passenden Reifen zu holen.

Es war schon zu spät, um nach unserer Ankunft noch etwas bei der Stadtkommandantur zu erreichen. So waren wir gezwungen, in Paris zu übernachten. Der Fahrer war ein ehemaliger Fernfahrer aus Aachen und kannte sich in Paris recht gut aus. Uns wurde ein Quartier für durchreisende Soldaten in einem ehemaligen Restaurant zugewiesen. Nachdem wir durch ein paar Nebenstraßen gefahren waren, fanden wir ganz in der Nähe das Gebäude und stellten zuerst einmal unser Fahrzeug auf dem Hinterhof ab. Dann gaben wir unsere Einweisung an der Rezeption ab, und uns wurden zwei hübsche Einzelzimmer zugeteilt.

Ich nahm zuerst ein heißes Duschbad. Danach ging ich nochmals zu meinem Fahrer, und wir vereinbarten die Weckzeit. Über mein Zimmertelefon ordnete ich an, schon früh geweckt zu werden. Das Gefühl, in einem Haus wie diesem zu wohnen, war ungewöhnlich. Gegen das bisherige Wohnen in Rom oder in Privat-Quartieren erschien mir das hier geradezu exklusiv. Fast fühlte ich mich im berühmten, aber von niemanden jemals tatsächlich erreichten „siebten Himmel“… Ich legte mich ins Bett und schlief nach den strapaziösen Tagen, besonders der letzten Stunden, schnell ein.

Am nächsten Morgen wurden wir pünktlich um 6:00 Uhr geweckt. Wir frühstückten rasch. Anhand einer von der Kommandantur ausgehändigten Skizze fuhren wir zuerst kreuz und quer durch viele Einbahnstraßen der mondänen Großstadt, fanden dann aber doch das Depot. Aber hier häuften sich nun Schwierigkeiten über Schwierigkeiten. Wir wurden gefragt, woher und warum wir gekommen waren, und man erwartete von uns für das Ersatzrad entsprechende Gegenleistungen – Naturalien. Es war kaum zu glauben, aber es war tatsächlich so…

Rein zufällig fand ich einen Oberzahlmeister, der mir weiterhalf. Es stellte sich dann während des Gesprächs heraus, daß er aus meiner schlesischen Heimat stammte – was ich in meiner Situation im wahrsten Sinne des Wortes als einen wichtigen „Heimvorteil“ betrachtete… Ich erhielt von ihm einen Ausgabeschein für das benötigte Ersatzrad. Bei dieser Gelegenheit konnte ich auch noch für meine beiden Freunde und mich drei Panzer-Uniformen der Sturmartillerie ergattern.

Als wir bei der Ausgabestelle nun endlich das neue Rad in Empfang nehmen wollten, stießen wir auf neue Schwierigkeiten seitens höherer Dienstgrade. Irgendwann sagte ich: „Rufen Sie doch einfach den Oberzahlmeister an.“ So bekamen wir unser Rad und konnten endlich wieder die Fahrt in Richtung Caen antreten.

Da der Himmel an diesem Tag von dichten Wolken verhangen war, verlief unsere Fahrt ohne Zwischenfälle aus der Luft. Irgendwann fanden wir unsere Batterie, die ihre Fahrzeuge und Geschütze zur Tarnung unter Obstbäumen abgestellt hatte. Ich meldete mich beim Chef zurück und übernahm wieder meinen 3. Zug. Unsere Abteilung bestand aus dem Stab und drei Batterien. Die Batterien lagen im Gelände verstreut; man konnte nichts von ihnen sehen.

Am nächsten Tag bezogen wir unsere Bereitschaftsräume südlich Caen und nahe der Front. Unser Chef fuhr mit uns Zugführern voraus, und wir erkundeten den zugewiesenen Raum nach geeigneten Geschützstellungen. Gegen Abend zogen wir in die Stellungen ein. Ich befahl, die Geschütze tiefer zu setzen, einzugraben *(eine so tiefe Mulde auszuheben, daß die Rohre der Kanonen gerade noch über den Erdboden hinausreichten)*. Die Geschützbedienungen murrten und schimpften *(später dankten sie mir diese Sicherheitsmaßnahme)*. Bei der Geländebeurteilung und dem Schutz vor Entdeckung waren meine Erfahrungen als Pionier und Sturmgeschützmann nun sehr nützlich. Das richtige Erkennen und Beurteilen war eine der Voraussetzungen des Überlebens.

Vor unseren Stellungen lag die 12. SS-Panzer-Division *Hitlerjugend*. Am 3. Juli traten die Amerikaner östlich und westlich von Caen zum Angriff an. Dieses Terrain stellte für die Amerikaner den Schlüssel zum Hinterland der Normandie dar und bot ihnen gleichzeitig die Möglichkeit einer Einkesselung der im Nordabschnitt der Bretagne liegenden deutschen Division. Wir sperrten ihren Angriff nach Norden. Wir erkannten dann aber, daß die mit Panzern vorstoßenden Amerikaner die Absicht hatten, von Südosten her, von Laize in Richtung Bretteville, eine Einkesselung vorzunehmen. Wir lauerten und warteten angespannt.

Im Morgengrauen war es recht frisch, der Himmel leicht bewölkt, und bald begann es zu regnen. Das war gut für uns, denn so kamen keine Jabos – vor denen wir verdammt großen Respekt hatten. Ich beobachtete durch mein Fernglas das vor uns liegende Gelände. Dort tobte ein höllischer Kampf. Die Artillerie schoß von beiden Seiten; auf der einen Seite unsere, auf der anderen die der Amerikaner und Engländer. Aus der Ferne konnte man die unentwegt donnernden Abschüsse der schweren Schiffsartillerie von der Küste her hören. Unsere Granatwerfer, Maschinengewehre und das Gewehrfeuer vermischten sich mit dem ganzen schrecklichen Getöse. Wegen der zunehmenden Munitionsknappheit war es unseren Batterien ausdrücklich untersagt, auf weite Distanz zu schießen; der Befehl lautete: „Herankommen lassen und nur auf kurze Entfernung feuern!"

Ich sah, wie 17- und 18-jährige Soldaten der Waffen-SS mit Handgranaten und Haftminen im Nahkampf auf die Panzer losgingen. Sie fielen im Glauben an den Sieg... Beim Anblick dieses grausamen Nahkampfs blutete mir das Herz. Bald standen etliche amerikanische und deutsche Panzer brennend und qualmend im Gelände. Der Angriff der Amerikaner war zum Stehen gebracht worden – und wieder stellte sich die Frage, zu welchem Preis... Dann verschwand der Gegner in den Hecken und Hohlwegen. Daraufhin wurde von beiden Seiten Störfeuer geschossen. Wir verhielten uns noch immer abwartend in Lauerstellung.

Am 4. Juli erfolgte ein weiterer Angriff der Amerikaner. Mein 3. Zug wartete am äußersten linken Flügel unserer Batterie und spähte aufmerksam, um jede Bewegung sofort zu erkennen. Plötzlich brachen etliche US-Panzer mit einem regelrechten Feuerüberfall aus den Hecken hervor und rollten auf uns zu. Unser Nachbar-Zug gab den ersten Schuß aus seiner Acht-acht ab, als auch uns gleichzeitig der Schießbefehl erteilt wurde. Das nun losbrechende brüllende Inferno wurde für die Amerikaner zu einem schrecklichen Drama...

Die amerikanischen Panzer griffen auf breiter Front an. Wir ließen sie bis auf etwa fünfhundert Meter herankommen, dann erteilte auch ich meinem Zug den Schießbefehl. Die US-Panzer wurden völlig zusammengeschossen. *(Unsere Abteilung schoß an diesem 4. Juli 1944 allein 34 Panzer und einen Panzerspähwagen ab.)* Auch wir hatten einen nicht unerheblichen Anteil an diesem militärischen Erfolg. Das menschliche Elend, das daraus entstand, konnte man allerdings nicht als einen solchen bezeichnen... Dennoch, hier herrschte ein völlig ungleicher Kampf. Die Alliierten verfügten offensichtlich über unbegrenzte Massen an Material, während wir mit unserer wenigen Munition höchst sparsam umgehen mußten. Bewundernswert war der ungeheure Mut der jungen Waffen-SS-Männer – oder war es in Wahrheit der Mut der Verzweiflung? Man mußte mit seiner Meinungsäußerung zur Situation äußerst zurückhaltend und sehr vorsichtig sein, konnte lediglich im engsten Kreis guter Kameraden mal leise etwas verlauten lassen, aber selbst das war nicht ungefährlich. Kam so etwas heraus, wurde man sofort wegen Wehrkraftzersetzung vor ein Militärgericht gestellt.

Nachdem auf unserer Seite eine Rot-Kreuz-Fahne geschwenkt worden war, wurden im gegenseitigen Einverständnis die Gefallenen und Verwundeten geborgen. Am späten Abend wurden wir herausgelöst, da die Infanterie günstigere Stellungen bezogen hatte und wir folglich über kein Schußfeld mehr verfügten. Wir bezogen in der Nacht irgendwo im Dunkeln ein Bauernhaus. Es war weiträumig von sehr vielen dieser in der Normandie so typischen, verkrüppelt anmutenden, kleinen Apfelbäume umstanden. Die Zugmaschinen und Geschütze wurden sofort und so gut es ging, getarnt.

Als der neue Tag angebrochen war, stellten wir fest, daß nahe des Bauernhauses eine dichte, etwa drei Meter hohe und fünfzig Meter lange Hecke unsere Aussicht auf die Feindseite verdeckte. Auch fiel uns auf, daß unsere Geschütze noch etwas mehr getarnt werden mußten und holten das sofort nach.

Seitdem wir in der Normandie waren, hatte sich noch keinerlei Kontakt zur dortigen Bevölkerung ergeben – weil wir nirgendwo jemanden gesehen haben... Auch der große Bauernhof, in dem wir nun lagen, war offenbar von seinen Bewohnern verlassen worden. Die Bevölkerung war vor dem Krieg geflohen.

Nun richtete unser Batteriechef in einem leerstehenden Zimmer dieses Anwesens seinen Gefechtsstand ein. Es war für uns ein glücklicher Umstand, daß sich nun auch die Feldküche und der Troß mit dem Gepäckwagen auf diesem Hof einquartierte. Endlich wurden auch unsere Feldpostnummern bekanntgegeben.

Wir wuschen uns gründlich und zogen die frische Wäsche an, die der Troß mitgebracht hatte. Danach schrieb ich ein paar Zeilen an meine Mutter und gab ihr meinen genauen Standort bekannt – was ebenfall zu den strengen Verboten gehörte, denn unser Absender hier durfte lediglich *Im Westen* lauten.

Meine sorgenvollen Gedanken kreisten um die damaligen Rückzugkämpfe in Rußland. Bisher war ich betreffs eines vaterländischen Sieges noch immer einigermaßen optimistisch gewesen und versuchte, die

Befürchtungen meiner Mutter mit der Versicherung zu zerstreuen, daß sich der Krieg in Rußland doch noch zu unserem Vorteil wenden würde, wenngleich mich bereits sehr ernste Zweifel beschlichen...

Für unseren ersten Einsatz in der Normandie wurde unserem Batteriechef das Eiserne Kreuz II. Klasse verliehen, und unser Abteilungskommandeur erhielt das Deutsche Kreuz in Gold. Jetzt sah ich den Kommandeur zum erstenmal in einer schwarzen Panzer-Uniform. Noch am selben Tag zogen auch wir Unteroffiziere von der Sturmartillerie unsere schwarzen Panzer-Jacken an. Niemand sagte etwas dagegen – im Gegenteil, der Chef holte ebenfalls seine schwarze Jacke heraus.

Es war Freitag, der 14. Juli 1944. Drückende Hitze lastete in unserer getarnten Bereitstellung auf den Anhöhen bei Bourgébus, sechs Kilometer südöstlich von Caen. Nicht der leiseste Luftzug wehte durch die dichte Hecke. Durch mein Fernglas sah ich die bizarren Ruinen der zerstörten Stadt und die großen, durch Verbrennungen entstandenen Flächen, auf denen einst kleine Dörfer standen – Überbleibsel anglo-amerikanischer Bomber-Exekutionen... Auch Caen, die Hauptstadt der Unteren Normandie und ehemalige ehrwürdige Residenz Wilhelm des Eroberers, war ausradiert worden. Am Horizont konnte ich das Meer erkennen, sah die silbern glänzenden Sperrballone *(zur Verhinderung deutscher Tieffliegerangriffe)* über den vielen Kriegsschiffen schweben. Im Vordergrund gab es nur die für die Normandie so typischen hohen und dichten Hecken, die kleine Weideflächen umsäumten, und die den Kanonen absolut kein gutes Wirkungsgelände boten.

Abwechselnd mußte nun immer einer unserer Züge nach vorn und an der Front in Stellung gehen. Mein Zug lag auseinandergezogen und bei den jeweiligen Geschützen in Erdlöchern, um sich gegen Artilleriebeschuß und Fliegerangriffe zu schützen. Am vierten Tag näherten sich am späten Nachmittag in unterschiedlichen Höhen massenhaft RAF *(Royal Air Force)*-Flugzeuge aus östlicher Richtung – von hinten, in unserem Rücken. Zwischen ihnen befand sich eines, das wir wegen seines langsamen Fluges allgemein als „Lahme Ente" bezeichneten. Es handelte sich dabei um ein Beobachtungsflugzeug für die Artillerie, das, um einen guten Über- und Einblick zu bekommen, nur etwa 600 bis 700 Meter hoch flog. Sämtliche Fliegerabwehrkanonen in der Umgebung nahmen nun diese Maschine unter Beschuß. Eine in unserer Nähe liegende Vierlings-Flak hatte den größten

Treffererfolg zu verzeichnen. Man konnte es deutlich erkennen. Wir hatten das Glück, von den von oben herabsirrenden Granatsplittern nicht getroffen zu werden. Kurz darauf sprang die Besatzung aus der qualmenden Maschine ab. Es waren sechs Personen.

In dem großen Gehöft, in dem wir lagen, waren inzwischen mehrere Gefechtsstände verschiedener Einheiten eingerichtet worden. Plötzlich ein alarmierender Ruf: „Panzer sind durchgebrochen!"

In diesem Moment brach ein brüllender Orkan los: Ein ungeheuer wuchtiger Beschuß köpfte regelrecht den Hügel vor dem großen Obstgarten. Viele Bäume stürzten um, wirbelten durch die Luft oder wurden in Fetzen zerrissen. Nur die äußere Hecke schien unverwundbar. An verschiedenen Stellen des Anwesens wurden Kommandos gerufen, aber sie betrafen nicht uns – bis es plötzlich hieß: „Aufprotzen und Stellungswechsel nach rückwärts!"

Darauf hatten wir gewartet.

Trotz des höllischen Lärms hörte ich das schreckliche Stöhnen einer Kuh. Da sah ich das Tier nicht weit von mir entfernt liegen. Ein großer Granatsplitter hatte ihm den gesamten Bauch aufgerissen, und die Gedärme waren zu einer unförmigen Masse herausgequollen. Doch noch bevor ich meine Gedanken wieder richtig ordnen konnte, wurde das Anwesen, auf dem wir uns noch befanden, mit Doppelzünder-Schrapnells beschossen – breites Vernichtungsfeuer... Unter diesem heftigen Beschuß und im Gebrüll krepierender Granaten verließen wir in großer Eile die Troß-Stellung. Es war sehr heiß, und ich wischte mir den Schweiß von der Stirn und vom Hals. Plötzlich kehrte fast schlagartig Ruhe ein – die Apokalypse war vorbei.

Noch am selben Tag verlegte mein Zug vier Kilometer weiter nördlich, nach vorn, in eine neue Lauerstellung, am Ortsausgang des kleinen Mondeville, nahe Caen. Rechts von uns, parallel zur Hauptstraße, führte die Bahnlinie Paris-Caen-Cherbourg vorbei. Dort ließ ich meinen Zug in Gefechtsrichtung Caen Stellung beziehen. Vor uns lag nun die 16. Luftwaffen-Feld-Division. Wir schanzten uns wieder so tief ein, daß unser Geschützrohr gerade noch über dem Erdboden bewegt werden konnte. Dann wurde noch von oben und gegen Fliegereinsicht getarnt.

Nach einem Inspektions-Rundgang war ich mit der Arbeit meiner Männer zufrieden und blieb bei einem der Geschütze, an dem ich, stellvertretend für den plötzlich erkrankten Geschützführer, bei einem weiteren feindlichen Angriff gleich als solcher fungieren konnte.

Gegen Abend erschienen drei meiner Männer und brachten einen ganzen Korb voller „organisierter“ Cognac- und Calvados-Flaschen. Sie hatten alles aus einem leerstehenden Haus in unmittelbarer Nähe unserer Stellung geholt. Erst war ich gegen ein derartiges „Unternehmen“ und wollte es ihnen nicht erlauben, denn auf Plünderei standen bei der Wehrmacht hohe Strafen, doch in Anbetracht der Gesamtsituation und des Drucks, der auf jedem von uns lastete, ließ ich es doch gewähren.

Nach einem famosen, allgemeinen Umtrunk waren in der sommerlichen Wärme bald alle Männer in den Erdlöchern eingeschlafen – bis auf die Geschützwachen. Ich selbst hatte mich von dem Gelage zurückgehalten und machte mehrmals meine Runde von Geschütz zu Geschütz, bis nach vorn, zur Infanterie. Dort wurde man sofort mit „Parole?!“ angerufen. Nach den schlechten Erlebnissen der letzten Zeit war man mißtrauisch geworden. Wieder in meine Stellung zurückgekehrt, fiel ich erst gegen Morgen in meinem Loch in einen nur leichten, flachen Schlaf.

Plötzlich einsetzendes, sich verstärkendes Flugzeuggebrumm rief mich wieder ins Bewußtsein zurück. Es war schon fast 8:30 Uhr. Als ich zum Himmel aufblickte, war er geradezu schwarz von Flugzeugen. Eine unüberschaubare Masse viermotoriger RAF-Bomber flog direkt auf uns zu. Ich rief: „Alarm! Alarm! Fliegeralarm!“

Wir verließen augenblicklich unsere Löcher und flüchteten nach hinten – so schnell uns unsere Füße tragen konnten. Nach etwa dreihundert Meter legten wir eine Verschnaufpause ein; doch schon fielen die ersten Bomben. *(Erst später erfuhr ich, daß an diesem Angriff 2.700 Bomber beteiligt waren.)* Sie begannen, von der Eisenbahnlinie aus, genau in Richtung unserer Geschütze, zu bombardieren. Das Brummen der vielen schweren Motoren, das Krachen der Bomben und das Bersten der getroffenen Gegenstände und Häuser schwoll zu einem ohrenbetäubenden Orkan an. Das Dröhnen in meinem Kopf verschmolz mit dem Dröhnen des Infernos. Es krachte ringsum, und das gesamte Terrain wurde von Tausenden Bombenkratern aufgerissen und geradezu umgepflügt. In nur wenigen Minuten vernichteten die Bomber die Obstgärten, zerfetzten jedes Waldstück, zerrissen sämtliche Straßen und Wege, zerstörten alle in ihrem Zielgebiet befindlichen Dörfer und Bauernhöfe, verwundeten und töteten massenhaft Vieh und sehr viele Menschen – auch französische Zivilisten. Einen derart starken Luftangriff hatte ich während der nun schon fünf Jahre meiner Militärzeit noch nicht erlebt.

Eine unserer stark lädierten 8,8-cm-Panzerabwehrkanonen. Auch sie ließ ich sprengen, um somit eine spätere Reparatur und einen Wiedereinsatz durch den Feind zu verhindern.

Nachdem das Inferno über und an uns vorübergezogen war, konnte ich mich ausgiebig umsehen und mit großer Erleichterung feststellen, daß alle meine Bedienungsmannschaften überlebt hatten. Aber wie... Obwohl jeder wußte, daß er immer einsatzbereit zu sein hatte, trugen viele keine Stiefel oder Stahlhelme. Sie hatten, entgegen eines ausdrücklichen Befehls, der Bequemlichkeit halber während der Nachtruhe darauf verzichtet. Wir gingen zu unseren Stellungen zurück.

In einer wahren Mondlandschaft fanden wir unsere drei Geschütze umgeworfen und beschädigt, teilweise von Erde verschüttet. Keine der Acht-acht-Kanonen war noch einsatzfähig. Obwohl es mir schwer fiel, entschied ich, sie zu sprengen. Die Totalvernichtung erschien mir sinnvoller, als noch brauchbare Teile dem Feind zu überlassen. Danach sammelte ich meinen Zug und führte die Männer zum weit zurückgelegenen Batteriegefechtsstand.

Unterwegs kamen wir an einer größeren Bereitstellung von Panther- und Tiger-Panzern vorbei, die bewegungslos unter den hohen Bäumen einer langen, schmalen Pappelallee in Lauerstellung standen. Aus einer Turmluke suchte ein SS-Offizier mit dem Fernglas die verwüstete Gegend nach lohnenden Zielen ab – nach feindlichen Panzern. Als ich an dem Offizier vorbeikam, fragte er mich, ob ich nicht einen seiner Panzer übernehmen könnte. Ich fragte: „Wie kommen Sie darauf?"

Er antwortete: „Weil Sie eine Sturmgeschütz-Uniform tragen."

Das stimmte zwar, und gern wäre ich eingestiegen, doch konnte ich meine Soldaten nicht einfach so zurücklassen und eigenmächtig einer anderen Einheit beitreten.

In gelockerter Schützenreihe zogen wir weiter. Beim Bataillonsgefechtsstand meldete ich dann den Verlust der Geschütze. Zwar war diese Nachricht schon bekannt, doch man konnte es nicht fassen. Aber dieser 15. Juli hätte für uns *alle* der letzte Tag unseres Lebens sein können...

Betreffs meiner Rückkehr und damit verbundenen Meldung beim Abteilungsgefechtsstand gab ich mich keinen Illusionen hin – man würde über unsere Verluste durchaus nicht begeistert sein... Mir war klar, daß sich niemand, der bei dem überfallartigen RAF-Angriff nicht dabei gewesen war, überhaupt eine Vorstellung von dem machen konnte, was er dort vorn angerichtet hatte. Der Chef und ich gingen allein zur Abteilung und meldeten den Sachschaden. Er wurde vom Ia und Ic protokolliert, und mein Einsatz war somit beendet. Ich wurde als Zugführer-Reserve zum Batteriegefechtsstand beordert. Meine Soldaten wurden auf die anderen Züge verteilt.

Am 16. Juli wurde Leutnant Reelitz verwundet und verlor ebenfalls seine Geschütze. Jetzt bewahrheitete sich meine Befürchtung: Bei größeren Angriffen bekamen die Geschützbedienungen die schweren Kanonen nicht mehr per Hand aus den Stellungen. Um nicht selbst abgeschossen zu werden, war es für die Zugmaschinen dann zu spät, um noch zu den Stellungen vorzufahren.

Es hatte schon vier Tage lang geregnet, und nun flimmerte die Luft wieder von der sommerlichen Hitze. Ringsum, am gesamten Horizont, war das Grollen der Umklammerung zu hören. Amerikaner, Engländer und Kanadier wollten jegliche deutsche Absetzbewegungen verhindern. Doch alle deutschen Truppen waren verzweifelt bemüht, aus diesem Kessel zu entkommen. In dieser schweren Situation erfuhren wir nun, daß der allgemein beliebte Generalfeldmarschall Erwin Rommel *(seit Dezember 1943 Oberbefehlshaber der Heeresgruppe B und Generalinspekteur der als „Atlantikwall" bezeichneten Küstenverteidigungsanlagen)* während einer Inspektionstour am 17. Juli durch die Geschosse zweier Spitfire-Jabos auf einer Landstraße in der Nähe unserer Front schwer verwundet worden war. Als wir das hörten, bedauerten ihn alle. Für uns war der Verlust unseres

Oberbefehlshabers wirklich tragisch, denn Rommel war für uns fast wie ein Gott. Er hatte uns während der schweren Kampfhandlungen eine gewisse Sicherheit gegeben – nun war er fort...

Der von der deutschen Propaganda so lautstark als uneinnehmbar gepriesene *Atlantikwall* war zerbröckelt und die Schlacht um die Normandie für uns längst verloren... Und die Russen? Sie standen zu dieser Zeit vor Ostpreußen und Warschau. Ich fragte mich, wie es wohl meiner Mutter ergehen mochte...

Eine Salve heranjaulender schwerer Granaten riß mich jäh aus meinen Überlegungen. Die Einschläge ließen den Erdboden erzittern. Als ich danach wieder meinen Gedanken nachhing, erschienen mein neuer Batteriechef, Oberleutnant Fiola, und ein Panzer-Offizier, Leutnant Zein – Letzterer in der schwarzen Panzer-Uniform. Beide Offiziere waren jünger als ich. Bis jetzt hatte ich immer älteren Vorgesetzten unterstanden... Unsere Begrüßung war geradezu herzlich, und wir stellten einander vor. Dann führte ich die beiden zum „Spieß“, um sie dort die üblichen Formalitäten erledigen zu lassen.

Am 20. Juli ertönte eine sensationelle Sondermeldung aus unserem „Volksempfänger“: *Unser Führer und Reichskanzler, Adolf Hitler, erlag heute einem feigen Bombenattentat...!*

Wir durchlebten unsichere Stunden, denn in unserer Nähe lagen Einheiten der Waffen-SS. Wie würden sie gerade hier, an der Abwehrfront, auf diese Nachricht reagieren...?

Gegen Abend wurde dann allerdings bekanntgegeben, daß Hitler lebte und ab sofort wurde der „Deutsche Gruß“ auch bei der Wehrmacht eingeführt. Während man sich nun mit einer derartigen Formalität aufhielt, diesen Gruß Heer, Marine und Luftwaffe aufzuzwingen, starben an der West- und Ost-Front gleichzeitig Tausende Soldaten – die Lage war *(im Landserjargon ausgedrückt)* nur noch beschissen.

Am 23. Juli drückten die Alliierten weiter von Süden nach Norden, um uns, von Süden her weit ausholend, einzukesseln. Indessen war unsere Pak-Abteilung 1039 zerschlagen, ein letzter Zug mit drei Geschützen lag weit verstreut.

Am 25. Juli, einem Sonntag, wurde mir von den Soldaten meines ehemaligen 3. Zugs ein erbeuteter Sherman-Panzer vorgeführt. Ich stieg hinein und erkannte, daß er einsatzbereit war. Es sah darin fast genauso aus wie in unseren Panzern. Seine Benutzung stellte keinerlei Problem dar, und ich fand schnell Gefallen an ihm. Da kamen noch weitere drei Soldaten dazu. Wir waren ausgebildete Panzer-Männer und besaßen ob unserer Disziplin noch immer einen festen Kampfeswillen... So überschmierten wir den weißen US-Stern mit nassem Lehm, und zur Erkennung malten wir auf jeder Seite ein etwa dreißig Zentimeter hohes deutsches Balkenkreuz mit Kreide daneben. Dann fuhren wir los – in Richtung Front. Wir wollten den 2. Zug überraschen.

Die schmale, mit gutem Belag befestigte Straße führte durch einen von hohen Bäumen und dichtem Buschwerk gebildeten Hohlweg, links und rechts Gräben. Plötzlich verzog der Fahrer die Richtung, und wir landeten in einem dieser Gräben. Auf dem morastigen Untergrund kippte der Sherman auf die Seite. Die linke Kette ragte in die Luft, und die rechte konnte wegen des weichen Bodens nicht greifen. Nach mehrmaligen vergeblichen Versuchen mußten wir den Kampfwagen enttäuscht aufgeben. Wir zerstörten seine elektrische Anlage, um ihn somit unbrauchbar zu machen.

Am 27. Juli gelang amerikanischen Verbänden der Durchbruch. Unter Einsatz starker Panzer-Verbände und Luftstreitkräfte stieß der Gegner gegen den Höhenrücken von Bourguébus vor. *(Nachtangriffe der Amerikaner waren immer wieder am Abwehrschirm unserer Acht-acht-Pak gescheitert.)* Nun tobten erst recht schwere Kämpfe. Beiderseits standen Panzer, und motorisierte und gepanzerte Infanterie lag in Deckung in Lauerstellung. Massen englischer Kampfwagen versuchten, im künstlichen Nebel vorzustoßen. Dieser Nebel war auf der Haut klebrig und widerlich. Die Amerikaner gingen nun in den Bewegungskrieg über. Sie schwenkten hinter den deutschen Linien in Richtung Paris und bildeten im Verbund mit den englischen Truppen, die, immer stärker werdend, von der Kanalküste aus vorstießen, einen riesigen Kessel.

Kämpfer, die nicht mehr kämpfen wollten...

Die Reste unserer Abteilung standen nun in der Nähe von Louviers, etwa 25 Kilometer südlich von Rouen und 10 Kilometer bis zur Seine entfernt. Zum ersten Mal sahen wir hier die großen Abschußrampen jener geheimnisvollen „Vergeltungswaffen“, die gegen England abgeschossen wurden. Die Rampen standen hier gut getarnt in der Nähe der Kanalküste. Alles war streng geheim. Selbst wir rätselten anfangs, was das wohl sein könnte, bis wir durch Radiomeldungen erfuhren, um was es sich bei diesen Waffen tatsächlich handelte – die V1 waren Raketen...

Seit den Bombardements der Alliierten gab es im Raum Rouen keine festen Übergänge über die Seine mehr, nur Fährbetrieb durch Pioniere. Von unserem Standort aus konnte man in der Ferne Rouen liegen sehen. Diese große Stadt war seit mehr als eintausend Jahren die Hauptstadt der Oberen Normandie im Département Seine-Maritime. In diesem Bereich waren die Verbände der Waffen-SS, *Das Reich* und die 12. SS-Panzer-Division *Hitlerjugend*, von allen Truppenverbänden am stärksten vertreten. Ich fragte mich, was die hier wohl nun veranstalten würden, oder ob vielleicht überhaupt nichts geschieht. Wir hatten schließlich auch keine Lust, hier nun einen „kalten Arsch“ zu kriegen – und zu den Amis wollten wir auch nicht.

Der feindliche Druck verstärkte sich zunehmend, und wir waren mit unseren drei Geschützen jetzt mehr zu einer Feuerwehr geworden. Die Amerikaner drängten in breiter Front vorwärts, und das Mahlen der Gleisketten der Panzer im fast undurchdringlichen Gehölz war schon zu hören. MG-Feuer fetzte kreuz und quer. Sämtliche Straßen waren von zerschossenen Nachschubkolonnen und zerbombten Rot-Kreuz-Fahrzeugen verstopft. Oberleutnant Fiola fuhr mit mir in seinem VW-Schwimmwagen an endlosen Reihen zerstörten Kriegsmaterials und herumliegender Toter vorbei... Es war inzwischen gegen Ende August, und wir hatten gerade erfahren, daß Generalfeldmarschall von Kluge abgelöst worden war.

Nachdem der Kommandierende General Erich Marcks am 12. Juni 1944 bei Saint Lô gefallen war, hatte von Kluge am 7. Juli 1944 den Oberbefehl über das West-Heer übertragen bekommen und nach Rommels Verwundung am 17. Juli auch die Heeresgruppe B übernommen. Zwar in die Pläne der Verschwörer des 20. Juli eingeweiht, hatte er dennoch am Tage des Attentats auf Hitler eine Teilnahme am Umsturz verweigert. Doch der Gestapo war der Generalfeldmarschall bereits aufgefallen und am 17. August seines Kommandos enthoben worden. Auf seiner Fahrt zurück nach Deutschland nahm sich von Kluge mit Gift das Leben. In einem an Hitler gerichteten Abschiedsbrief hatte er zwar seine Treue beteuert, jedoch auch die sofortige Beendigung des Krieges gefordert.

Uns interessierte das alles nicht mehr. Man wollte am liebsten alles vergessen und nur noch an sich selbst und die Seinen denken... Man hatte uns fünf Jahre lang von allen Seiten geprügelt, bis wir hart gegen uns selbst geworden waren – und doch tat uns nun weh, was hier mit unserer Armee geschah.

Wir folgten mit dem Kübelwagen einem breiten, ebenen Feldweg, an dem der 2. Zug des Unteroffiziers Adolf Dresel in Stellung lag. Nach langem Suchen fanden wir dann irgendwann die gut getarnten Acht-acht-Geschütze des 2. Zugs. Unteroffizier Dresel meldete Oberleutnant Fiola, daß dieser Zug am Vortage zwei Sherman-Panzer abgeschossen hatte. Als Beweis spendierte man uns amerikanische Camel-Zigaretten und Schokolade. Die Bedienungsmannschaft hatte viel davon erbeutet und freute sich über ihren Erfolg. Oberleutnant Fiola erteilte uns nun einen erlösenden Befehl: „Absetzen und zur deutschen Grenze durchschlagen!"

Darüber hinaus gab er keine weitere Erklärung ab. Nachdem der Oberleutnant der Geschützbedienung weitere Befehle erteilt hatte, wurde Adolf Dresel in unseren Wagen befohlen. Fiola drängte zur Eile. Nun interessierte uns nur, daß der Schwimmwagen heil blieb. Von nun an zählte nur noch unser eigenes Leben. Es war endgültig genug; wir hatten von dem ganzen Wahnsinn die Schnauze gestrichen voll! Ich fragte mich, ob wir uns von den Niederlagen im Osten, am Mittelmeer und nun im Westen überhaupt noch jemals wieder erholen konnten. Der Zusammenbruch nahte mit Riesenschritten. Selbst die Heimat war praktisch schon zum Kriegsgebiet geworden, denn die Luftangriffe der Alliierten vernichteten das Land, die Städte und die Bevölkerung.

Seit dem 13. Februar 1943 war ich bemüht gewesen, meine neue Aufgabe ordnungsgemäß und mit vollem Einsatz zu erfüllen. Alles was mich aber in dieser Zeit mehrmals psychisch heruntergezogen und fast zur Verzweiflung gebracht hatte, war von mir immer wieder tapfer niedergekämpft und beiseite gedrängt worden – und wo war nun noch ein Sinn darin zu erkennen, noch länger weiterzukämpfen?

„Halten bis zum letzten Blutstropfen", hatte Hitler befohlen – aber es war nicht *sein* letzter Blutstropfen, der noch für einen bereits seit langem absehbaren Untergang sinnlos vergossen werden sollte; es war das Blut jener Millionen armer „Frontschweine", die dieser „Führer" für seinen Wahnsinn verblendet und mißbraucht hatte, das war uns allen in der letzten Zeit auf dramatische Weise klar geworden.

Auf Fiolas Schoß lag die Straßenkarte ausgebreitet. Adolf und ich hielten unsere Maschinenpistolen in den Armen. Im Auto waren auch noch zwei Panzerfäuste mittels dünner Metallklammern griffbereit installiert. Der

Obergefreite Künzel fuhr den Wagen. Alles andere konnte nun zum Teufel gehen – das war unsere Stimmung an diesem Tag und in diesem Moment...

Um die Gegend zu erkunden, fuhren wir auf einer Nebenstraße durch ein Strauch- und Feldgelände, weit abseits der großen Rollbahn. Wir fuhren langsam und gut beobachtend. Da sah ich in einiger Entfernung zwei unter Obstbäumen abgestellte Churchill-Panzer. Ich deutete darauf, und Künzel bremste den Wagen und stellte den Motor ab. Der alte Kampfgeist stieg wieder auf, und ein kühner Gedanke kam mir in den Sinn: „Adolf", sagte ich, „wir nehmen jeder eine Panzerfaust, und dann Du den rechten, ich den linken Panzer."

Wir richteten schon die Visier-Rahmen, da sagte Oberleutnant Fiola: „Seid Ihr wahnsinnig? Wollt Ihr uns alle umbringen?"

Wie Raubtiere, die auf ihre Beute lauern, so, wie wir es Hunderte und Aberhunderte Male in diesem verdammten Krieg getan hatten, beobachteten wir die Panzer. Geradezu routinemäßig hatte sich in mir wieder der Frontkämpfer gemeldet. In diesem Moment stieg ein englischer Soldat aus einem der Panzer aus. Seine Anzugordnung konnte man recht treffend als „lässig" bezeichnen. Ansonsten rührte sich dort drüben nichts.

Aber Fiola hatte recht, denn wenn wir auf die Panzer geschossen hätten, würde man das in weiter Umgebung gehört haben, und wer weiß, wie nahe die nächsten Engländer und vielleicht auch noch mehrere Panzer standen.

Um nicht entdeckt zu werden, wendeten wir unseren Schwimmwagen schiebend. Erst dann startete Künzel den Motor, der sofort ansprang und ruhig und gleichmäßig lief. Jetzt hatten wir die Engländer im Rücken und fuhren in der Deckung des hohen Gestrüpps davon. In dieser Stunde verband uns vier in diesem kleinen Schwimmwagen eine ganz wichtige Gemeinsamkeit: Sich absolut sicher aufeinander verlassen, um sich miteinander irgendwie durchzuschlagen.

Absetzen, abhauen, sich im wahrsten Sinne des Wortes aus dem Staub machen... Aber war es nicht vielmehr ein Entkommen, ein Vor-dem-Wahnsinn-flüchten? Ja, es war für alle die Flucht vor weiteren Verwundungen mit Schmerzen und Qualen, vor der Gefangenschaft, vor dem Tod und vor dem Töten. *(Typisch menschliche Reaktionen infolge des eigenen Selbsterhaltungstriebs und eines sogar nach den langen, abstumpfenden Kriegsjahren dennoch tiefsitzenden Humanismus...)* Hier jetzt noch weiterzumachen, bedeutete auch, völlig sinnlos das eigene und das Leben der Kameraden zu gefährden. Wie auch immer, und obwohl das Absetzen vom Oberleutnant sicherlich zu unserem Schutz und unserer moralischen Entlastung befohlen wurde, so verfolgte jeden einzelnen der vier Fliehenden hier an diesem Tag und nach den letzten Ereignissen die pure Angst. Ob Fiola „von oben" einen Absetzbefehl erhalten hatte, danach fragten wir nicht. Jetzt war eine Zigarette fällig...

Wie wir schon bald feststellten, waren die Soldaten unserer Abteilung durchaus nicht die einzigen, die sich abgesetzt hatten. Es schien auf einmal, als wäre die gesamte deutsche Armee aufgelöst und auf der Flucht. Alles floh in Richtung Osten, vorbei an unendlich vielen, teilweise skurril deformierten Wracks, die in endlosen Reihen die Straßen säumten, sogar noch kreuz und quer darauf herumstanden oder lagen und die zurückströmende Flut behinderten; dazwischen Waffen, Ausrüstungsgegenstände und jegliche Art von Kriegsgerät. Panzer, Kanonen, Protzen, Kübelwagen, Lastwagen, tote Tiere und Menschen, zwischen denen andere Fahrzeuge herumkurvten und noch lebende Tiere ziellos umherirrten und Menschen flohen – Soldaten und Zivilisten, in ihren Gesichtern das Entsetzen. Überall wurde panikartig nach Auswegen aus dieser Hölle gesucht. Massenhaft Landser, bewaffnet und unbewaffnet, unverwundet und verwundet, liefen, marschierten, schlurften oder taumelten irgendwohin – Hauptsache nach Osten...

Am 3. September erfuhren wir, daß sich der deutsche Stadtkommandant von Paris, General Dietrich von Choltitz *(erst am 7. August 1944 von Hitler zum Wehrmachtbefehlshaber Groß-Paris ernannt)*, am 28. August den Alliierten kampflos ergeben hatte.

Am 9. September erreichten wir die Seine. Hier staute sich die formlose Masse der Soldaten und Fahrzeuge vor einer einzigen kleinen Fähre. Ich war überrascht, zu erfahren, daß sie von einem Pionier-Oberfeldwebel namens Alfred Gesell befehligt wurde – einem ehemaligen Kameraden des Ersatz-Bataillons in Küstrin. Er hatte allerdings den strengen Befehl, grundsätzlich keine Fahrzeuge oder Gerät überzusetzen, doch wir wollten nicht auf unseren fahrbaren Untersatz verzichten.

Die Seine war an dieser Stelle sehr breit und hatte eine recht starke Strömung mit vielen tückischen Strudeln. Rechts von uns lag eine gesprengte Eisenbahnbrücke im Fluß. Aber wie auch immer, wir mußten über diesen „Bach" ´rüber. An einigen Stellen versuchten Soldaten aus leeren Benzinkanistern und Brettern von Lastwagenaufbauten floßähnliche Gebilde zusammenzubauen, um damit irgendwie das jenseitige Ufer zu erreichen.

Unser Schwimmwagen hatte vor kurzem beim Rückwärtsrangieren eine dicke Delle in die Motorhaube bekommen, und somit war auch die Dichtung in Mitleidenschaft gezogen worden. In dem Moment, in dem wir ins Wasser rollen würden, mußte der Motorraum zwangsläufig volllaufen. So dichteten wir das Leck provisorisch mit einer unserer Zeltplanen ab, die jeder Soldat immer in seinem Gepäck mitführte. Aber eigentlich brauchten wir noch zusätzliche Schwimmhilfen, um unser vollbesetztes Gefährt auch tatsächlich sicher ans andere Ufer zu bekommen. In unserer Situation war jedes Mittel recht, denn unsere Lage war inzwischen im wahrsten Sinne des Wortes äußerst brenzlig.

Im Moment dieser Überlegungen schlugen die ersten Artilleriegranaten krachend in der Nähe ein und brachten mächtig Unruhe in die Masse der Landser. Um dem Tod oder der Gefangennahme zu entgehen, begaben sich einige eilig auf ihren unsicheren Flößen aufs Wasser hinaus, heftig mit Brettern und Schaufeln paddelnd. Nun gab es auch für uns keine Zeit mehr für lange Überlegungen, und wir mußten die Überfahrt mit eigener Motorkraft schaffen. Allerdings gab's da ein weiteres Problem: Unser Schwimmwagen war nicht mit einer Antriebsschraube versehen. So hofften wir, daß

Die Ortschaften, durch die wir in Nordfrankreich zogen, waren ebenso von zerstörtem Kriegsmaterial verstopft, wie die Landstraßen.

er sich durch den Allradantrieb wenigstens mit geringer Geschwindigkeit vorwärtsbewegen würde.

Wir versuchten nun, mit dem Wagen die steile Uferböschung hinab und ins Wasser zu kommen. Dazu mußte der Fahrer den Wagen ziemlich schräg anstellen. Doch drohte er in dieser Schräglage seitlich umzukippen. Mit aller Kraft stemmten wir uns von außen dagegen. Dann platschte er ins Wasser, Künzel schaltete den Allradantrieb ein, und wir stürzten uns, so schnell wir konnten, in den Wagen.

Nun schwammen wir in Richtung Flußmitte und dem anderen Ufer entgegen. Doch wir wurden stark abgetrieben, und ich sagte Künzel, daß er mit dem Wagen eine Gierstellung *(Schräglage, und mit dem „Bug" des Schwimmkörpers in Richtung Ufer)* einnehmen sollte *(so wird der Schwimmkörper von der Strömung dorthin getrieben)*. Das Wasser zerrte bedrohlich gurgelnd an unserem kleinen Fahrzeug. In der Hoffnung, heil am Ostufer anzukommen, bewegten wir uns darin kaum.

Bis zum anderen Ufer, das wir fast erreicht hatten, war der Schwimmwagen durch das langsam aber konstant eindringende Wasser immer tiefer gesunken. Es waren nur noch ein paar Meter bis zum Ufer – aber auch nur noch ein paar Zentimeter bis zum Untergang unseres Fahrzeugs. Ich sprang aus dem Wagen ins hüfthohe Wasser, packte ihn an der Seite und zog ihn so gut es ging und mit Leibeskräften ans Ufer. Das war unsere letzte Rettung, beziehungsweise die Rettung unseres Vehikels.

Nach unserer Landung entledigte ich mich meiner nassen Kleidung, und wir wrangen sie mit vereinten Kräften aus. Die Stiefel wurden umgestülpt. Dann zog ich wieder alles an. Bei der noch warmen Witterung war die feuchte Kleidung am Körper gar nicht so unangenehm zu tragen.

Als wir die Seine endlich hinter uns gelassen hatten, fuhren wir in Richtung Amiens und begannen, für unsere irgendwann nachfolgende Abteilung 1039 die Rückzugstraße auszuschildern. Es waren sehr viele Fahrzeuge, die in einem ununterbrochenen Strom in Richtung Osten strebten, und Tausende Augenpaare blickten immer wieder himmelwärts, von der bangen Frage getrieben, wann wohl der nächste Jabo herabstoßen würde…

Wir trafen auf eine aus den Resten vieler verschiedener Einheiten zusammengewürfelte, langsame Kolonne und versuchten, sie zu überholen. Sofort hängten sich andere Fahrzeuge an unseren Schwimmwagen. Wegen der vielen Wracks, liegengebliebener Fahrzeuge und am Straßenrand sitzender, erschöpfter Soldaten und toter Pferde war es fast unmöglich, nebeneinander her zu fahren – und alles strebte einem unsicheren Ziel entgegen. Ob Soldaten des Heeres, der SS-Panzer-Division, Luftwaffe oder der Marine, sie alle waren die Schrittmacher auf dem unsicheren Weg heim ins Reich.

Langsam wurden unsere Knochen immer müder. Auch die ständige Wachsamkeit, andauernd Obacht auf die Jagdbomber zu geben, forderte seinen Tribut: Die Augen fielen uns vor Überanstrengung zu. Doch auf dem Rückmarsch mußte man irgendwie im Verband bleiben, denn immer wieder stellten uns unzählige Kontrollen der Feldgendarmerie und forderten Papiere oder Auskünfte über die Zugehörigkeit zu einer Einheit. Wo Verdacht auf Fahnenflucht bestand, wurde man sofort vor ein Kriegsgericht gestellt. Oft hörten wir von Südosten her das unheimliche Grollen entfernten Kampflärms. Um so mehr beeilten wir uns, in Richtung unserer Heimatgrenze zu kommen. Da wir ja nun über keine Geschütze mehr verfügten, versuchten wir natürlich, uns von den gefährdeten Bereichen fernzuhalten.

Eine geschlagene Armee aller Waffengattungen ohne schwere Waffen und auf dem Rückzug war äußerst gefährdet und im höchsten Maße verwundbar. Fahrzeuge aller Art wurden nun bewegt, um irgendwie weiterzukommen. Da rollten Fuhrwerke, die von Pferden, Ochsen und sogar von Kühen gezogen wurden. Fahrräder, selbst Roller und Kinderwagen waren noch begehrte Transportmittel. Es erschien mir hier noch schlimmer, als damals im Kaukasus. Dort verlief wenigstens alles einigermaßen geordnet. Hätte es für die Alliierten nicht die langen Nachschubwege gegeben, so hätten sie uns längst überrollt.

In der Nähe von Airaines kam es dann zu heftigen Abwehrkämpfen. Ein Teil unserer Abteilung fand sich hier zusammen. Eine neu gebildete Stellung vor der Seine sollte unbedingt gehalten werden, und plötzlich waren wir wieder in schwere Kampfhandlungen verwickelt, sogar unmittelbar daran beteiligt. Dafür wurde der 3. Zug eingeteilt. Doch die Verteidigung kostete wieder viele Opfer. Bei diesen Kämpfen fielen auch Wachtmeister Kopp und einige weitere Soldaten unserer Abteilung. In dem entstandenen Durcheinander fanden wir einen verwundeten SS-Scharführer, nahmen ihn in unserem Wagen mit und brachten ihn zum nächsten Lazarett.

Wir hatten nun Belgien erreicht und durchfuhren das dortige Kohle-Revier. Der große Strom zurückflutender Truppen hatte sich inzwischen weitgehend verlaufen, aber hier sahen wir bei den Zivilisten nur böse

Gesichter. Vereinzelt schossen sie sogar aus Verstecken mit Gewehren auf uns. Wir wehrten uns und schossen zurück.

Die Stadt Gent umfuhren wir, und weiter ging es nach Norden, nach Antwerpen. Auch weiterhin vermieden wir die breiten Hauptstraßen. Am Abend kamen wir an die Schelde. Was für ein breiter Strom... Wir setzten unsere Fahrt in nördliche Richtung fort – stromabwärts.

Es war bereits dunkel geworden, als wir an einen Fähranleger gelangten. Wir hielten an, und ich ging zu der fünfköpfigen Fährmannschaft, um mich zu erkundigen, ob wir übergesetzt werden könnten. Ein deutscher Pionier-Feldwebel sagte: „Ja, das geht schon; aber erst müssen wir die Flut abwarten, weil die Schelde in Moment noch Ebbe hat – und Sie müssen eine Genehmigung vom Fährkommandanten haben."

Der Fährkommandant war ein Oberleutnant. Ich ging zurück zum Auto und teilte Fiola mit, was mir der Feldwebel eben gesagt hatte. Dann ging ich zum Gefechtsstand des Fährkommandanten, der in einer Baracke eingerichtet war. Der Raum wurde nur von einem fahlen Licht erhellt. Ich salutierte und bat, Herrn Oberleutnant sprechen zu können. In diesem Moment erkannte ich ihn – Bruno Materne: „Mensch, Bruno; was machst Du denn hier?"

„Josef, Mann; wie kommst Du denn hierher?"

Wir fielen uns vor Freude in die Arme. Die umherstehenden drei Landser schienen von der Szene, der sie gerade beiwohnten, überrascht zu sein. Wir hatten natürlich viele Fragen, doch zuvor informierte ich noch Oberleutnant Fiola von diesem Zufallstreffen und der eben erteilten Übersetzgenehmigung. Er zeigte Verständnis dafür, daß ich mich gern etwas länger mit meinem „alten" Kameraden unterhalten wollte. Da wir noch auf die Flut warten mußten, hatten Bruno und ich genügend Zeit, gegenseitig zu berichten, wie es uns ergangen war, seit wir uns zum letzten Mal gesehen hatten:

Bruno war vom Mai bis August 1942 auf der Krim, vor Sewastopol, noch als Fahnenjunker-Gefreiter und O.A. *(Offiziersanwärter)* in meiner Gruppe gewesen. Im August war er Unteroffizier O.A. und Gruppenführer im 3. Zug geworden. Wir hatten damals die aus der Heimat neu eingetroffenen Rekruten ausgebildet. Am 26. September, am Tage unseres Abflugs beziehungsweise unserer Verlegung nach Stalingrad, war Bruno auf dem Flugplatz im letzten Moment noch vom Bataillonskommandeur, Hauptmann

Bruno Materne (links) als Unteroffizier und Fahnenjunker 1942 vor Sewastopol und (rechts) 1944 als Leutnant .

Graumann, zur Pionier-Schule nach Dessau-Rosslau zum Offizierslehrgang abgestellt worden. Bruno war ein ehrgeiziger, strebsamer Mann und echter Kamerad, mit dem ich mich immer gut verstanden hatte. Er war mir wirklich sehr sympathisch.

Bruno war bereits nach einem Vierteljahr, noch zu Weihnachten 1942, als einer der Besten zum Leutnant befördert worden. Dann war er nach Küstrin, zum Ersatz-Bataillon 68 gekommen und von dort aus 1943 als Führer-Reserve zu unserem alten Pionier-Bataillon 71 geschickt worden – zum Kuban-Brückenkopf, später auf die Krim, von wo er dann als Schwerverwundeter ausgeflogen wurde. Nach seiner Genesung hatte Bruno nach einer Neuaufstellung des Pionier-Ersatz-Bataillons 68 in Küstrin einen Posten als Adjutant in einem Pionier-Bataillon erhalten. Seit den Kämpfen an der Seine und dem Debakel bis hierher, an die Schelde, stand er nun wieder im Einsatz.

Bruno holte eine Flasche klaren Korn, und wir nahmen, „ganz dienstlich", einen ordentlichen Schluck – nach guter Pionier-Manier, immer nach „Unterstrom" eine Daumenbreite.

Als die Flut wieder eingetreten war und auch der Fährbetrieb wieder aufgenommen werden konnte, verabschiedeten Bruno und ich uns sehr herzlich und mit den gegenseitig besten Wünschen. *(Nach dem Krieg hatte ich lange nach Bruno Materne gesucht. Ich fand ihn in Springe, nahe Hannover, und besuchte ihn erstmals wieder am 1. August 1985.)*

Nachdem wir übergesetzt worden waren, fuhren wir nach Antwerpen. Kurz nach Sonnenaufgang sahen wir in der großen Stadt plötzlich deutsche Soldaten, die mit Kisten und Säcken durch die Straßen davoneilten. Sie schleppten Verpflegung – und genau die brauchten auch wir dringend. Seit der Seine hatten wir nichts Eßbares bekommen können, hatten unseren Hunger lediglich mit etwas Obst „aus Nachbars Garten" gestillt.

Wir fanden rasch heraus, daß sich am Hafen ein Marine-Depot befand, daß gerade von der Marine selbst aufgelöst wurde. Wir fuhren dorthin. Kein Wachtposten hielt uns an, und wir fanden, was wir suchten. Hier gab es das Beste vom Besten, alles, was unsere Herzen nur begehrten – Brot, Butter, Wurst, Schinken und Käse. Wir nahmen von jedem reichlich mit. Jeder noch so kleine Platz in unserem Fahrzeug wurde zum Verstauen genutzt. Sogar ein Waffenlager gab es in dem Depot. Ich nahm mir ein modernes Selbstladegewehr mit, einen Karabiner 43.

Während unserer Weiterfahrt durch Antwerpen hielten wir kurz bei einem kleinen Krämerladen an. Ich ging hinein, um eine große Dose Schuhcreme zu kaufen, die ich selbstverständlich sofort bezahlen wollte. Ich zeigte der Verkäuferin, einer etwa 45-jährigen Belgierin, mein Geld. Doch sie sagte in gutem Deutsch, daß sie keine Schuhcreme habe. Daraufhin bot ich ihr ein Tauschgeschäft an: Schuhcreme gegen Butter. Die Frau sah mich erstaunt an. Dann ging sie in einen Nebenraum, holte eine zwar gerade erst angebrochene, aber noch fast neue Dose Schuhcreme und legte sie vor mir auf den Tresen. Ich ging hinaus und holte die Butter, die in einer zirka 30 mal 30 Zentimeter großen Holzkiste verpackt war. Der Handel war perfekt.

Wir fuhren weiter, bis Utrecht in Holland. Dort bezogen wir für acht Tage Quartier in einem Privathaus, bis sich der Rest unserer Abteilung gesammelt hatte. Die Bewohner waren damit einverstanden. Ich schlief im Wohnzimmer auf dem Teppich.

Die kleine Stadt war fast menschenleer und sehr sauber. Die Holländer sprachen gut Deutsch, hielten sich aber von jeder Unterhaltung fern. Da wir über einen erheblichen Lebensmittelbestand verfügten, waren wir in der Lage, die Soldaten zu verpflegen. Da wir keine Feldküche mehr besaßen, baten wir unsere Quartiersleute um die warme Zubereitung unseres Dosenessens.

Nach und nach trafen unsere Soldaten ein. Doch einer meiner guten Kameraden erschien nicht – Paul Rudek, auch ein Schlesier. *(Nach dem*

Krieg fand ich ihn in Rheinfelden bei Schweinfurt. Gesundheitlich ging es ihm, noch immer als Folge des Krieges, gar nicht gut. Er erzählte mir, daß er auf dem Rückmarsch von der Feldgendarmerie aufgegriffen und dann einer anderen Einheit zugestellt worden war.)

Am 17. September verließen wir unser Quartier und fuhren in nördliche Richtung. Es war ein herrlicher Spätsommertag. Da erschienen am sonnig-heiteren Himmel und in einer Höhe von etwa 5.000 Metern zehn viermotorige RAF-Bomber, die sich offenbar auf einem Inlandflug befanden. Im Schlepp hatten sie Lastensegler. Wir blieben stehen und starrten nach oben. Kein einziger Schuß fiel. Was hatte das zu bedeuten? Kein deutsches Flugzeug war zu sehen, kein Flakfeuer zu hören – nichts. Es gab auch hier überhaupt kein einziges Geschütz mehr.

Ein paar Stunden später, am Nachmittag, erfuhren wir dann, was die vorübergeflogenen RAF-Flugzeuge und Lastensegler zu bedeuten hatten: Britische Luftlandetruppen waren bei Arnheim niedergegangen.

Unter dem Codenamen „Market Garden“ hatte das britische Oberkommando ein Luftlandeunternehmen gestartet, um damit der britischen 2. Armee unter General Montgomery den „Sprung über den Rhein“ zu ermöglichen und über das südliche Holland ins Ruhrgebiet vorstoßen zu können. Die britische 1. Luftlandedivision wurde am 17. und 18. September 1944 am rechten Rhein-Ufer abgesetzt, um hauptsächlich die Brücke von Arnheim einzunehmen, damit das von Süden her vorrückende britische XXX. Korps mit seinen Panzern den breiten Strom überqueren konnte. Doch der britischen Aufklärung war die Annäherung und Ansammlung des II. SS-Panzerkorps unter der Führung des hochdekorierten SS-Obergruppenführers und Generals der Waffen-SS, Wilhelm Bittrich, im Raum Arnheim entgangen. Die britischen Luftlandetruppen gerieten sofort in starkes Abwehrfeuer. (Da in der Folge, bedingt durch einbrechendes schlechtes Wetter, der Nachschub versagte, außerdem nach einer Entsatz-Landung der polnischen 1. Luftlandebrigade am 21. September an der Driel deren Entfaltung ausblieb, wurde den Resten der britischen Luftlandedivision in der Nacht vom 25. zum 26. September der Ausbruch befohlen – der jedoch nur noch 2.400 Soldaten gelang. 7.700 waren verwundet zurückgeblieben und/oder in Gefangenschaft geraten. Die Verluste auf deutscher Seite betrugen 3.300 Soldaten. Das Desaster der Briten bestand hauptsächlich aus einer mangelhaften Kooperation der Stäbe der Alliierten.)

Nach dem Einsetzen der Kämpfe bei Arnheim und denen bei Nijmegen konnten wir beobachten, daß die Holländer auf die Straßen gingen und trotz der Frontnähe ihrer Freude darüber ganz unverhohlen Ausdruck gaben. Auch war der Haß gegen uns deutlich spürbar.

Wir planten nun, über Ede und Apeldoorn zu fahren, weiter über Lochem, und bei Eibergen über die deutsche Grenze, nach Ahaus. Doch als wir dann von Apeldoorn kamen, wollten wir schon hinter Zutphen direkt zur Grenze fahren. Wir fuhren in ein kleines Dorf, in dem es überhaupt keinen Verkehr auf den Straßen gab, und kein Hund bellte; alles war ruhig. Aus den Fenstern der Häuser hingen weiße Bettlaken und rot-weiß-blaue Fahnen als Zeichen der Ergebenheit und zur Begrüßung der Alliierten.

Als wir uns näherten, traten die Bewohner in ihre Hauseingänge. Sie dachten sicherlich, daß bereits die Befreier kämen... Wir waren dadurch irritiert und griffen zu unseren Waffen. Im gemäßigten Tempo durchfuhren wir die Ortschaft. Nichts rührte sich, und schnell war die Hauptstraße wieder menschenleer.

Am Nachmittag erreichten wir ohne weiteren Zwischenfall bei Rocken die deutsche Grenze. Dort wollten uns die Grenzbeamten „filzen" und aufhalten. Unser Chef hatte aber bereits unsere Marschpapiere für die Neuaufstellung bei der Artillerie-Ersatz-Abteilung, die in Stettin lag, besorgt. In Winterswijk, direkt an der Grenze, machten wir Halt und bezogen Quartier – bis die letzten, noch übriggebliebenen Reste unserer Abteilung auch wieder eingetroffen waren. Von dort aus ging es zwei Tage später im Mot-Marsch weiter, in Richtung Vreden und nach Ahaus. Dort bestieg unser kleiner Trupp von der Abteilung 1039 einen Sonderzug, der uns letzte Soldaten nach Stettin bringen sollte – es waren nur noch 18 Männer.

In Rheine standen wir auf dem Bahnhof plötzlich Gleis an Gleis mit einem Zug der ersten Kriegsgefangenen der englischen Luftlandetruppen. Sie riefen uns etwas zu, aber wir konnten ihre Sprache nicht verstehen. In der Nähe erfolgte dann auch noch ein Fliegerangriff durch Lightnings, aber zum Glück griffen sie den Bahnhof nicht an – vielleicht wußten sie von ihren Landsleuten in dem Zug.

Unser Zug fuhr weiter; über Osnabrück, Minden, Hannover, Braunschweig, Magdeburg und um Berlin herum, bis Eberswalde. Hier wurde unser mit nur wenigen Soldaten besetzter Sonderzug auf dem Güterbahnhof abgestellt. Oberleutnant Fiola begab sich zur Leitstelle, um zu erfahren, wie es nun weitergehen würde. Kurz darauf rollte unser Zug schon wieder an. Er fuhr weiter, über Güstrow in Mecklenburg und Neubrandenburg, endlich bis nach Stettin. Dort fanden wir keine Aufnahmemöglichkeit für Neuaufstellungen, weil die Kasernen total besetzt waren. Das hieß, wir mußten noch einen Tag im Eisenbahnwaggon verbringen. Der weitere Transport verlief ohne Zwischenfälle.

Wir bezogen eine fast neue Kaserne. Unsere Abteilung erhielt nur ein einziges Gebäude, folglich jede Batterie eine Etage. In der Kaserne waren mehrere Einheiten untergebracht. Adolf und ich bezogen gemeinsam eine Stube. Noch am selben Tag schrieb ich meiner Mutter, wo ich mich nun befand.

Es waren noch keine acht Tage vergangen, da wurden mein Freund Adolf und ich zu Wachtmeistern befördert. Natürlich war unsere Freude groß. Als Wachtmeister und Zugführer hatte man nun ein ganz anderes Bestimmungsrecht – auch Unteroffizieren gegenüber. Im Dienstanzug und mit umgehängtem Säbel meldeten wir uns beim Abteilungskommandeur, Hauptmann Kulenkampf, der von nun an unser neuer Kommandeur war.

Neue 8,8-cm-Geschütze und Zugmaschinen waren eingetroffen. Laufend kam auch noch Ersatz dazu. Die Abteilung erhielt eine neue Bezeichnung: II. Abteilung, 4. Batterie Volks-Artillerie-Korps 388. Dieses Korps hatte 5 Abteilungen mit Kanonen aller Kaliber von 7,5 cm bis 21 cm. Die ersten zwei Abteilungen konnten gemischt eingesetzt werden – Panzer und Artillerie. Hinzu kamen Funktrupps, die immer mit der Korpszentrale als Leitstelle in Verbindung standen. Für uns alle war es eine neue Einsatz-Charakteristik. Die Ausbildung lief auf Hochtouren. Zur Abwechslung marschierten wir zum Schießstand und schossen unsere neuen Gewehre ein.

Am 14. Oktober 1944 überraschte uns die erschütternde Nachricht vom Ableben unseres allseits beliebten Oberbefehlshabers Erwin Rommel. *(Mit der Unterstellung, Rommel sei Mitwisser der Verschwörer-Gruppe des 20. Juli, war er im Auftrage Hitlers am 14. Oktober in seinem Heimatort Herrlingen, nahe Ulm, zum Selbstmord gezwungen worden. Sein Tod wurde offiziell als Folge seiner schweren Verwundung ausgelegt.)*

„Wir wollen tapfer sein; das Leben geht weiter“, war unsere Devise.

Am 17. Oktober hatte ich Geburtstag und an diesem Tag die Aufsicht bei der Formalausbildung auf dem Kasernenhof. Als ich so in die Gegend und zufällig zur Kasernenwache schaute, sah ich plötzlich meine Mutter mit einem Wachtposten auf mich zukommen. Sofort übertrug ich das Kommando an meinen Stellvertreter und lief ihr entgegen.

Unser Wiedersehen war nach der langen Zeit und den schrecklichen Erlebnissen besonders herzlich. Dann ging ich zur Schreibstube und beantragte sofortige Freizeit. Dem Antrag wurde augenblicklich stattgegeben. So konnte ich mit meiner Mutter die Kaserne verlassen, um für sie ein Zimmer in einem nahegelegenen Hotel zu besorgen.

Für denselben Abend waren bereits unsere Beförderungsfeier und die Feier anläßlich meines 24. Geburtstags geplant. Wir feierten in unserer Kantine, und sämtliche Unteroffiziere sowie meine Mutter waren zugegen. Trotz des belastenden Krieges mußte auch mal eine richtige Feier stattfinden... Das war auch gut so, denn da konnte man sich gleichzeitig ein Bild von den neuen Soldaten machen. Ich bedauerte nur, daß Oberleutnant Fiola dabei nicht anwesend sein konnte. Er war kurzfristig in den Heimaturlaub gefahren.

Am nächsten Tag fuhr meine Mutter wieder zurück nach Wilkau, da dort ihre Schwester Theresia auf sie wartete. Ihre Angst vor dem ständigen Vordringen der Russen konnte sie nicht verhehlen, und man sah es sie ihr an.

Zwischenzeitlich hatte Generalfeldmarschall von Rundstedt wieder das Oberkommando über das West-Heer übernommen, doch zu viele widersprüchliche Gerüchte machten eine klare Einschätzung der Gesamtlage unmöglich. Dennoch war unser Optimismus durch den nur kurzen Aufenthalt in Güstrow wieder etwas aufgefrischt worden.

An die Westfront

Unsere Verlegung von Güstrow an die Westfront vollzog sich im Oktober sehr schnell. An einem Nachmittag verluden wir unsere Batterie auf die Eisenbahn und kamen schon in den ersten Morgenstunden des nächsten Tages in Kevelaer an. Wegen der immer weiter vorstoßenden Jagdbomber der Alliierten fuhren die Züge fast nur noch nachts. Unsere Ausladung mußte schnell durchgeführt werden, und wir mußten sogleich in die nahen Wälder bei Schloß Wissen verschwinden. Wegen des häufig bedeckten Himmels ließ die Jabo-Tätigkeit um diese Zeit allerdings deutlich nach.

Viele Parolen hatten uns unterwegs begleitet. So hatte es geheißen: „Neuer deutscher Gegenstoß vom OKH geplant“, oder „Wir sind doch nur noch Lückenfüller“

Wir vermuteten Letzteres...

Die wiedererstarkte Westfront stabilisierte sich. Es schien sich an der westlichen Reichsgrenze ein Wunder anzubahnen – so wie „das Wunder an der Marne“ 1914. Die Alliierten kämpften indessen verhalten. Das Reichsgebiet wurde nur noch von dem schwachen *Westwall* geschützt. Die Bunkerbesatzungen waren wenig geübt, und die mechanische Ausstattung war inzwischen weitgehend ausgebaut worden. Niemand hatte noch mit einer Verteidigung wie 1939/40 gerechnet. Nun wurde wieder viel getan am „Wall“. Männer und sogar Frauen verrichteten schwere Schanzarbeit. Auch das Jungvolk, soweit in den Gegenden vorhanden, war zum Schanzen oder zur leichten Flak eingezogen worden. Der Durchhaltebefehl lautete:

„Der Westwall ist mit jeder seiner einzelnen Anlagen bis zur letzten Patrone und bis zur völligen Vernichtung zu halten! Jeder Bunker, jeder Häuserblock, jedes Dorf muß eine Festung werden, an der der Feind verblutet – oder die ihre Besatzung im Kampf Mann gegen Mann unter sich begräbt!“

Derartige Parolen sollten den „Soldaten“ des sogenannten *Volkssturms* mehrmals mitgeteilt werden. Jugendliche und Männer von 14 bis 60 Jahren und Frauen von 17 bis 50 kamen mit Spaten, Schaufeln und Hacken, um zu Schanzen. Gräben und Ein-Mann-Löcher wurden ausgehoben. *(Diese Arbeiten wurden fast überall völlig vergebens geleistet, weil die Alliierten mit Spezialpanzern anrückten, die mit ausklappbaren Brückenelementen und Räumvorrichtungen ausgestattet waren, und derartige Hindernisse mit Leichtigkeit überwinden konnten.)*

In der Nähe von Schloß Wissen bezog unsere Batterie private Quartiere im Entschenhof. Auch der Murmannshof und der Müserhof boten uns gute Unterkünfte, in denen uns niemand vermutete. Die Eigentümer fanden das allerdings gar nicht gut.

Ich lag gemeinsam mit Oberleutnant Fiola und Leutnant Zein im selben Quartier. Da bekamen wir einen neuen Batterie-Offizier, Leutnant Wernike. Er war bis 1944 Bürgermeister einer großen Stadt in Norddeutschland und Partei-Offizier und wollte uns alle in die NSDAP aufnehmen. Vor allem wollte er die aktiven Unteroffiziere vom Sinn und Zweck dieser Partei überzeugen – allerdings ohne Erfolg. Er versprach sogar jedem einen VW-Pkw, wenn wir nach dem Krieg bei „den Ersten“ sein sollten.

Unsere Abteilung mußte im Dreiländereck, in Grenznähe zu Holland und Belgien, mit ihren Geschützen in Stellung gehen. Im Raum Kevelaer-Weeze gab es einen „Abschirmbereich gegen unerwünschten Personenverkehr“. Die Abschirmlinie durfte nur mit einem speziellen, grau-grünen

Passierschein überschritten werden. Gestapo und Feldgendarmerie kontrollierten gründlich sämtliche Personen. Wenn hier ein Landser ohne Marschbefehl angetroffen wurde, konnte er auf der Stelle wegen Fahnenflucht zum Tode verurteilt werden.

Wir hatten inzwischen erfahren, daß die Heeresleitung der Alliierten plante, einen Vorstoß auf das niederrheinische Gebiet durchzuführen. Die Operationen sollten sich auf die Beseitigung der deutschen Maas-Brückenköpfe konzentrieren. Durchgeführte Stauungen an der Niers hatten ausgedehnte Gebiete bei Wachtendonk, Kevelaer-Weeze bei Haus Caen und an vielen anderen Stellen unter Wasser gesetzt.

Leutnant Zein und Werner Gottschalk fuhren als Vorgeschobene Beobachter in die vordersten Stellungen. Dort hatten die Regimenter 1222 und 1223 bei Gennep und Wele zur Abwehr feindlicher *(britischer und kanadischer)* Divisionen Stellung bezogen. Nach Süden hin schloß sich die 7. Fallschirmjäger-Division an. Unser Volks-Artillerie-Korps 388 lag hier, um den ersten Großeinsatz der neuesten Feuerleitanlage *(ein hochkompliziertes Gerät)* auszuwerten. In einem sehr weitläufigen Waldstück bezogen wir unseren Gefechtstand. Aus südlicher Richtung drängten die Engländer, Kanadier und Schotten, um einen Durchbruch zu erzwingen. Unsere neuen Feuerleitgeräte begannen zum erstenmal zu arbeiten und gaben die Werte für die Geschütze durch, die dann fernmündlich an die Geschützführer durchzurufen waren. „Die ersten Salven lagen schlecht“, sagte Werner durchs Feldtelefon. Wir mußten noch lernen.

Mitte November 1944 wurden wir zum Zwecke eines Stellungswechsels wieder aus unserer Frontlinie herausgenommen und zirka 35 Kilometer weiter in den Raum Heinsberg-Kaldenkirchen-Geilenkirchen verlegt. Unsere neue Stellung befand sich in einem großen Obstgarten, und sie war gut getarnt. Der kleine Ort Ophoven *(bei Heinsberg)* war menschenleer. Sämtliche Einwohner waren zwangsevakuiert und hatten ihr gesamtes Hab und Gut zurücklassen müssen. Auf Plünderung stand die Todesstrafe. Unsere Soldaten wußten, wie sie sich zu verhalten hatten...

Eines Tages durfte ich mit Leutnant Zein zur B-Stelle vorgehen, weil Werner einmal richtig ausschlafen wollte. Ich war froh, mal etwas anderes zu sehen. Wir lagen bei Orsbek in einem größeren Bauernhof und konnten von dort aus die feindlichen Bewegungen recht gut beobachten. Die Sturmgeschütze lagen im Garten in Lauerstellung.

Am zweiten Tag erblickte Leutnant Zein eine feindliche Batterie, die dann von mehreren deutschen Batterien unter Feuer genommen und vernichtet wurde. In der letzten Nacht vor meiner Ablösung brachte ein Infanteriespähtrupp zwei englische Gefangene ein. Leutnant Zein sprach Englisch und verhörte sie, erhielt aber keinerlei wichtige Informationen. Danach fuhren wir wieder in unsere Geschützstellung nach Ophoven zurück.

Es war inzwischen Anfang Dezember geworden, und das gesamte Korps begann nun, abteilungsweise in Nachtmärschen noch mehr nach Süden zu verlegen. Wir zogen in die Eifel ein und durchfuhren unter anderen auch das Städtchen Blankenheim mit seinen schmalen Gassen und alten, engen Wehrtürmen. Wir hatten Mühe, uns mit den langen Geschützen in rechtwinklig abknickender Fahrtrichtung zu bewegen. Die meisten Geschütze mußten an der Hinterprotze entzurrt und in die jeweilige Fahrtrichtung geschoben werden. Ohne einen bemerkenswerten Zwischenfall kamen wir nach Kronenburg, unweit der belgischen Grenze und richteten in einer Senke unsere Feuerstellung ein. Die Vorgeschobenen Beobachter gingen an die etwa sechshundert Meter vor uns befindliche HKL. Ich wurde zu meiner Überraschung mit einer neuen Aufgabe betraut – als stellvertretender Batterieoffizier, und gleichzeitig in Zugführer-Reserve gestellt. Mein Aufenthaltsort befand sich nun beim Troß, und der lag in Mühlheim, vier Kilometer von Blankenheim entfernt und in einer großen Talsenke.

Mühlheim war ein kleiner, mit Soldaten vollgestopfter Ort. In jedem Haus war jede auch noch so kleine Ecke vom Keller bis zum Dachboden und den Scheunen und Ställen belegt. Man war wegen der zunehmend schlechteren Witterungsbedingungen froh, ein Dach über dem Kopf zu haben, egal was für eines. In der Nähe befand sich eine Abschußstelle für V1- und V2-Raketen. Jeden Tag staunten wir über diese neuen „Flugmaschinen“, wenn sie nach Anbruch der Dunkelheit mit Donnergetöse starteten und, einen langen, feurigen Schweif hinter sich herziehend, dröhnend in Richtung Westen davonflogen. Einige Kameraden fragten: „Sind das denn Flugzeuge? Die klingen doch so ganz anders…“

Aber da gab es noch zwei weitere höchst negative Begleiterscheinungen: Zum einen raubten diese Nervensägen einem das Vertrauen, weil sie nach einem Versagen der Triebwerke oft schon in der Nähe wieder herunterkamen und mit einer gewaltigen Explosion aufschlugen, zum anderen, weil tagsüber die doppelrümpfigen Lightnings über uns herumkreisten und nach den Abschußstellen suchten, um sie zu bombardieren. Man durfte sich nicht auf die Straße wagen.

Insgesamt war das alles für mich wenig befriedigend, und ich befaßte mich nun ernsthaft mit dem Gedanken, mich zu einem der Einmann-Torpedo-Kommandos zu melden, von denen ich gehört hatte. Der Chef kam hierher, um in der Schreibstube für die Meldetermine beim „Spieß" die Unterschriften zu leisten und die Strapazen von seinem Körper abzuschütteln. Ich trug ihm meine Überlegungen vor. Daraufhin legte er mir seine Pistole auf den Tisch und sagte: „Das können Sie auch gleich hier erledigen..."

Damit war die Angelegenheit für mich beendet.

Zweimal in der Woche mußte ich nach Kronenburg fahren und der Batterie Post und Verpflegung nach vorn bringen. Eines Tages war es mein Freund Adolf Dresel, der diese Fahrt unternehmen mußte. Bei ihm befanden sich noch zwei weitere Soldaten. Nach einiger Zeit erreichte mich eine schockierende Meldung: Als sich Adolf mit dem Geländewagen gerade auf der Kammstraße einer Anhöhe befunden hatte, war er von mehreren Jabos und einer Lightning angegriffen worden. Adolf und die beiden Soldaten waren aus dem Wagen gesprungen, um hinter einem Baum Dekkung zu suchen. Die Flugzeuge hatten mit ihren Bordkanonen die Straße beharkt, und eines der Geschosse war durch den Baum geschlagen und hatte meinen Freund tödlich getroffen.

Aufwallender Kummer überschattete meine Psyche, und ich stellte mir die Frage, wieviel Leid dieser schreckliche Krieg noch über die Menschen bringen würde... Der gute Freund wurde auf dem Kirchenfriedhof in Kronenburg zur letzten Ruhe gebettet. Wir waren nur noch sieben Leute unseres Geschützes, der Kompaniefeldwebel und unser Chef, der eine äußerst persönliche Grabrede hielt.

In den folgenden Tagen *(bis zur bevorstehenden Ardennen-Offensive)* war noch viel Arbeit zu verrichten. Die Zugmaschinen mußten munitioniert und betankt werden. Marschverpflegung wurde für mehrere Tage ausgegeben, und man spürte, daß es bis zum Angriff nicht mehr lange dauern würde... Die Offensive hätte schon im Oktober erfolgen sollen, doch war die Front zu dieser Zeit noch nicht stabil genug gewesen. Auch die Angriffsspitzen hatten noch gefehlt. Nun waren die neue Volks-Grenadier-Division und die drei SS-Divisionen *Das Reich*, *Leibstandarte Adolf Hitler* und *Hit-*

lerjugend eingetroffen. Somit waren sämtliche Vorbereitungen zur Offensive abgeschlossen.

Am 15. Dezember fuhr ich gegen Abend zur Feuerstellung unserer Batterie bei Kronenburg. Dort informierte mich Oberleutnant Fiola darüber, daß es am nächsten Tag losgehen würde…

Die Ardennen-Offensive

Am 16. Dezember 1944, um 5:30 Uhr, flammten an der 140 Kilometer langen Ardennen-Front die Flak-Scheinwerfer auf und erleuchteten alles fast taghell. Gleichzeitig brach auf unserer Seite ein Feuer-Orkan los. Aus zweitausend Geschützen wurde geschossen, und über uns hinweg röhrten die V1-Raketen. Stärker als das stärkste Gewitter flackerten die Blitze am Himmel und dröhnte der Donner – eine schaurige Szenerie.

Wie bereits am 10. Mai 1940, brach nochmals aus den Wäldern der Ardennen eine deutsche Offensive los – dieses Mal gegen amerikanische Truppen. Nach der Niederschlagung der deutschen Truppen in der Normandie und dem weiteren Nordfrankreich sowie der Beherrschung des Luftraums war es den Alliierten erschienen, als sei die Offensivkraft der Wehrmacht endgültig gebrochen. Diese fatale Fehleinschätzung war ursächlich für eine mangelhafte Feindaufklärung seitens der Amerikaner. Somit war ihnen der großangelegte Aufmarsch deutscher Truppen an der belgischen Grenze, zwischen Hohem Venn und Nordluxemburg, entgangen. Unter dem Decknamen „Wacht am Rhein" hatte die Wehrmacht für die Ardennen-Offensive drei Armeen aufgestellt: Die 6. SS-Panzer-Armee, geführt von General Joseph Dietrich, mit Stoßrichtung auf Antwerpen; die 5. Panzerarmee, geführt von General von Manteuffel, im Mittelabschnitt; und die 7. Armee, geführt von General Brandenberger, zum Flankenschutz nach Südwesten. Dem Luftkommando West des Generals Schmidt war die Luftsicherheit übertragen worden – mit 1.500 Jägern, 260 Bombern und 40 Aufklärern. Die gesamte Offensive wurde von Hitler persönlich von seinem Hauptquartier „Adlerhorst" geführt, so daß der eigentlich zuständige Oberbefehlshaber der Heeresgruppe B, Generalfeldmarschall Walter Model, kaum über Entscheidungsspielraum verfügte.

Es war kalt, und in der Nacht war Schnee gefallen. Als der Tag anbrach, war es ein Glück für uns, daß der Himmel mit dichten Wolken verhangen war, so konnten die Amerikaner ihre Flugzeuge nicht fliegen lassen. Der

Tagesbefehl des Oberbefehlshabers West lautete: „Soldaten der Westfront! Eure Stunde hat geschlagen! Starke Angriffsmassen sind heute, am 16.12.1944, gegen die Anglo-Amerikaner angetreten. Mehr brauche ich Euch nicht zu sagen. Ihr fühlt es alle: Es geht ums Ganze! Tragt in Euch die heilige Verpflichtung, alles zu geben und Übermenschliches zu leisten für's Vaterland und unseren Führer!"

Der OB West, von Rundstedt, Feldmarschall.

Unser Angriff lief zuerst gut an. Am ersten Angriffstag wurden viele gefangene Amerikaner und deren erbeutete Fahrzeuge aller Art nach hinten gebracht, und die „Parole" ging um, zu Weihnachten wieder in Paris zu sein.

Am 20. Dezember wurde berichtet, daß unsere West-Armeen aus der Tiefe aufgeschlossen hatten und die Angriffsspitzen vorgetrieben worden waren. Die Meldung besagte weiter, daß 10.000 Gefangene gemacht und 200 Panzer vernichtet oder erbeutet wurden.

Der deutsche Vormarsch in den Ardennen – Pioniere, Infanterie und Panzer im Verbund.

Am 22. Dezember wurde Saint Vith erobert. Die Amerikaner leisteten starken Widerstand. Unser Vorstoß stockte, gehemmt vom schlechten Winterwetter und Versorgungsproblemen mit dem Sprit. Irgendwann hatte es einmal geheißen, daß Tausende Liter Sprit der Amerikaner in den Ardennen-Wäldern lagern sollten; dem war aber nicht so. Doch ungeachtet dessen, schoß unser Volks-Artillerie-Korps 388 während dieser Tage so viele Granaten ab, wie in den letzten vier Wochen an der gesamten Westfront nicht.

Am 22. Dezember wurde unserer Batterie ein Stellungswechsel befohlen. Wir fuhren durch belgisches Land. Das Gelände des Ardennen-Vorlandes war hügelig. Gelegentlich standen abgeschossene Sherman-Panzer und ausgebrannte Kraftfahrzeuge herum. Deutsche Landser kamen uns mit erbeuteten amerikanischen Lastwagen und Pkw entgegen. Viele frische Gräber neben der Straße zeugten von einer hier stattgefundenen Schlacht.

Dann bezog die Batterie mit ihren Geschützen die neue Feuerstellung. Der Troß folgte am 24. nach. Es war Heiligabend. Früher hatten wir immer Weihnachtslieder gesungen, doch war uns an diesem Tag absolut nicht danach zumute... Sollten wir singen, *Friede auf Erden, und den Menschen ein Wohlgefallen...*?

Ob die Amerikaner wohl ebenso dachten?

Wir errichteten unseren Gefechtsstand bei Schoenenburg *(im Elsaß)* in der Deckung eines Waldes. Dort lag tiefer Schnee. Die Feldküche bezog ein Haus, in dem es einen Backofen gab. Einer der „Küchenbullen" war der Obergefreite Kuckloch. Er war von Beruf Bäcker und bekannt für sein Organisationstalent. Er hatte für den Heiligen Abend noch viel vor. Der Chef ließ ihn gewähren, denn es sollte für alle eine Überraschung werden...

Wir hoben indessen sechzig bis achtzig Zentimeter tiefe Zwei- und Vier-Mann-Löcher aus, deckten sie mit einigen Balken und Baumstämmen ab und warfen die mit Schnee vermischte Erde darauf. Auf den harten Erdboden der Löcher legten wir Stroh, das wir aus den nahen Scheunen geholt hatten.

Plötzlich startete die Artillerie der Alliierten einen Feuerüberfall. Heulend jagten die Granaten über uns hinweg und schlugen in den zurückliegenden Häusern ein. Kurz darauf kam ein Soldat von hinten angelaufen und meldete dem Chef:

„Herr Oberleutnant, die Küche hat einen Volltreffer abbekommen. Niemand wurde verwundet, aber die Verpflegung einschließlich des Weihnachtsgebäcks ist vernichtet!"

Die mobile Küche, die sich auf einem Lastwagen befand, war zum Glück unversehrt geblieben, und kurz nachdem der Beschuß wieder eingestellt worden war, wurde sie angeheizt. Es dauerte nicht lange, da erhielten wir warmen Tee mit Rum und Fleischdosen, und Frontkämpferpäckchen wurden verteilt. Trotz der unangenehmen Umstände waren unsere Soldaten guten Mutes.

In einem der Löcher zündeten wir am Abend einige der sogenannten Hindenburg-Lichter an. Es dauerte nicht lange, da tropfte uns der geschmolzene Schnee auf die Stahlhelme, die wir unablässig trugen, und lief einem den Nacken und den Rücken hinunter. Was für ein „heiliger" Abend...

In Gedanken war ich bei meinen Lieben zu Hause, fern an der polnischen Grenze. Wie mochte es ihnen wohl zumute sein, wo doch die Russen immer näher an Deutschland herankamen...?

Erst spät am Abend trat dann überall in unserem Waldstück Ruhe ein; nur gelegentlich fiel ein vereinzelter Störfeuerschuß.

Schon früh am Morgen des 25. Dezember 1944 hörten wir Motorengeräusche in der Luft. Wir machten die ersten unsicheren Schritte in wieder aufrechter Haltung, aber um die verdammte Kälte aus den steifen Körpern herauszukriegen, dauerte es noch ein paar Stunden. Irgendwo in der Ferne fielen die ersten Bomben. Hier und da schoß unsere Artillerie Störfeuer. Es war Weihnachten... Am 26. Dezember wurde die Entscheidung getroffen, daß wir uns wieder zurückziehen sollten.

Zwar war deutschen Truppen im Mittelabschnitt die Einschließung von Bastogne und der 101. US-Luftlandedivision gelungen, und die 2. Panzer-Division war bis nach Dinant, nahe der französischen Grenze, vorgestoßen, außerdem hätte die „Kampfgruppe Peiper" am 17. Dezember im Norden fast die feindlichen Linien durchbrochen, doch Logistikprobleme, hauptsächlich der daraus resultierende Spritmangel, hatten die Ardennen-Offensive zum Stehen gebracht. Als sich dann auch noch der Himmel wieder aufgeklart hatte, begannen die Amerikaner mit Gegenangriffen. Die deutschen Panzerspitzen mußten zurückgenommen werden, und am 26. Dezember hatte die 4. US-Panzerdivision Bastogne durch einen starken Einsatz wieder freigekämpft.

Es ging nun auf das Ende des Jahres zu. Die Tage begannen zwar mit Sonnenschein, doch die Nächte waren sehr feucht, kalt und neblig. Am 31. Dezember war in unserem Frontabschnitt schon seit zwei Tagen kein einziger Schuß mehr zu hören gewesen. Auch der Silvesterabend war kalt, sternenklar und ruhig. Aber genau um Mitternacht flammten unsere großen Scheinwerfer auf, und die Artillerie beschoß die feindlichen Linien.

Am 12. Januar erfuhren wir, daß die Sowjets aus dem Brückenkopf bei Baronow vorstießen und eine Großoffensive eingeleitet hatten. Nun bedrohte die Rote Armee das oberschlesische Industriegebiet. So wurden in den nächsten Tagen starke Kampfeinheiten von der Westfront abgezogen. Die Folge waren eigene starke Absetzbewegungen.

Niemand hatte uns besiegt – doch wir fühlten uns geschlagen. Unsere Offensive war gescheitert. Weder der so dringend erforderliche Nachschub noch eine weitere Unterstützung seitens der Armee waren nachgekommen. Es mangelte an kampfstarken Kräften und ausreichender Bewaffnung; hauptsächlich fehlte aber unsere Luftwaffe. Wir mußten uns geschlagen geben und aus den gerade wieder eroberten Gebieten abziehen. Nach schweren Verlusten an Männern und Material wurden Massen an Geräten und Waffen gesprengt. So begann mein dritter Rückzug – diesmal zum Rhein.

Am 16. Januar 1945 wurde die Front von den Amerikanern eingedrückt. Da sich Hitler dennoch weigerte, seine Armeen in die Westwallstellungen zurückzunehmen, wurden auch die letzten Reserven unnötig verschlissen. Auf deutscher Seite waren während dieser zweiten Ardennen-Offensive 17.200 Soldaten gefallen oder vermißt und 34.000 verwundet worden. Die Amerikaner hatten 30.000 Tote und Vermißte und annähernd 50.000 Verwundete.

Mein dritter Rückzug

Auf den Rückzugstraßen hatten sich geradezu chaotische Zustände ergeben. Es stellte sich auch eine neue Sorge ein: Wann und wo wird man uns wieder angreifen? Es hieß immer wieder, daß nicht auszumachen war, wo die feindlichen Panzer standen. Aber da gab es auch noch meine Sorge um meine Mutter und die anderen Familienangehörigen. Ich hätte gern gewußt, wo wohl die Russen inzwischen standen.

Noch einmal schrieb ich meiner Mutter einen Brief. Ob er sie aber in den verschärften Kriegswirrnissen im Osten auch erreichen würde, war sehr fraglich. Aber mehr konnte ich in meiner Situation nicht tun.

Dann änderte sich das Wetter. Der Himmel war fast durchgehend von dunklen Wolken verhangen. Man hatte die SS-Divisionen aus der Front herausgezogen, und sie verstopften nun die Straßen. Es war ein großes Glück, daß unsere Absetzbewegungen trotz Schnee und Eis und der Staus an den Berghängen einigermaßen ordentlich durchgeführt werden konnten. Allerdings wurde die Zivilbevölkerung dadurch ganz erheblich in Mitleidenschaft gezogen, denn die Ortschaften und kleinen Städte, durch die wir während unseres Stellungswechsels in die Schnee-Eifel marschierten, waren deshalb oft Ziele der Bomber der Alliierten.

In der Eifel errichteten wir dann in einem offenen Waldstück eine neue Feuerstellung *(es sollte unsere letzte werden)*... Von nun an wurden unsere Granaten, die wir abschossen, genau gezählt und mußten vorher genehmigt werden. Auch die Infanterie verfügte nicht mehr über unbegrenzte Mengen Munition. Enttäuschung und Trostlosigkeit stellten sich ein. Zu allen ohnehin schon großen Schwierigkeiten klarte der Himmel auch wieder auf. So begann die RAF wieder in die Kampfhandlungen einzugreifen. Die Jabos fegten die Straßen leer. Wehe jenen, die an einem Berghang lagen, sie wurden abgeschossen wie bei einer Treibjagd. Aber wo blieben unsere deutschen Jäger...? Es war mir unvorstellbar, daß man eine so große Armee wie die unsere einfach untergehen lassen konnte. Ich fragte mich ernsthaft, ob sie nun überhaupt noch zu retten war. Aber ich war nicht der Einzige, der die Hoffnung nicht aufgeben wollte, denn da wurde ja immer noch von der „Geheimwaffe" geredet... Aber die Reste der leichten Volks-Grenadier-Divisionen waren nicht mehr in der Lage, den starken feindlichen Panzerverbänden mit ihrem schier unbegrenzten Materialeinsatz Einhalt gebieten zu können.

An einem Berghang hatten wir unsere gut getarnten Geschütze in Stellung gebracht. In unmittelbarer Nähe stand eine kleine Scheune, in der wir sechs Soldaten unseren Gefechtsstand einrichteten. Der Boden war mit Stroh bedeckt, und wir konnten uns längs der Seitenwände ausstrecken. Ich lag direkt neben Oberleutnant Fiola, der uns in halb sitzender, halb liegender Haltung Anweisungen erteilte. Plötzlich ein kurzes, schrilles Pfeifgeräusch – dann der Einschlag!

Die starke Detonation hatte ein großes Loch in die Scheunenwand gerissen, und die heißen, scharfen Granatsplitter den Mantel und die dicke Pelzweste des Oberleutnants durchschlagen und ihn im Rücken verwundet. Es sah sehr schlimm aus... Aber Fiola war der Einzige von uns, den es erwischt hatte.

Sofort griff ich zum Feldtelefon, doch die Leitung war tot. Ich ahnte, was geschehen war, und lief hinaus. Da lag die zerrissene Leitung. Schnell fügte ich den Draht wieder zusammen, rannte zurück, kurbelte eilig am Telefon und bekam Verbindung mit der Abteilung. Ich verlangte ein Sanitätsfahrzeug, machte es sehr dringend.

Es waren noch keine fünf Minuten vergangen, da war der Sanka da. Vorsichtig wurde der stark blutende Schwerverwundete auf eine Trage gelegt und zum nächsten Verbandplatz gefahren. *(Oberleutnant Fiola überlebte seine schlimme Verwundung ohne weitere körperliche Behinderungen. Ich traf ihn allerdings erst 1983 in seiner Wohnung in Westfeld wieder.)*

Da die Amerikaner unsere Stellung erkannt hatten, waren wir nun gezwungen, einen Stellungswechsel vorzunehmen. Unser neuer Chef wurde jetzt unser bisheriger Feuerleitoffizier, Leutnant Zein.

Wir bezogen eine neue Panzerabwehr-Lauerstellung. Vorsichtshalber grub sich nun, trotz des gefrorenen Bodens und des Schnees, jeder ein Erdloch, um darin eine sichere Deckung zu finden. Auf dem Feld standen noch die schneebedeckten Erntegarben. Sie sahen aus wie erstarrte Soldaten.

Inzwischen war es Ende Januar und das Wetter sehr wechselhaft; mal Regen, mal Schneeschauer, dann Matschboden, der kurz darauf wieder gefror. Aber die Bewölkung war für uns günstig. Dennoch forderten die entbrannten schweren Kämpfe in der Eifel ihren Tribut. Die Stärke der einzelnen Kompanien betrug durchschnittlich nicht einmal mehr fünfzig Soldaten.

Den ganzen Februar hindurch tobten im Raum zwischen Prüm und Echternach schwere Kämpfe. Die Amerikaner waren hier zu neuen Angriffen angetreten und bis zu 15 Kilometer tief in die HKL eingebrochen. Unsere Batterie konnte keinen einzigen Schuß mehr abgeben, weil keine Munition mehr vorhanden war, und die Zugmaschinen *(Raupenschlepper Ost)* hatten keinen Sprit mehr. Wir waren gezwungen, alles zu sprengen. Die Benzintanks wurden geleert und damit die Lastwagen und Pkw aufgetankt. Für die II. Volks-Artillerie-Abteilung 388 erfolgte nun das große Absetzen in Richtung Rhein; über die Hohe Acht am Nürburgring, über Nebenstraßen bis Bonn-Roisdorf. Unsere Batterie war, bis auf wenige Erkrankte, personell vollzählig. Wir bezogen Privatquartiere.

Acht Tage später holte ich mit einem Lastwagen voller „gestandener" Fahrer neue Zugmaschinen und 8,8-cm-Panzerabwehrgeschütze vom Depot in Wahn-Heide bei Köln ab. Hier war bereits alles in Auflösung begriffen. Sogar der Luftwaffenstützpunkt der Stukas war dabei, seinen Flugplatz zu räumen. Auf einem nahen Gleis standen Eisenbahntankwagen mit Flugbenzin. Wir organisierten einige leere 200-Liter-Fässer und füllten sie, so gut es ging und verbunden mit einem großen Risiko, auf. Unser Schirrmeister kannte das Mischungsverhältnis mit Öl, um damit unsere Zugmaschinen und Lastwagen betanken zu können.

Am 6. März wurde uns die allgemeine Frontlage bekanntgegeben: Die Alliierten hatten den Westwall zwischen Aachen und der Eifel durchbrochen und rückten gegen Köln und Bonn vor. Die ersten Einschläge der amerikanischen Artillerie hatten die Universität in Bonn getroffen...

Hastig wurden in dieser Gegend sämtliche Stützpunkte und Lazarette geräumt. Leichtverwundete und sogar Männer mit Schußbrüchen und Lungenschüssen wurden gnadenlos *kv* geschrieben und in die Auffang-Kompanien gesteckt – egal ob mit oder ohne Waffen, Hauptsache, der Befehl war ausgeführt... Das war die allgemein zynisch-spöttisch bezeichnete „Helden-Spätlese". Jeder Mann wurde zu den spärlich besetzten Fronten und zum „Heldenkampf unseres Volkes" aufgerufen, und jedem wurden „Opfer" abverlangt – noch mehr Opfer...

Die Sowjets hatten inzwischen Ostpreußen abgeschnitten und das oberschlesische Industriegebiet unversehrt erobert. Zu dieser Zeit tobten an der Ostfront schwere Abwehrkämpfe. Die Propaganda-Meldungen berichteten über ausgeplünderte Flüchtlingstrecks, deren Frauen und Mädchen von den Russen grausam gequält, vergewaltigt und erschossen wurden. Immer wieder waren meine Gedanken bei meiner Mutter und meiner Schwester. Aus Erfahrung kannte ich die tragische Flucht der Zivilisten aus der Frontnähe – und erst recht deren große Angst vor den Russen... Ich machte mir zunehmend mehr Sorgen um meine Familienangehörigen. Wir übten indessen mit den neuen Geschützen und testeten ihre Einsatzfähigkeit.

Die gefürchteten doppelrümpfigen Lightning-Ungeheuer waren nun jeden Tag am Himmel *(Lockheed P-38, von den Landsern als "Gabelschwanz-Teufel" bezeichnet)*. Man konnte sie schlecht ausmachen, wenn sie plötzlich aus den Wolken herabstürzten und ihre Angriffsziele anflogen. Die 2-cm-Bordkanonen spuckten ihre Feuerstöße heraus und vollbrachten dann meistens „ganze Arbeit". Inzwischen zweifelte jeder an dem ständig von der Propaganda „gepredigten" Endsieg, aber selbst im engsten Kreis der Kameraden sprach es niemand aus. Doch an den Ermahnungen zur Vorsicht, und *wie* es gesagt wurde, konnte man unschwer die allgemeine Hoffnungslosigkeit erkennen... Die Einwohner der Ortschaften verließen ihre Heimstätten nicht mehr, auch hatten sie es aufgegeben, über die Unbilden des Krieges zu fluchen.

Meine Batterie mußte nun überraschend über die Rheinbrücke nach Bonn-Beuel verlegen. Auf der östlichen Seite des Rheins bogen wir von der Hauptstraße nach rechts ab. Wir bezogen eine Stellung am Wald von Birlinghausen. Von hier aus schoß die Batterie über den Rhein hinweg und ins Hinterland Störfeuer auf markante Verkehrsknotenpunkte. Unsere VB waren Werner Gottschalk und Leutnant Zein. Sie lagen am Rheinufer und leiteten von dort aus das Geschützfeuer. Die Führung der Batterie hatte man mir übertragen, weil Zein nicht gern damit betraut war.

Eines Nachts ging ich wegen eines Störfeuer-Einsatzes allein vom Gefechtsstand zur Geschützstellung. Es war stockdunkel. Als ich mich gerade auf jener Straßenkreuzung befand, an der ich links zur Feuerstellung abbiegen mußte, hörte ich plötzlich ein schnell lauter werdendes Pfeifen. Ich hatte keine Zeit mehr, mich hinzuwerfen, da erfolgte schon der Einschlag in meiner Nähe. Hunderte Funken blitzten auf und stoben im weiten Umkreis umher. Nur bis in die Hocke war ich gerade noch gekommen – und erstarrte im Moment der Detonation. Es dauerte einen Moment, bis ich mich besann. Ich hatte von dem Granateinschlag nichts abbekommen. Ich dankte meinem Schutzengel.

Am 7. März erreichte die erste US-Armee am linken Rheinufer und nördlich Koblenz Remagen (1939 5.500 Einwohner) und seine unzerstörte große Eisenbahnbrücke. Eine rechtzeitige Sprengung war den deutschen Pionieren infolge des schnellen Vordringens der Amerikaner nicht mehr möglich gewesen. So war es der 9. US-Armee gelungen, innerhalb von nur 24 Stunden 8.000 Soldaten ans Ost-Ufer des Rheins zu bringen und diesen wichtigen neuen Brückenkopf mittels Fliegerabwehrgeschützen und Jagdbombern erfolgreich zu sichern.

Am 8. März kapitulierte Bonn, und in Bodendorf-Bittersdorf, in der Nähe von Remagen, war die Ortsverteidigung zusammengebrochen. Die amerikanischen Panzer stießen bis an den Rhein vor – mitten hinein in die panische Flucht Tausender Soldaten, Volkssturmleuten, Rot-Kreuz-Schwestern, Arbeiter, Invaliden, Mütter, Kinder, Bauern und sogar Vieh. Alles drängte über die letzte Eisenbahnbrücke über den Rhein.

Wir erfuhren zu dieser Zeit, daß die Konferenz der Alliierten in Jalta *(vom 4. bis 11. Februar 1945 – Roosevelt, Churchill und Stalin)* unter anderem ergeben hatte, daß Deutschland, nachdem es besiegt war, in vier Besatzungszonen aufgeteilt werden sollte. Außerdem sollte eine Westverschiebung Polens erfolgen. Meine Heimat gehörte nun gewissermaßen schon den Polen – welch schmerzlicher Gedanke.

Bald standen die Russen an der Oder, und die amerikanischen Truppen stießen im Süden Deutschlands in Richtung Thüringen, Tschechei und das nördliche Bayern vor. Drei Wochen nach dem Übergang über den Rhein, bei Remagen, verschwieg der Wehrmachtbericht noch immer, daß die Amerikaner dort einen Brückenkopf größeren Ausmaßes gebildet hatten.

Dann erreichte uns mitten im Unterricht ein Funkspruch von Altenkirchen. Die Lage war nach dem Einbruch der Amerikaner auch dort nun äußerst kritisch. Unser Lehrgang wurde sofort aufgelöst. Innerhalb kurzer Zeit wurden alle Habseligkeiten zusammengerafft, und jeder rannte zu den bereitstehenden Lastwagen, die uns in den Einsatzraum bei Altenkirchen fahren sollten. Doch die Fahrt dauerte sehr lange, weil die amerikanischen Jabos am Himmel umher kurvten.

Zwischen Breitscheid und Unterschützen wurden wir abgesetzt und zu unseren jeweiligen Einheiten entlassen. Ich nahm die Männer meiner Batterie mit, und wir begaben uns zu Fuß auf die Suche nach unserem Gefechtsstand und den Geschützen. Nachdem wir losmarschiert waren, trafen wir plötzlich in Pfaffenseifen einige unserer Bedienungsmannschaften, die von den Stellungen kamen und uns aufgeregt berichteten, daß ihre Geschütze durch amerikanische Artillerie und Panzerbeschuß in der Flanke angegriffen worden waren. Sie hatten keinen Widerstand leisten können, weil sie über kein ausreichendes Schußfeld verfügten. Ein Teil der Kameraden war gefallen oder verwundet worden. Leutnant Zein und Werner Gottschalk waren in Gefangenschaft geraten…

Die „Lahme Ente“ kreiste wieder am Himmel und lenkteas feindliche Artilleriefeuer. Ich hörten den charakteristischen, hart klingenden Abschuß unserer 8,8-cm-Kanone und fragte mich, ob sie wohl Erfolg gehabt hatte.

Immer mehr Soldaten meiner Batterie sammelten sich nun in den verstreut liegenden Häusern bei Pfaffenseifen. Auch die Infanterie flutete zurück. Daraufhin führte ich meine Männer eigenmächtig in Richtung Nordosten. Bald erreichten wir Hamm/Sieg. Dort trafen wir auf unseren Troß und den Kompaniefeldwebel, der gerade dabei war, ein Hinweisschild aufzustellen: *Zur Verpflegungsausgabe für die 4. Batt. 388!*

Vier Unteroffiziere und 27 Soldaten erschienen – mehr kamen von den vorher noch 90 Soldaten unserer Batterie nicht mehr zurück… Einer der Unteroffiziere eines der Geschütze sagte mir, daß die völlige Vernichtung der Abteilung zu befürchten war. Es gab keine andere Wahl als Sprengen und Absetzen oder in die Gefangenschaft zu marschieren. Eine derartige Maßnahme zu beurteilen und darüber zu entscheiden, stand nur dem Chef zu, oder, wenn dieser abwesend war, dem jeweiligen Zugführer. Für die Misere unserer Batterie wurde nun unter anderen der Kampfkommandant, Major Scheller, verantwortlich gemacht. Er wurde sofort vor ein Standgericht gestellt. *(Hierbei handelte es sich weniger um Gerechtigkeit, als vielmehr um ein abschreckendes Exempel…)* Auf einem Bauernhof in Rimbach-Westerwald tagte das *(wie wir es heimlich nannten)* „Hinrichtungskommando". General Hübner hatte den Vorsitz. Die angeblich Schuldigen wurden wegen Wehrkraftzersetzung im Schnellverfahren zum Tode verurteilt und erschossen.

Unser Spieß mahnte zur Eile, damit die Fahrzeuge noch in eine Dekkung fahren konnten. Es war nur noch ein kleines Häuflein Fahrzeuge und Soldaten, das da fast „herrenlos" herumstand. Indessen kam ein Melder von der Abteilung, der uns die Rückzugsrichtung mit Endziel und Quartier angab; wir sollten aber weitere Befehle abwarten.

Wieder waren massenhaft Flugzeuge in der Luft. Es war fast so, wie während der Invasion in der Normandie… Von Tag zu Tag vergrößerte sich der amerikanische Brückenkopf am Rhein und im Westerwald. Die Amerikaner stießen daraus in alle Richtungen vor.

Die Meldungen, die uns erreichten, waren erschreckend: In Schlesien verblutete meine Heimat; Breslau ging unter. Am 14. und 15. März teilte die neue polnische Regierung die Masuren in Ostpreußen, Oberschlesien, Niederschlesien und Pommern in polnische Verwaltungsbezirke auf. Am 17. März brach die nach einer Sprengung ohnehin schon angeschlagene große Eisenbahnbrücke bei Remagen zusammen und stürzte in den Rhein. Sie hatte die andauernden Belastungen nicht mehr tragen können. Am 23. März begann bei Rees, nördlich von Düsseldorf, der zweite Sturm über den Rhein und in das Ruhrgebiet.

Ach, würde doch dieser verdammte Krieg nur bald zu Ende gehen! Selbst der Dümmste mußte inzwischen bemerkt haben, daß der Krieg für Deutschland längst verloren war. Die Landser hatten alles getan, was nur möglich war, aber nach fünfeinhalb Jahren ständigen Kampfes war die Wehrmacht völlig ausgeblutet.

Am 17. März 1945 war die Brücke bei Remagen infolge zu starker Belastungen und Bombentreffer zusammengebrochen. Dennoch war es den

Amerikanern gelungen, bis zu ihrem Einsturz 18 Bataillone überzusetzen, was zur Folge hatte, daß der Zusammenbruch der deutschen Front um mehrere Wochen beschleunigt wurde. Als Reaktion darauf ließ Hitler von einem sogenannten „Fliegenden Standgericht" fünf im Bereich dieser Brücke eingesetzte Offiziere zum Tode verurteilen. Vier dieser Urteile wurden vollstreckt.

Am 23. März überschritt die 9. US-Armee bei Rees und Wesel den Rhein und stieß in östliche Richtung vor, um eine Vereinigung mit der von Remagen und Andernach in nordöstliche Richtung strebenden 1. US-Armee zu vollziehen… Am 14. April gelang es den amerikanischen Verbänden, den Ruhr-Kessel in zwei Teile zu trennen. Am 16. und 17. des Monats kapitulierten die eingeschlossenen deutschen Truppen der 5. Panzerarmee, der 15. Armee, der Armee-Abteilung Lüttwitz und des III. Flak-Korps – 325.000 Soldaten gerieten in Gefangenschaft. (Nach dieser Niederlage beging der Oberbefehlshaber der Heeresgruppe B, Generalfeldmarschall Walter Model, am 21. April in einem Waldgebiet zwischen Duisburg und der Ortschaft Lintorf Selbstmord.)

Im Ruhr-Kessel – und verlassen…

Wir waren auf die Troßfahrzeuge aufgesessen, um der näherkommenden Front und der damit verbundenen Gefahr zu entrinnen und den befohlenen Warteraum zu beziehen sowie weitere Befehle unseres Abteilungskommandeurs zu empfangen. In Ezbach fuhren wir über die Sieg und zogen mit den restlichen Fahrzeugen, Verpflegungs- und Bekleidungswagen in einen Forsthof. Dort lagen wir vorerst in Fliegerdeckung. Hier erfuhr ich, daß der Pkw mit dem Chef, in dem sich mein sonstiges Gepäck befand, während des Stellungswechsels von Bersinghausen nach Altenkirchen von einer Granate getroffen worden und ausgebrannt war. Alles, was ich an privaten Dingen noch besessen hatte, darunter auch Fotos meiner Mutter und einige kleine Andenken, war verloren.

Während ich in Gedanken noch meinen paar Habseligkeiten nachtrauerte und darüber nachdachte, daß ich ja irgendwie an Wäsche, nicht aber wieder an meine, für mich bereits sehr wertvollen Erinnerungsstücke kommen würde, erschien der „Spieß" bei mir und sagte: „Wir müßten unbedingt mal wieder Frischfleisch haben; aber wo sollen wir das herbekommen?"

Es war schon spät am Nachmittag. Ich zog allein los, über Berg und Tal. Lichtungen betrat ich nur äußerst vorsichtig...

Plötzlich sah ich ein Reh! Vorsichtig zog ich meine Null-Acht, zielte und schoß. Das Reh fiel um. Ich war selbst ganz überrascht von dem Glück, das ich hatte, und lief zu dem erlegten Tier. Das Reh auf dem Rücken tragend, marschierte ich zurück zu unserem Lagerplatz. Dort wieder angekommen, wurde ich mit Freudenrufen begrüßt. Der Koch begann sofort damit, daß Tier auszuweiden. Es sollte am nächsten Tag verzehrt werden.

Die Nacht verbrachten wir in Zelten; und nachdem wir am nächsten Morgen etwas Kaffee empfangen hatten, fuhr unsere kleine Truppe weiter. Auf einer engen Serpentinenstraße ging es über einen Berg, und wir erreichten Volperhausen, aber hier sah es schrecklich aus – es mußte eine riesengroße Katastrophe gegeben haben... Dort, wo einmal ein Bahnhof gestanden hatte, war alles in weitem Umkreis völlig zerstört. Zerrissene Einsenbahnschienen ragten verdreht in den Himmel; an einigen hingen noch die Reste angebrannter Schwellen. Zersplitterte Waggons, verbogene Chassis, sogar nur einzelne Achsen lagen weit verstreut umher; Bäume ohne Laub, Gesteinsbrocken, Splitter, Fetzen und mehrere breite, tiefe Krater. Das Bahnhofsgebäude war bis auf seine Grundmauern weggeblasen. Dann erfuhren wir, daß hier ein Güterzug von Jabos mit Erfolg angegriffen worden war. Der Zug war mit V-Waffen beladen gewesen...

Zwei Kilometer weiter erreichten wir unser Ziel in den kleinen, nahe beieinander liegenden Ortschaften Bitze, Niederdorf und Morsbach. Wir wurden von den Einwohnern freundlich empfangen, bezogen Privatquartiere und richteten uns dort, wo ein Platz für uns war, so gut wie möglich ein. Ich kam in Bitze bei der Familie Johann Neuhoff unter. Unsere Fahrzeuge wurden in Scheunen und Schobern untergestellt, um sie der Sicht feindlicher Jabo-Piloten zu entziehen. Danach kümmerte ich mich um die Unterbringung der anderen Landser.

Am Nachmittag war wieder Verpflegungsausgabe, und jeder freute sich über das Rehfleisch. Der Koch hatte sich wirklich große Mühe mit dem Essen gegeben, und die Soldaten dankten es ihm. Bei der anschließenden Befehlsausgabe wurden Verhaltensmaßregeln bekanntgegeben und die Uhrzeit für den Morgenappell des nächsten Tages.

Am nächsten Morgen, es war Sonntag, der 28. März 1945, ließ ich mir vom ältesten Unteroffizier die Batterie melden. Es fehlten zwei Unteroffiziere und zwei Soldaten... Nachdem der „Spieß“ seine Anordnungen verkündet hatte und die Soldaten weggetreten waren, sprach ich mit ihm über das unliebsame Vorkommnis und erklärte ihm, daß ich mich um die vier Männer persönlich kümmern werde. Dann ging ich mit meinen Soldaten zum Quartier. Als sie dort einbogen, ging ich noch etwa einhundert Meter weiter, zu einem Nachbarhaus. Dort putzte ein 20-jähriges Mädchen in gebückter Haltung die Eingangstreppe. Scherzhaft sagte ich: „Fräulein, machen Sie doch nicht alles so sauber, es wird ja doch bald wieder schmutzig.“

Sie erhob sich, und wir sahen uns in die Augen. Sofort sprang der berühmte Funke über... Etwas schnippisch gab sie zur Antwort: „Das geht Sie überhaupt nichts an!“

Um mit ihr im Gespräch zu bleiben, fragte ich: „Befinden sich in diesem Haus zufällig Soldaten?“

„Ja“, antwortete sie, „vier...“

Ich war verblüfft. Sie trat zur Seite und gab mir die Treppe frei.

Durch den langen Eingangflur gelangte ich direkt zu einer Küchentür. Ich klopfte an. Jemand rief: „Herein!“

Ich öffnete die Tür – und da saßen die vier „verlorenen Söhne“ gemütlich am Küchentisch beim Frühstück. Eigentlich hatte ich vorgehabt, ihnen gründlich „die Luft abzulassen“ und sie zur Ordnung zu rufen. Aber infolge der attraktiven Begegnung an der Eingangstreppe und der freundlichen Quartiersleute, wollte ich hier nicht durch einen zu barschen Ton unangenehm auffallen. Sachlich aber bestimmt sagte ich: „Ein dienstlicher Befehl hat noch immer Gültigkeit.“

Die Vier beendeten sofort ihr Frühstück und erklärten, daß sie sich umgehend beim „Spieß“ melden würden. Dann verließ ich das Haus und ging zu meinem Quartier zurück. Auf dem Weg dorthin kam ich mit der etwa 55-jährigen Nachbarin ins Gespräch. Sie beklagte sich darüber, daß ihr Mann im Vorjahr auch noch Soldat werden mußte und daß sie bisher noch immer keine Nachricht bekommen hatte, wo er im Einsatz war.

Die Familie Neuhoff, bei der ich wohnte, hatte eine Tochter namens Elisabeth. Sie war mit einem Feldwebel verheiratet, der Schmidt hieß und erzählte mir, daß er in der Tschechei an der Front sein sollte; wo genau, wußte sie nicht... Im Laufe des Gesprächs fragte ich Elisabeth Neuhoff nach dem Namen der Tochter des Nachbarn, von dem ich gerade gekommen war. Sie bemerkte offenbar mein Interesse und sagte, sie hieße Irene Wagener und sei ihre beste Freundin. So kam es, daß meine Besuche im Hause Wagener immer häufiger wurden – aber auch, weil unser Funk-Unteroffizier den batteriebetriebenen Radio-Empfänger aus dem Funkwagen ausgebaut und in seinem dortigen Quartier aufgestellt hatte. So konnten wir ständig die neuesten Meldungen hören.

Zwischenzeitlich war die Verbindung mit dem bei Böcklingen-Lichtenberg liegenden Stab aufgenommen worden. Tag für Tag versahen wir ordentlich unseren Dienst – Lageorientierung und Verhaltensmaßnahmen. Doch das Gefühl, hier offenbar alleingelassen zu sein, war äußerst unangenehm. Man merkte doch, wie alles auseinanderfiel.

Am dritten Tag nach unserer Ankunft wurden die letzten Verpflegungsvorräte ausgegeben. Auch Marketenderware und die begehrten Frontkämpfer-Päckchen waren dabei. Daraufhin beschlossen wir vier Unteroffiziere, in unserem Quartier eine kleine Feier zu veranstalten. Der Obergefreite Willi Tacken wollte aus diesem Anlaß auf seiner Mandoline aufheiternde Lieder spielen. Ich bat die Wageners, daß ihre Tochter im Haus der Familie Neuhoff mit uns feiern dürfe. Sie hatten nichts dagegen.

An diesem Abend waren wir ausgelassen wie die Kinder. Für ein paar Stunden vergaßen wir den ungeheuren Druck, der auf uns allen lastete. Es wurde etwas Alkohol ausgeschenkt, und im Laufe der Zeit kamen Irene und ich uns etwas näher und boten einander das Du an.

Bereits gegen 23:00 Uhr verließen Irene und ich die noch feiernde Runde. Ich fragte sie, ob ich sie noch nach Hause begleiten darf – immerhin war es ja schon sehr dunkel... Sie willigte ein, und ich brachte sie zu ihrem Elternhaus zurück. Unterwegs, auf dem nur kurzen Weg, den wir sehr langsam gingen, erzählte ich von meiner Heimat. Vor ihrem Elternhaus angekommen, reichten wir uns die Hände. Sie kam mir dabei etwas näher, und wir gaben einander den ersten Kuß.

Nun setzten wir uns auf die Treppe. Ich hatte Vertrauen zu dieser sympathischen jungen Frau gefaßt und erzählte ihr alles, von dem ich glaubte, daß sie es wissen müßte – auch, daß ich eine engere Beziehung gehabt hatte, die während meines Aufenthalts auf der Krim 1942 zu Ende gegangen war.

Es war schon recht spät, als wir uns verabschiedeten und für bereits den nächsten Tag verabredeten. Danach konnte ich zuerst überhaupt nicht einschlafen, denn zu viele Gedanken gingen mir durch den Kopf – Sorgen und Hoffnungen. Doch irgendwann überwältigte mich dann endlich die Müdigkeit.

Schon in den nächsten Tagen führte mich Irene wie selbstverständlich in den Kreis ihrer Freundinnen ein. Am 1. April gebar Irenes Freundin Franziska einen Sohn, den sie Franz-Walter taufte. Der Vater des Kindes war, genau wie ich, Berufssoldat und stand irgendwo an der Ostfront. *(Von der Geburt seines Sohnes erfuhr er erst, als er 1950 aus der russischen Kriegsgefangenschaft entlassen und in die Heimat zurückgekehrt war.)* Aber noch etwas anderes war an diesem Tag weit hinter unserem Rücken geschehen, von dem ich nicht die geringste Ahnung hatte, das aber noch sehr schwerwiegende Konsequenzen haben sollte...

Am 1. April vereinigten sich die 1. und die 9. US-Armee bei Lippstadt und bildeten somit zwischen Rhein, Ruhr und Sieg einen Kessel um die deutsche Heeresgruppe B.

Die Zeit, die ich hier, in Bitze, verbrachte, war für mich die schönste während der ganzen Kriegsjahre. Ich lernte viele Menschen kennen auch ihre Nöte, ihre Ängste und ihr Leid. Mehrmals wurde ich in die Häuser der Einwohner eingeladen. Auf der einzigen Straßenkreuzung des Ortes stand die Feldgendarmerie und kontrollierte jeden Soldaten, denn es war ja noch immer Krieg.

Am 3. April 1945 kam ich zufällig in die Nähe der hohen Morsbacher Viadukt-Eisenbahnbrücke. Pioniere waren gerade dabei, ihre Sprengung vorzubereiten. Ich ging zu ihnen und sah, daß ihnen als Sprengmittel Teile der V1 und V2 zur Verfügung standen, die man nach der großen Explosion beim Bahnhof von Volperhausen noch hatte bergen können. Da ich ausgebildeter Pionier war, interessierte mich das Vorhaben, und ich sprach den Spreng-Unteroffizier an. Schnell stellten wir fest, daß wir beide einst dem Pionier-Ersatz-Bataillon 68 in Küstrin angehört hatten.

Kurze Zeit später erzählte ich Herrn Wagener von dem Sprengvorhaben der Pioniere. Er erklärte, daß noch eine größere Menge Sprengmunition im alten Steinbruch bei Niederdorf an der Wisser lagerte, und daß auch die beiden Eisenbahnbrücken über die Wisser, nach Niederdorf, gesprengt werden sollten.

Der Pionier-Unteroffizier war mir sympathisch, und so brachte ich ihm etwas zu essen. Im Laufe der weiteren Unterhaltung beschlossen wir, von der Sprengung der Viadukt-Brücke abzusehen, weil Brückensprengungen für die vorrückenden Verbände der Alliierten ohnehin keine Hindernisse darstellten.

Es war schon ein Elend an der Front und vor dem spürbar bevorstehenden Zusammenbruch. Niemand wußte noch, wo vorn und hinten war... Die Amerikaner standen nun überall. Es war entsetzlich. Jeder hatte Angst. Zum Glück hielt der kleine Rest meiner Batterie dennoch weiter fest zusammen. Immer wieder kam es zu schweren Angriffen und schwachen Gegenangriffen. Die Amerikaner waren inzwischen so nah, daß ein Überlaufen oder ein sich Ergeben durchaus möglich war. Natürlich haben wir auf Hitler geschimpft, aber dennoch hatten wir ihm die Treue gehalten. Ich war Berufssoldat und hatte einen Eid geleistet, zu dem ich tapfer stand. Nur eine gewisse Abgestumpftheit hatte uns Wehrmachtsoldaten inzwischen befallen. Die einzige Sorge galt nur noch dem eigenen Überleben. Nur jetzt nicht noch schwerverwundet werden, bloß keine Amputation, keinen Verlust des Augenlichts. Böse Angstträume befielen mich...

Am 4. April überbrachte uns ein Krad-Melder der Abteilung einen uns höchst befremdenden Befehl des Kommandeurs, Hauptmann Kulenkampf:

Die 4. Batterie 388 verbleibt in ihrem Standort und schließt sich der Infanterie zur Ortsverteidigung an.

Jetzt fühlten wir uns gänzlich alleingelassen. Es war, als wäre das Band, mit dem wir bisher mit der Abteilung verbunden waren, nun zerrissen... Die Unteroffiziersdienstgrade sprachen jetzt ganz offen mit den Mannschaften. Sollten die anderen doch tun, was sie wollten; aber was wurde nun aus uns...? Wir alle hatten uns im Laufe der schweren Zeit verändert. Der Verfall, von dem jeder Soldat nun befallen war, fand nicht nur innerlich statt,

Mein letztes Foto während meiner Militärzeit. Auf meiner Feldbluse trug ich inzwischen die Schulterklappen eines Oberwachtmeisters. Der Kuban- und der Krimschild sind auf dem Bild nicht zu sehen, und die mir erst in den letzten Monaten verliehene bronzene Nahkampfspange hatte ich gar nicht mehr angesteckt.

sondern man konnte ihn auch äußerlich sehen: Es wurden keine Gewehre mehr mitgetragen, keine Koppel, offene Feldblusen. Wir haben uns von allem getrennt – auch innerlich.

Am 7. April wurde die Viadukt-Brücke doch noch gesprengt. Dann zog das Sprengkommando ab. Da erfuhren wir, daß sich der Kessel um uns geschlossen hatte.

Wir Unteroffiziersdienstgrade traten zusammen und berieten, was in unserer Situation nun zu tun wäre. Eine weitere Verteidigung erschien uns allen als völlig sinnlos. Wir wollten weder unsere Soldaten noch die Bevölkerung gefährden. Es war gut, daß alle die Sinnlosigkeit eines weiteren Widerstandes erkannten und sich und andere nicht länger auf die Schlachtbank führen lassen wollten. So einigten wir uns darauf, unsere Batterie aufzulösen.

Meine bronzene Nahkampfspange. (Gestiftet wurde diese Auszeichnung am 25. November 1942 in den drei Klassen Bronze, Silber und Gold. Verliehen wurde die Spange an Frontkämpfer, die sich vielfach in Nahkämpfen bewährt hatten – in Bronze für mindestens 15 Einsätze.)

Um 14:00 Uhr ließ ich die Männer antreten. Aus nicht mehr allzu großer Ferne konnten wir wieder Artillerieabschüsse hören. Der „Spieß" trat vor unseren kleinen Trupp und gab die Lage und die getroffene Entscheidung bekannt. Die Verteidigung unserer Heimat war allein betreffs der Menschenleben schon viel zu teuer geworden. Wer nun nach Hause gehen wollte, sollte in die Schreibstube gehen und sich einen entsprechenden Marschbefehl aushändigen lassen. Außerdem wurde den Soldaten eindringlich untergesagt, sich auf offener Straße zu zeigen. Alle wollten, daß es nun ein Ende gab – trotz der Angst vor einem Standgericht. Wir wußten auch, daß jeder Soldat, der den Kampf eigenmächtig einstellte, ebenso mit dem Tode bestraft wird, wie derjenige, der sich eigenmächtig von der Truppe entfernt... Aber jeder war sich auch darüber im Klaren, daß er seinem Schicksal so oder so nicht entrinnen konnte, und man spürte immer mehr, daß es nach uns griff... Unser Soldatenleben neigte sich unerbittlich dem Ende zu. War das nun das Resultat jahrelangen Drills, schmerzlicher Verwundungen und grausamer Entbehrungen, der Lohn für Millionen gefallener Kameraden? Die letzten Kriegstage schienen gezählt zu sein – aber dennoch war der Krieg noch nicht beendet. Was sollten wir tun, wie uns richtig verhalten? In die Gefangenschaft gehen, Selbstmord, Flucht oder tatsächlich kämpfend untergehen, wie man es von uns verlangte? Aber für wen und für was, das wußte niemand mehr. Andererseits stellte sich die Frage, was uns auf „der anderen Seite“ erwarten würde. Die Amerikaner würden uns bestimmt besser behandeln als es die Russen taten. Aber würden durch unsere eigenmächtige Aufgabe nicht auch unsere Familien Repressalien ausgesetzt? Am größten war unsere Angst vor der Gefangenschaft, vor jenem Augenblick, da wir die Arme hochnehmen mußten, um uns zu ergeben... *(Das kann nur jemand wirklich verstehen, der von Anfang an dabei war, der alles das auch mitgemacht hat.)* Niemand konnte vorhersehen, was dann geschah. Würde man uns vielleicht aus eigener Angst, aus Wut über unseren langen Widerstand oder aus Haß vielleicht einfach niederschießen...? Der Entschluß war für jeden schwer. Ich dachte an die schrecklichen Momente meiner Gefangenschaft bei den Russen... Wenn wir Wehrmachtsoldaten auch längst begriffen hatten, daß man den Propagandathesen des NS-Regimes nicht trauen durfte, so hatten wir aber dennoch gehört, daß man unsere Heimat vernichten und unser gesamtes deutsches Volk rigoros ausrotten wollte. Auch das war ein ganz wesentlicher Grund gewesen, warum wir so lange durchgehalten hatten... Doch wie dem auch sei, als Führer einer Einheit und mit der Grundhaltung eines aufrichtigen Soldaten war mir nicht wohl bei dem Gedanken, mich kampflos zu ergeben. Außerdem gab es da noch den Gedanken an Hitlers versprochene Geheimwaffe, auf deren Einsatz wir bisher so lange vergeblich gewartet hatten. Es gab viele widersprüchliche Gedanken und ebenso viele verworrene Gefühle. Alles war zwiespältig, zerrissen und qualvoll. Oh, Vaterland, was hast Du Deinen Helden angetan? Ich erklärte, hier zu bleiben. Wohin sollte ich auch gehen?

Ein letztes Mal ließ ich die Kompanie strammstehen und dann für immer wegtreten.

Am späten Nachmittag tauchte die „Lahme Ente“ wieder am Himmel auf. Hastig riß ich eine Packung Zigaretten auf. Das Nikotin war das Morphium des Landsers. Ich nahm einige kräftige Züge.

Nach der Auflösung unserer Batterie hielt ich mich nun hauptsächlich im Hause der Familie Wagener auf. Noch am selben Abend erzählte Herr Wagener mir, daß sich die Amerikaner bereits im Nachbarort Rhein befänden. Nun trennten uns nur noch zweihundert Meter voneinander. Ich überlegte, ob ich mich im nahen Wald verstecken sollte, nicht so weit von Irene entfernt…

Oft hatte ich gerade in der letzten Zeit darüber nachgedacht, wo sich wohl jetzt meine Mutter und die Geschwister aufhalten würden und wie es ihnen ergehen mochte. Ich stellte mir vor, wie meine Mutter auf irgendeine Nachricht von mir wartete und ihr bei den sorgenvollen Gedanken an mich die Augen feucht wurden. Aber mir ging es doch ganz genauso… Tags und nachts hatte ich mich mit derartigen Gedanken beschäftigt. Es war schwer, nach der langen Zeit des ewigen Kampfes die jetzige Situation zu begreifen, sie überhaupt akzeptieren zu können. Immer wieder fragte man sich, wofür war das alles gewesen, wofür nur? Mir waren die Knie weich geworden.

Bei Irene hatte ich Trost gefunden. Sie war für mich ein traumhaftes Mädchen. Ich mochte ihr offenes Gesicht, die ausdrucksstarken Augen, ihr von innen her strahlendes Lächeln und auch ihre gewisse Unnahbarkeit. Zu meinen Kameraden war sie freundlich – nicht mehr. Sie war eine junge Frau, die offenbar genau wußte, was sie wollte. Ob ich sie wohl bitten durfte, auf mich zu warten? Unsere Bekanntschaft war ja noch so neu, so jung. Man konnte noch nicht alles aussprechen, was man dachte oder was man sich vorstellte, es zu erreichen. Schnell waren viele Soldaten dabei, zu sagen, „ich liebe Dich“, um die Mädchen „herum“ zu bekommen. Aber das war nicht meine Art. Meine Gedanken und Wünsche waren ehrenhaft.

Da ich Sorge hatte, daß es plötzlich zu spät dazu sein könnte, fragte ich Irene dann abends aber doch. Sie erschien daraufhin wie versteinert, antwortete nicht. Ich wiederholte meine Frage. Ernst blickte sie zu Boden und sagte: „Wenn Du wiederkommst, werden wir weitersehen…“

Ich hatte inzwischen ein Zimmer im Hause der Wageners bezogen, und in den letzten nächtlichen Stunden suchte ich nach Antworten auf meine Fragen. Was war aus meinem Leben geworden? Welche Werte gab es noch? Doch anstatt Klarheit zu finden, stellten sich mir immer mehr schwierige Fragen. In meinem bisherigen Leben hatte ich mir zu wenig wichtige Fragen gestellt, hatte zu vieles nur vordergründig gesehen, hinter dem sich aber in Wahrheit außerordentlich viel Wichtiges, Hintergründiges verbarg. Selbst die eigene Familie betrachtet man als viel zu selbstverständlich. In Gedanken sah ich meine Eltern in Wilkau und Bückgen vor mir und die Bürde, die sie ertragen mußten. Ihre ganze Liebe und Sorge galt ihren Söhnen, die an den Eltern unbekannten Fronten als Soldaten standen. Auch der Glaube und die Liebe zum eigenen Vaterland war unser gutes Recht. Wie Hunderttausende war auch ich freiwillig und begeistert ausgerückt, um für dieses Vaterland zu siegen – von der Verblendung durch jene, die sich selbst als Werkzeuge dieses Vaterlandes darstellten, ganz zu schweigen... Dennoch waren wir stolz auf unsere Ziele und Siege gewesen. Nun war ich enttäuscht und verbittert darüber, daß der Krieg nach einem derartigen Einsatz für uns verloren war. Wie viele meiner Freunde und Bekannten mochten wohl in diesem grausamen Krieg gefallen sein? Die Ereignisse meines Soldatenlebens zogen an meinen geistigen Augen vorüber: Die harte Ausbildung, die Freunde und Kameraden, die Mädchen, die großen Erfolge und die schmerzlichen Niederlagen, Vorstoß und Rückzug, Beförderungen, Versetzungen, Trennungen, Verwundungen und Verluste. Plötzlich beschlich mich eine furchtbare Angst vor dem Ungewissen. Wie lange würden unsere Fronten noch halten? Was, wenn die Vernichtung unserer Ruhr-Kessel-Armee tatsächlich nur der Beginn der totalen Vernichtung Deutschlands wäre?

Ein Schwarzer mit Maschinenpistole...

Fahl und langsam dämmerte der neue Tag herauf, der 8. April 1945. Herr und Frau Wagener waren in den Keller hinabgestiegen, um ihre dort unten in Sicherheit gebrachte Kuh zu füttern und zu melken. Es dauerte etwas, bis ich aus meinem Halbschlaf mit seinen bizarren, sorgenerregenden Träumen erwachte. Ich trug meine fast komplette Uniform. Da klopfte es an meine Zimmertür. Gleich darauf öffnete Irene die Tür, trat nur einen Schritt weit ein und sagte ernst: „Die Amis kommen..."

Dann verschwand sie wieder.

Ich erhob mich vom Bett und blickte durch einen schmalen Spalt zwischen den Vorhängen aus dem Fenster. Es war ein Stimmenwirrwar zu hören. Draußen standen und gingen bewaffnete weiße und farbige amerikanische Soldaten umher, und drüben wurden bereits meine Männer aus den Häusern geholt und auf einem kleinen Platz davor zusammengestellt. Auf der Hauptstraße marschierten die Amerikaner in langen Reihen auf beiden Seiten neben der Straße, ihre Waffen schußbereit. Einer der Schwarzen kam gerade zu Wageners Haus herüber. Es war ein großer, schlanker und unsympathisch wirkender Mann mit einer Maschinenpistole unter dem Arm. Schnell legte ich mich wieder hin. Mein Herzschlag war vor Aufregung und ängstlicher Ungeduld bis in die Schläfen zu spüren. Da wurde die Zimmertür aufgerissen. Der Schwarze richtete seine Maschinenpistole auf mich. Einen kurzen Moment blickten wir uns an – Auge in Auge, wie zuvor schon so oft mit dem Feind, aber dieses Mal reagierte ich nicht mit Gegenwehr. Der Schwarze sagte mit tiefer Stimme: "Come on, boy, but quick and hands up!"

Ich verstand zwar seine Worte nicht, wußte aber dennoch zweifelsfrei, was er von mir verlangte *(diese ersten Worte, die man an mich richtete, um mich endgültig zu einem Gefangenen zu machen, habe ich niemals vergessen – dazu waren sie zu schmerzlich)*. So deutete ich stumm auf mein Sturmgepäck, das ich schon fertig zum Umschnallen und Tragen am Koppelzeug zurechtgelegt hatte. Ein düsterer Gedanke an die Gefangenschaft befiel mein Gemüt. Ein letzter Gedanke an eine Flucht flammte in meinem Kopf auf. Aber da war wieder dieser Zwiespalt: Ich konnte meine Kameraden gerade in einer solchen Situation nicht allein lassen; außerdem hatte ich Irene versprochen, wiederzukommen – und in Anbetracht der amerikanischen Maschinenpistole und des brutal wirkenden Schwarzen würde die Chance auf ein Wiedersehen nur sehr gering sein…

Der Farbige trat an mich heran und klopfte mich, nach einer Waffe suchend, ab. Dabei deutete er auf meine Armbanduhr, die ich ihm aber unmißverständlich verwehrte. Dann verließen wir das Zimmer und das Haus. Irene blieb schweigend zurück. Wir gingen zu den anderen Landsern. Der Anblick meiner gefangengenommenen Soldaten erschien mir in diesem schrecklichen Moment als symbolisch für das umgekehrte Verhältnis von Sieg und Niederlage.

Anstatt nun uns 28 deutsche Soldaten zu prügeln oder niederzuschießen, wie es die Russen getan hatten, wurden wir ordentlich zusammengestellt und abgeführt. Der Schwarze brachte uns in den kleinen Nachbarort Rhein. Hier mußten die Amerikaner einen Gefechtsstand errichtet haben. Ich konnte an den silbernen und goldenen Rangabzeichen mehrere Offiziere erkennen. Man führte uns in eine Hühner-Voliere, in die wir gerade alle hineinpaßten. Kurz darauf kamen einige Frauen aus der Nachbarschaft und gafften neugierig. Wir Wehrlosen senkten beschämt unsere Blicke. Wo waren wir in diesen wirren Kriegsjahren überall gewesen, was hatten wir alles erkämpft, waren für unsere tapferen Taten ausgezeichnet und geehrt worden und hatten soviel Schreckliches durchlitten, viele gute Kameraden und Freunde verloren – und nun waren wir in einem wackligen, lächerlichen Hühnerstall eingesperrt. Wir fühlten uns auf grausame Weise entehrt. Manchem von uns standen Tränen in den Augen.

Immer mehr gefangene Landser wurden herbeigeführt. Nach etwas mehr als einer Stunde mußten alle deutschen Kriegsgefangenen mit über den Köpfen gefalteten Händen zu einer langen Kolonne antreten. Dann marschierten wir unter starker Bewachung auf der Landstraße über Volperhausen nach Holpe. Dort standen und lagen bereits etwa fünfhundert Landser herum.

Es dauerte nicht lange, da kam Bewegung in die Menge. Wir mußten drei bereitstehende amerikanische Sattelschlepper mit großen Auflegern besteigen. Unmittelbar bevor wir auf die Lastwagen kletterten, wurden wir visitiert – im Landserjargon heißt das *gefilzt*. Armbanduhren und andere Wertgegenstände wurden uns skrupellos abgenommen, einfach gestohlen… Wir verstanden die Welt nicht mehr, denn wir hatten ja selbst schon oft an der Front Gefangene genommen, aber bei uns wäre niemals jemand auf die niederträchtige Idee gekommen, diesen Gefangenen irgendwelche persönlichen Wertgegenstände abzunehmen.

Auf jeden dieser großen Lastwagen mußten etwa 120 Gefangene klettern. Wir standen dort oben derart dicht gedrängt, daß man absolut sicher sein konnte, nicht umzufallen. An der Spitze und am Ende der Kolonne fuhr ein Jeep, vollbesetzt mit GIs, die mit Gewehren und Maschinenpistolen bewaffnet waren. Die Masse der amerikanischen Wachsoldaten waren Farbige.

Nach einigen kurzen Stops erreichten wir gegen Abend Oettershagen an der Sieg. Lastwagen für Lastwagen hielt an. Wir mußten absteigen und wurden in eine katholische Kirche geführt. Darin fanden wir noch mehr Landser vor, die herumstanden oder auf dem nackten Boden lagen oder kauerten. Die Männer unserer Einheit blieben beieinander. Stumm teilten wir unsere kargen Essenvorräte. Noch immer herrschte echte Kameradschaft unter uns.

Die hygienischen Bedingungen waren in diesem hoch religiösen „Sammellager“ eine einzige Katastrophe. Die amerikanischen Wachtposten ließen uns nur einzeln zur Verrichtung unserer Notdurft aus dem Gebäude, und wir mußten sie direkt an der Außenwand der Kirche verrichten. Wir empfanden die uns hier zugemuteten Umstände einerseits als brutale Entwürdigung, andererseits als gemeine Blasphemie.

In der Dunkelheit waren die farbigen US-Soldaten fast nicht zu erkennen, und die Nacht verging nur sehr langsam. Wegen der ganzen emotionalen Bewegung sowie der auf schreckliche Weise ungewissen Situation war an Schlafen gar nicht zu denken. Aus weiter Ferne hallte Artilleriefeuer zu uns herüber. Dann vernahmen wir plötzlich stärker werdende Motorengeräusche offenbar mehrerer großer Lastwagen. Darauf folgten Kommandorufe, die uns befahlen, die Kirche zu verlassen. Wir drängten durch die enge Tür ins Freie.

Durch ein Spalier bewaffneter US-Soldaten mußten wir zu vier bereitstehenden Lastwagen gehen. Nachdem wir auf die nicht überplanten Ladeflächen gestiegen waren, standen wir wiederum derart dicht gedrängt beieinander, daß eine Bewegung kaum noch möglich war. Die Fahrt führte dann über Altenkirchen, Heimbach-Weis, Dierdorf und über die B 413 bis Großmaischeid. Sehr dicht fuhren die Lastwagen hintereinander her, zogen in rascher Fahrt an den vielen entgegenkommenden Militärfahrzeugen aller Art vorbei. Auf der Straße herrschte ein ungewöhnlich starker Verkehr. Für jene von uns, die nicht das Glück hatten, an einer der Lastwagenaußenwände zu stehen, gab es keinerlei Halt. Jedes Mal, wenn die Fahrer beschleunigten, bremsten oder Kurven durchfuhren, kippten diese Männer völlig hilflos vorwärts, rückwärts oder seitlich gegen ihre Kameraden. Infolge der Masse der Personen entstand dann natürlich ein ungeheurer Druck, der auf die Außenstehenden ausgeübt wurde. Die Folge waren Handgreiflichkeiten, die bis zu ernsten Gewalttätigkeiten führten, denn manche Männer schlugen, um sich des Druckes zu erwehren, mit Fäusten auf ihre Kameraden ein. Es mutete grotesk an, wie beim Abbremsen der Fahrzeuge diese Wut erst im vorderen Teil des Lastwagens aufwallte und ein Stöhnen und Fluchen zu hören war, dann, beim Beschleunigen, im hinteren Teil alles gegeneinander drängte und ächzte. In den Links- und Rechtskurven war es ebenso.

Dann konnten wir irgendwann den Rhein sehen. Die Fahrt wurde verlangsamt. Nach mehreren, wegen des Gedränges sehr unangenehmen Stops an Straßenkreuzungen standen wir bald vor einem riesigen Gefangenenlager. Es war von hohem und dichten Stacheldraht umgeben. Die

Wachmannschaften forderten uns auf, abzusteigen: „Tempo! Mag snell!" wurde gerufen, und "Go, go, go!"

Wir wurden gezählt, und alles, was wir trotz der ersten Filzung noch bei uns trugen, wurde uns nun hier abgenommen. Am Schmerzlichsten war der Verlust unserer Auszeichnungen. Wir wurden gewissermaßen „ganz offiziell" ausgeraubt. Sie sagten: „In America alles besser, viel besser."

Sollte das heißen, daß man uns in die USA verfrachten wollte?

Uns wurde nun sehr eindrucksvoll die inhumane Mentalität und die brutale Umgangsweise der Sieger mit ihren Besiegten vorgeführt... Es waren weniger die materiellen Gegenstände, deren Verlust schmerzlich war, als vielmehr die ideellen, denn vieles waren ganz persönliche Dinge wie Briefe, Fotos, Verlobungs- und Eheringe, kleine Erinnerungsstücke, Glücksbringer und Auszeichnungen, an denen wir Soldaten ganz besonders hingen. Niemand nahm Rücksicht auf unsere Gefühle, und niemand beschützte uns vor einer derartig gemeinen Willkür. Aber dieses war erst der Anfang des neuen Leids, das wir noch zu ertragen hatten...

Elend auf den Hunger-Wiesen

Schon von weitem konnte man an einem Berghang ein riesiges, von hohem Stacheldraht eingezäuntes Gefangenenlager erkennen – auch, daß es schon voller Menschen war. Am Eingangstor wurden wir wieder gefilzt, doch dieses Mal für die amerikanischen Wertsachenräuber und Trophäensammler ergebnislos.

Dieses Lager bei Andernach am Rhein war ein freies, baum- und strauchloses Feld von zirka einem Kilometer Länge und fünfhundert Meter Breite, umgeben von einer mehr als zweieinhalb Meter hohen Stacheldrahtumzäunung. An den Ecken des Lagers standen Wachtürme, dazwischen etwa alle fünfzig Meter ein Wachtposten – Amerikaner und Polen *(die wir an ihrer Sprache erkennen konnten)*.

In dem ganzen Durcheinander waren die Gruppen der Kameraden alle auseinandergerissen worden. Plötzlich fand sich jeder in dieser schwierigen Situation ganz allein inmitten der vielen anderen. Dann machte ich eine im höchsten Maße befremdende und zutiefst erschütternde Entdeckung: Da schleppten sich Menschen herum, die kaum noch auf ihren Füßen stehen konnten, völlig entkräftet, nur gestützt von den Kameraden. Halbverhungerte und Verwundete lagen in diesem Lager in Massen unter freiem

Himmel und völlig ohne jeglichen Schutz vor dem Wetter herum. Wer noch eine Zeltbahn oder einen Mantel besaß, konnte sich glücklich schätzen. In Anbetracht dieses schrecklichen Bildes des Jammers, das sich auf diesem schier endlosen Leidensacker meinen Augen darbot, fragte ich mich, wo wir hingeraten waren. Die offensichtliche Unterernährung dieser Gefangenen zeigten starke Krankheitsauffälligkeiten – und nun war auch ich einer dieser so elendig Gefangenen…

Meine letzten beiden Kameraden und ich suchten in der riesigen Masse Gefangener nach weiteren uns bekannten Soldaten, aber es fanden sich nur noch insgesamt zehn Männer zusammen. Ängstlich vertilgten wir die letzten Reste unserer Vorräte, denn dabei beobachteten uns die ausgehungerten Soldaten mit gierigen Blicken… Hier, in diesem Lager, fehlte es offensichtlich an allem. Das Einzige, was es im Überfluß gab, war Stacheldraht – und die unzähligen amerikanischen und polnischen Wachtposten.

Mit den bloßen Händen scharrten wir „Neuen" uns dann jeder eine flache Mulde, um darin wenigstens etwas Schutz zu finden. Doch dieser „Schutz" war eher illusorisch.

Am zweiten Tag nach unserem Eintreffen sollte Essen ausgegeben werden, aber etwas Genaues wußte niemand. Dann hieß es, daß wir uns zum Essenempfang aufstellen sollten. In langen Reihen standen die Hungrigen mit Kochgeschirren oder alten Blechdosen *(sofern sie überhaupt über einen derartigen Behälter verfügten)* und warteten. Es gab kalte und rohe Speisen, die man genauso essen mußte, denn eine Möglichkeit zum Aufwärmen gab es für uns nicht. Ausgeteilt wurden pro Landser eineinhalb Eßlöffel Dosenfleisch, ein paar rohe Kartoffeln, vier harte Kekse oder eine Scheibe trockenes Brot, ein Viertel Eßlöffel Milchpulver, zwei Eßlöffel Pulverkaffee und, manchmal, ein paar Rosinen oder Trockenpflaumen. Für die Essenverteiler eine grausame Arbeit, denn sie selbst erhielten aus unerklärlichen Gründen nichts.

Unter den in diesem Lager herrschenden extrem primitiven Bedingungen stellte auch die Hygiene ein erhebliches Problem dar. Es waren lediglich annähernd zwei Meter tiefe Gruben ausgehoben worden, in die wir unsere Notdurft verrichten durften. *(Eine Holzgalerie, auf der man dabei sitzen konnte, wurde erst später errichtet.)* Ein Teil der Landser, die sich in einem tiefer gelegenen Teil des Lagers aufhielten, lagen in einem riesigen See aus kaltem Urin. Sie wußten nicht, woher er kam und ob es überhaupt eine trockene Stelle auf dem großen, von Menschen völlig überfüllten

Terrain gab, an dem sie sich noch hätten niederlassen können. Zu sehr geschwächte Gefangene krochen auf dem Bauch zur Latrine. *(In jedem der einzelnen Camps innerhalb des riesigen Lagers gab es immer nur einen einzigen Abort.)* Wer es nicht bis dahin schaffte, verrichtete seine Notdurft dort, wo er gerade lag oder auf dem Weg dorthin, auf dem er vor Erschöpfung zusammengebrochen war.

Die Landser waren ausnahmslos in einem jämmerlichen Zustand. Schon seit längerer Zeit immer in derselben Kleidung, waren sie fast vollständig von braunem Schlamm verschmutzt. An Waschen und Körperpflege war überhaupt nicht zu denken – wie und womit denn auch?

Wir hatten ja kaum etwas zu Trinken. Resignation stellte sich ein, denn wir empfanden es unter unserer Würde, daß man uns wie Schwerverbrecher behandelte, auf einer primitiveren Stufe als jener, auf der man mit Vieh umgeht. Aber es wurde keiner der Gefangenen vorsätzlich getötet. Nur die ehemaligen Angehörigen der Waffen-SS wurden schwer mißhandelt und bis zum Umfallen schikaniert. Es hieß, daß die Lagerleitung ihren Wachtposten den Befehl dazu erteilt hätte. Sogar das bißchen Verpflegung wurde ihnen noch gekürzt. Hier gab es keine Genfer Konvention!

Eine ordentliche Versorgung mit Trinkwasser gab es ebenfalls nicht. Unseren Durst stillten wir, indem wir das Regenwasser aus den Pfützen schlürften – was bei vielen Soldaten zu schweren Erkrankungen führte. Die Diarrhoe, Diphtherie, Paratyphus, Typhus und Ruhr hatten bereits um sich gegriffen. Wie ich erfuhr, stieg die Sterblichkeitsrate von Tag zu Tag. Auch ich selbst war körperlich bald völlig ausgelaugt und mit meinen psychischen Kräften derart am Ende, daß ich kaum noch klare Gedanken fassen konnte. Nur meine armselige flache Mulde und mein lederner Krad-Mantel waren mein einziger Schutz vor den Unbilden der kalten Witterung.

Unentwegt trafen neue Kolonnen von Lastwagen beim Lager ein und luden ihre armselige menschliche Fracht vor diesem schrecklichen Ghetto ab – Soldaten sämtlicher Waffengattungen, auch von der Luftwaffe. Da waren außer der „normalen“ Soldaten auch alte Volkssturmmänner, aus dem Krieg entlassene Soldaten in Zivil, jugendliche Flak-Helfer, Arm- und sogar Beinamputierte. Ich sah Männer, die man aus Lazaretten geholt hatte und die nichts am Körper trugen, als die dünne Krankenbettkleidung. Verwundete mit Gipsverbänden lagen herum, klagten und weinten. Männer „drehten durch“, wurden wahnsinnig. Mit Gewalt wurden sie mit Mullbinden gefesselt.

Eines Nachmittags standen wir wieder wie die Bettler in der Nähe des Lagereingangs, als ein GI durchs Tor trat und zehn Gefangenen befahl, ihm zu folgen – einer von ihnen war ich. Wir sahen uns fragend an. Was sollte das? Wir hatten doch überhaupt nichts getan. Wir kamen seinem Befehl nach. Draußen wurden wir auf drei Lastwagen verteilt. Dann setzte sich die Kolonne in Bewegung.

In Andernach, dem nächsten Ort, angekommen, mußten wir in bereits große Blechkanister abgefülltes Trinkwasser aufladen. Als wir zum Lager zurückkamen, wurden wir wieder gefilzt. Woher sollten wir denn inzwischen irgend etwas bekommen haben, das man uns hätte wieder abnehmen können?

Am Eingangstor stand jetzt ein baumgroßer, sehr stark aussehender, hemdsärmliger amerikanischer Soldat mit einem dicken Knüppel in der Hand. Er schlug brutal auf jeden Landser ein, der nicht ordentlich in der Reihe stand. Auf seinem rechten Unterarm konnte man deutlich eine tätowierte Nummer erkennen. Als wir wieder im Lager waren, fragte ich einen Kameraden, was das für ein brutaler Typ war.

„Das weißt Du nicht?“ bekam ich zur Antwort, „der war doch im Konzentrationslager…“

Na ja, ich war der Überzeugung, daß, wer straffällig war, auch ins Gefängnis kommen sollte… *(Konzentrationsläger wurden bei der Bevölkerung allgemein mit Gefängnissen gleichgestellt. Daß sie vom NS-Regime auch für schwerste und unmenschliche Verbrechen, sogar Menschen-Massenvernichtungen genutzt wurden, darüber klärte man uns erst später auf.)*

In dem Gefangenenlager gab es viel Streit unter den Insassen. Auch kam es oft aus nichtigen Anlässen zu schweren Schlägereien. Sie gehörten ebenso zur „Tagesordnung“ wie Kameradendiebstahl. Wurde ein Dieb allerdings gefaßt, erfolgte seine Bestrafung noch an Ort und Stelle durch den Bestohlenen und seine Kameraden. Ich beobachtete, daß sich gerade körperlich schwache Mitgefangene, die sich kaum noch auf den Beinen halten konnten, an derartigen Aktionen mit geradezu fanatischem Eifer beteiligten. Als offensichtliches Zeichen der Schande wurde dem Dieb ein Schild mit der Aufschrift *Ich bin ein Kameradendieb* um den Hals gehängt.

Am Vormittag des dritten Tages meines Aufenthalts hier sahen wir auf der in der Nähe des Lagers vorbeiführenden Eisenbahnlinie eine Lokomotive mit einem langen Güterzug heranfahren. Es stellte sich die Frage, ob dieser Zug uns vielleicht abtransportieren sollte. So wie hier, konnte es doch nicht weitergehen.

Am Nachmittag sprach sich dann schnell herum, daß ein Transport zusammengestellt werden soll. Alle diejenigen, die davon gehört hatten, drängten nun zum Ausgang des Lagers, um dieser zusammengepferchten Masse und dem schrecklichen Elend so schnell wie möglich entfliehen zu können. Natürlich wußte jeder, daß es nur einem glücklichen Zufall zu verdanken wäre, wenn man zu jenen gehören würde, die das Lager verlassen könnten – aber die Hoffnung, durch eine Verlegung in eine deutlich bessere Situation versetzt zu werden oder, wenn nicht mit diesem, dann mit einem nächsten Transport, war dadurch wenigstens aufgekommen.

(Zum Zeitpunkt der deutschen Kapitulation, am 8. Mai 1945, gab es in dieser Region 17 derartiger Kriegsgefangenenlager, die als „Rhein- und Nahewiesen-Lager“ bezeichnet wurden – von den Kriegsgefangenen auch als „Hunger-Wiesen“.)

Ich hatte das große Glück, zu jenen Männern zu gehören, die man zum Abtransport bestimmt hatte. Mit Knüppeln und heftigen Schlägen mit Gewehrkolben wurden wir vorangetrieben. Einer der Kameraden wurde direkt vor mir niedergeschlagen. Als wir dann den Güterzug bestiegen, waren auch einige meiner Soldaten dabei. Die Waggons wären schon mit vierzig Personen dicht gefüllt gewesen, aber es waren etwa an die sechzig Männer, die in jeden der Waggons gepfercht wurden. Es war darin so eng, daß man sich lediglich dichtgedrängt nebeneinanderhocken konnte. Zu Essen oder zu Trinken bekamen wir nichts mit.

Der Zug fuhr durch die Eifel. Die Frischluftzufuhr war in dem Waggon so spärlich, daß einige der Männer das Bewußtsein verloren. Wer in dem Gedränge eine der vier vergitterten kleinen Luken an den Ecken des Waggons erreichen konnte, war in der glücklichen Situation, somit dem Gestank, der im Inneren herrschte, zu entgehen, außerdem war er in der Lage, während der Fahrt hinaus zu sehen. Oft konnte der Zug an den Steigungen nur sehr langsam fahren. Jene, die sich in dieser Gegend auskannten, bestätigten die allgemeine Vermutung, daß es in Richtung Belgien ging. Ich hegte den Gedanken, bei der ersten Gelegenheit abzuhauen... Als ich meinen Kameraden dieses Vorhaben mitteilte, baten sie eindringlich darum, daß ich sie nicht verlassen sollte. So verwarf ich meine Fluchtgedanken wieder.

Der Güterzug brachte uns nach Sedan. In einem mit Stacheldraht eingezäunten Fabrikgelände wurden wir ausgeladen. Die Wachtposten waren ehemalige, einst in deutschen Diensten stehende „Ost-Hiwis" in blauen Uniformen. Als Erstes stürzten wir uns alle auf die laufenden Wasserleitungen. Es setzte uns in Erstaunen, als wir sahen, wie die hier schon länger anwesenden Landser lebten – sauber und gepflegt. Entlang der Lagerstraße standen Holzbaracken, in einer großen Fabrikhalle befanden sich

Bild oben: Ein US-Wachtposten an einem der vielen Gefangenenlager an Rhein und Nahe. Bild unten: Auf den eingezäunten und völlig überfüllten Wiesen waren Tausende deutscher Kriegsgefangener ungeschützt den Unbilden des Wetters ausgesetzt und schlecht verpflegt.

die Kücheneinrichtungen, und die deutschen und amerikanischen Köche hatten weiße Schürzen umgebunden und weiße Mützen auf den Köpfen. Über Lautsprecher wurden wir Neulinge zum Essenempfang aufgerufen. Trotz unserer momentan deutlich verbesserten Situation wagten wir nicht, zu fragen, was nun aus uns werden sollte. Ich wußte nur, daß die Entfernung zu meiner Heimat wieder sehr viel größer geworden war... Innerlich war ich ständig in Anspannung.

Zum Essenempfang mußten wir uns vor dem Fabrikgebäude in einer langen Reihe aufstellen. Langsam, nur Schritt für Schritt, ging es vorwärts. Die Halle, in die wir kamen, war erfüllt vom lauten Gerede der übel riechenden Menschenmasse. Die Amerikaner und die polnischen Hiwis brüllten und stießen uns in sogenannte Boxen-Gänge. Dann mußte jeder eine Blechdose von einem Tisch nehmen und damit an der Essenausgabe vorbeigehen. Dort wurde die Dose mit einer Kelle Suppe gefüllt – nicht besonders vorsichtig. Dabei wurde vom Aufsichtspersonal ständig „weiter, weiter!“ gerufen. Noch während des langsamen Weitergehens mußte die heiße Suppe aus der Dose geschlürft werden. Man mußte sich damit beeilen, denn am Ausgang der Halle wurde einem die Dose wieder abgenommen.

Am späten Nachmittag desselben Tages mußten wir wieder den Zug besteigen. Wieder wurden wir in den stinkenden Waggons zusammengepfercht – und wieder rollten wir einem unbekannten Ziel entgegen...

In der Hölle von Attigny

Es war schon sehr spät geworden, als wir unerwartet in einen hell erleuchteten Bahnhof einfuhren. Laute Kommandorufe hallten durch die Nacht. Die Türriegel der Waggons wurden laut geöffnet. Jemand rief:

„Aussteigen! Antreten in Fünferreihen! Los, los, Tempo, let's go!”

Die Wachmannschaften bestanden wieder aus Amerikanern und Polen. Als sich unsere Marschkolonne langsam in Bewegung setzte, wurde zur Abschreckung mehrmals in die Luft geschossen. Als wir am Bahnhofsgebäude vorbeikamen, konnte ich den Namen der Ortschaft lesen: Attigny *(fünfzig Kilometer nordöstlich von Reims)*.

Dann wurden wir zum Dauerlauf angetrieben und mit Knüppeln und Faustschlägen eine leicht ansteigende Straße hinaufgeprügelt und als dreckige Nazi-Schweine beschimpft. Wehe, wenn man nur etwas von der Kolonne abkam, da wurde einem sofort in den Rücken geschlagen. Auch ich war einer dieser Unachtsamen... Die Wachmannschaften tobten sich während des fast drei Kilometer langen und strapaziösen Weges regelrecht auf unseren ohnehin schon stark geschwächten Körpern aus.

Das Gefangenenlager war hell erleuchtet, als wir endlich dort an kamen. Wieder wurden wir von einer neuen „legitimen" Räuberbande auf Wertsachen durchsucht. Die farbigen und polnischen Wächter trugen Schnüre um ihre Hälse, an denen dicht an dicht goldene Eheringe aufgefädelt waren... Alles was wir *(sofern überhaupt vorhanden)* an Wäsche bei uns trugen, wurde uns abgenommen, sogar zusätzliche Oberbekleidung und Reserveschuhe. Dann wurden wir auf ein bisher noch unbelegtes Feld innerhalb des auch hier in mehrere Areale aufgeteilten Lagers geschleust und uns selbst überlassen – wieder einmal ohne Essen und Trinken...

Als der neue Tag angebrochen war, informierte ich mich erst einmal über dieses Lager, in dem wir nun untergebracht waren. Dieser, auf einer Hochebene gelegene, riesige Komplex war in insgesamt 16 voneinander getrennte Areale unterteilt.

Da erschienen mehrere Personen der Wachmannschaft. Sie befahlen uns, in Reihen anzutreten und unsere Taschen restlos auszuleeren. Sofern überhaupt noch jemand irgend etwas besaß, hatte er es vor sich hin zu legen. Aber nach den diversen inzwischen stattgefundenen Plünderungen besaßen wir absolut nichts mehr, das man noch hergeben konnte. Zur Kontrolle mußten wir noch unsere Hosen- und Rocktaschen umkrempeln. Sogar meinen Mantel wollte man mir abnehmen. Aber ich hielt ihn fest; er war mein einziger Schutz gegen das kalte Wetter. Wir waren ohnehin Tag und Nacht schutzlos unter freiem Himmel der kalten Witterung ausgesetzt.

Am 23. April wurden wir auf die anderen Areale des Lagers aufgeteilt. Dabei verlor ich fast alle meine mir bekannten Kameraden vom II. Volks-Artillerie-Korps 388, denn in dem von mir neu „bezogenen" Camp Nummer 12 waren fast ausschließlich Dienstgrade vom Unteroffizier aufwärts untergebracht. In diesem Lager befanden sich mehrere tausend Gefangene. Hier gab es lange, nebeneinander aufgestellte Zelte, von denen jedes für eine Normalbelegung von 35 Personen geeignet war, in die aber 75 Männer gezwängt wurden. In diesen Zelten gab es weder Licht, Sitzgelegenheiten, noch Fußböden und Öfen. Der Erdboden war lediglich mit etwas feuchtem, faulig riechenden Stroh bedeckt. Eine Lagerordnung besagte, daß die Zelte von 8:00 Uhr bis 11:00 Uhr und von 13:00 Uhr bis 16:00 Uhr nicht betreten werden durften – weder bei Sonnenschein und Hitze noch bei Regen und Kälte. Nachdem wir uns alle niedergelassen hatten, blieb für jeden Gefangenen ein Liegeplatz von maximal vierzig Zentimeter Breite. So konnte man lediglich auf der Seite liegen, dicht an dicht zum Vorder- und Hintermann. Das war nichts für mich. Ich ging hinaus und verbrachte die Nacht frierend und hungrig zwischen den Zelten.

Am nächsten Tag erhielt ich die Gefangenen-Nummer 2.344.670 und durfte endlich die erste Mitteilungskarte an meine Angehörigen absenden. Da ich einerseits ahnte, daß meine Mutter inzwischen sicherlich längst aus unserer schlesischen Heimat vertrieben oder geflohen war, andererseits, wie ich erfahren hatte, ohnehin keine Post in den Osten Deutschlands, jenseits der Elbe, befördert wurde, entschied ich mich dafür, an Irene zu schreiben. Sie war für mich die einzige erreichbare Bezugsperson. Ich teilte ihr auf einer an alle Gefangenen ausgegebenen Postkarte mit, wo ich mich momentan befand.

In diesem Lager wurde dreimal täglich Essen ausgegeben. Morgens gab es einen halben Liter mehlige Wassersuppe mit einem hartgekochten Ei, mittags einen Viertelliter Trockengemüse oder Mais, und abends erhielten wir einen halben Liter irgendeiner labbrigen Suppe, eine lauwarme Pellkartoffel und dazu ein Weißbrot – und das für jeweils zehn völlig ausgehungerte Männer. Bei der Essenausgabe kam es nicht selten zu schlimmen Szenen, denn es konnte den Hungernden nicht schnell genug gehen. Die ausgegebenen Essenrationen waren zum Leben zu wenig und zum Sterben zu viel.

Es war noch sehr kalt, und in der Nacht zum 1. Mai waren fünf Zentimeter Schnee gefallen. Bei der im Lager untergebrachten Menschenmasse mußte man sich in der Kälte schon nachts um 2:00 Uhr an die lange Reihe Durstiger anstellen und konnte froh sein, wenn man bis 6:00 Uhr seine Blechdose füllen konnte. Tagsüber standen die Gefangenen bis zu zwölf Stunden an.

Daran, sich zu waschen, war überhaupt nicht zu denken. Wir stanken alle gleich widerlich. Einmal wöchentlich wurden wir von amerikanischen und deutschen Sanitätern mit Anti-Läuse-Pulver eingespritzt. Die Latrinen bestanden aus tiefen, unüberdachten Gruben und waren lediglich mit einem langen, rohen Holzbalken zum Sitzen ausgestattet. Der Anblick der bis auf die Knochen abgemagerten Menschen war gleichermaßen ekelhaft und abstoßend wie mitleiderregend. Deutsche Ärzte gab es in dem Lager offenbar keine.

Am 9. Mai wurde uns mitgeteilt, daß Deutschland bedingungslos kapituliert hatte und der Krieg zu Ende war. *(Am 8. Mai 1945, um 23:01 Uhr, war die bedingungslose Kapitulation Deutschlands in Kraft getreten. Gänzlich vollzogen war sie allerdings erst mit der Verhaftung der Reichsregierung am 23. Mai und nachdem die Siegermächte mit der sogenannten „Juni-Deklaration" am 5. Juni die „höchste Autorität hinsichtlich Deutschlands" übernommen hatten. Die Selbstaufgabe eines Jahrhunderte alten Staates, der zu einer Großmacht geworden war, zu erzwingen, blieb bisher einmalig in der Weltgeschichte.)*

Am 18. Mai wurden uns Kriegsgefangenen abends in einer Baracke Lichtbilder von deutschen Konzentrationslagern vorgeführt. Fast drei Stunden lang mußten wir dabei stillstehen – bis zur völligen Erschöpfung. Hier erst erfuhren wir zum ersten Mal, was das NS-Regime den Juden an Grausamkeiten tatsächlich angetan hatte. Wir waren zutiefst erschüttert und emotional sehr stark bewegt.

Von einem Tag zum anderen wurde unsere Essenration gekürzt. Wir erhielten täglich nur noch einen halben Liter Suppe pro Mann, und für fünf Leute ein Weißbrot. Das mit dem Weißbrot war gut, aber nur noch einmal täglich einen halben Liter Suppe und sonst nichts, das war mehr als grausam…! Natürlich hatte diese extreme Unterernährung für die Betroffenen Konsequenzen. Schwächeanfälle, Kreislaufkollapse und schwere Krankheiten griffen um sich. Es gab Kameraden, die nur noch aus ihrem hautüberzogenen Skelett bestanden. Sie lagen völlig kraftlos herum. Der Hunger, der in diesem Lager herrschte, war so groß, daß die Lagerleitung bald den Verzehr von Gras und anderem Grünzeug sowie Regenwürmern, Schnecken, Engerlingen und Insekten strikt untersagen mußte. Aus der Verzweiflung heraus wurde es aber dennoch getan – auch ich tat es.

Wer sich über die menschenunwürdigen Zustände, die in diesem Lager herrschten, beschwerte, wurde geschlagen. Die Camp-Polizei bestand hauptsächlich aus Polen und Jugoslawen, die mit Schlagstöcken und Lederpeitschen bewaffnet waren. Schon wegen nur geringfügiger Verstöße einzelner Personen wurden gleich ganze Zeltgemeinschaften bestraft. Nicht selten kamen die Bewacher betrunken in die Camps und ließen sich völlig grundlos und zu ihrem eigenen „Vergnügen" mit Schlägen an den kraftlosen Gefangenen aus. Es war offensichtlich, daß die Mißhandlungen deutscher Kriegsgefangener von der Lagerleitung geduldet wurden. Die Posten auf den Wachtürmen schossen sofort, sowie man nur in die Nähe der Markierungslinien kam.

Im Lager gab es ein benachbartes Camp, in dem ausschließlich Angehörige der Waffen-SS untergebracht waren. Es waren alles nur unsere Jahrgänge, die ihren Dienst ebenso pflichtgetreu erfüllt hatten, wie wir. Von morgens bis abends und von abends bis morgens wurden sie bei Wind und Wetter brutal schikaniert, mußten bis zur Erschöpfung exerzieren, „sportliche" Übungen absolvieren und wurden dabei geschlagen – auf den Rücken, an die Beine, in den Bauch und auf den Kopf. Es war grausam anzusehen, und man konnte ihr Brüllen und Weinen weithin hören. Ich sah, wie einer der Männer mit dem Kopf in eine Tonne mit Wasser getaucht und dabei brutal geschlagen wurde. Noch während dieser schrecklichen Tortur starb er. Die Wachmannschaften tobten sich geradezu an ihnen aus – äußerst sadistisch…

In diesem Lager herrschten Gewalt, Verzweiflung und nacktes Entsetzen. Im Angesicht dieser Grausamkeiten drehten einige der Gefangenen durch. Sie erhängten sich oder rannten absichtlich in die Stacheldrahtumzäunung. Dann ein Schuß – und die Angelegenheit war erledigt. Vom Roten Kreuz war hier ebenfalls nichts zu sehen und von der Genfer Konvention nichts zu spüren.

Jeden Tag mußten wir mehrmals antreten. Eines Tages, Anfang Juni, hatten wir zum morgendlichen Appell auch unsere allerletzten, möglicherweise noch verbliebenen persönlichen Gegenstände mitzubringen – alles, was wir noch irgendwo heimlich besitzen könnten. Einer der amerikanischen Offiziere kam und suchte einige Leute von uns Gefangenen heraus. Wieder gehörte auch ich dazu. Es hieß, daß wir als Arbeitskommandos zu französischen Bauern abgestellt werden sollten; immer ein Dienstgrad und zehn Mannschaften. Nachdem wir auf schon bereitstehende Lastwagen geklettert waren, setzten sie sich in Richtung Osten in Bewegung. Sie fuhren sehr schnell, vermutlich um dadurch zu verhindern, daß jemand abspringt, um auf diese Weise zu fliehen.

Unser Arbeitseinsatz auf den Feldern wurde von Polen bewacht und dauerte zehn Stunden täglich und war durchaus nicht leicht. Die Sonntage waren die einzigen Tage, an denen wir „frei" hatten – um sie im Lager und hinter Stacheldraht verbringen zu können, den Schikanen des Wachpersonals ausgesetzt... Man drängte sich förmlich danach, zur Arbeit bei den Franzosen eingeteilt zu werden, um nicht in der schrecklichen und grausamen Monotonie der Gefangenschaft zu versinken. Einige Frauen und Jugendliche hatten Mitleid mit uns abgemagerten Gestalten und steckten uns gelegentlich heimlich etwas Eßbares zu. Auch gaben sie uns wärmende Kleidung mit, für die Kameraden, die das Lager nicht verlassen konnten.

Ende Juli und zum Anfang August 1945 lichteten sich die Camps. Jeden Tag verließen Hunderte Gefangene das weitläufige Lager. Sie wurden auf großen Lastwagen oder Sattelschleppern mit langen Auflegern fortgefahren – wohin, das wußte niemand. Ich selbst wurde eines Tages mit einem größeren Arbeitskommando abgeholt und in ein anderes Lager in der Nähe von Reims gebracht.

In dem neuen Camp angekommen, daß allgemein *Chicago* genannt wurde, mußten wir uns selbst mit Stacheldraht einzäunen. Dann gruben wir einen Meter tiefe Löcher in die Erde und spannten aus stabilen Drahtgittern gewölbte „Dächer“ darüber, die mit Teerpappe überdeckt wurden. Zum Schlafen zimmerten wir uns übereinander stehende Holzpritschen und mußten endlich nicht mehr auf dem kalten Erdboden schlafen. Die Materialien für unsere Arbeiten hatten die Amerikaner besorgt. *(Als wir später in einem Depot arbeiteten, organisierten wir noch etliche Dinge, die zu unserer Bequemlichkeit in der neuen Behausung beitrugen.)* Hier gab es auch erstmals mehr zu essen, und wenn es nicht ausreichte, wurde beim *Arbeitskommando Küche* „requiriert“.

Ich hatte einen Arbeitsplatz in einer Kfz-Werkstatt zugewiesen bekommen und mußte die ausgebauten Motorteile mit Benzol abwaschen. Aber gleich am ersten Arbeitstag verletzte ich mich am rechten Handgelenk. Die Wunde entzündete sich und begann zu eitern. Ein amerikanischer Sanitäter legte mir einen Verband an. Dann sagte man mir, daß ich eine andere Arbeit verrichten sollte. Ich meldete das dem Werkstatt-Sergeanten. Der führte mich zum Camp-Kommandanten und sagte, daß er der Meinung sei, daß ich lediglich versuchen wollte, die Werkstattarbeit nicht auszuführen. Man bezeichnete mich als Arbeitsunwilligen und verurteilte mich zu drei Tagen Arrest – allein und abgesondert von den anderen Kameraden. Alle kannten den widerwärtigen Sergeanten und wußten, daß er ein Jude war, der die Deutschen haßte und alles tat, um ihnen Schwierigkeiten zu bereiten... Aber das Gegenteil trat ein: Ich wurde bestens versorgt und hatte viel Zeit, endlich einmal meine Gedanken zu ordnen und über alles in Ruhe nachdenken zu können.

Im Spätherbst hörten wir davon, daß die Alliierten die ersten Kriegsgefangenen entlassen hatten. Wir fragten uns, ob das wieder so eine blöde „Scheißhaus-Parole" war oder die Wahrheit... Man neigte dazu, sich selbst immer wieder irgendwie zu neuer Hoffnung zu motivieren. Wenngleich auch das Leben in diesem Camp etwas erträglicher war, so blieb die Psyche dennoch stark belastet.

Am Heiligen Abend versammelten sich alle im sogenannten Speise-Zelt. Zur allgemeinen Unterhaltung war eine Theater-Aufführung geplant, die von einigen unserer Kameraden vorbereitet worden war. Auch viele der Amerikaner waren zugegen. So kamen wir anläßlich dieses christlichen Festes einmal auf ganz andere Gedanken. Aber wer von uns glaubte nach den vielen schrecklichen Erlebnissen der letzten Jahre und der ständigen Gegenwart des Todes noch an Gott? Man haderte mit sich selbst, und man war wankelmütig, weil man keinen Halt mehr verspürte. Man war ja nur noch ausgeliefert.

Das Ende der Qualen

Im Januar 1946 wurde unser Lager aufgelöst. Man verlegte uns in ein Gefangenenlager bei Reims. Durch knöcheltiefem Schneematsch zogen wir in die Lagerstraße ein. Die Unterkünfte bildeten hier wieder Zelte, und wieder begann ein trostloses, monotones Gefangenenleben. Aber: Wir wurden zum ersten Mal namentlich erfaßt und politisch beleuchtet. Untersucht wurde, ob man der NSDAP angehörte. An den Tischen saßen wieder die Deutschenhasser, die sich von einigen Landsern dolmetschen ließen – dabei sprachen sie selbst Deutsch... Nach Abschluß der Vernehmung kehrte man in seine Zeltbehausung zurück und wartete von einem Tag zum nächsten, wie es nun wohl weitergehen würde.

Eines Tages ging wieder ein Transport in die Heimat ab. Dieses Mal war mein Kamerad Arno Balz aus Alzheim dabei. Am darauf folgenden Tag hieß es: „In alphabetischer Reihenfolge antreten!"

So konnte es geschehen, daß mehrmals die Leute mit den letzten Buchstaben des Alphabets keinen Platz mehr auf den Lastwagen bekamen und hier bleiben mußten, wie jene mit dem Buchstaben *W* wie Wimmer. Aber die Hauptsache, so trösteten wir uns, war doch, daß wir überhaupt noch am Leben waren.

Am 28. Januar gehörte auch ich endlich zu den Glücklichen, die einen deutschen Personenzug in der Nähe von Reims besteigen durften. Mit dem Einsteigen ließen wir uns bewußt viel Zeit, denn es jagte und brüllte niemand mehr. Alles kam mir so ungewohnt und auf seltsame Weise fremd vor... In vielen Abteilen fehlten die Fensterscheiben, aber dafür standen kleine Kanonenöfen darin, doch es gab nichts zum Verheizen. Aber das war uns alles ganz gleichgültig, Hauptsache war, daß es in Richtung Deutschland ging. Als sich der Zug endlich in östliche Richtung in Bewegung setzte, legte sich auch etwas die nervliche Anspannung. Wir fuhren in die Nacht und konnten draußen nichts mehr erkennen. Das monotone Klopfen der Schienenstöße schläferte uns ein. Noch befanden wir uns in amerikanischem Gewahrsam, und noch immer waren Wachmannschaften dabei.

Gerade dämmerte der neue Tag herauf, da rief jemand: „Wir sind in Deutschland! Wir sind wieder in Deutschland!"

Am frühen Morgen des 29. Januar lief unser Zug in Munster über ein Anschlußgleis in einer roten Backstein-Kaserne ein. Wir wurden aufgefordert, mit unserem bißchen Gepäck auszusteigen. Wieder waren es polnische Milizen in blauen Uniformen, die das Sagen hatten. Der amerikanische Offizier übergab die Begleitpapiere einem britischen Offizier, dann wurden wir in eine ehemalige Kraftfahrzeughalle der Wehrmacht geführt. Dort mußten wir zur Kontrolle unser Gepäck öffnen. Jeder von uns hatte für alle Fälle irgendwelche Kleidungsstücke, Toilettenartikel und etwas Eßbares in seinem Seesack mitgebracht. Die Polen nahmen sich, was sie gebrauchen konnten – alles, und niemand tat etwas dagegen, kein Amerikaner und auch kein Engländer.

Nach dieser letzten Filzung wurde bekanntgegeben, in welche Richtung uns die diversen bereitstehenden Lastwagen bringen würden. Wir verabschiedeten uns voneinander und wünschten uns viel Glück für die Zukunft – die gerade in diesem Augenblick für jeden von uns neu begonnen hatte. Jeder kletterte auf „seinen" Lastwagen. Ich hatte schon oft darüber nachgedacht, daß ich ja nicht mehr in meine Heimat zurückkehren konnte, und so ging ich zu einem der großen englischen Militär-Geländewagen, die in Richtung Bonn fahren sollten. Die Fahrzeuge wurden ausgerechnet von Polen gefahren... Daneben saß ein Engländer mit den Entlassungspapieren. Auf der trotz der Kälte offenen, nicht überplanten Ladefläche waren Bänke aufgestellt worden, auf denen man während der langen Fahrt sitzen konnte.

Am Nachmittag durchquerten wir das völlig zerstörte Ruhrgebiet. Nach weiteren vier Stunden erreichten wir den Hofgarten in Bonn. Die Spuren der schweren Kämpfe waren deutlich zu sehen; es war ja gerade erst elf Monate her, daß auch meine Einheit hier noch gekämpft hatte.

Nachdem wir mit von der Kälte steifen Armen und Beinen vom Geländewagen heruntergeklettert waren, wurde jeder mit seinem Namen aufgerufen, mußte vortreten und seinen Entlassungsschein *D2 (Certificate of Discharge No. 2.344.670)* in Empfang nehmen. Zum ersten Mal wurden wir hier nun von Angehörigen des Roten Kreuzes betreut. Der warme Tee und die harten amerikanischen Kekse taten uns nach der langen und strapaziösen Reise gut. Anläßlich dieser ersten Begegnung mit unseren „zivilen" Landsleuten standen wir, die noch immer uniformierten „verlorene Söhne des Vaterlandes", verlegen herum.

Wie sollte es jetzt für mich weitergehen? Ich war in Bonn, und mein Zielort war fast sechzig Kilometer Wegstrecke entfernt, und ich besaß kein Geld. Die Rot-Kreuz-Helfer erklärten uns, daß der D2-Ausweis für die Heimreise als Fahrkarte Gültigkeit hat. Ich erkundigte mich, wie ich denn nach Morsbach kommen könnte. Man erklärte mir, daß ich, weil die Rheinbrücke gesprengt worden war und noch immer in dem breiten Strom lag, mich zuerst mit der Fähre übersetzen lassen mußte, dann drüben mit der Bröler Kleinbahn bis Waldbröl fahren und dort sehen, wie ich weiterkommen würde.

Ich machte mich auf den Weg. Zuerst ließ ich mich übersetzen, dann ging ich mit meinem Seesack auf der Schulter zum Kleinbahnhof Beuel. Am Schalter sagte man mir, daß an diesem Tag nur noch der Spätzug nach Waldbröl fuhr. Es war kalt, und die Menschen drängten sich im Warteraum, bis der Zug endlich angebimmelt kam. Es war eine kleine historische Schmalspurbahn, aber man war froh, sie in dieser Zeit, in der keine anderen Verkehrsmittel fuhren, noch benutzen zu können.

Während der Fahrt wurde ich von fünf neugierigen Frauen angesprochen und gefragt, ob ich aus der Gefangenschaft komme und woher und noch vieles mehr... Sie lebten mit der Hoffnung, daß auch ihre Männer bald heimkehren würden.

Als es draußen dunkel zu werden begann, wurde in den kleinen Waggons eine gelblichfahle Beleuchtung eingeschaltet. An einer der Stationen stiegen plötzlich etwa zwanzig US-Soldaten zu, die unsere Ausweise kontrollierten. *Da legst di' nieder*, dachte ich, *auch das noch… Findet das denn überhaupt kein Ende?* Es verschlug mir die Sprache, und so reichte ich ihnen schweigend meine Papiere.

Gegen 22:00 Uhr hielt die Kleinbahn in Waldbröl. Es war stockdunkel, die Straßen nicht beleuchtet. Zufällig traf ich einen Mann, den ich nach der Straße in Richtung Morsbach fragen konnte. Der Mann mahnte zur Eile und erklärte, daß die Alliierten eine nächtliche Ausgangssperre verhängt hatten. Weil es keine weitere Verkehrsverbindung mehr gab, mußte ich meinen Weg nun eilig zu Fuß fortsetzen.

Da kein Schnee lag, war es in der Nacht ganz besonders dunkel, und ich fühlte mich ins Niemandsland vor die Front versetzt. Nichts rührte sich. Meine Gedanken eilten mir voraus, und ich stellte mir schon das Wiedersehen mit Irene vor. Der Gedanke war motivierend, aber der Weg noch weit, und mein Seesack, wenngleich fast leer, wurde mir auf der Schulter immer schwerer. Gelegentlich hörte ich in weiterer Entfernung Hundegebell. Also mußten da im Dunkeln auch irgendwo Häuser sein…

Ich war etwa fünf Kilometer weit gegangen, da sah ich rechts von mir ein fahl beleuchtetes Fenster. Da ich überhaupt keine Ortskenntnis besaß, ging ich geradewegs darauf zu – und lief in der Dunkelheit gegen einen Stacheldrahtzaun. Mich an dem widerlichen Zaun entlang tastend *(gegen den ich infolge meiner höchst unangenehmen Gefangenenlagererfahrungen größte Abneigung empfand)*, gelangte ich zu einem Durchgang und fühlte nun unregelmäßigen Ackerboden unter meinen Füßen. Als ich das kleine Haus endlich erreicht hatte, rief ich: „Hallooo!"

Sofort erlosch das Licht im Inneren des Hauses. Keine Antwort. Laut fragte ich: „Wo geht es denn hier nach Morsbach?"

Ein ältlich klingende Frauenstimme rief zurück: „Gehen Sie weiter dem Weg nach, immer geradeaus! Dann kommen Sie hin!"

Ich bedankte mich freundlich. Aber welchen Weg hatte sie gemeint? Ich konnte in der Finsternis keinen Weg erkennen, sah nicht einmal meine eigene Hand vor den Augen… Ich tappte in der näheren Umgebung herum, bis ich wieder festen Boden unter meinen Füßen spürte. Auf gut Glück marschierte ich dann weiter. Diese Situation erinnerte mich an meinen unheimlichen Weg durch die Dunkelheit zum Tibor-Lager, im November 1938. Damals wollte ich Soldat werden, und der Weg hatte mich direkt in den

Krieg geführt... Diese Situation erschien mir geradezu symbolisch, denn dieser Weg in dieser dunklen Nacht sollte mich nun endgültig wieder aus dem Krieg und allen seinen schrecklichen Folgen mit der Gefangenschaft herausführen – so hoffte ich inständig...

Plötzlich umgab mich dichter Wald. Gegen den nur geringfügig helleren Himmel konnte ich den Weg ausmachen und mich dadurch wenigstens etwas orientieren. Plötzlich rutschte ich aus und fiel hin.

Es verging noch einige Zeit, da sah ich in weiterer Entfernung wieder ein Licht. Neue Hoffnung stieg in mir auf. An dem Haus angekommen, erkundigte ich mich bei einer Frau nach dem Weg und erhielt dieses Mal eine präzise Auskunft. Ich ging weiter.

Als ich an einer gesprengten Viadukt-Eisenbahnbrücke vorbeikam, wußte ich, wo ich mich befand... Meine Gedanken überschlugen sich, ich spürte ein inneres Beben, und ich mußte mich zwingen, Ruhe zu bewahren. Neun Monate war es her, als ich genau hier mit Irene Arm in Arm spazierengegangen war. Ich fragte mich, ob sie betreffs meiner Person noch dieselbe Haltung hat, wie damals und ob auch an diesem Tag noch alles so sein würde, wie im April 1945. Ich hatte ihre Worte, die sie auf meine Frage, ob sie auf mich warten würde, nicht vergessen: „Wenn Du wiederkommst, werden wir weitersehen..."

Was würde man wohl denken, wenn ich nun mitten in der Nacht an der Haustür klingelte...?

Mit schnellen Schritten erreichte ich das unbeleuchtete Haus. Dann stand ich vor der Tür und tastete nach der Klingel. Gleichermaßen aufgeregt wie angespannt drehte ich zweimal kräftig daran. Mein Herz schlug mir bis zum Hals hinauf.

Es dauerte eine Weile, bis ich Frau Wageners Stimme hörte: „Wer ist da?"

„Ich..., Josef Wimmer..."

Sogleich wurde im Haus das Licht eingeschaltet. Frau Wagener öffnete mir. Sie war ganz offensichtlich hoch erfreut, lachte mich an – und umarmte mich. Dann führte sie mich in die Küche. Kurz darauf kamen auch Herr Wagener und Irene hinterher. Freudestahlend standen wir uns alle gegenüber. Ich spürte die Wärme und Verbundenheit, die mir diese lieben Menschen entgegenbrachten. Da kam Irene zu mir und schlang ihre Arme um meinen Hals. Ich spürte, wie mich eine tiefe, nie zuvor erlebte, neue Freude durchströmte...

Noch lange saßen wir am Küchentisch und unterhielten uns. Dann richtete man mir wieder die mir vertraute Schlafstätte in jenem Zimmer ein, in dem ich am Morgen des 8. April 1945 gefangengenommen worden war. 297 schreckliche Tage waren seitdem vergangen. Erschöpft von den hinter mir liegenden Strapazen schlief ich sofort ein.

Als ich am nächsten Morgen erwachte, mußte ich mich erst einen Moment lang zurechtfinden. Ich hatte die erste Nacht als wieder freier Mensch hinter mir, zurückgekehrt in die Zivilisation. Es war auch die erste Nacht, in der ich wieder in einem richtigen Bett gelegen hatte – und es war genau jenes, in dem ich auch meine letzte zuvor gelegen hatte…

Schon am nächsten Tag kam ich meiner bürgerlichen Pflicht nach und meldete mich ordnungsgemäß im Einwohnermeldeamt der Gemeindeverwaltung Morsbach an. Von der amerikanischen Verwaltung wurde mir ein Ausweis ausgehändigt, den ich ständig bei mir tragen mußte – die Registrierungskarte *Military Government of Germany – Temporary Registration. (Kontrollen der Alliierten, besonders der „hitzigen" Belgier, die in dieser Gegend Wohnungen ehrbarer Bürger ausräumten und Häuser beschlagnahmten, sogar enteigneten, waren an der Tagesordnung.)* Außerdem erhielt ich die begehrte Lebensmittelkarte. Aber ich mußte auch noch im Besitz eines sogenannten Arbeitspasses sein. So wanderte ich tags darauf nach Waldbröl, zu einer Nebenstelle des Arbeitsamtes Gummersbach. Als ich mich dort anmeldete, wollte man mich zur Arbeit in einer Berggrube einweisen. Man sagte diesbezüglich: „Ohne Fleiß kein Preis. Das ist doch die richtige Tätigkeit für einen ehemaligen Pionier-Berufssoldaten."

Bis in den Juni 1946 suchte ich nach einer anderen, für mich geeigneten Tätigkeit, bewarb mich bei der Polizei, beim Zoll und anderen öffentlichen Dienststellen, jedoch immer vergebens. Die Absagen waren gewissermaßen „vorgefertigt": „Sie waren Berufssoldat…? Nein, danke!"

Als ehemaliger deutscher Berufssoldat war man nirgendwo gern gesehen und wurde in der eigenen Heimat wie ein Aussätziger behandelt…

Dann besann ich mich darauf, was ich als Pionier gelernt hatte und bewarb mich bei der „neu gegründeten" Bundesbahn-Polizei in Dieringhausen. Von einem Mitarbeiter der Personalstelle wurde meine Bewerbung für gut befunden, und man schickte mich zu einer vertrauensärztlichen Untersuchung. Ein besonderer Fragebogen wurde mir ausgehändigt, der auch die Frage beinhaltete, *waren Sie Berufssoldat?* Ich beantwortete sie wahrheitsgemäß mit *ja!*

Was mein Privatleben betraf, so fühlten Irene und ich uns geradezu unwiderstehlich zueinander hingezogen. Aber der Gedanke an meine Angehörigen bereitete mir psychische Qualen, denn ich wußte weder, was aus ihnen geworden war, noch, wie ich sie jemals wiederfinden könnte. Verbindungen gab es keine, und die Auskünfte durch die Zonenbesetzung

Das Anwesen der Familie Wagener in Bitze (in den 1970er Jahren).

Die kleine Treppe zum Wohnhaus der Familie Wagener wurde, als ich zum ersten Mal hierher kam, gerade von ihrer 20-jährigen Tochter Irene gereinigt – eine sympathische junge Frau, die mir gut gefiel…

äußerst mangelhaft. Aber dann hörte ich von einem Wahrsager namens Jupp Klein in Stentenbach. Viele Leute aus nah und fern „pilgerten" zu ihm, um Hoffung zu erhalten, Angehörige wiederzufinden. In Erinnerung an die russische Wahrsagerin ging auch ich zu ihm.

Eine lange Warteschlange hatte sich vor Jupp Kleins Haus gebildet, aber schließlich kam auch ich an die Reihe. Er prophezeite mir: „Ihre Angehörigen leben, und es wird nicht lange dauern, bis Sie ein Lebenszeichen von ihnen erhalten werden…"

Auf meine Frage nach einer beruflichen Beschäftigung sagte er: „Sie werden schon bald eine neue Uniform anziehen – aber vorher werden Sie noch heiraten."

Diese Weissagungen kosteten mich fünf Reichsmark.

Am nächsten Tag schrieb ich an das Rote Kreuz. Schon kurze Zeit später konnte man eine Verbindung zu meiner Mutter und meinen anderen Angehörigen herstellen. Alle waren wohlauf und befanden sich in Schalkendorf, im Wohnsitz der Eltern meiner Mutter, meinem Geburtshaus. *(Mein Geburtsort Alt-Schalkowitz war am 10. August 1936 in Alt-Schalkendorf umbenannt und am 1. April 1939 Alt- und Neu-Schalkendorf zu Schalkendorf zusammengeschlossen worden. Bis 1945 befand sich der bis dahin deutsche Ort im Landkreis Oppeln, dann kam er unter polnische Verwaltung und war in Stare Siolkowice umbenannt und dem Verwaltungsbezirk Schlesien angeschlossen worden. Mein erstes Wiedersehen mit meiner Mutter fand wegen der besetzten Ostgebiete allerdings erst zwölf Jahre später, 1958, und in einem Durchgangslager in der Nähe von Hamburg statt.)*

Am 27. Juni heirateten Irene und ich. Die Feier fand im engsten Kreis der Familie Wagener statt. Wir begannen unsere Ehe, wie es viele Menschen in dieser Zeit taten – ohne jedes Hab und Gut, denn man konnte ja nirgendwo etwas kaufen. Wir freuten uns, ein eigenes Zimmer zu besitzen, eingerichtet mit Möbeln von Irenes Eltern. *(Für uns war die Hochzeit gewissermaßen die „Stunde Null".)*

Kurz darauf teilte man mir mit, daß ich am 1. Juli 1946 als Wachtmeister bei der Bahnpolizei anfangen könnte. Auch hier wurde ich nach vorheriger „Entnazifizierung" durch die britische Bahnpolizeibehörde bei der Eisenbahndirektion Wuppertal und dem Personalrat gründlich „durchleuchtet". Am 1. Juli trat ich meinen Dienst an.

Wieder Soldat...

Nach den schweren Aufbaujahren, die dem Kriegsende folgten, bewarb ich mich 1956 bei der neu gegründeten Bundeswehr.

Der Aufbau der Bundeswehr hatte nach der Aufnahme der neu gegründeten Bundesrepublik Deutschland als Mitglied in die NATO, im Mai 1955, begonnen, wenngleich sie anfangs noch als „Neue Wehrmacht" bezeichnet wurde. Der 12. November 1955 war als Gründungsdatum symbolisch gewählt, denn es war der 200. Geburtstag des preußischen Generals Gerhard von Scharnhorst, der von 1807 bis 1813 das preußische Heereswesen auf der Basis der persönlichen Freiheit und der allgemeinen Wehrpflicht reformiert hatte. Am Gründungstag waren den ersten 101 freiwilligen Soldaten durch Theodor Blank ihre Ernennungsurkunden überreicht worden, Anfang 1956 wurden die ersten drei Standorte in Betrieb genommen, in denen insgesamt 1.000 Soldaten stationiert wurden. Am 20. März des Jahres hatten die neuen deutschen Streitkräfte den Namen BUNDESWEHR erhalten. 1. April 1957 wurden die ersten Wehrpflichtigen einberufen.

Am 16. April 1956 wurde ich als Oberfeldwebel *(und wieder als Pionier)* eingestellt. Aber beim Militär war vieles ganz anders geworden. Während meiner Tätigkeit als Personalsachbearbeiter im Ministerium war ich für Einstellungen und Versetzungen von Unteroffiziersdienstgraden zuständig. Im Januar 1960 wurde ich auf die Hardthöhe, am Süd-westrand von Bonn-Duisdorf, zum Ministerium und in die Wehrtechnik- und Rüstungsabteilung versetzt. Durch dienstliche Verbindungen lernte ich auch den General der 12. Armee kennen – Walther Wenck. *(Der General der Panzertruppen war nach der Teilnahme am Polen- und Frankreich-Feldzug in mehreren Stabsstellen bei Großverbänden des Heeres zuletzt Chef der Operationsabteilung im Generalstab des Heeres gewesen und hatte am 10. April 1945 das Kommando über die eilig aus neugebildeten, unfertigen Divisionen aufgestellte 12. Armee übertragen bekommen. Er war mit 45 Jahren der jüngste Armeeführer sämtlicher kriegführenden Parteien des Zweiten Weltkriegs. Hitler hatte gewollt, daß Wenck den Kessel, den die Russen um das belagerte Berlin gebildet hatten, sprengte. Wenck war es jedoch lediglich gelungen, für nur kurze Zeit einen schmalen Korridor südlich von Berlin zu schaffen, durch den noch Teile der 9. Armee nach Westen gelangen konnten. Am 29. April hatte das Führerhauptquartier noch einen Funkspruch abgesandt, in dem es hieß: „Wo stehen die Spitzen von Wenck?*

Wann greifen sie weiter an?" Am nächsten Tag hatte Hitler in Anbetracht der aussichtslosen Lage Selbstmord begangen... Walther Wenck verunglückte 1982, im Alter von 82 Jahren, bei einem Autounfall bei Bad Rothenfelde tödlich.)

Am 31. März 1973 schied ich im Alter von 52 Jahren im Rang eines Stabsfeldwebels aus dem aktiven Dienst bei der Bundeswehr aus. Anläßlich meiner Verabschiedung wurde mir eine Ehre zuteil, die zuvor niemals gegenüber eines Dienstgrades wie dem meinen ausgesprochen worden war – man erkannte meinen Einsatz als Soldat im Zweiten Weltkrieg offiziell an.

Am 16. April 1956 trat ich als Oberfeldwebel in die Bundeswehr ein, wurde am 2. April 1963 zum Hauptfeldwebel (Foto)befördert und am 31. März 1973 als Stabsfeldwebel in den Ruhestand versetzt.

Anmerkung von Helmut Konrad von Keusgen

Als Co-Autor dieses Buches hatte ich die Ehre, im vollen Vertrauen des Autoren, Herrn Josef Wimmer, seinen in einem Zeitraum von mehr als zehn Jahren akribisch niedergeschriebenen Bericht seines ungewöhnlichen Soldatenlebens in enger Zusammenarbeit mit ihm komplett überarbeiten und zusätzlich eine Gesamtübersicht über den Verlauf des Zweiten Weltkriegs auf dem europäischen Kontinent mit differenzierten Informationen über die jeweilige Kriegslage einflechten zu können.

Soweit es meinem Team und mir möglich war, wurden die von Herrn Wimmer gelieferten Informationen, Fakten und Namen von uns gewissenhaft überprüft, dennoch liegen etliche Dinge, insbesondere subjektive Aussagen, außerhalb des nachvollziehbaren Bereichs. So mußte ich mich auf Herrn Wimmer verlassen. Ich gehe aber davon aus, daß seine Angaben, genau wie alle anderen von ihm benannten auch, völlig korrekt sind und absolut den Tatsachen entsprechen, ebenso wie sämtliche Begebenheiten und Fakten, die nachprüfbar waren.

Ich habe in Herrn Wimmer einen äußerst sympathischen Menschen gefunden, der sich im Zuge unserer gemeinsamen Arbeit an diesem Buch als höchst korrekt, gradlinig und absolut zuverlässig erwiesen hat. Ich danke ihm für das mir entgegengebrachte Vertrauen und möchte hiermit meine Hochachtung vor seiner Agilität und seiner geistigen Aktivität im Alter von neunzig Jahren aussprechen!

Bildnachweis

Seiten 7/10/17/20/21/23/24/25/26/27/28/29/30/40/46/50/53/54/55/56/57/59/61/63/65/67/68/69/75/79/85/95/101/106/108/111/119/120/129/130/138/146/155/194/201/202/207/210/212/213/227/235/239/250/265/266/291/294
Privatkollektion Josef Wimmer

Seiten 123/125/126/216
Bundesarchiv Koblenz, Wehrtechnische Studiensammlung und mit freundlicher Genehmigung des Herrn Peter Chamberlain, London/GB

Seite 278
United States Archives and Administration, Coll. Park/Maryland U.S.A. *(Die Fotos wurden von einem Mitglied der United States Army während der Ausübung seiner dienstlichen Pflichten aufgenommen.)*

Generalkarte Seite 2-3: Helmut Konrad von Keusgen
Titelfoto: Pioniere beim Angriff / Kollektion Josef Wimmer

Ihre Zufriedenheit ist unser Ziel!

Liebe Leser, liebe Leserinnen,

hat Ihnen unser Buch gefallen? Haben Sie Anmerkungen für uns? Kritik? Bitte zögern Sie nicht, uns zu schreiben. Wir werden jede Nachricht persönlich lesen und beantworten.

Schreiben Sie uns: info@ek2-publishing.com

Wussten Sie schon, dass Sie uns dabei unterstützen können, deutsche Militärliteratur sichtbarer zu machen? Bitte nehmen Sie sich einen Moment Zeit und bewerten Sie dieses Buch auf Amazon. Viele positive Rezensionen führen dazu, dass das Buch mehr Menschen angezeigt wird.

Sie können somit mit wenigen Minuten Zeitaufwand unserem kleinen Familienunternehmen einen großen Gefallen tun. Vielen Dank für Ihre Unterstützung!

Verpassen Sie keine Neuerscheinung mehr!

Tragen Sie sich in den Newsletter von *EK-2 Militär* ein, um über aktuelle Angebote und Neuerscheinungen informiert zu werden und an exklusiven Leser-Aktionen teilzunehmen.

Impressum

Eine Veröffentlichung von EK-2 Publishing GmbH
Friedensstraße 12, 47228 Duisburg
Registergericht: Duisburg
Handelsregisternummer: HRB 30321
Geschäftsführerin: Monika Münstermann

E-Mail: info@ek2-publishing.com
Website: www.ek2-publishing.com

Originalauflage 2011, H.E.K.Creativ Verlag, Garbsen
Umgestaltete Neuauflage von EK-2-Publishing GmbH, Februar 2024
Buchsatz: Veronika Aretz
Druck und Distribution im Auftrag von:
tredition GmbH, Heinz-Beusen-Stieg 5, 22926 Ahrensburg